PESAVENTO
Art expressions
FRITZ KRAUSE GMBH
JUWELIER
UHRMACHERMEISTER
FRIEDRICHSTRASSE 32 . 25980 SYLT/WESTERLAND
TELEFON 0 46 51-79 77 . WWW.FRITZ KRAUSE.DE
Find us on Facebook
Juwelier Fritz Krause Sylt

Sylter Gourmet-Bilanz der Guides 2019

Die jährlich erscheinenden überregionalen Restaurantführer bieten mit ihren oft auch sehr kritischen Beurteilungen über die Leistungen der besuchten Restaurants ein gutes Stimmungs- und Spiegelbild darüber, was sich auf dem gastronomischen Terrain wie, wo und in welche kulinarische Richtung entwickelt.
Erstaunlich, dass einige Restaurants in einem Buch hochgelobt, vom anderen völlig ignoriert werden. So ist unsere Auflistung der unterschiedlichen Ergebnisse in den Gastro-Führern Michelin, Gault Millau und Varta nicht als Restaurant-Hitparade von „Sylt à la carte“ misszuverstehen.
Der „Leithammel“ unter den Gastro-Führern ist nach wie vor „der Michelin“. Dessen Sterne haben die größte Strahlkraft. Sie sind von den Köchen genauso geliebt wie gehasst.

Die Touristik-Website *TripAdvisor* sammelt von ihren Usern Restaurant-Kritiken und wertet sie nach der Menge der Erfahrungsberichte und nach den Ergebnissen in Rankings aus.
Unsere Liste dokumentiert die TripAdvisor-Liste für die gehobene Sylter Gastronomie vom Frühjahr 2019.
Bis auf ein Restaurant sind alle genannten Gastro-Adressen ausführlich in unserem Buch vertreten.
Dieses Ranking lässt viele Fragen offen, denn was ist mit den Restaurants, die in anderen TripAdvisor-Listen ganz oben rangieren?
Z.B. Samoa, Möller's Anker, Hardy´s / Stadt Hamburg – sie fehlen völlig.

Restaurant	Seite	Michelin Sterne Bestecke	Gault Millau max. 20 Pkt.	Varta Diamanten
SÖL'RING HOF	180	2 Sterne/3 Bestecke	18 Punkte	4
BODENDORF'S	118	1 Stern/3 Bestecke	18 Punkte	4
KAI 3/BUDERSAND	194	1 Stern/3 Bestecke	---	3
STADT HAMBURG HARDY´S	48	3 Bestecke	16 Punkte	2
SPICES	161	2 Bestecke	15	2
KÄPT'N SELMER STUBE	126	2 Bestecke	---	2
JÖRG MÜLLER RESTAURANT	58	---	16 Punkte	2
TIPKEN´S/SEVERIN*S	148	2 Bestecke	---	---
SANSIBAR	184	1 Besteck	14	----
STADT HAMBURG BISTRO	48	1 Besteck	13	---
KØKKEN	130	2 Bestecke	---	3
RAUCHFANG	---	2 Bestecke	---	2
SIEBZEHN84	120	2 Bestecke	---	2
FRANZ GANSER	46	2 Bestecke	---	2
GOGÄRTCHEN	96	2 Bestecke	---	2
FITSCHEN	78	2 Bestecke	---	2
COAST	172	2 Bestecke	---	2
KÖNIGSHAFEN	---	1 Besteck/Bib	---	---
SHIROBAR	31	1 Besteck	---	2
MANNE PAHL	106	1 Besteck	---	1
ZUR MÜHLE	153	1 Besteck	---	---
BROT & BIER	122	1 Besteck	---	---

tripadvisor

Restaurants der Kategorie „gehobene Küche“	Anzahl der Bewertungen
TELLERRAND *	135
ALTE FRIESENSTUBE *	470
ALTES ZOLLHAUS *	239
WEB CHRISTEL *	345
SÖL´RING HOF *	162
SIEBZEHN84 *	150
FRANZ GANSER *	146
JÖRG MÜLLER *	218
ALTER GASTHOF *	146
GOGÄRTCHEN *	162
KAI3 *	120
COAST *	182
FITSCHEN *	203
VOGELKOJE *	258
BROT & BIER *	242
BODENDORF´S *	68
BISTRO STD. HAMBURG *	87
SPICES *	127
BUTCHEREI *	245
RAUCHFANG	75
HOOG *	56

* Präsentation mit Speisenkarte in Sylt à la carte

ALLE ANGABEN OHNE GEWÄHR.

Liebe Sylt-Gourmets!

Das Sylt à la carte-Strandbüro

v. l. n. r.: Uwe Andresen, Maike Sieglinski, Claudia Nagel und Frank Rosemann in Action. Nicht auf dem Bild, da immer auf Recherchetour über die Insel: Gregor Baals, Christiane Baals, Simone Steinhardt, Cornelia Putzbach, Bruno Pischel und Tobias Enkelmann.

Fotografieren Sie auch das Essen, das für Sie gerade frisch zubereitet – ***wie ein Kunstwerk auf dem Teller drapiert*** – aus der Küche kommt? Kaum wurde es mit einem "Guten Appetit!" warm serviert, wird das Handy gezückt und schon vor dem Entfalten der Serviette macht es "klick"!

Ich werde dann immer an einen von Bill Ramsey interpretierten Schlager aus der Wirtschaftswunderzeit erinnert, der bereits in weiser Vorausschau auf das heutige Social-Media-Zeitalter musikalisch aufforderte:

Mach ein Foto davon - mach ein Foto davon
Halte fest, was das Leben Dir bringt
Jeder sieht, was Du sahst
Jeder weiß, wo Du warst
Wenn das Foto, das Foto gelingt...

Längst stapeln sich in der Cloud von Instagram über 150 Millionen private Food-Fotos, die die ganze Bandbreite der Kochergebnisse von der Kohlroulade in brauner Soße bis zum Matjes-Carpaccio an Algenschaum für alle Zeiten festgehalten haben. Ein Albtraum!

Aber, wie am Herd, so gibt es eben auch im Fotostudio wahre Meister ihres Fachs. Das Ergebnis einer diesbezüglichen kongenialen Zusammenarbeit zwischen dem Fotografen Ydo Sol und dem 2-Sterne-Team vom Söl'ring Hof Johnnes King und Jan-Philipp Berner ist auf der Doppelseite 24-25 zu betrachten: ein kunstvoll komponierter Gemüsesalat. Er wurde im wahrsten Sinne des Wortes ins rechte Licht gerückt.

Ehrlich, ich halte auch mein Handy über einen bunten Gourmet-Teller, um festzuhalten, was der Koch für mich wie ein Kunstmaler auf weißem Porzellan mit den kulinarischen Komponenten in Form und Farbe - ob expressiv oder abstrakt - zu einem Bild zusammengefügt hat. Mach ein Foto davon! Es ist ein nachhaltiges Erinnerungsstück. Man muss es ja nicht gleich der ganzen Welt zeigen!

Wo es Ihnen dann auf Sylt am besten schmeckt, denn auf den guten Geschmack kommt es doch letztendlich an, müssen Sie anhand der vielfältigen Anregungen in unserem Buch nach Ihrem Gusto herausfinden. Wir haben wieder bewährte Häuser und auch diverse Newcomer für Sie ausgewählt und hoffen, Ihren Geschmack getroffen zu haben.

Viel Genuss beim Schmökern und Stöbern
wünschen

Frank Rosemann

und das Sylt à la carte-Team

Sylt à la carte

Die Insel mit Geschmack

**Türkis oder Rosé?
Beide sind okay!
2 Umschlagfarben
identischer Inhalt**

Insel-Pizza · geformt, belegt und gebacken von Santino beim Pizza-„Paten" in Rantum, verspeist von der Sylt à la carte Redaktion

Irgendwann fahre ich mal Porsche.
Wie wäre es mit irgendwann jetzt?
Porsche Drive.
Erfahren Sie mehr über das Vermietangebot Porsche Drive unter www.porsche-auf-sylt.de/drive und erfüllen Sie sich Ihren ganz persönlichen Traum. Von Gänsehaut. Und Adrenalin.
Leidenschaft. Gemeinsam. Erleben.
Bei Porsche auf Sylt.
S VK 1101
Porsche auf Sylt
Keitumer Landstrasse 14
25980 Sylt / Westerland
Tel. 04651 886 58-0
www.porsche-auf-sylt.de

Sylt auf einen Blick

Sehenswürdigkeiten und Wanderziele

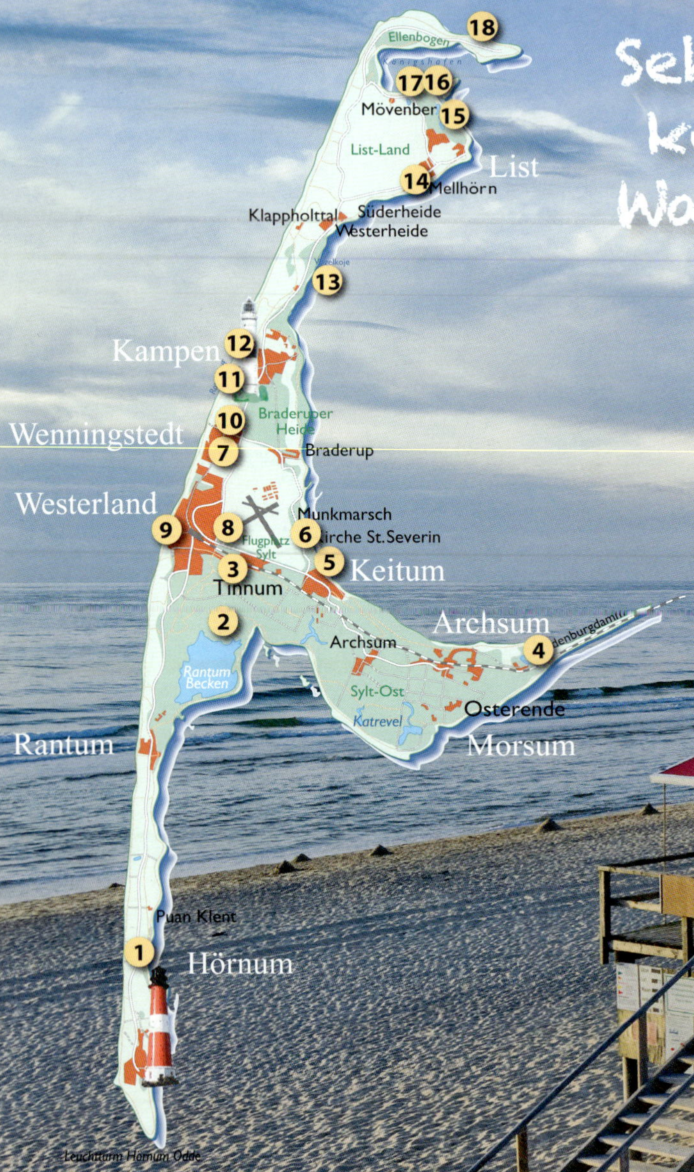

1 **Seebäderhafen Hörnum:** Schiffsausflugsverbindung zu den Halligen und Nachbarinseln.

2 **Rantum Becken:** Das größte Seevogelschutzgebiet der deutschen Nordseeküste am Tinnumer Außendeich; von Mai bis September täglich Führungen.

3 **Tinnum-Burg:** Entstanden um Christi Geburt. Ein Ringwall: 440 Meter äußerer Umfang, 120 Meter Durchmesser, 7 Meter hoch.

4 **Morsum-Kliff:** Naturschutzgebiet. Am flachen Watt steil aufragend zeigt es den geologischen Aufbau der Insel und gibt Einblick in 20 Millionen Jahre Erdgeschichte. Ablagerungen: blauschwarzer Glimmerton mit Versteinerungen vom Meeresboden (20 Millionen Jahre alt), rotbrauner Limonitsandstein (15 Millionen Jahre alt) aus der Ur-Nordsee, weißer Kaolinsand aus der Zeit, in der Sylt Flussgebiet der Urstromlandschaft war.

5 **Das Heimatmuseum Keitum:** Gibt Aufschluss über Geschichte und Sylter Kultur, über Funde in 400 Grabhügeln aus der Zeit von 1800 v. Chr. und in 92 Grabhügeln der Wikingerzeit (800-1100 n. Chr.). Das Altfriesische Haus (1739), ein Beispiel für friesische Wohnkultur.

6 **Kirche St. Severin, Keitum:** Seit Jahrhunderten den Seeleuten ein Wegzeichen, hoch auf der Geest gelegen. Etwa 800 Jahre alt. Romanisches Langschiff mit Rundbogen. Der Turm entstand später in Backsteingotik. Mittwochs Kirchenkonzerte.

7 **Westerländer Friedrichshain:** 1895 angepflanzt. Sylt war um 1800 noch fast ohne Baumbestand.

8 **St. Niels, Alte Dorfkirche von Westerland:** Erbaut um 1635. Die zum Bau benutzten Steine stammen zum Teil von der alten Eidumkirche, in der vor der Allerheiligenflut 1436 der letzte Gottesdienst abgehalten wurde und die dann viele Jahrzehnte als einziges Bauwerk aus dem Meer aufragte.

9 **Westerländer Kurpromenade:** Zum Sehen und Gesehenwerden. „Musikmuschel" mit saisonaler Kurmusik, Hauptstrand von Westerland und Syltness-Center mit Spaßbad „Sylter Welle". Im Sommer viel Trubel. Beachtenswert: Das große Sylt-Aquarium.

10 **Wenningstedt** mit schönem Strand und Steilküste. „Haus am Kliff". Neu gestaltete Promenade mit großer Strandtreppe. Dorfteich, Hünengrab Denghoog: Thinghügel in Wenningstedt. Ein 6000 Jahre altes Steinzeitgrab, das 1868 geöffnet wurde. Zur Besichtigung steigt man in das Steingrab hinab.

11 **Rotes Kliff:** Zwischen Wenningstedt und Kampen. Westlicher Rand des Geestrückens, der vor 120.000 Jahren durch Gletscher aufgeschoben wurde. Die Steilwand des Roten Kliffs, bis zu 30 Meter hoch, beginnt bei Wenningstedt und führt bis nach Kampen. Im Schein der späten Sonne leuchtet der Geschiebelehm orangerot.

12 **Uwe-Düne, Kampen:** Nach dem Freiheitskämpfer Uwe Jens Lornsen benannt, ist die Kuppe mit 52 Metern Sylts höchste Erhebung. Gute Rundumsicht.

13 **Vogelkoje bei Kampen:** Eine alte Wildentenfangstätte, Naturschutzgebiet. Kann besichtigt werden.

14 **Die Blidselbucht und die Lister Wanderdünen:** Eine Strandwanderung am Wattenmeerrand der Blidselbucht nach List vermittelt interessante Einblicke in das Gebiet der wandernden Dünen.

15 **Lister Hafen** mit Fähre List – Rømø. Große Bootshalle mit Läden, überall „Gosch", aber auch andere Hafenrestaurants. Buntes Treiben.

16 **Erlebniszentrum Naturgewalten**: Einblick in die Klimaproblematik. Sehenswerte Naturschau. Veranstaltungen.

17 **Königshafen:** So genannt nach dem Sieg des dänischen Königs in der Seeschlacht von 1644, die in den Gewässern dieses Hafens zwischen Dänen, Holländern und Schweden entbrannte.

18 **Halbinsel Ellenbogen:** Vogel- und Naturschutzgebiet mit unergründlichen Dünen. Strömung und Strudel zeichnen die Grenzen zwischen Wattenmeer und offener See. Allerschönste Strände. Zwei fotogene Leuchttürme (Mautgebühr, da privat).

Genuss in der ersten Reihe –

Strandlokale in Westerland und Wenningstedt

Vis à vis der berauschenden Nordsee gepflegt zu essen und zu trinken, ist ein Fest für die Sinne. Entlang der 42 Kilometer langen Sylter Sandküste haben Genießer die Gelegenheit, sich in Strandlokalen in hervorragender Lage verwöhnen zu lassen. Eines haben diese Restaurants, Bistros und Cafés bei aller Individualität gemeinsam: Ihre exponierte Lage am Meer.
Wir machen Sie mit 35 Lokalen in Strandnähe bekannt. Die meisten mit direktem Meerblick.

★ Die gekennzeichneten Lokale werden in diesem Buch mit Abbildungen, Text und teilweise auch mit einem Speisenkarten-Auszug vorgestellt.

Gosch am Kliff

Puro Sylt

Friends

1 **Onkel Johny´s Strandwirtschaft, Wenningstedt:** Leider, leider „Wonnemeyer am Strand " gibt´s nicht mehr. Dafür kommt „Johnny" allerdings in abgespeckter Version. Wonnemeyer tischt jetzt in den Dünen von List auf.

2 **Aldente, Wenningstedt:** Das bunte, rustikale Restaurant ist gleich hinter den Dünen am Campingplatz zu finden.

3 **Twisters, Wenningstedt:** Das etwas andere Fastfood, Burger at its best! An der großen neuen Strandtreppe.

4 **Meeresblick, Wenningstedt:** Restaurant mit Terrasse. Sehr gute Kuchenauswahl.

5 **iismeer, Wenningstedt:** Im „Haus am Kliff." Meerblick, Bio-Eis, Stockbrot überm Lagerfeuer und viel Meer.

6 **Gosch am Kliff von Wenningstedt:** Das architektonische Highlight im Fischimperium von Jünne Gosch. Einmalige Lage und das bewährte maritime Gosch-Konzept.

7 **Puro Sylt by Strandhaus, Westerland:** Gleich hinter den Dünen bei der Nordsee-Klinik befindet sich eine ganz besonders nette „Hütte" mit Terrasse und einer guten südländischen Küche.

8 **S-Point, Westerland:** Eine Hütte hinter den Dünen an der großen Dünentreppe. Küche ideenreich. Top-Tipp!

9 **Seenot, Westerland:** Auf einer Düne gelegen mit großer Terrasse für den ungestörten Meerblick. Ein durch und durch gutbürgerliches Ambiente, eine Karte mit meist regionalen Gerichten.

10 **Sunset Beach der „Hans' Hütte", Westerland:** Das Blockhäuschen mit Terrasse am „Brandenburger"-Surf-Cup-Strand. Beste Aussichten sowie Deftiges aus Trixis Küche – für die Strandläufer und die ausgelaugten Surfer.

11 **Gosch auf der Seepromenade:** Jetzt wird auch auf der Strand-Flaniermeile gegoscht.

12 **Luzifer, Westerland:** Über der Promenade und der Musikmuschel Mega-Terrasse, Buffets fürs Mittagsmahl, Spielecke, Kurkonzerte bei schlechtem Wetter, Abendgastronomie, Barbetrieb und ein fast freier Blick auf die Weite der Nordsee.

13 **Friends Bistro, Westerland:** Auf der Strandpromenade vis à vis der Musikmuschel. Ein ganzjähriger Treff für Snacks, Pizza, Salate und Süßes. Windgeschützte Terrasse und Meerblick! Im Herbst und Winter Singer-Songwriter-Konzerte.
Crêpes-Stand ein paar Meter weiter.

14 **Hotel Miramar, Westerland:** Seit über 100 Jahren steht das Miramar an erster Stelle an der Strandpromenade. Auch Nicht-Hotelgäste können hier einkehren und in gepflegtem Rahmen den Blick aufs Meer vom Restaurant oder von der Strandkorbterrasse genießen.

15 **Badezeit, Westerland:** Auf der Restaurantterrasse an der Promenade lassen sich traumhafte Sonnenuntergänge und leckere Speisen in der ersten Reihe genießen. Super für abendliche Partys.

16 **BeachHouse Sylt, Westerland:** Hoch über der Nordsee thront dieses im gepflegten Shabby-Look eingerichtete Restaurant, das seit Jahren beste gastronomische Leistungen zeigt. Auch für Familienfeste ein fantastischer Ort mit riesiger Terrasse.

17 **Osteria:** Standort Campingplatz im Süden von Westerland, gleich hinter den Dünen. Ein lohnendes Ziel. Ein Lokal mit Kultstatus – vom Ambiente, von der Küche und den Weinen.

18 **Strandoase, südlich von Westerland:** Ein Klassiker unter den Sylter Strandlokalen, mit großer Terrasse vor großem Blockhaus mitten in den Dünen und nur wenige Meter zum Strand. Meerblick vom Steg in „Kuschel-Muscheln".

14

Miramar

15

Badezeit

16

BeachHouse Sylt

17

Osteria

Strandlokale im Sylter Norden und Süden

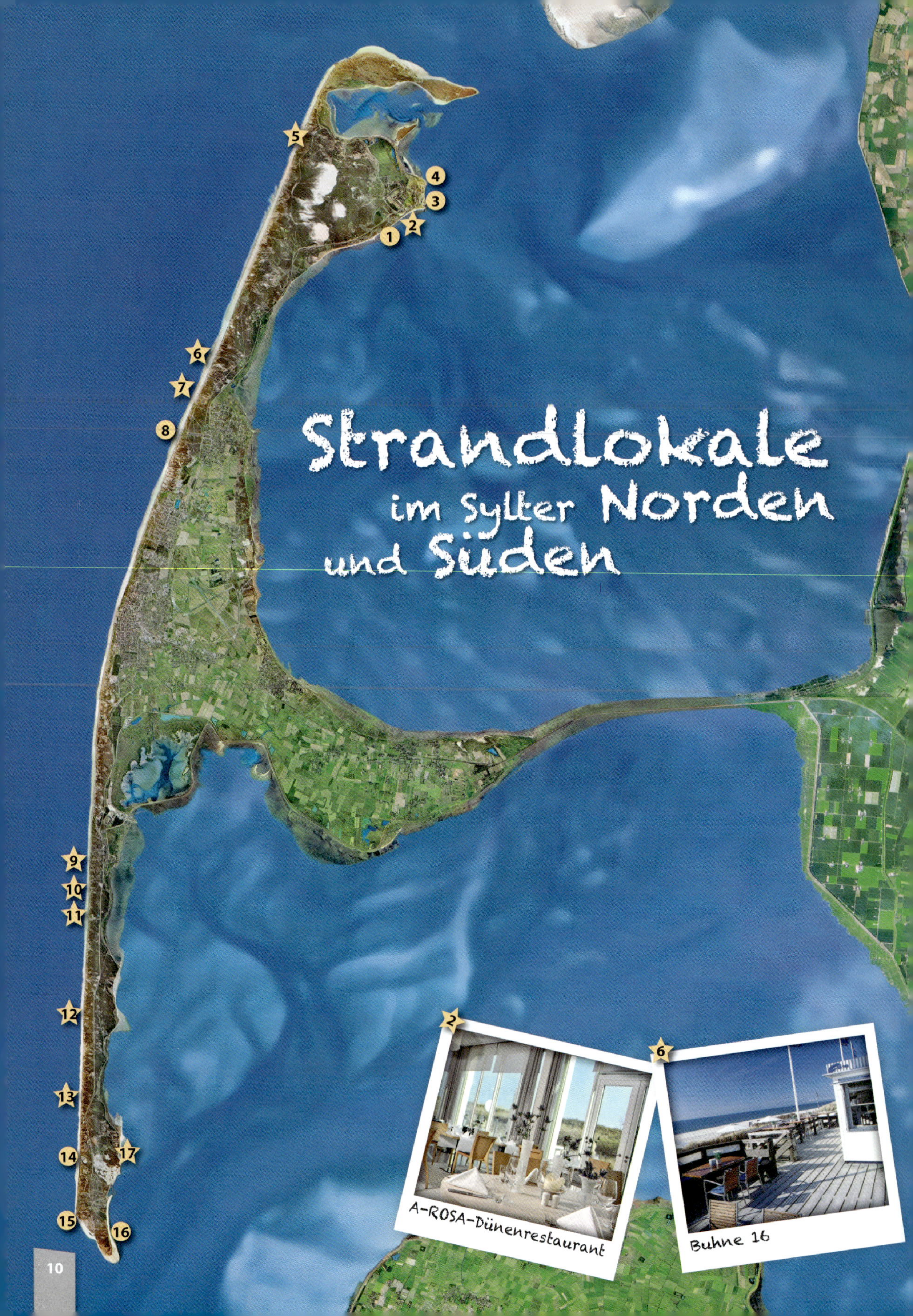

Der Norden

1 **Lister Austernperle - L.A.:** An der Strandpromenade des Lister Oststrands. Eine perfekte Holzhütte als „Strandversorgungseinrichtung" bietet neben Bockwurst und Sylter Lamm natürlich Muscheln und hiesige Austern sowie Seezunge und Steinbutt – und nicht zu vergessen einen grandiosen Wattenmeerblick.

2 **A-ROSA-Spa-Resort, List:** Imposanter 5-Sterne-Superior Hotel-Komplex direkt hinter den Dünen am Lister Oststrand in Hafennähe. Dünenrestaurant mit Terrasse und „Spices by Tim Raue".

3 **Marktplatz am Lister Hafen:** Gosch-Fischpalast mit Aussichtsplattform. Fischbrötchen essen und „Meehr" in der ersten Reihe. Im 1. Stock Meerblick. Das „Piratennest" liegt direkt am Hafen.

4 **Bistro Naturgewalten, List:** Das futuristische Erlebniszentrum Naturgewalten hat eine exponierte Lage direkt am Meer. Kleine Gerichte, Kaffee, Tee und Kuchen mit weitem Blick nach Dänemark.

5 **Wonnemeyer in der Weststrandhalle, List:** Alles neu. Große Terrasse in den Dünen. Cross-over Küche.

6 **Buhne 16, Kampen:** Nur zu Fuß über Strand oder Dünen zu erreichen. Kult seit den 70ern. Urige Strandlocation. Surfertreff. Küche einfach, aber gut. Der Sommerhit.

7 **Kaamps7, Kampen:** Strandbistro an Kampens Hauptstrand unterhalb des kleinen Leuchtturms. Die imposante Holzkonstruktion bietet wetterfeste Innen- und rustikale Außenplätze. Top Küche!

8 **Sturmhaube, Kampen:** Das Highlight auf dem Roten Kliff macht immer noch eine Renovierungspause.

Der Süden

9 **Strandmuschel, Rantum:** Das Bistro direkt an der Treppe zum Rantumer Hauptstrand, ein echter Geheimtipp für entspannte Stunden bei mediterranen Snacks, deftigen Tellergerichten und einem grandiosen „Weinkeller" – mit Meerblick und schlechtwetterkompatibel.

10 **Tadjem Deel, südlich von Rantum:** Zwar hinter den Dünen in einem Tal gelegen, aber absolut strandnah. Gutbürgerliche regionale Küche. Familiäres Lokal mit großer Terrasse.

11 **Seepferdchen, am Strand von Samoa:** Ein Abend im Restaurant ist Romantik pur: wunderbar zubereitete Nordseefische, herrliche Weine, Kerzenschein und Meeresrauschen. Tagsüber reger Strandbetrieb. Strandkorb-Terrasse mit Meerblick.

12 **Sansibar, zwischen Rantum und Hörnum:** Ganzjähriger Renner. Immer gut besucht ist Herberts Hütte in den Dünen. Mittags günstig, abends immer ausgebucht. Top-Weine im Dünen-Keller. Lecker Kuchen im Strandkorb.

13 **Campingplatz, Hörnum:** Restaurant **Strænd** lohnt den Besuch. Von der Einrichtung bis zur Küche: alles homemade.

14 **Strandbistro Breizh, Hörnum:** Das Strandhaus in trendiger Architektur. Auf Höhe des modern gestalteten Hapimag-Resorts auf einer Düne gelegen. Das Angebot ist – wie der Name vermuten lässt – bretonisch beeinflusst. Ungestörter Meerblick inklusive.

15 **Kap-Horn, Hörnum:** Urgemütliches Blockhaus in den Dünen gelegen – kurz vor dem Hörnumer Weststrand.

16 **Südkap, Hörnum:** Ganz am Ende der Hörnumer Hafenpromenade ist das „Südkap" die ideale Station für eine kleine oder große Stärkung vor oder nach einem herrlichen Spaziergang um die südlichste Spitze der Insel.

17 **KAI3 Budersand, Hörnum:** Das große 5-Sterne-Superior-Golfhotel bietet vom Restaurant „KAI3" einen ungestörten Blick auf Meer und Nachbarinseln. Die Terrasse direkt über der Nordsee lädt zu Kaffee, Tee und herrlichem Kuchen ein. Über allem thront auf einer Düne das Bistro Strønholt.

7

KAAMPS7

14

Breizh

11

Seepferdchen

12

Sansibar

Die Restaurants in Sylt à la carte 2019

Alte Friesenstube 1648
Westerland · Seite 32

Restaurant · Weinlounge
Altes Zollhaus
WESTERLAND
Westerland · Seite 34

BADEZEIT
Westerland · Seite 36

Casa Bianca
RISTORANTE
WEINHANDLUNG
Westerland · Seite 38

BLUM
Fisch-Spezialitäten
Westerland · Seite 40

NEU auf Sylt
goldgelb
Sylt
Westerland · Seite 41

WIEDER im Buch
EBBE&FOOD
das restaurant
Westerland · Seite 42

NEU auf Sylt
food porn
SO SCHMECKT SYLT
Westerland · Seite 44

Franz Ganser
DAS KLEINE RESTAURANT
Westerland · Seite 46

HARDY'S
BAR & RESTAURANT
Westerland · Seite 48

MARISO
RESTAURANT · BISTRO
Westerland · Seite 52

Pablito
Tapas & Wein
...die kleine TapaBar im Herzen der Stadt
Westerland · Seite 54

riva
Westerland · Seite 55

Hotel Miramar
Westerland · Seite 56

JM
Hotel und Restaurant
Jörg Müller
Westerland · Seite 58

Die Restaurants in Sylt à la carte 2019

FEINHEIMISCH
Genuss aus Schleswig-Holstein e.V.
FEINGENIESSEN AUF SYLT
Frische hochwertige Produkte aus Schleswig-Holstein verarbeitet zu den wunderbarsten Gerichten, die in Erinnerung bleiben – dafür steht FEINHEIMISCH!
Auch auf Sylt finden Sie Restaurants, die das feinheimische Gütesiegel tragen und nur mit den besten Zutaten aus der Region kochen. Die Gastgeber Rüdiger Meyer und Britta Wonneberger von der Wonnemeyer Weststrandhalle, Johannes King im Dorint Söl'ring Hof sowie Anja und Claas-Erik Johannsen im Benen-Diken-Hof freuen sich auf Ihren Besuch! Erleben Sie Genussmomente, die Sie so schnell nicht mehr vergessen!
Weitere Informationen zur landesweiten Initiative für den besten Genuss aus Schleswig-Holstein finden Sie unter www.feinheimisch.de

Die Restaurants in Sylt à la carte 2019

BUHNE 16 KAMPEN · SYLT
Kampen • Seite 92

DORFKRUG Bar & Grill
Kampen • Seite 94

GOGÄRTCHEN · KAMPEN · Sylt
Kampen • Seite 96

IL RISTORANTE
Kampen • Seite 98

Kaamps7
Kampen • Seite 102

Kaamp Meren
Kampen • Seite 104

Manne Pahl
Kampen • Seite 106

ODIN
Kampen • Seite 108

NEU auf Sylt
94 sound & kitchen KAMPEN
Kampen • Seite 110

VOGELKOJE KAMPEN SYLT
Kampen • Seite 112

BODENDORF'S (HB) Sternstunden by Holger Bodendorf
Tinnum • Seite 118

SIEBZEHN84 (HB) Restaurant by Holger Bodendorf
Tinnum • Seite 120

BROT & BIER anno 2016
Keitum • Seite 122

BUTCHEREI GRILL & BAR
Amici Restaurant
Keitum • Seite 124

150 Jahre FÄHRHAUS SYLT
Munkmarsch • Seite 126

Die Restaurants in Sylt à la carte 2019

Die Restaurants in Sylt à la carte 2019

SYLT
MEER. LEIDENSCHAFT. LEBEN.
FÜR IHRE KLEINEN TUN WIR FAST ALLES …
Unser Verzeichnis für Babysitter und Kinderbetreuer finden Sie auf www.sylt.de/babysitter
Familienurlaub hin oder her, Sie wünschen sich etwas Zeit für sich? Essen gehen, Kino oder Shoppen? Bei uns finden Sie die perfekte Betreuung für Ihren Nachwuchs.

Die Restaurants in Sylt à la carte 2019

- KAI 3 RESTAURANT – Hörnum • Seite 194
- Strönholt BISTRO · CAFE · RESTAURANT – Hörnum • Seite 196
- EILAND ...immer etwas Mehr!
- Sylt Entrée – Westerland Seite 28
- NEU im Buch: M Kaffeehaus Mateika – Westerland Seite 28
- www.SunsetBeach.de Westerland/Sylt – Westerland Seite 29
- Friends come together – Westerland Seite 29
- wein:momente – Westerland Seite 30
- 49er ALDENTE – Westerland Seite 30
- SHIROBAR – Westerland Seite 31
- NEU auf Sylt: Cocktailcafé BARBUSHKA – Westerland Seite 31
- Wie Zuhause – Morsum • Seite 116
- Kleine Teestube – Keitum • Seite 116
- HOFCAFE KLEIN'ER Kuhstall – Tinnum Seite 117
- Restaurant »Alte Schule« Archsum/Sylt – Archsum Seite 117
- NEU im Buch: Sylter Eismanufaktur – List • Seite 155
- NEU auf Sylt: SYLTER Bonscherei SÜSSES · LIEBEVOLL · HANDGEMACHT – Rantum • Seite 171
- KAFFEERÖSTEREI SYLT CHRISTIAN APPEL – Rantum • Seite 171
- NEU auf Sylt: STRÆND SYLT – Hörnum Seite 191

LOVE
PEACE
HARMONY
... AND THE WILD-SIDE.
www.syltfisch.de

Gemüsesalat
Johannes King · Jan-Philipp Berner
Söl`ring Hof

Foto: Ydo Sol

Westerland

quicklebendige Inselmetropole

Weitere Informationen bietet der
Insel Sylt Tourismus-Service (ISTS)
Tourismus-Service Westerland

Telefon: 04651/998-0
Telefax: 04651/998-6000
E-Mail: urlaub@insel-sylt.de
Internet: www.westerland.de
www.insel-sylt.de

Westerland, das ist die quicklebendige Seite der Insel Sylt. Um die Inselmetropole kommen Sie nicht herum: Wahrscheinlich schon bereits bei der Anreise, wenn Sie mit der Bahn oder dem Autozug eintreffen, spätestens aber beim Shopping oder beim Eintauchen ins Nachtleben. Das Zentrum bildet die Fußgängerzone mit ihren zahlreichen Geschäften. Abends beginnt hier die zweite Tageszeit, wird in Kneipen und Discos ausgelassen gefeiert und geflirtet und im Spielcasino gezockt.

Geboren wurde Westerland quasi aus der Not: Als eine schwere Sturmflut im Jahre 1436 das Sylter Hauptdorf Eidum verschlang, erbauten die Bewohner einige Kilometer nordöstlich eine neue Siedlung. Heute zeigt Westerland ganz unterschiedliche Gesichter: Während im Kurzentrum mächtige Appartementhäuser urbanes Flair vermitteln, gruppieren sich im alten Kern verträumte Friesenhäuser rund um die Alte Dorfkirche.

In Westerland ist immer was los, denn zahlreiche Veranstaltungen und Events wie etwa der World-Surf-Cup sorgen für kurzweilige Urlaubstage. Beachtenswert ist das Sylt Aquarium, die Promenade mit ihrer Musikmuschel oder das Freizeitbad „Sylter Welle". Kurzum: In Westerland schlägt der Puls der Insel.

Sylt Entrée

Auf dem Weg vom und zum Zug nach irgendwo geht sowieso kein Weg am *"Sylt Entrée"-Bistrorant* vorbei. Zentral im Westerländer Bahnhof gelegen, lohnt aber ein Besuch nicht nur bei Abfahrt und Ankunft. Schließlich wurde dieser Ort gerade erst mit einem trendy Fifties-Style gekonnt aufgepeppt. Es ist ein richtiger Wohlfühlort entstanden.

Der Tag beginnt mit Frühstücksvariationen (ab 4,50) als „Entrée" für den Tag und setzt sich über Suppen (ab 4,50) und Flammkuchen (ab 7,50) fort bis hin zu Deftigem wie Currywurst (ab 4,90), Burger (ab 9,90), Schnitzel (ab 12,90), Gemüsecurry (9,50), Matjes mit Bratkartoffeln (8,50). Frühstücken können hier übrigens auch Langschläfer von 8 bis 18 Uhr.

Täglich wechselnder günstiger Mittagstisch. Aus „Omas Milchküche" kommen Vanille-Grieß (4,50), Pancakes (6,50) beides mit frischen Früchten, aber auch Milchreis „mit alles" – ab 4,90.

Im „Sylt Entrée" fließt das Bier aus Sylts erster Draft-Master-Anlage; das neuartige Zapfkonzept bürgt für mehr Geschmacksintensität – Biertrinker werden's danken, aber auch andere Positionen wie der Marillenlikör und der Weißbierschnaps sind eine Versuchung wert. Na dann Prost! Aber bitte nicht den Zug verpassen, nur weil´s hier so gemütlich ist ...

Last but not least: Ideale Location für Veranstaltungen bis zu 150 Personen.

25980 Sylt / OT Westerland, im Bahnhof,
Tel.: 0 46 51 / 929314, Fax: 929318, tägl. ab 6 Uhr, sonntags ab 7 Uhr, Küche bis 19.30 Uhr,
www.sylt-entree.de, info@sylt-entree.de

M Kaffeehaus Mateika

Nur wenige Schritte von Westerlands geschäftiger „Hauptschlagader" tut sich in der Bismarckstraße eine sympathisch-gemütliche Kaffeehaus-Atmosphäre auf. *Mateika* hat sich als traditionelle, alteingesessene Conditorei in ihrem neuen Domizil farbenfroh eingerichtet. Ein genussvoller Einstieg in den Tag ist das „Mateika" Frühstück. Je nach Gusto gibt es „das Kleine" schon für 4,80 oder z.B. das „Herzhafte" mit Krabben-Rührei (12,90), welches mit schmackhaften Extras erweitert werden kann. An Wochenenden und Feiertagen wird das schon legendäre „Gourmet-Brunch-Buffet" aufgebaut. Pro Person für 19,80 und dies von 8.30 -13 Uhr (Reservierung empfohlen). Die Mittagskarte von 12 bis 14.30 Uhr bietet eine welchselnde Auswahl an Gerichten, die der gutbürgerlichen Küche zuzuordnen sind, wie z.B. Geschnetzeltes „Zürcher Art" mit Butterspätzle, Tafelspitz mit Meerrettichapfelschaum oder Wildlachsfilet mit badischem Spargel. Die Gerichte welchseln jahreszeitlich – und so kommt kulinarisch keine Langeweile auf. Das Preisniveau liegt zwischen 14,- und 24,- Euro. Nachmittags dreht sich alles um Kaffee und Kuchen. Die Torten sind wahre Kunstwerke der hohen Pâtisserie. Dazu, immer mittwochs, erklingt ab 15.00 Uhr stimmungsvolle Salon-Musik vom Pianino und auf der Sonnenterrasse kann der Tag bei einem guten Glas Wein ausklingen. Es gibt also viele Gründe dem Kaffeehaus Mateika einen Besuch abzustatten.

25980 Sylt / OT Westerland, Bismarckstraße 13,
Tel.: 0 46 51 / 24081, tägl. geöffnet 8 - 18 Uhr,
www.mateika.de, cafe@mateika.de

Ganz leger, direkt am Strand und Meer. *Sunset Beach* – ein Wohlfühlort. Ein Logenplatz für jedermann an der Westerländer Seepromenade mit fantastischem Meerblick und dazu friesisch herbes Jever vom Fass. Wow! Die „Hütte" mit windgeschützter Terrasse ist klein, das Speisenangebot aber erstaunlich groß. Das Schöne, hier wird richtig gekocht, Convenience? Nein danke! – und das schmeckt man auch. Der Kurs der Küche: Gute Bürger-Küche bis mediterran. Flammkuchen „klassisch" mit Speck und Zwiebeln (10,90), Matjes mit hausgemachter Sauce und krossen Bratkartoffeln (14,90). Nordseescholle „Finkenwerder" mit Bratkartoffeln und Gurkensalat (19,80). Täglich wechselnde Gerichte auf der Tafel.

Trixi und *Hans Heinicke* führen ihre „Hütte" nun schon über 30 Jahre. Sie haben ihre Location mit der Surfschule und SUP-Unterricht sowie dem Verleih von Boards zu einem Sylter Hot-Spot gemacht, der mit dem „Sunset Beach" schon Kultstatus erreicht.

25980 Sylt / OT Westerland, Brandenburger Str. 15,
Tel.: 0 46 51 / 27172, P
www.sunsetbeach.de, info@sunsetbeach.de

Hier sitzt man richtig. Bester Meerblick. Die Terrasse auf der Westerländer Seepromenade ist schließlich leicht zu erreichen. Die Strandversorgung klappt reibungslos.
Ab 10 Uhr lockt schon mal das Frühstück, entweder „klein" ab 2,60 oder ausgiebig für 11,50. Dann beginnt es auch schon hinter dem Tresen in der offenen Küche zu brutzeln.

www.voss-winterkonzerte.de

Hier wird eine unkomplizierte schmackhafte Strandbistro-Küche geboten: Die unverwüstliche Currywurst mit Pommes rot/weiß darf da nicht fehlen (6,90). Die Flammkuchen kommen in diversen Variationen auf den Tisch – mit Speck und Zwiebeln (8,50), mit Pulled Pork (13,-) bis zu den Scampi (14,50). Wir sahen noch Seelachs mit Oliven-Tomaten-Tapinade (15,50) und Roastbeef vom Angus auf der Karte (16,50). Dazu werden alle gängigen Erfrischungsgetränke und sehr gute Weine offeriert. Außerdem Bier vom Fass, Longdrinks, Liköre und Obstler. Auch für die legere Strandversorgung ist mit „to go"-Speisen ausreichend gesorgt.
Nun warten wir auf den Sonnenuntergang. Was will man eigentlich mehr? Oh ja z.B. im Herbst und Winter, da sind die Singer/Songwriter-Konzerte der große Hit (siehe Tagespresse).

25980 Sylt / OT Westerland, Strandpromenade,
Tel.: 0 46 51 / 7683, ab 10 Uhr geöffnet bis Sonnenuntergang,
Frühstück 10-12 Uhr,
www.vosssylt.de

Ein charmanter, ruhiger Treff im quirligen Westerland, in der Elisabethstraße. Ein kleines Weinlokal, das mit seinem Namen *wein:momente* schon die gastronomische Richtung vorgibt, ist im *Hotel Dünenburg* zu suchen und zu finden *(siehe Hotel-Report)*. Wir sahen auf der Weinkarte ca. 20 gut ausgewählte Positionen. Auffällig sind eine ganze Anzahl von bewährten „only Sansibar"-Weinen. Erstaunlich ist auch die Preisgestaltung, die sich wohltuend auf den Geldbeutel auswirkt. Das Gros der Flaschen pendelt sich um die 25,- ein.

Glasweise wird im 0,1 Glas ab 3,50 oder in 0,2 Gläsern ab 6,50 ausgeschenkt. Ein breites Sortiment an Sekt, Prosecco und Champagner wird kredenzt. Dass diese nette Bar auch bunte Cocktails (7,90) offeriert und „geistreiche" Spirituosen bereithält, versteht sich eigentlich von selbst. Die Edelbrände mit eigenem Etikett eignen sich auch als Geschenk.

Eine kleine Speisenkarte sorgt für die Möglichkeit, sich für die „Weinprobe" eine gute Grundlage zu schaffen: z. B. Käsevariationen, Flammkuchen und Krabbensuppe mit Cognacsahne. Als „Notprogramm" für Freunde eines kühlen Bieres wird auch ein Stauder Pils gezapft. Wein:momente lädt, in warmes Bordauxrot gehüllt, ein für einen „Absacker" nach Kinobesuch oder Konzert oder einfach „nur so". Das wein:momente-Motto besteht zu Recht: „Leben und genießen".

25980 Sylt / OT Westerland, Elisabethstraße 9,
Tel.: 0 46 51 / 82200, Fax: 24310, täglich geöffnet bis 21 Uhr

Besonders beliebt bei Familien. Tolle, legere Location. Ein ideales Ausflugsziel. Schließlich befindet sich das Restaurant *49er Aldente* im Gebäude des Westerländer Aquariums, neben dem Minigolfplatz sowie an einer Hüpfburg und anderem Zeitvertreib für die Kids. Auch der Strand ist nicht weit, denn der Strandübergang 49 gab dem Lokal schließlich den Namen. Hier fühlen sich aber nicht nur die Kids sauwohl. Das 49er Team sorgt für eine beachtliche Küche zu wirklich akzeptablen Preisen. Pizza und Pasta sind hier der Hit, dass die Gäste ins Schwärmen geraten.

Beim Meeresgetier seien Pannfisch und die Riesengarnelen-Pfanne erwähnt. Rigatoni mit Rinderfiletstreifen gehören zu den Lieblingsgerichten. Saisonales findet man auf der Tageskarte und mit über 50 Top-Positionen werden die Weinkenner zufriedengestellt. Hier sind die Preise echt freundlich kalkuliert. Pasta ab 10,50, Pizza ab 9,-, Wein 0,2 ab 6,40, Bitburger 0,3/3,50.

Kindergeburtstag feiern? Die „49er" machen es mit vielen Ideen möglich: Deko, Essen, Trinken, Süßes... (Pauschalen pro Kind ab 9,90). Aldente ist eine wahre Erlebnislocation für alle. Auch für Feste aller Art. Und bei großen Sportereignissen gibt´s natürlich Public Viewing!

25980 Sylt / OT Westerland, Gaadt 33,
Tel.: 0 46 51 / 4609962, geöffnet von 10 bis 22 Uhr, Küche durchgehend ab 12 Uhr
www.49er-aldente.de, info@49er-aldente.de

Sushi- und Sashimi-Fans pilgern in die *Shirobar*. Ein Beweis dafür, dass Sushimeister *Thomas Fechner* das richtige Händchen hat, denn alles was hier auf den Tisch kommt ist schließlich Handarbeit. Die Räumlichkeiten kommen hier selbstverständlich hauptsächlich in Weiß in klarer Linie daher. Schließlich bedeutet das japanische Wort Shiro nichts anderes als die Farbe Weiß. Das Interieur zeigt sich schnörkellos, genauso wie die Küche mit klassischem fernöstlichen Sushi und Sashimi in Kombination mit westlichen Einflüssen.

Über 30 Gerichte bietet die Speisenkarte. Wir sahen auf der Karte Sushirollen ab 4,50 (6 Stück Gurken Maki) bis 10,- für die California Roll mit King Crab, Avocado und Gurke.

Die aufwändigen Special Rolls gibt´s ab 12,- und ein komplettes, vielseitiges Sushiset schlägt mit 39,- zu Buche. Sogar Vegetarierer und Veganer werden hier mit Crispy Vegi Rolls (10,-) glücklich gemacht. Die Rollen sind warm, crunchy, creamy und melty. Auch die Desserts mit hausgemachter Eiscreme sind jede Sünde wert.

Die Bewertungen bei Yelp sind überschwänglich: Alles superlecker, jedes Sushi exzellent, Genussreise durch die Sushiwelt, perfekte Zubereitung, ein Highlight (Angaben ohne Gewähr)…

25980 Sylt / OT Westerland, Keitumer Chaussee 5a,
Tel.: 0 46 51 / 9679449, geöffnet 17.30 bis 22.30 Uhr,
Dienstag Ruhetag, P f
www.shirobar.de

Eine nette Wortspielerei ist der „Aufhänger" für diese sympathische kleine Bar, die *BARBUSHKA* in der Friedrichstraße. In diesem „schmalen Handtuch" regiert *Boris*. Der junge Russe kann Cocktails – alles gelernt als Restaurantfachmann in ersten Häusern. Sein Laden liegt auf der Sonnenseite der Westerländer Geschäftsstraße. So sind Stühle und Tische vor der BARBUSHKA bei schönem Wetter immer schnell belegt, denn es spricht sich schnell herum, dass Boris hier eine ganz besonders relaxte Atmosphäre geschaffen hat mit Drinks, die nicht nur perfekt geschüttelt und gerührt sind, sondern auch noch bezahlbar sind – z.B. Gin and Tonic in variablen Kombis 3 cl 7,-/5 cl 14,-. Lieblings-Gin ist „Brokman's" oder „Tonka". Die Cocktail-Favoriten von Boris: „Negroni", „Espresso-Martini" und „Pina Fria" – die hat´s ihm angetan. Das ist ein Drink mit Jamaica Rum auf Ananaspüree und Kokos. Hier kann man viele Drinks kennenlernen, seien es Aperitifs oder Digestifs – also vor oder nach dem Essen. Apropos Essen – Küche ist hier nicht, dafür gibt´s rund um die BARBUSHKA genug Versorger. Nur wenn Mutti da ist, dann gibt´s Blinis oder Borschtsch. Dazu ein Flens vom Fass (0,2/2,20) oder einen Wein (0,2/6,-). Alles verhältnismäßig günstig. Boris ist da großzügig. Und wenn die Sonne mal wieder zu stark auf der Sonnenseite scheint – Boris hat mit gratis Sonnencreme vorgesorgt. Wie gesagt, Boris ist großzügig ...

25980 Sylt / OT Westerland, Friedrichstraße 14, Tel.: 0 46 51/ 8069530, täglich ab 15 Uhr bis ... in der Saison ab 12 Uhr, www.barbushka-sylt.de, boris-sirotyuk@hotmail.de

Zauberhaftes Ambiente
Top-Küche
Garten

Alte Friesenstube – Friesische Gastlichkeit

Eines der schönsten historischen Restaurants in einem alten Friesenhaus mit traumhaftem Garten. Regionale Spezialitäten, innovativ zubereitet. Vorspeisen ab 11,50, Hauptgerichte ab 23,-. Umfangreiche Weinkarte. Vor allem deutsche und österreichische Anbaugebiete (offene Weine 0,2 ab 8,-, Flaschen ab 22,50). „Bitburger Pils" vom Fass (0,2/3,-), empfehlenswert ist auch die große Auswahl an Obstbränden.

Erbaut im Jahre 1648 residiert das Restaurant *Alte Friesenstube* im ältesten Haus auf ganz Sylt. Und dies dokumentiert sich natürlich auch im Interieur, angefangen von historischen Fliesenwänden bis hin zu ausgesuchten, kulturträchtigen Accessoires. Es ist einfach supergemütlich! Doch nicht nur das Auge, sondern auch Leib und Seele werden in dem behaglichen gastronomischen Kleinod der Familie *Schacht* verwöhnt.

Anno 1648

„Moin! Nu gift dat wat to eeten!" („Moin! Nun gibt das was zu essen!") begrüßt die Speisenkarte den Gast auf Plattdeutsch und beschert die feine Qual der Wahl.

Küchenchef *Carsten Banse* dokumentiert seine Liebe für eine innovative Regionalküche mit besten Zutaten in den unterschiedlichsten Varianten – seien es Vorspeisen wie Jakobsmuscheln „op anwarmten Wakame-Algensalaat an Safranschü", seien es Hauptgerichte wie das Filet vom Husumer Ochs oder der nordfriesische Pannfisch oder aber eine aromatische Fliederbeersuppe mit „Appeln und Klümp" zum Dessert. Weitere Gerichte offeriert die wechselnde Tageskarte mit jeweils saisonalen Gerichten, die vom Küchenteam ideenreich zubereitet werden.

Stilvoll gespeist wird an festlich gedeckten Tischen – bei schönem Wetter gern auch im gepflegten Garten zwischen Rosen und Hortensien, dem das besondere Augenmerk des Hausherrn *Nico Schacht* gilt und der jedes Jahr aufs Neue mit Liebe zum Detail gestaltet wird.

Dass die Gäste in der Alten Friesenstube schöne, unvergessliche Abende verbringen, dazu tragen viele Hände bei: „Ich habe wirklich sensationelle Mitarbeiterinnen und Mitarbeiter, die einen top Job machen und dies bereits seit vielen Jahren", unterstreicht Nico Schacht. Neben dem Küchenchef ist Restaurantleiter *Sebastian Ahrend* mit seinem Service-Traumteam zu erwähnen. Diese „Friesenstube" ist ein Muss!

ALTE FRIESENSTUBE, Gaadt 4, 25980 Sylt / OT Westerland,
Tel.: 0 46 51 / 1228, geöffnet täglich ab 17.30 Uhr, ab Ende November Betriebsferien,
www.altefriesenstube.de, altefriesenstube@t-online.de

Alte Friesenstube 1648

Moin!

Nu gift dat wat to eeten!

Een goodes Eeten nertonichten bruukt siene Tied.
Een Eeten wat vörweg all schon vergeiht se gauer, seggt de Köksch!

Un noch watt: wenn se nich allns eeten kunnt, wat wi hebbt,
dann fraagt uns Lüüd, de vertell se, wat dor in is'...

Tatarvariationen vunt Rind op gerösteten Swattbrood,
Matjes op Freesenbrood un Norweger Lachs-Tatar 17,00

Jacobsmuscheln
op anwarmten Wakame-Algensalaat, un Safranschü 16,50

Een Dutzend Wiinbargschnecken
mit uns lecker Curry-Krüüderbodder 11,50

Roote Beet-Carpaccio mit Groden Scampi
un een fin Vinaigrette 17,00

Variatonen vunt Vörspiisen "Ole Freesenstuv"
laat di mol övernasch'n, watt wi allns hebbt ... 17,00

Kees vun unse Keitumer Zeegen
in Speck inhüllt, dorto Feldsalaat
un Kantüffel-Rosinenstipp 15,50

All' ns wat ut Fleesch maakt is:

Maispoulardenbost op Arften-Kapern-Püree
an Riesling-Schuum, dorto een Salaat vun Feld 25,00

Filet vun freelopen Schaap
mit anmaakte Knoblauchtunk dorto
mediterran' Gemös un Kantüffelgratin 27,50

Filet vun Husumer Ochs,
op Balsamico-Schalott' un Selleriepüree 37,00

Braaden Aant
een Holsteiner Spezialität freesch ut 'n Backofen
mit lecker Schü, Rotkruut
un Kantüffelklüten vun uns sülben maakt 20,50

Roulade vun Rind
lecker schmord mit Rotkruut
un Bodderkantüffeln 25,00

Rindertartar, 220gr, lecker anmaakt
mit Freesenbrood un solten Bodder
oder kott anbraaden, mit rösten Zippeln,
Jus un Braadkantüffeln 28,00

All' ns wat ut 'n Meer kümmt
dor löppt een doch de Snuut vull Water!

Nordfreesische Pannfisch
as dat wurd all seggt unnerschiedlich
Fisch un Kantüffel schmort in de Pann,
mit Senfstipp un Salaat,
dat smeckt nach Meer.....! 25,50

Filet vun een Dorade Royal
mit Oliven-Thunfisch-Ragout
un dorto hebbt wi Rosmarinkantüffeln 28,00

Scholl freesch vun Lister Kutter, braaden in een Stück
braaden op „Finkwarder Art" in Speck
dorto lecker Braadkantüffeln un Gurken-Salaat 24,50

Stoven Nordsee-Angeldorsch
in lecker Pomery-Senf-Schü, dorto Wottelgemös,
Soltkantüffeln und Gurkensalaat in Rahm 26,50

Steenbutt ut de Nordsee un Hummer vun Canada
braaden, op Surkruut-Kantüffelpüree
un Jus vun Krustendiert 38,50

See-Duevel-Stücken
im Serrano-Schinken-Övertrecker mit Scampi
op unsern witten Tomaten-Risotto
dorto een Rucolasalaat in olen Balsamico 32,00

Restaurant · Weinlounge
Altes Zollhaus
WESTERLAND

Frische-Küche
Blumen-terrasse
Vinothek

Crossover-Genuss für alle Sinne

Wunderschönes Abendrestaurant zum Ankommen und Bleiben. Historische Fassade, stylish-gemütliches Interieur. Highlight: die prachtvoll mit Blumen dekorierte Terrasse. Internationale Speisenkarte, täglich wechselnde saisonale Empfehlungen . Einfallsreiches für Liebhaber fernöstlicher Aromen. Vorspeisen ab 9,- (Zollhaus Salat). Hauptgerichte ab 25,- (Kross gebratenes Zanderfilet). Weißburgunder Hoffmann/Rheinhessen, Merlot Hacienda Sanoma/Kalifornien. Weinlounge mit gehobenem Sortiment aus Deutschland (Schwerpunkt) und der Welt.

Im *Alten Zollhaus* verschmelzen Architektur, Interieur und Kulinarik zu einer harmonischen Einheit, die alle Sinne anspricht. Schon das über 100 Jahre alte Backsteingebäude ist ein Hingucker, die üppig blühende Hortensienpracht auf der stilvoll gestalteten Terrasse erst recht. Abends sind Fassade sowie Terrasse dezent beleuchtet und in romantisches Kerzen- und Fackellicht getaucht – ein Ort zum Ankommen und Bleiben. Bleiben möchte man am liebsten auch in dem stylishen Gastraum, der das Auge mit einem zurückhaltenden Farbkonzept, stilsicherer Dekoration und edlen Materialien verwöhnt.

Ganzheitlich wird auch der Gaumen verwöhnt: etwa mit dem Genießer-Frühstück von 9 bis 11 Uhr, auch für Außer-Haus-Gäste (Reservierung bis spätestens 12 Uhr des Vortags, Buffet 24,50). Ab 18 Uhr zeigt das Team am Herd dann seine Interpretationen einer euro-asiatischen Genussreise. Die könnte z.B. mit einer Curry-Zitronengras-Suppe mit Maishuhn, Kokos und Ingwer beginnen (11,-). Die „Zollhaus Bowl" ist als Zwischengang u.a. mit Sylter Ei, Garnele und Tuna eine feine Fusion aus regionaler und internationaler Küche (19,-). Als Hauptgang würde sich unsere Autorin für den Stör mit Gamba, Spitzkohl und Roter Bete entscheiden, fein abgerundet mit Madrocas Curry (34,-). Fleischliebhaber freuen sich auf ein schönes Black Angus Filet mit klassischem Kartoffelpüree und raffiniert verfeinert mit Wakame, Pak Choi, Shiitake-Pilzen und Crunch (36,-).

So ein Abend voller kulinarischer Verführungen soll am liebsten gar nicht enden. Und wenn doch, dann gerne in der einladenden Weinlounge. Dort genießt man einen guten Tropfen aus dem sorgfältig zusammengestellten Weinsortiment. Weinkenner und -liebhaber dürfen sich auf hochwertige Rieslinge und Große Gewächse ebenso freuen wie auf elegante Rotweine aus besten Lagen. Man kann übrigens auch einfach mal „nur" auf ein Glas Wein vorbeikommen. So wundert es nicht, dass Gäste immer wieder gerne ins Alte Zollhaus zurückkehren, um genussvoll durch internationale Aromen- und Weinwelten zu reisen.

ALTES ZOLLHAUS, Boysenstraße 18, 25980 Sylt / OT Westerland, Tel.: 0 46 51 / 449443, ganzjährig geöffnet, Küche von 18 bis 21.30 Uhr. Feierlichkeiten bis 40 Personen
www.altes-zollhaus-sylt.de, info@altes-zollhaus-sylt.de

Speisenkarten-Auszug-Frühjahr 2019
Angebot und Preise können sich je nach Marktlage ändern

BADEZEIT
STRANDRESTAURANT

Badezeit ist Genusszeit!

Restaurant im Strandhaus-Stil auf der Westerländer Kurpromenade. Frühstück ab 9.30 Uhr. Regionales mit mediterranen und asiatischen Akzenten. Neben der „großen“ Karte kleine Strandkarte bis 16.30 Uhr, Gerichte ab 6,90 (Kartoffelsuppe mit Würstchen), frische Blechkuchen (3,50). Kreatives für Fisch- und Fleischliebhaber sowie Vegetarier. Vegane Gerichte. Gutes Preis-Leistungs-Verhältnis. Gut sortierte Weinauswahl vom Hauswein „Badezeit-Cuvée“ (Bio-Weißwein, 0,2/6,90) bis hin zu Spitzengewächsen. Speisenkarte inkl. Frühstückskarte im Internet.

Ja, die Badezeit ist die schönste Jahreszeit auf Sylt. Und sollte es mal doch nicht klappen mit dem Baden, gibt's ja zum Glück ganzjährig das Restaurant . In „exponierter Lage“ auf der Westerländer Promenade. Mit einzigartigem Blick auf Strand, Meer und Horizont – und das von jedem Platz aus, ob Gastraum oder Sonnenterrasse. Genießen von morgens bis abends lautet hier die Devise: vom Frühstück für den perfekten Start in den Tag über eine genussvolle Mittagspause bis hin zum entspannten Abendessen. Dass man am liebsten gleich den ganzen Tag bleiben möchte, liegt auch am lässigen Strandhausflair der *Badezeit* mit viel Holz und natürlichen Materialien, maritimen Sand- und Türkistönen, Strandgut sowie stimmungsvollen Schwarz-Weiß-Fotografien an den Wänden.

Am Herd sind, gestatten, *Christian Dieckmann* und *Manuel Schröder* ein eingeschworenes Team. Und unsere Autorin hat ein paar Tipps für einen genussvollen Badezeit-Tag zusammengestellt: Der beginnt natürlich mit Frühstück. Am bestem dem „Für zwei“ (23,90). Da ist alles dabei, was Spaß macht. Unter anderem Serrano-Schinken, Käse, Salami, Kräuterquark und Rührei. Die gefutterten Kalorien wird man dann leicht bei Aktivitäten am Strand wieder los. Der liegt ja vor der Badezeit-Tür. Mittags schmeckt dann Köstliches von der kleinen Strandkarte. Etwa ein Reibekuchen mit Apfelkompott (6,90) oder kleine Kartoffeln aus Nordfriesland mit verschiedenen Beigaben wie eingelegter Schafskäse, Petersilienpesto und Sourcreme (11,50).

Abends sollte man sich die ganzen Fische aus dem Ofen nicht entgehen lassen – sie sind das Aushängeschild des Restaurants. Und wer kann schon einer feinen Nordsee-Seezunge mit Limonenbutter, kleinen Kartoffeln und Gurkensalat widerstehen (36,50)? Äußerst lecker ist aber auch das „Feinste vom Landhuhn“ – die ausgelöste Keule wird gegrillt und mit Ziegenkäse gratiniert, dazu gibt's mediterranes Gemüse und Rosmarinkartoffeln (19,50). Ein würzig-leckeres Geschmackserlebnis!

Fehlt eigentlich nur noch der romantische Sonnenuntergang, um den Tag perfekt abzurunden. Und ein begleitender Drink dazu. Die 2017er Scheurebe Kalkstein von Manz erfreut den Weinliebhaber mit ihrer dichten Struktur und einem vielschichtigen Bouquet mit Noten von Stachelbeeren, Johannisbeeren und Litchi (0,75/28,-). Auf die Genusszeit in der Badezeit!

BADEZEIT STRANDRESTAURANT, Strandpromenade, 25980 Sylt / OT Westerland, Tel.: 0 46 51 / 83 40 20, Fax: 83 40 22, ganzjährig geöffnet ab 9.30 Uhr, warme Küche im Sommer 11.30 bis 22 Uhr, im Winter bis 21 Uhr. Feiern bis zu 120 Personen.
www.badezeit.de

BADEZEIT

Auszüge aus unserer Speisekarte

Vorspeisen

Vitello Tonnato - Kalbfleisch kalt aufgeschnitten - Thunfischsauce - Kapernäpfel	13,90
Rote Bete-Rotkohl-Tatar - Hirtenkäse-Mousse - karamellisierte Walnüsse	12,50
Lammbratwürste vom Keitumer Gänsehof - Provenzialischem Gemüse	12,90
Gratinierter Ziegenkäse - Trüffelhonig - Salat in Balsamico Dressing - Croutons	11,90

Fischgerichte

Gebratenes Kabeljaurückenfilet Weißweinsauce - Möhren-Zitronen-Gemüse mit Knoblauch - Kleine Kartoffeln	24,50
Zanderfilet auf der Haut gebraten mit Seawater Garnelen Provenzalisches Gemüse - Rosmarin-Kartoffeln - Aioli	22,90
Filets von Nordseefischen - Pommery-Senfsauce - Bratkartoffeln - Gurkensalat	22,90
Zarte Matjesfilets - Joghurt & Mayonnaise - Apfel - Zwiebel - Gewürzgurke - Bratkartoffeln	16,90
Paul´s Lieblingsessen - Filet vom Brathering - Wasabi-Garnelen - Zartes Matjesfilet - Bratkartoffeln	17,90

Ganze Fische

Gebratene Nordseescholle - Speck - Bratkartoffeln - Gurkensalat	21,00
Nordsee-Seezunge aus dem Ofen - Limonen-Butter - Kleine Kartoffeln – Gurkensalat	36,50
Wolfsbarsch aus dem Ofen - Limonen-Butter - Mediterranes Gemüse - Rosmarin-Kartoffeln - Aioli	23,90
Dorade aus dem Ofen - Limonen-Butter - Mediterranes Gemüse - Rosmarin-Kartoffeln - Aioli	23,90

Fleischgerichte

Gebratene Kalbsfilet-Mignon - Rosmarinjus - Rote Bete Risotto - Rucola – Parmesan	24,90
Rib Eye Steak von der Holsteiner Färse - Trüffelmayo - Pommes Frites - Salat mit Sylter Dressing	25,90
Das Feinste vom Landhuhn Ausgelöste Keule auf dem Grill gebraten und mit Ziegenkäse gratiniert Mediterranes Gemüse - Rosmarin-Kartoffeln - Trüffelhonig - Aioli	19,50
Lammfilets vom Grill - Kräuter-Butter - Rosmarinjus - Provenzalisches Gemüse - Kartoffelgratin	25,90
Lammbratwürste vom Keitumer Gänsehof - Provenzalisches Gemüse - Rosmarin-Kartoffeln	18,90
Das Beste zum Schluss - Kleines Kalbsfilet - Tandoori-Hühnchen & Garnelen vom Grill Provenzalisches Gemüse - Rosmarin-Kartoffeln - Aioli	24,90

Vegane Gerichte

Karotten-ingwersuppe - Kokosmilch - Kräutercroutons	6,90
Rigatoni Grillgemüse - Tomatenragout - geröstete Pinienkerne	14,90
Couscous - Grillgemüse - gebratene Pilze - Salat in Balsamico Dressing	16,90
Badezeit´s Rote Grütze	5,90
Karamell-Toffee-Eis - Rote Grütze, Zimtpflaumen oder Mango-Kompott	7,50

Speisenkarten-Auszug-Frühjahr 2019
Angebot und Preise können sich je nach Marktlage ändern

Casa Bianca
RISTORANTE
WEINHANDLUNG

Buona Cucina nella Casa Bianca

Neuer Standort der bewährten Casa Bianca mit authentisch italienisch-sizilianischer Küche (Elisenhof / Elisabethstraße). Elegantes Ambiente und perfekt für das romantische Dinner zu zweit oder den italienischen Abend in großer Gesellschaft. Original italienische Pizza (10,- bis 17,50), hausgemachte Pasta (11,- bis 25,50) und typisch italienische Fisch- und Fleischgerichte (21,50 bis 33,-). Täglich wechselnder Mittagstisch von 12 bis 17 Uhr (ab 7,-). Holsten 0,3/3,90, Wein 0,2 ab 6,-. Weine und Speisen auch außer Haus mit Lieferservice.

Eigentlich ist der Sizilianer *Pippo Borzi* der einzig wahre Italiener, der auf Sylt ein Restaurant betreibt. Und nach bald 30 Jahren Cucina originale kennt er sich wahrlich aus, was anspruchsvolle Gäste an seiner guten italienischen Küche schätzen. Nun wurde die *Casa Bianca* noch einmal ganz neu erfunden: Am neuen Standort *Elisenhof* in der Elisabethstraße. Seit einem Jahr wissen Pippo und *Bogna*, dass sich der neue Standort schon bewährt hat. Der flotte Neffe *Giuseppe Signorello* komplettiert den italienischen Familienbetrieb mit der Extraportion südländischem Lokalkolorit.

Auf der gemütlichen Straßenterrasse sitzt es sich windgeschützt und gerade so weit ab vom Trubel der Innenstadt, dass man entspannt zur Ruhe kommen kann. Innen zeigt sich das neue Casa Bianca eleganter und weniger rustikal als zuvor, mit holzvertäfelten Wänden in gedeckten Cremetönen.

In der Küche knetet Pizzabäcker *Antonio Trollio* die Teigfladen aus hochwertigem, italienischem Mehl und macht aus dem einfachen Klassiker ein kreatives Genusserlebnis: beispielsweise die Pizza Napolitana mit Sardellen und Kapern (14,50). Chefkoch *Davide Sabister* weiß, wie man mediterrane Küche gehobener Art zelebriert – dass die Pasta hier hausgemacht ist, versteht sich von selbst. Die Spaghetti Vongole beispielsweise mit Herzmuscheln (18,50) oder Spaghetti Aglio e Olio mit gebratenen Riesengarnelen (23,50). Unvergesslich auch die Fleisch- und Fischgerichte wie das Saltimbocca alla Romana mit frischem Salbei (24,50) oder die perfekt gegrillte Dorade mit Salsa verde (22,50).

Der Geheimtipp für das nächste Familiendinner: Für Kinder und Senioren mit kleinem Appetit kann jedes Gericht auf der Karte auch als kleine Portion bestellt werden! Selbstverständlich fehlen auch kleine Leckereien und Antipasti nicht.

Wer es original sizilianisch möchte, dem sei die Zuppa di Pesce, die Fischsuppe nach Pippos Hausrezept, ans Herz gelegt. Die traumhaften Desserts wie Panna Cotta (6,50) oder Tiramisu (8,50) sind hier ebenfalls alle hausgemacht. Für die mittägliche Stärkung lockt von 12 bis 17 Uhr der Mittagstisch mit einer ständig wechselnden, tagesaktuellen Mittagskarte und der nächste gemütliche Abend zu Hause steht dank des Außer-Haus- und Lieferservice ebenfalls unter dem Motto „Bella Italia".

Die große Weinkarte hält – wie sollte es anders sein – überwiegend italienische Weine parat, wie den sizilianischen roten Nero d'Avola (0,75/28,-) oder den im Barrique gelagerten Il Bruciato (0,75/46,-). Alle, die gerne verschiedene Weine probieren möchten, werden sich freuen, dass auch hochwertige Weine hier offen serviert werden.

CASA BIANCA, Elisabethstraße 4, 25980 Sylt / OT Westerland, Tel.: 0 46 51 / 23102, Fax: 29300, Vinothek, Weine und Speisen auch zum Mitnehmen. Lieferservice ab 15 Uhr. Ganzjährig geöffnet 12 bis 23 Uhr. Im Winter dienstags Ruhetag.
www.casa-bianca-sylt.de, info@casa-bianca-sylt.de

Casa Bianca

RISTORANTE
WEINHANDLUNG

APERITIVO

Gl Ferrari Brut oder Rose DOC	10
Gl Prosecco Sacchetto / oder auf Eis	7.5 / 9.5
Hugo Holunder Blütensirup – Prosecco –Eis und Minze	9.5
Aperol Spritz auf Eis und Orangenscheibe	9.5
Ramazzotti Rosatto mit Prosecco und Basilikumblätter	9.5
Martini Bianco auf Eis mit Zitronenscheibe	5
Campari Soda oder Orange auf Eis	8.5
Red Bitter auf Eis alkoholfrei	5
Sherry Medium / Dry	6.5

ANTIPASTI / VORSPEISEN

Schafskäse im Ofen gebacken mit roten Zwiebeln & Tomaten	10
Parmaschinken & Parmigiano Reggiano	16.5
Ruccola mit Pinienkernen, Parmesan & Balsamico Riserva	10
Insalata Mista /Gemischter Salat Olivenöl & Balsamico	7.5
Insalata di pomodoro Tomatensalat mit roten Zwiebeln & Basilikum	7,5
Caprese di Bufala Büffelmozzarella Tomaten & Basilkum	12.5
Vitello Tonnato / hauchdünnes gebratenes Kalbfleisch mit Thunfisch Kapernsosse	14.5
Carpaccio di Manzo vom Rind mit Olivenöl, Parmesan,Champignons	18
Bruschetta geröstetes Brot & Tomaten, Zwiebeln & Olivenöl	7,5
Frisch gebackenes Knoblauchbrot	5
Antipastiteller a la Casa / aus der Vitrine / für 1 Person	14,5
für 2 Personen	21.5

ZUPPA / SUPPE

Zuppa di Pomodoro Tomatencremsuppe mit frischen Basilikum	6.5
Minestrone – Italienische Gemüsesuppe mit frischen Gartenkräutern	7
Zuppa di Pesce – originale sizilianische Fischsuppe nach Pippo's Hausrezept	18.5

Wenn Sie eine Speisekarte mit der Kennzeichnung aller Zusatzstoffe und Allergene wünschen, wenden Sie sich bitte an unserer Personal.

PASTA

Penne Arrabiata in pikanter Tomatensoße	14.8
Spaghetti aglio e olio mit gebratenen Riesengarnelen /ausgelöst	23.5
Spaghetti Bolognese mit Tomatenhackfleischsoße	15
Fettuccine mit Trüffel	18.5/26.5
Spaghetti Frutti di Mare	24.5
Lasagne mit Hackfleisch heiß aus dem Ofen	16.5
Spaghetti alla Carbonara mit Sahne, Ei & Schinken	16
Tagliatelle al Salmone hausgemachte Bandnudeln mit Lachs & Spinat in einer Gorgonzolasoße	21.5
Hausgemachte Tagliatelle mit Büffelmozzarella & Kirschtomaten	17.5
Hausgemachte Riesenravioli / Ricotta Spinat / in Salbei-Butter oder Tomatencremsoße & Basilikum	18.8
Tortellini mit Schinken & Champignons in Sahnesoße	16.5
Maccheroni mit Rinderfilet Spitzen in leichter Sahne-Lauch-Soße	25.5
Maccheroni al forno mit Zucchini /Aubergine in würziger Tomatensoße überbacken	16.5

CARNE / FLEISCH

Saltimbocca a la Romana Kalbfleisch in Salbei-Weissweinsoße	24.5
Zarte Lammkoteletts vom Grill & Salsa Verde / grüne Soße	27.5
Feinste Kalbsleber in Butter Salbei & Kartroffelpüree	23.5
Rinderfilet vom Grill mit Balsamico Riserva & Parmesanspäne	35
Rinderfilet mit Gorgonzola oderPfeffersoße	36.5
Paillard hauchzartes Kalbfleisch vom Grill	24.5
Pippo's Kalbskotelett mit Butter Salbei oder Natur vom Grill	29.5

PESCE / FISH

Doraden Filets mediterran mit Knoblauch & Cherry Tomaten	22.5
Lachsfilet vom Grill auf Spinat	22.8
Riesengarnelen aglio e Olio, Peperoncini , heiß in der Pfanne	25
Dorade Royal vom Grill dazu unsere Salsa-Verde	23.5

*Alle Gerichte werden serviert mit Rosmarinkartoffeln aus dem Ofen & Saison- Gemüse ODER gemischtem Salat

*Andere Beilagen oder Extras können Sie sich nach Belieben in den Beilagen raussuchen

BLUM
Fisch-Spezialitäten

Frischer Fisch direkt von der Quelle

Der Sylter Frischfischspezialist seit über 45 Jahren. Beste Qualität zu fairen Preisen, z.B. edler Steinbutt aus dem Sud mit Meerrettichsauce und Salzkartoffeln oder Riesengarnelen in der Schale gebraten mit hausgemachten Saucen und Baguette. Hummer in eigener Hälterei. Feiner Brat- und Kochfisch. Dazu eine große Auswahl an guten Weinen.

Familie Blum ist auf Sylt in Sachen Fisch eine kulinarische Institution. Die Urlauber kennen *Fisch Blum* durch die Läden in Westerland, Wenningstedt und Tinnum, in denen frischer Fisch für den häuslichen Herd verkauft wird, aber hauptsächlich diverse Fischgerichte vor Ort zubereitet werden. Es ist egal, welche der fünf Filialen von Blum man auf der Insel betritt, der Duft von frisch geräuchertem Aal oder den hausgemachten Fischsalaten umgarnt einen sofort. Frischer Kabeljau, Stremellachs aus hauseigener Räucherei, hausgebeizter Graved-Lachs oder Flusskrebscocktail in Calvados – vier Angebote aus einem riesigen Sortiment bester Qualität. In allen Bistros gibt es eine Vielfalt an feinen und nicht immer alltäglichen Edelfischen, die mit den selbstgewählten Beilagen direkt vor Ort zubereitet, verzehrt oder auch speziell verpackt mitgenommen werden können. Gut ausgewählte Weine sind in allen Filialen erhältlich. Die Frischfischauslage *im Westerländer Fachgeschäft, Neue Straße 2*, ist eine kulinarische Sehenswürdigkeit, die immer von Schaulustigen umlagert wird. *Blums Zentrale* mit Bistro, Fachgeschäft, Salatproduktion, Räucherei und Versandhandel liegt in Tinnum. Unbedingt erwähnenswert sind die bunten, leckeren Party-Fischplatten für alle Anlässe.

Blum´s Seafood Bistro/Restaurant,
Neue Straße 4, Westerland, Tel.: 04651-29420
Blum´s Fachgeschäft
mit kleiner Bistro-Ecke, Neue Straße 2,
Westerland, Tel.: 04651-835014
Blum´s Bistro/Fachgeschäft,
Westerlandstraße 8,
Wenningstedt, Tel.: 04651-4710, P

Blum´s Bistro/Fachgeschäft,
Süderstraße/Ecke Gaadt,
Westerland, Tel.: 04651-22033, P
Bei Redaktionsschluss – April 2019 geschlossen
Blum´s Bistro/Fischmarkt,
Produktion und Räucherei, P
Mittelweg 7, 25980 Tinnum,
Tel.: 04651-3401, Fax: 33400,
Online-Shop: www.fisch-blum-sylt.de
info@fisch-blum-sylt.de,

Bock auf Experimente

Letzte Meldung! Brandneu! Ganz aktuell! Neues Restaurant, zentral in Westerland gelegen. Düsseldorfer Sternekoch Bastian Falkenroth wechselt vom Rhein an die Nordsee. Casual-Fine Dining! Fish & Chips, Labskaus, Hot Chicken, Nordsee-Bouillabaisse bis zum Côte de Boeuf. Terrasse. Kaffee und Weinkultur. Gute Weinkarte „quer durch die Welt“. Wein 0,1/4,50.

Bastian Falkenroth (37), Sternekoch aus Düsseldorf, hat seinen dortigen kulinarischen Stützpunkt „U.Das Restaurant“ und sein „Nenio“ abgegeben, um auf Sylt sesshaft zu werden. So eröffnete er kurz vor Ostern mit seiner jungen Crew das Casual-Fine-Dining-Restaurant *goldgelb* – in Westerland in Laufgegend von und zum Bahnhof in der Wilhelmstraße (früher „Relax“).

Bastian Falkenroth

Falkenroth kennt die Insel und viele Kollegen vom Gourmet-Festival 2018, wo er als Gastkoch engagiert war. Anscheinend hat es ihm und seiner Frau auf Sylt so gut gefallen, dass es ihn vom Rhein nun zu neuen Ufern auf die Insel gezogen hat.

Hier kommen „Mut zur Innovation“, „Bock auf Experimente“ und die „Leidenschaft für Qualität“ zusammen. „Auf Sylt wollen wir von 10 bis 22 Uhr ein Ganztageskonzept anbieten und uns von aktuellen Foodtrends inspirieren lassen“, so Falkenroth. „Wir werden uns auf das Wesentliche beschränken und bieten ein kleines, aber hochwertiges Speisenangebot.“ Wir dürfen gespannt sein. Ein Blick auf die Speisenkarte macht neugierig.

Gehört „Egg Benedict“ in Deutschland noch zur unbekannteren Breakfast-Kulinarik, so wird bei Bastian Falkenroth dieses sous-vide-gegarte Ei auf einem selbst gebackenen Dinkeltoast mit Sauce Hollandaise, Spinat und Cherrytomaten zu einem Frühstücks-Highlight, das entweder mit Avocados, Nordsee-Krabben oder auch mit Schinken und Röstzwiebeln zu einem wohlschmeckenden Ganztags-Knüller avanciert. Das Image von Fast-Food, was Fish & Chips anhaftet, wird im goldgelb ad absurdum geführt, schließlich wird hier der Dorsch mit einer Vinaigrette und Chilimango geadelt, und die Chips sind selbstverständlich auch nicht von schlechten Eltern. Als Höhepunkt der goldgelb-Küche kann man wohl getrost den Steinbutt, den halben Hummer und das 400 g Côte de Boeuf bezeichnen.

Dass ein Sternekoch auch eine Vorliebe für guten Wein hat, kann man voraussetzen. So zeigt die Weinkarte bei 250 Positionen einen ausgewiesenen Weinkenner. Herzlich willkommen auf Sylt.

GOLDGELB, Wilhelmstraße 5, 25980 Sylt / OT Westerland,
Tel.: 0 46 51 / 8069900, ganzjährig geöffnet 10 - 22 Uhr;
facebook: Goldgelb Sylt; instagram: goldgelbsylt EC
www.goldgelb-sylt.de

EBBE&FOOD das restaurant

Frischer Wind bei Ebbe und Food

Kreativküche für Genießer im Dorint Strandresort & Spa. Auch für Außer-Haus-Gäste. Ein kulinarischer Geheimtipp in Westerland. Entspannt legere Stimmung, viele Stammgäste. 2019 frisch renoviert, schlicht-elegantes Mobiliar mit mediterranen Farbinseln, offene Küche. Neu: exotische Spezialitäten. Bewährt: die saisonfrischen Tageshighlights, das üppige Frühstücksbuffet (25,-). Mittagssnacks ab 12.30 Uhr, Abendkarte mit Klassikern wie Husumer Rinderfilet (38,50) oder Chateaubriand (auf Vorbestellung, für zwei Personen, 96,-). Jever und Bitburger 0,25/3,20, 0,5/5,90, ausgezeichnetes Weinportfolio, 0,2/9,- (Herr Doktor vom Weingut Dr. Köhler, Rheinhessen), Flaschenweine ab 30,-. Charmante Kaminbar „54° Nord", ab 17 Uhr.

Es tut sich was in bester Lage im Süden von Westerland. Im dünennahen *Dorint Strandresort & Spa (siehe Hotel- und Wellness-Report)* versteckt sich das Restaurant *Ebbe&Food*, das in diesem Jahr nicht nur seinem Ambiente ein geschmackvolles Update gegönnt hat, sondern den Gästen auch eine Reihe kulinarischer Innovationen auftischt. So kann man schon zum Frühstück das herrlich üppige Buffet genießen und – neu – die „Do-it-yourself"-Stationen: Pancakes auf Knopfdruck mit süßen und fruchtigen Zutaten sowie herzhaft belegte Panini vom Grill.

Im Ebbe&Food lässt sich zu jeder Tageszeit herrlich tafeln. Dafür sorgen Küchenchef *Oliver Bergerhausen* und sein Sous-Chef *Fabian Haß*. Ihre Kreationen entdeckt man auf den wöchentlich wechselnden Karten, die aber keineswegs „festgetackert" sind. Im Gegenteil: Man freut sich, mit den Gästen ins kulinarische Gespräch zu kommen, Wünsche zu erfüllen, Genuss-Highlights zu diskutieren.

Vielleicht ist es einer inspirierenden Konversation zu verdanken, dass hier nun noch mehr Gaumen-Wellness eingezogen ist: Die Poké Bowls (ab 18,-) sind da! Diese aus Hawaii stammenden Speisen in der Schale sind eine aromatische Kombination aus roh mariniertem Fisch, Reis, Gemüse, Salaten, Toppings und werden kalt serviert. Das warme Pendant Bibimbap (ab 22,50) kommt auch in der Bowl – und ursprünglich aus Korea. Was sagt das dem Gourmet? Man lernt auch als Feinschmecker nie aus.

Gegenpol zu diesem All-in-One-Trend ist das täglich wechselnde 4-Gang-Menü (47,-), bei dem die Schätze der Jahreszeiten die Hauptrollen spielen. Lamm und Rind, Kartoffeln, Gemüse und Meerestiere – alles kommt aus norddeutschen Landen oder von der Insel. Und wenn Sie einmal wieder Appetit haben auf Klassiker wie Wiener Schnitzel oder Kutterscholle (Müllerin oder Finkenwerder, ab 21,50) sollte das Ebbe&Food ganz oben auf Ihrer To-Go-Liste stehen.

EBBE & FOOD, Schützenstraße 20-24, 25980 Sylt / OT Westerland, Tel.: 0 46 51 / 8500, Fax: 850150, Frühstücksbuffet tägl. von 7.30 bis 12 Uhr (25,-), ab 12.30 Uhr kleine Snackkarte, von 18 bis 22.30 Uhr à la carte, dienstags Ruhetag, Bar 54° Nord tägl. geöffn. von 17 bis 1 Uhr, Familienfeste und Veranstaltungen aller Art. P AE E VISA ec
www.dorint.com/sylt, info.sylt@dorint.com

Vorspeisen

Tatar von Cobia, Mango und Avocado
mit Ingwer-Melonen-Granite (A/Z)
18,50€

Beluga-Linsensalat mit Blauschimmelkäse
und Roter Bete-Creme (A/Z)
14,50€

Surf and Turf
Englisch gebratene Rindertranche
und Garnele mit asiatischem Gemüse (A/Z)
17,50€

Suppen

Dashi-Sud mit Sobanudeln
und hauchdünnem Rindfleisch (A/Z)
12,50€

Hühnersuppe mit Kokosmilch (A/Z)
9,50€

Hauptgänge Fisch

Rotbarsch-Filet, kross auf der Haut gebraten,
an Wasabi-Püree, Knack-Erbsen
und konfierten Schalotten (A/Z)
26,50€

Saltimbocca vom Seehechtfilet
auf Gersten-Risotto, grünem Spargel
und Hibiskus-Schaum (A/Z)
29,50€

Ein Auszug aus unserer Speisekarte

Unsere Klassiker: Platt und lecker...

Kutterscholle mit Kartoffeln und Gurkensalat

Müllerin Art, mit brauner Butter und Zitrone
21,50 €

Finkenwerder, mit Speckstippe (A/Z)
24€

Nordsee-Seezunge in schaumiger Butter gebraten
mit Kartoffeln und Salat (A/Z)
9,60€/100g küchenfertige Seezunge

Hauptgänge Fleisch

Bao-Bun mit geschmorter Ochsenbacke,
Bacon-Marmelade,geröstetem Blumenkohl
und Rucola (A/Z)
24€

Secreto vom Iberico-Schwein
das geheime Filet
mit gebackenen Wurzeln, Bete
und Fächerkartoffeln (A/Z)
29,50€

Filet vom Husumer Rind, rosa gebraten
mit Speckbohnen und Kartoffelstrudel (A/Z)
38,50€

Trends mit Reis

Poke Bowl

Avocado, Zuckerschote, Lauchzwiebel, Karotte, und
Rotkohl auf kalt mariniertem Klebreis (A/Z)
18€

Mit 100g roh mariniertem Lachsforellenfilet 27,50€
Mit 3 sautierten Garnelen 25€
Mit 100g Rumpsteaktranchen 28,50€

Bibimbap

Pilze, Zucchini, Lauchzwiebel, Karotten und Sojasprossen
auf warmem Klebreis und Gochujang (A/Z)
Mit Spiegel-Ei 17,50€
Mit 100g roh mariniertem Lachsforellenfilet 27€
Mit 3 sautierten Garnelen 25,50€
Mit 100g Rumpsteaktranchen 28€

Desserts

Passionsfruchtkuchen mit Matcha-Sorbet (A/Z)
10,50€

Graubrotkuchen mit Preiselbeer-Sorbet (A/Z)
9,50€

Himbeer-Mangoparfait mit Zitronen-Bisquitrolle (A/Z)
9,50€

EBBE&FOOD das restaurant

Speisenkarten-Auszug-Frühjahr 2017 | Angebot und Preise können sich je nach Marktlage ändern

Genuss ganz neu entdecken!

Neues trendy Bistro in den früheren Räumlichkeiten von Jürgens Bistro in der bunten Elisabethstraße. Kreatives Gastrokonzept mit regionalen Produkten, das die natürlichen Aromen in den Fokus rückt. Fantasievolle Gerichte, liebevoll-einfallsreich auf dem Teller präsentiert – weckt die Lust, Essen neu zu entdecken. Bistroküche im mittleren Preissegment. Außerdem kreative Cocktails. Weinbar. 2015er Lugana Santa Criştina/Zenato, 0,1/4,50, 0,2/8,40, 2016er Cusumano, Sizilien, 0,1/4,40, 0,2 /8,20.

Liebe Sylt-Gourmets! Jetzt mal etwas ganz Neues, etwas ganz anderes: Unter dem Hashtag *#foodporn* finden sich in den sozialen Netzwerken unzählige Fotos von – in der Regel – äußerst attraktiv präsentierten Gerichten, die im Idealfall genauso lecker schmecken, wie sie aussehen. Da lag es nahe, fanden die Macher *Rainer* und *Stefan Berchtold*, ihr Bistro auf den Namen foodporn zu taufen. Klassiker wie Kutterscholle und Co. sucht man hier vergeblich. Dafür findet man fantasievolle Kreationen und eine ebensolche Präsentation auf dem Teller, die eine ganz neue Lust auf Essen weckt – mit vielen Produkten aus der Region, deren natürliche, pure Aromen die Küchencrew herauskitzelt. Auch in Sachen Ambiente stehen die Zeichen auf Natur und Purismus: An den schlichten Backsteinwänden sind dezente Lichtskulpturen installiert, die Tische und Bänke sind aus blankem, hellen Holz, die Theke aus Treibholz gearbeitet.

Für Küchenchef *Maik Bursian* ist die Arbeit im foodporn ein Traumjob – seiner Kreativität sind keine Grenzen gesetzt. Hier wird mit Produkten gearbeitet, die heutzutage vielerorts in Vergessenheit geraten sind. „Zurück zu den Wurzeln" also. Wie zeitgeistig und lecker das sein kann, zeigen z.B. die Tranchen vom gebeizten Saibling mit Sauerampfer und der Variation von bunter Bete (14,-). Auf dem Teller farbig und fröhlich, am Gaumen pure Freude! Als Hauptgang könnte man sich für Pasta entscheiden – aber mal ganz anders. Die wird hier als Mac'n Cheese – Maccaroni mit Käse kredenzt. Dazu gibt's Apfel, Speck und Röstzwiebeln (13,-). Wem der Sinn eher nach Fisch steht, entscheidet sich für den Heilbutt mit Brokkoli, Kokos und Koriander (32,50). Oder doch lieber Fleisch? Das Whiskey-Flanksteak mit Pastinake (32,50) sollte man mal probiert haben. Süßes Finale: die Variation von der Valrhona Schokolode mit Muscovado-Streuseln und Sanddorn (10,50).

Gut zu wissen: Die komplette Karte wechselt nach drei Monaten. Es gibt also kulinarisch immer wieder Neues zu entdecken. Dasselbe gilt für die Cocktailkarte. Wer also Drinks wie den erfrischenden „Cucumber Frog" mit Gurke und Wasabi (12,60) oder einen „Treacle" mit Bacardi Black, Apfelsaft und Angostura (8,-) genießen will, sollte sich nicht allzu lange Zeit lassen. Zumal Barkeeperin *Ludmilla Tothova* ihr Handwerk ebenso kompetent wie charmant beherrscht. Fazit: Entspanntes Flair, coole Drinks und fantasievolle Kulinarik – so lässt sich Genuss ganz neu entdecken!

FOODPORN, Elisabethstr. 1a, 25980 Sylt / OT Westerland,
Tel.: 0 46 51 / 23438, 11 bis 23 Uhr, Küchenpause von 17 bis 18 Uhr.
In der Nebensaison Donnerstag Ruhetag, ec f
www.foodporn-sylt.de

SNACKS (BIS 17 UHR)

BANH MI[A,C,D,F,G,I,L,1,9] BACON – PFLAUME – PICKLES	12,00 €
BURGER VOM SYLTER GALLOWAY[A,C,G,L,1,8] PFLAUME – AHORNSIRUP	16,00 €
SALMON TOSTADA[A,D,G,8] GURKE – MINZE – YUZU	10,50 €

MAINS

TAGLIATELLE RAGÙ ALLA BOLOGNESE[A,G,I] VOM SYLTER GALLOWAY	13,50 €
+ SMOKY BURRATINA	16,00 €
MAC N´CHEESE[A,G,1] APFEL – SPECK – RÖSTZWIEBELN	13,00 €
SCHWEINEBÄCKCHEN[G,I,L,1,9] SELLERIE – PFLAUME	26,50 €
WHISKEY-FLANKSTEAK[G,1] PASTINAKE – YUZU	32,50 €

GIBT ES ABENDS DAZU...

TAGLIATELLE „CARBONARA"[A,C,G,8] PANCETTA – LARDO – PECORINO	16,50 €
RINDERRIPPE SOUS-VIDE[G,1] PASTINAKE – ZWIEBEL	30,00 €
SEETEUFEL[B,D,G,I] SELLERIE – ESTRAGON – TOMATE	28,50 €
HEILBUTT[A,B,D,E,F,G,H,I,1,2] BROKKOLI – KOKOS – KORIANDER	32,50 €

STARTERS

GEBEIZTES FILET VOM GALLOWAY[C,D,F,G,K,1] MISO – SPARGEL – INGWER	16,50 €
GRILLED CAESAR SALAD[C,D,G,J,1] TOMATE – PECORINO	11,00 €
+ FILETSTREIFEN	19,50 €
BURRATINA DI ANDRIA[G] AVOCADO – MANGO – TOMATE	15,50 €

GIBT ES ABENDS DAZU...

TRANCHEN VOM SAIBLING[D,G,J] VARIATION VON DER BEETE – SAUERAMPFER	14,00 €
GERÖSTETE AUBERGINE[D,H] FEIGE – PURPLE CURRY - PINIENKERNE	10,50 €
+ MIT RIESENGARNELEN	17,50 €

SWEETS

KUGEL EIS/SORBET	2,30 €
TERRINE VON DER VALRHONA SCHOKOLADE[A,C,G,H,1] WEISSE SCHOKOLADE – SANDDORN – MUSCOVADO	10,50 €
WEINBERG PFIRSICH[A,V,H,H,1] LAVENDEL – HIMBEER – OLIVE	10,50 €

KÜCHE

SYLT IST EIN BESONDERER ORT, AUF DEM VIELE MENSCHEN MIT BESONDEREN IDEEN LEBEN UND WUNDERBARE PRODUKTWELTEN SCHAFFEN. IN UNSERER WESTERLÄNDER GENUSSSCHMIEDE BILDET DIES DIE GRUNDLAGE FÜR KULINARISCHE KREATIONEN UND GAUMENEXPLOSIONEN. HIERBEI DÜRFEN UNSERE KÖCHE IHRER KREATIVITÄT FREIEN LAUF LASSEN. EINZIGES ZIEL IST ES, EINEN VÖLLIG NEUEN KULINARISCHEN STYLE FÜR SYLT ZU ENTWICKELN. VIELE NAHRUNGSMITTEL WAREN NOCH VOR ZWEI, DREI GENERATIONEN WICHTIGER BESTANDTEIL UNSERER KÜCHE. FLIEDERBEEREN, MIRABELLEN, FICHTENNADELN ODER QUELLER, UM NUR EINIGE BEISPIELE ZU NENNEN. UNSERE PHILOSOPHIE IST ES, UNSERE GÄSTE AUF EINE REISE DURCH UNSERE REGION ZU ENTFÜHREN UND DABEI DEN PURISTISCHEN, URSPRÜNGLICHEN GESCHMACK IN DEN VORDERGRUND ZU STELLEN. CONVENIENCE PRODUKTE LEHNEN WIR AB UND WERDEN SIE BEI UNS NICHT FINDEN.

Speisenkarten-Auszug-Frühjahr 2019
Angebot und Preise können sich je nach Marktlage ändern

Franz Ganser
DAS KLEINE RESTAURANT

Wo man auf hohem Niveau genießt

Bestbürgerlich bis Haute Cuisine
Mittagstipp!
Terrasse
auch vegetarisch

Top-Restaurant im Herzen Westerlands, exzellente, saisonal geprägte Gourmetküche. Seit 26 Jahren eine der führenden Sylter Genussadressen. Stilvoll designtes Ambiente, schön eingedeckte Tische, Speiseterrasse unter der Linde. Kreative Abwechslung, von delikaten Schmorgerichten bis zu sonst selten gebotenen Klassikern (Kalbsnierchen in Cognac-Dijonsenfrahm mit Blattspinat und Püree 24,50). Günstige Mittagskarte ab 12 Uhr (Lammfrikadellen 13,50), Abendkarte ab 18 Uhr (Medaillons vom Seeteufel mit gestovten Schwarzwurzeln (29,-). Sylt-Menüs in 4 oder 5 Gangen, ab 82,-. Stauder Pils 0,2/3,50, Wein 0,2/6,50, Flasche ab 28,-. Hervorragende Weinkarte, ausgezeichnete deutsche Lagen, vornehmlich „weiß". Spezialitäten vom Weingut Poss, Nahe. Alljährliche Teilnahme am Sylter Gourmet-Festival.

Im Zentrum Westerlands hat sich *Das kleine Restaurant*, mit dem *Franz Ganser* hier seit einem Vierteljahrhundert seine Gäste erfreut, als eine Adresse etabliert, die man wegen der gekonnt „schnörkellosen" Kochkunst des Hausherrn und seiner Küchencrew und des stilsicheren Interior-Knowhows seines Partners *Uwe Rother* schätzt. Erfreulicherweise kann man sich hier schon mittags (von 12 bis 14 Uhr) einfinden, ein ruhiges Plätzchen im Restaurant oder bei wärmeren Graden eine geschützte Ecke auf der malerischen Terrasse suchen und von der Mittagskarte wählen.

Tafelspitz? Sylter Pannfisch? Maispoulardenbrust? Man hat die köstliche Wahl oder frage sonst gern die langjährigen Serviceprofis *Heidi Schneider* und *Dennis Naujoks* um Rat.

Aromenfülle, regionale Zutaten und Fische, ausschließlich aus Nordseefang, sind dabei nur drei Komponenten des durchdachten Gourmetkonzeptes, das sich ab 18 Uhr in ganzer Breite auf der Abendkarte wiederfindet.

„Klassisch mit französischen und mediterranen Elementen" wäre dabei die Headline über Franz Gansers Speisekurs. Wer sich für das beliebte Sylt-Menü (ab 82,-) entscheidet, wird sich an den perfekt aufeinander abgestimmten Gängen – und den entsprechenden Weinvorschlägen – erfreuen. Alle Speisen sind aber auch einzeln zu bestellen (z.B. Steinbuttfilet und Hummer mit zwei Saucen 32,-). Hummerrahmsuppe, Barbarie-Entenbrust mit Rahmwirsing, gebratene Heilbuttfilets und eine ganze Dessertpalette – von der Mousse au Chocolat mit Früchten über den Mandelkuchen mit Quitteneis bis zur Käseauswahl vom Feinsten, sind weitere Must-haves. Wenn man Glück hat, erwischt man zur richtigen Zeit das Beerengelee, für das Franz Ganser höchstpersönlich im Spätsommer durch die Sylter Büsche pirscht und Köstliches daraus macht. Seine Gäste wissen seine Kochkünste sehr zu schätzen.

FRANZ GANSER DAS KLEINE RESTAURANT, Bötticherstraße / Ecke Boysenstraße, 25980 Sylt / OT Westerland, Tel.: 0 46 51 / 2 29 70, Fax: 83 49 80, ganzjährig geöffnet, mittags von 12 bis 14 Uhr und abends ab 18 Uhr. Dienstags ab 18 Uhr, montags Ruhetag.

www.ganser-sylt.de, franz@ganser-sylt.de

Franz Ganser
DAS KLEINE RESTAURANT

Speisenkarte

Kalte Vorspeisen:
Dreierlei Carpaccio (Rind, Vitello, Seeteufel) 21,90
Fruchtiger Avocadosalat mit Mango-Salsa und Mandeln 13,90
Warmer Kaninchensalat in Kräuter-Sahnedressing 16,50
Kleiner Rösti mit Räucherlachs und Honig-Dill-Dressing 17,50
Feldsalat mit Kartoffel-Dressing und Speck-Croutons 12,50

Suppen:
Spargelcremesuppe mit Klößchen 8,50
Hummerrahmsuppe mit Cognac 14,50
Steinbutt-Consommé mit Hummer-Raviolis 12,50

Warme Vorspeisen:

Wachsweiches Eigelb auf Kräuter-Spinat, Ochsen-Ragout und Trüffelschaum 13,90
Tagliatelle in Parmesanrahm, mit gehobelten Trüffeln 19,90
Atlantik-Jacobsmuscheln auf Currycreme mit Balsamico-Linsen 19,50
Milchkalbs-Bries und Kaisergranat mit zwei Saucen, Tagliatelle 24,50
Riesengarnelen auf Shushi-Seealgen, Papaya-Confit 17,90

Sylt-Menü

Gänsestopfleber-Terrine,
mit Quitten-Gelee und warmem Brioche
26,--
Jacobsmuscheln mit Pinienkerncreme
und Pilz-Tortellini
19,50
Steinbuttfilet und Hummer mit zwei Saucen,
mit grünem Spargel
32,--
Rehrücken mit Pfeffer-Kräuterkruste, mit Portweinjus,
mit Wirsingköpfchen und Schupfnudeln
29,--
Dessert-Variation
15,--

Als Menü 98,-- / ohne Jacobsmuscheln 82,--

Hauptgerichte:

Medaillon vom Seeteufel mit Sesam gebraten, Ingwer-Kokosnusscreme,
mit Mandel-Broccoli und Bandnudeln 32,--

Rotbarsch-Filet auf der Haut gebraten, mit Rotwein-Schalottenjus,
dazu mediterranes Gemüse und Rosmarinkartoffeln 28,--

Heilbutt-Filet mit Minz-Koriander-Ingwer-Butter,
mit gebratenem grünen Spargel und Butterkartoffeln 36,--

Steinbeißer-Filet gebraten, mit Bärlauch-Buttersauce,
auf Spargel--Ragout, Basmati-Reis 30,--

Große Nordsee-Seezunge „ Müllerin Art „
mit Butterkartoffeln und kleinem Salat 46,--

Zarte Kalbsnierchen in Cognac-Dijonsenfrahm,
mit glac. Schalotten, Blattspinat und Püree 26,90

Iberico-Kotelette mit schwarzem Pfeffer,
dazu mediterranes Gemüse und Rosmarinkartoffeln 29,50

Sylter Deichlammrücken mit Kräuterkruste, Lammjus,
mit dreierlei Bohnen, marinierte Kirschtomaten, Gratin 38,--

Kalbsrückensteak mit Morcheln in Rahm,
mit Broccoliröschen und Butterspätzle 32,--

„ Feines von der Taube „
(Dodine von der Brust, geb. Keule, Leber-Ravioli)
mit Trüffeljus-und Schaum, Selleriepüree 34,--

Küche von 18:00 – 21:30

Speisenkarten-Auszug-Frühjahr 2019 | Angebot und Preise können sich je nach Marktlage ändern

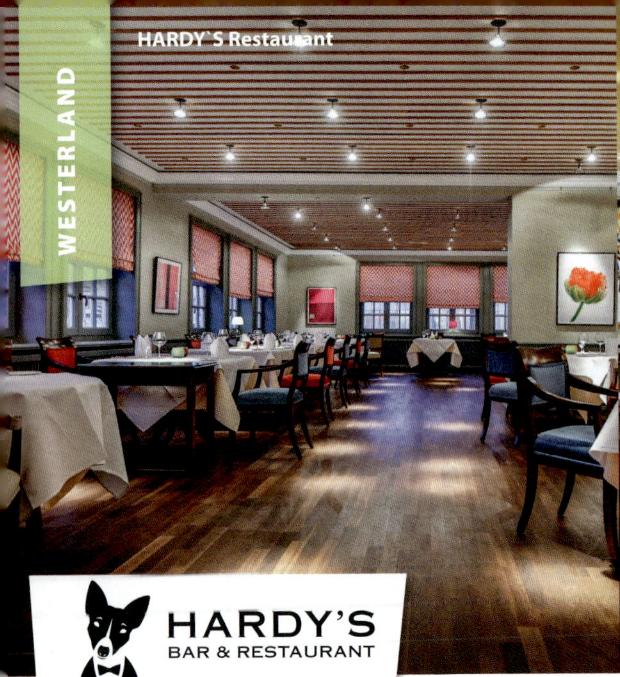

HARDY´S Restaurant

Bistro

HARDY'S
BAR & RESTAURANT

Kulinarische Perlen im Hotel Stadt Hamburg

Im Traditionshotel Stadt Hamburg: Legeres Bistro samt Sonnenterrasse mit durchgehend warmer Küche, entspanntes Casual Fine Dining Restaurant, Bar mit exzellenten Drinks. Kleines Frühstück im Bistro (9,-), opulentes, serviertes Frühstück im Restaurant (35,-), kleine Gerichte im Bistro ab 9,- (Holsteiner Kartoffelsuppe mit Schinkenwurst) sowie täglich wechselndes 3-Gang-Menü 35,- und im Restaurant Hardy´s Hauptgänge ab 26,-, KöPi 0,25/3,50, Weine 0,2 ab 7,-, Flasche 0,75 ab 26,-. Spitzen-Weinkeller mit rund 400 Positionen, nennenswerte Raritäten.

Ohne Zweifel gehört das gastronomische Angebot des Traditionshotels *Stadt Hamburg* zu den kulinarischen Perlen und den Interieur-Sehenswürdigkeiten der Insel. Auch unter der neuen Aegide glänzt das gastliche Haus mit einer unaufdringlichen, zeitgemäßen Eleganz, die auch im Detail sichtbar ist. *HARDY'S Bar & Restaurant*. Casual Fine Dining bedeutet hier in entspannter Umgebung die gehobene Küche (auch vegetarisch und vegan) vom Chef de Cuisine *Ulrich Person* zu genießen. Dieser schwingt inzwischen aus gutem Grund ein Vierteljahrhundert den Löffel in der Küche. Seine Gerichte haben eine Leichtigkeit, sind regional, zuweilen mediterran geprägt und begeistern. Die Krake mit Erbsen-Lasagne (26,-) bestätigt das in bester Form, genauso wie ein auf den Punkt gebratener Heilbutt mit Jakobsmuschel-Ceviche (38,-). Zum Finale verzücken die süßen Kreationen aus der Pâtisserie: der Klassiker Krokantparfait mit Whiskeyschaum (14,-) geht immer.

Ein Besuch in *HARDY'S Bar* ist nicht nur eine Empfehlung, sondern ein Muss: Sie schließt direkt an das Restaurant an, ist für jedermann geöffnet und hat sich seit ihrer Eröffnung einen hervorragenden Ruf erworben. Hier genießt man klassische Drinks, moderne Mixology-Experimente oder einfach nur ein frisch gezapftes Bier. Zweimal im Monat sorgt ein DJ mit modernen Sounds für coole Stimmung, hin und wieder wird das Tanzbein geschwungen. Raucher sind in der dazugehörigen, separaten Raucher-Lounge herzlich willkommen.

Als drittes Highlight glänzt das hoteleigene *Bistro*: Es bietet mit seiner hellen, freundlichen Ausstattung dem Gast nicht nur köstliche hausgemachte Kuchen und Eissorten, sondern auch eine abwechslungsreiche Küche: von Caesar Salad (10,50) bis hin zum Hamburger Pannfisch mit Bratkartoffeln (20,50). Tipp: Nachmittags auf der sonnigen Terrasse zur Strandstraße„Leute gucken"!

HARDY´S BAR & RESTAURANT / BISTRO IM HOTEL STADT HAMBURG, Strandstr. 2, 25980 Sylt / OT Westerland, Tel.: 0 46 51 / 85 80, Fax: 85 82 20, warme Küche im Bistro von 12-23 Uhr, Hardy´s Restaurant: 18-21 Uhr, Hardy´s Bar 16 Uhr bis open end. Ganzjährig geöffnet, Garage für Gäste, AE EC VISA EC
www.hotelstadthamburg.com, mail@hotelstadthamburg.com

HARDY'S
BAR & RESTAURANT

Apéritif-Empfehlungen

Andalö Spritz 11,--

Hardy's Cocktail 0,1 l 9,--

Cava Vilarnau Brut Reserva 0,1 l 9,--

Louis Roederer Champagne Brut 0,1 l 14,--

2012 Louis Roederer Champagne Brut Rosé 0,1 l 19,--

Stadt Hamburg Klassiker

Sylter Royal Austern auf Eis je 4,--

Matjestatar auf Rote Bete mit Gnocchi 16,50

Aufgeschlagene Hummersuppe mit Estragon 17,50

Legierte Currysuppe von Nordseefischen und Krustentieren 18,50

Carpaccio vom Sylter Lamm mit Pesto und Ziegenfrischkäse 16,50

Seezunge „Müllerin" mit Speck-Kartoffelsalat per 100 g 13,50

Steinbutt an der Gräte gebraten oder aus dem Sud mit Champagner-Senfsauce 49,--

Wiener Schnitzel mit Kartoffel-Gurkensalat 26,--

Filetsteak vom Holsteiner Rind (200 g) mit Rotweinschalotten und Gratinkartoffeln 38,--

Auf Vorbestellung (24 h) servieren wir gern

Kanadischer Hummer per 100 g 12,50

Französische Freiland-Ente für 2 Personen – in zwei Gängen serviert –
34,-- pro Person

Uli Person's Signatures

Krake mit Erbsen-Lasagne und Fetakäse 26,--

Hummer mit Mozzarella-Spargelsalat
in Holunderblütenvinaigrette 32,--
(deutscher Mozzarella von Anna's Hof in Ellerbek)

Tomatenessenz mit Dorschlamellen 14,--

Heilbutt mit Jakobsmuschel-Ceviche
und Avocadonage 38,--

Seeteufel in Krustentier-Bouillabaisse
mit Fenchel-Rouille 38,--

Variationen vom Lamm
mit Artischocken-Frittata und Oliventapenade 36,--

Veganes

Spargel-Lemongrass-Suppe mit Morcheln 14,--

Eingelegte Auberginen mit Couscous-Salat
und Dattel-Tomaten-Chutney 14,--

Geschmorter Blumenkohl mit Ras el Hanout und Hummus 22,--

Bitte fragen Sie nach unserem STADT HAMBURG MENU mit 4 oder 6 Gängen

und nach unserem VEGANEN MENU mit 4 Gängen

Für Allergiker haben wir auf Wunsch eine Allergen-Information.
Alle Preise in Euro inklusive Mehrwertsteuer

Speisenkarten-Auszug-Frühjahr 2019 | Angebot und Preise können sich je nach Marktlage ändern

STADT HAMBURG
HARDY´S BAR

BISTRO STADT HAMBURG

Vorspeisen, Suppen, Salate & kleine Gerichte

Caesar Salad
10,50

+ Hähnchenbruststreifen
16

+ Wildgarnelen
19

Büffelmozzarella / Tomate / Pesto
(Deutscher Mozzarella von Anna's Hof in Ellerbek)
17,50

Seeteufelspieß / Tomaten-Ingwer-Tatar / Sesamjoghurt
18,50

Holsteiner Kartoffelsuppe / Schinkenwurst
9

Spargelsuppe / Süßkartoffel-Rhabarberchutney (V)
9,50

Stadt Hamburger - Reibekuchen / angebratenes Lachstatar
17,50

Nordseekrabben / Friesenbrot / Spiegelei
19,50

Fisch, Fleisch, Pasta & Vegetarisch

Linguine / Tofu-Gemüsebolognese (V)
19,50

Labskaus / Rollmops / Rote Bete / Gewürzgurke
17,50

Lengfilet in Pergamentpapier / Frühlingsgemüse / Tomatenpesto
25

Dorschfilet / Kokos-Pimientosalsa / Kichererbsen
25

Wildgarnelen-Pasta / Peperoncini / Zuckerschoten
25

Currywürstchen vom Lamm / Kartoffelspalten
18,50

Tafelspitzsülze / grüne Sauce / Bratkartoffeln
19,50

Königsberger Klopse / Kapernsauce / Reis / Spargel
24

Rib Eye-Steak / Baked Potato / Sour Cream
29

Speisenkarten-Auszug-Frühjahr 2019 | Angebot und Preise können sich je nach Marktlage ändern

Der kulinarische Süden lässt grüßen

Mediterran geprägtes Restaurant mit einer pfiffigen, südländischen Küche. Kerzenlicht-Atmosphäre. Große Terrasse, separate Räume für Festlichkeiten. Ganze Fische vom Grill, saisonale Specials, Salate ab 16,-, 5 Lammbratwürstchen (17,-), Pasta ab 16,- (Pappardelle), Fischpfanne (19,-). Große Weine. Super: alle offenen Weine 6,50 (0,2), auch die bekannter deutscher Winzer. Exzellente Riesling-Auswahl. Feine Spirituosen. Tipp: hausgemachtes Eis.

Dass man nicht in den Süden fahren muss, um ein mediterranes Urlaubsfeeling zu spüren, beweist das Restaurant *Mariso* seit vielen Jahren und das Tag für Tag. Hier in der Westerländer Paulstraße scheint immer die Sonne. Die Farbigkeit der Innenräume, die Einrichtung, die Terrasse und schließlich die gute südländisch ausgerichtete Küche machen aus diesem Laden eine äußerst erfolgreiche mediterrane Location.

Vielleicht beginnen wir hier mit einer kleinen Tapas-Auswahl oder mit der hausgemachten Möhren-Kokos-Suppe mit eingelegtem Ingwer. Danach wird Feines aus dem Meer oder vom Land präsentiert. In der Mariso-„Kombüse" halten *Käpt´n André* und *Steuermann Finn* den Kurs gen Süden. Das Fleisch für das Steak kommt zwar vom Sylter Galloway und die Kartoffeln aus Kampen – man kauft regional ein – daraus wird dann allerdings im Mariso ein kanarisches Gericht.

Es ist eben ein idealer Mix. Der Lachs kommt hier mit einer Haube von Schafskäse auf den Teller (21,-) und Gambas, Calamari und Oktopusse tummeln sich zwischen „kanarischen Kartoffeln" und „mediterranem Gemüse". Das Hühnchen ebenfalls südländisch mit Rosmarinkartoffeln kommt dann „portugiesisch" aus dem Ofen (19,-).

Ganze Fische wie Wolfsbarsch, Butt und auch Dorade werden in der Saison freitags und samstags gegrillt. Die Tagesempfehlungen werden auf der großen Schiefertafel annonciert. Probieren Sie unbedingt den von Fuerteventura mitgeschleppten Palmhonig, der sich bestens macht mit einem Ziegenkäse. Gut, dass hier auch die Weinauswahl vorzüglich ist. Ein echter Laden für Weinfreaks und tatsächlich: offene Weine im 0,2l Glas weiß 6,50, rot 7,-. Da kann man nicht meckern.

MARISO, Paulstraße 10, 25980 Sylt / OT Westerland, Tel.: 0 46 51 / 299711, ganzjährig geöffnet 16-22 Uhr, Fr und Sa bis 23 Uhr, Hauptsaison 12-22 Uhr, ec
www.mariso-sylt.de, kontakt@mariso-sylt.de, marisosylt

Speisenkarten-Auszug Frühjahr 2019 | Angebot und Preise können sich je nach Marktlage ändern

Pablito
Tapas & Wein
...die kleine TapaBar im Herzen der Stadt

España por favor!
Tapas und Vino
Terrasse

España liegt gleich um die Ecke

Die kleine, rustikale Tapas-Bar in der Paulstraße mit authentischem Ambiente. Bodega mit Fiesta española. Kalte, warme Spezialitäten und Rotweine aus den verschiedensten Gegenden Spaniens. Köstliches aus Pfanne und Ofen nach traditionellen Rezepten, Tapas ab 3,50, hausgebackenes Brot und „Dulce" wie Crema Catalana. Espresso Cortado 2,70, Vino tinto 0,1 ab 3,-, 0,5 ab 15,-, Flasche ab 18,-. Plus Top-Vinos mit Raritäten, spanisches San Miguel Bier 0,2/2,90, Bierspezialitäten. Hausgemachte Limo 0,2/6,-. Cocktails!

Die kleine Paulstraße hat mit gleich drei südländischen Gastro-Adressen längst ein mediterranes Ambiente. Die urige Bodega *Pablito* kommt ziemlich authentisch rüber. Es geht hier oft zu wie bei einer ausgelassenen Familienfeier. Man bekommt schnell Kontakt mit dem Nachbartisch und tauscht Tapas-Empfehlungen aus. Ob es bei einer Kleinigkeit bleibt oder man doch die große, weite Welt der Tapas-Variationen erobert, bleibt jedem selbst überlassen – köstlich wird es immer!

Die Tapas sind von 3,50 bis 6,50 Euro pro Portion zu haben, z.B. Aprikosen, Ziegenfrischkäse und Mohn. Alle ergänzen sich zu der „Plato mixto" (13,50) oder der „Plato variado" (p.P. 17,50) mit Tapas „8x warm und 4x kalt", dazu kanarische Kartoffeln. Wer das frischgebackene Brot zu häufig in köstliche Aioli, Mojo oder Avocadomousse dippt, der wird bald keinen Platz mehr für die warmen Tapas haben, was angesichts der Datteln im Speckmantel (5,-), der gebackenen Calamari (6,50), der kanarischen Kartoffeln mit Mojo (4,50) und des Lammfilets mit Kräuterschmand (11,50) extrem schade wäre. Auch die Hühnchenspieße in Chilisauce (5,-) oder das Kartoffelomelette (5,50) würde einem dann entgehen. Alternativ zu den Tapas kann man auch zwischen verschiedenen Salaten (ab 6,50) wählen. Dazu passt natürlich am besten ein kräftiger spanischer Rotwein, wie ein Rioja oder auch ein San Miguel Bier. Da man im Pablito, das übrigens nach dem jüngsten Spross vom Chef *Bernd Gröninger* benannt wurde, aber gerne etwas länger sitzen bleibt, wird auch die Dessertkarte wieder interessant. Wer will seinen Kurztrip nach Spanien schon ohne eine Crema Catalana beschließen, die zusammen mit einem starken Café Cortado einen wahrlich krönenden Abschluss für die Fiesta española bildet. Zusammen feiern kann man hier natürlich auch – ab 35 Personen sogar ganz individuell und unter sich. Fragen Sie den freundlichen Gastgeber *Markus Tusche*. Schön, dass Spanien in Westerland gleich um die Ecke liegt!

PABLITO, Paulstraße 6, 25980 Sylt / OT Westerland, Tel.: 0 46 51 / 299712, ganzjährig geöffnet ab 16 Uhr, Hauptsaison 12 - 22 Uhr, Fr und Sa bis 23 Uhr, Familien- und Firmenfeste ab 35 Pers. www.pablito-sylt.de, info@pablito-sylt.de, pablitowesterland

Knusprige Pizzen – perfekte Pasta! Viva la Riva

Das Pizza-Paradies auf dem Eiland. Zentral in der Fußgängerzone gelegen. Knusprig dünne Pizzen aus dem Steinbackofen ab 9,25. Auch Pasta, große Salatteller und Dolci. Italienische Rotweine 0,2 ab 5,65, Flasche ab 18,- bis zum Angelo Gaja. Rotweine ausschließlich aus Italien. Aperitifs wie Aperol Spritz oder Prosecco mit Blutorange ab 6,75 und Grappa ab 5,50. Alle Speisen auch außer Haus.

Ein wunderbares Ristorante, das sich – mit wenigen Ausnahmen – ganz knusprigen Pizzen und perfekter Pasta verschrieben hat. *Riva* – eine Bezeichnung, die positive Assoziationen freisetzt. Ein bisschen „Dolce Vita" klingt mit, vielleicht auch der Traum vom schnellen Sportboot auf dem Gardasee. Immerhin kommen im Riva in der Westerländer Paulstraße so knusprige Pizzen aus einem typischen Steinofen wie man sie auch nicht besser in Bella Italia bekommt. Da wären zum Beispiel die „Pizza Finito" mit Rindercarpaccio, Parmesan und Pesto (16,35), die „Pizza Andrea" mit Gorgonzola und Parmaschinken (14,75) oder die vegetarische „Pizza Alberto" mit Gorgonzola, Knoblauch und Spinat (13,75). Auf der Pasta-Seite liest man von „Penne Manzo" (mit kleinem Steak vom Galloway, getrockneten Tomaten und Pesto 18,55) und „Spaghetti Pomodori & Rucola" (12,75). Aber auch an die Veganer wird gedacht. Wir sahen noch viele typisch südliche Leckereien auf der Speisenkarte: Tomatensuppe mit Pesto und Mandelspalten (6,45) als Appetizer, gefolgt von großen Salaten mit Thunfisch oder warmem Ziegenkäse. Kleinen Gästen schmecken sicher auch die Spaghetti in Tomatensauce – mit und ohne Fleischbällchen. Das „Dolce Vita" wäre allerdings nicht komplett ohne die „Dolci riva", die vom Tiramisù über das mit Espresso überzogene dunkle Schokoladeneis bis zum hausgemachten Gelato in verschiedenen Geschmacksrichtungen reichen. Für noch mehr italienische Momente im Leben sorgen süffige Landweine wie ein Montepulciano d'Abruzzo oder aber ein Großes Gewächs wie der Weiße mit dem schönen Namen „Were dreams – now it is just wine". In diesem Sinne: Träumen Sie doch mal auf Italienisch!

RIVA, Paulstraße 8, 25980 Sylt / OT Westerland, Tel.: 0 46 51 / 299713, täglich 16-22 Uhr, Fr und Sa bis 23 Uhr, während der Saison ganztägig 12-23 Uhr, Familienfeste bis 40 Pers. ec
www.riva-sylt.de, info@riva-sylt.de, pizzarivasylt

Hotel Miramar ★★★★★

Elegantes Domizil in traumhafter Lage

Seit 1903 familiengeführtes Grandhotel mit Restaurant in vorderster Nordseereihe in Westerland. Klassische Küche auf französischer Basis mit saisonalen Elementen. Genuss auch fürs Auge: Belle Époque Stilistik, u.a. in der legendären „Bar Miramar". Neuer Loungeraum, großzügige Speiseräume, schicke Restaurantterrasse mit weitem Meerblick. Außer-Haus-Gäste herzlich willkommen. Internationales Frühstücksbuffet (ab 7.30 Uhr, 40,-), Mittags- und Hauptkarte, von Matjesfilet mit Dillsauce auf Sylter Schwarzbrot 13,- bis zum gegrillten Kalbsfilet 35,90, Zanderfilet auf der Haut gebraten 28,90, Madras Gemüsecurry 18,90. Auf Vorbestellung: Meeresfrüchte (Muscheln, Hummer, Kaviar, Austern) und Fondues. Bitburger 0,2/4,50, Wein 0,1/5,-, Flasche Rosé 28,-. Große Wein- und Cocktailkarte.

Sylter Gäste sollten sich eine Exkursion in das *Hotel Miramar* unbedingt vornehmen. Dieses Grandhotel der Belle Époque, das über der Nordsee thront – als Zeuge aus großer Zeit – lässt einen sofort eintauchen in die Anfangsjahre des 20. Jahrhunderts und bietet doch jede erdenkliche moderne Annehmlichkeit *(siehe Hotel- und Wellness-Report)*. Man speist hier auf einem Niveau, das die klassische Kulinarik mit heutigen Genusstendenzen vereint. Die Gastgeberfamilie *Christiana* und *Nicolas Kreis* sowie Tochter *Mariella* und Küchenchef *Paul Becker* haben die Wünsche der Gäste voll im Blick, wenn es um den Twist in die Aktualität geht. So achtet das Küchenteam immer auf Regionalität und Saisonfrische der Produkte, hat saisonal Spargel, Pfifferlinge und frische Fänge aus der Nordsee an Bord und ergänzt die Klassiker mit jahreszeitlichen Produkten (Gefüllte Blätterteigpastete mit Rahmpilzen und grünem Spargel 16,90, Nordsee-Seezunge „Müllerin Art", 400 g, Tagespreis, Sylter Lammkarree 32,90, Tahiti-Vanille-Crème brûlée mit Beeren der Saison 9,50).

Zum Glück sind die Speisenkarten den ganzen Tag lang gültig, sodass auch Außer-Haus-Gäste nach ihrem eigenen Zeitplan einkehren und kulinarisch fündig werden können. Bei gutem Wetter am liebsten auf der Dünenterrasse mit Meerblick. Dort goutiert man die Haupt- und Mittagsgerichte und lässt sich einfach verwöhnen (Sylter Krabbensuppe 9,90, gebratene Jakobsmuscheln auf warmem Linsensalat 18,90, Rinderfiletsteak, 180 g, 36,90). Und entdeckt dabei noch herrliche Evergreens wie das Chateaubriand (500 g, pro Person 55,-) und die Filetspitzen Stroganoff (flambiert, pro Person 52,50), für die das Wiederkommen (und Vorbestellen!) gleich im Kalender notiert wird. Unbedingt empfehlen wollen wir noch die verlockende Dessertkarte (warmes Schokoladen-Malheur 8,50), die Cocktailklassiker an der Jugendstil-Bar (mit und ohne Alkohol) und die Preziosen aus dem Miramar Weinkeller, der für jede Speise den treffenden Tropfen im Regal hat.

RESTAURANT HOTEL MIRAMAR, Friedrichstr.43, 25980 Sylt / OT Westerland, Tel.: 0 46 51 / 8550, Fax: 855222, ganzjährig geöffnet, Betriebsferien 03. Nov. bis 19. Dez., Frühstücksbuffet von 7.30-11 Uhr, Hauptkarte von 12-14 und 18-22 Uhr, Mittagskarte 14-17.30 Uhr
www.hotel-miramar.de, info@hotel-miramar.de

Vorspeisen

Bunter Tomatensalat mit Blattsalaten, Mini-Burattini, Grissini und Balsamico -Vinaigrette	€	14,90
Vorspeisen-Etagere nach Wahl des Küchenchefs	€	18,90

Zwischengerichte

Gebratene Jakobsmuscheln auf warmem Linsensalat mit Frühlingszwiebeln, Tomatenwürfeln und Balsamico	€	18,90

Suppen

Getrüffelte Blumenkohlsuppe mit schwarzem Trüffel **	€	9,50

Fischgerichte

Gebratenes Steinbuttfilet an cremigem Petersilienkartoffelstampf, glasiertem Gemüse und Zitronenschaum	€	42,90
Gebratenes schottisches Lachsfilet an Tagliatellenudeln mit grünem Spargel und Zitronenschaum	€	27,90

Fleischgerichte

Gegrilltes Kalbsfilet auf Pfefferrahmsauce an Fingermöhren und Kartoffelkroketten	€	35,90
Rinderfilet Châteaubriand 500 g mit Beilagen Ihrer Wahl und Sauce Béarnaise ab 2 Personen pro Person	€	55,00

Vegetarische Gerichte

Madras Gemüsecurry Kichererbsen, Süßkartoffeln, Auberginen und Karotten dazu Basmatireis	€	18,90

Desserts

Mango-Quark-Mousse auf bunten Beeren-Coulis	€	8,50

Flambierte Gerichte ab 18:00 Uhr
ab 2 Personen

**für Vegetarier geeignet

Speisenkarten-Auszug-Frühjahr 2019

Angebot und Preise können sich je nach Marktlage ändern

Lust am Genuss

Jörg Müller – eine Kochinstitution. Sein Restaurant in Westerland mit stimmungsvoller Atmosphäre. Regional und bodenständig bis Gourmet: À-la-carte-Klassiker wie gratinierter Dorsch mit Senfsauce (34,-) bis zum getrüffelten Gänseleber-Gugelhupf (29,-). Drei- bis Vier-Gänge-Menü (64,- bis 89,-). KöPi 0,25/4,-, Wein 0,2 ab 9,-, Flasche ab 32,- (Weißburgunder / Baden) bis zu den gesuchten Jahrgängen der ganz großen Lagen. Eine der besten Weinkarten der Welt (Wine Spectator)!

Mit einem „Herzlich willkommen" begrüßt uns *Barbara Müller* und führt in den mit Fliesen bestückten Gastraum. *Jörg Müller*, der „geniale Klassiker unter den Top-Köchen", hat längst Abschied genommen von bestimmten Luxusritualen der gehobenen Gastronomie. „Das habe ich nicht bereut! Es ist jetzt alles viel lockerer und meine Küche ist jetzt für alle da". Müllers Küche orientiert sich wie eh und je kompromisslos an den bisherigen Qualitätsansprüchen, an einer geschmacksorientierten Spitzenküche, die schließlich in den bisherigen drei Jahrzehnten die Resonanz und den überwältigenden Erfolg der Müllers begründet hat.

Jörg und Barbara Müller

In lockerer Atmosphäre werden die Klassiker serviert, ob Regionales wie Schollenfilet mit Kartoffelsalat oder ein Tafelspitz vom Sylter Galloway genauso wie die berühmten Müller-Kreationen „Pot-au-feu vom Hummer", „Getrüffelter Gänseleber-Gugelhupf im Traminergelee" oder gratinierte Seezungenfilets „Noilly Prat". Und das alles in einem angemessenen Preisrahmen.

Easy going, denn auf Müllers Küche ist Genussverlass auch ohne die Gourmettempel-Formalitäten. Die Gästezahlen steigen und auch die jüngeren Leute scheinen keine Schwellenangst mehr zu haben. Apropos junge Leute: Mit Tochter *Jane Müller* und ihrem Ehemann *Benjamin Müller-Birkholz* stehen zwei Gastro-Fachleute aus der Familie dem Betrieb zur Seite. Jörg Müllers Faible für den Wein zeigt sich weiterhin an seiner vielfach ausgezeichneten Weinkarte, die seit über 20 Jahren vom „Wine Spectator" mit dem „Grand Award" bedacht wird. Alles steht bei den Müllers unter dem Motto: Lust am Genuss – aber ohne Muss... *(siehe auch Hotel-Report).*

In der Vorweihnachtszeit nicht zu versäumen:

Der stimmungsvolle „Adventszauber" vor dem Restaurant mit nostalgischem Kinderkarussell und Kunsthandwerk – an allen vier Adventswochenenden.

HOTEL UND RESTAURANT JÖRG MÜLLER, Süderstraße 8, 25980 Sylt / OT Westerland, Tel.: 0 46 51 / 2 77 88, Fax: 20 14 71, geöffnet ab 17 Uhr, dienstags Ruhetag, Vor- und Nachsaison montags und dienstags Ruhetag. P
www.jmsylt.de, info@jmsylt.de

HOTEL UND RESTAURANT
JÖRG MÜLLER

Sehr geehrte Gäste!
In unserer Küche werden nur hochwertigste Frischprodukte ohne chemische Zusatzstoffe mit Liebe und Sorgfalt verarbeitet.
Unsere Fleischprodukte, Lamm und Gallowayrinder kommen von zwei kleinen Schlachtern aus Nordfriesland, die Fische aus der Nordsee, Krabben, Muscheln und Austern aus dem Wattenmeer.
Sollten Sie auf gewisse Produkte allergisch reagieren, sprechen Sie bitte unser Serviceteam an.
Ihr Jörg Müller

Menü

Getrüffelter Gänselebergugelhupf im Traminergelee
und Geflügel – Gänseleberparfait im Pumpernickelmantel mit Apfelsalat 29,00
oder
Lachstatar auf Avocado mit Kaviar-Crème-Fraîche 28,00
*
Lachs – Zanderklößchen in Hummersauce mit Nagegmüse 34,00
*
Dodine vom Rehrücken auf seinem Ragout
mit glacierten Möhren, Wirsing und Selleriepüree 48,00
*
Weißweinzabaione mit Melonenperlen und Orangensorbet 14,00

Menü 4 Gänge 90,00
Menü 3 Gänge ohne Klößchen 68,00

Tagesempfehlung

Sylter Austern auf Eis / oder gratiniert (ab 3 Stück) pro Stück	4,00 / 6,50
Lammleber auf Salat von bunten Linsen	19,00
Tatar vom Sylter Galloway mit Reibekuchen / wahlweise mit 10g Kaviar	28,00 / 48,00
Kalbsbriesmedaillon mit Spargelspitzen, Morcheln und Perigord Trüffel	32,00
Pot au feu vom Hummer mit Ravioli	34,00 / 48,00
Hörnumer Muschelteigtaschen im Safransud	28,00
Weißer Heilbutt im Zitronen-Kapernfond mit Couscous	38,00
Rehschnitzel mit Waldpilzrahm, Wirsing und Spätzle	36,00
Kalbsleber in Balsamico-Salbeijus, Spinat und Oliven-Kartoffelpüree	29,00
Geschmorte Lammhaxe mit Ratatouille und Rosmarinkartoffeln	38,00

Speisenkarten-Auszug-Frühjahr 2019
Angebot und Preise können sich je nach Marktlage ändern

Die Osteria: 25 Jahre kultiger Szenetreff

Kultiger Szene-Treff am Campingplatz in Westerland direkt hinter den Dünen am Strandübergang. Lebendig, lässig, bunt. Mit Kinderspielplatz. Frühstück ab 12 Uhr für Spätaufsteher. Osteria-Brunch (11,50 p.P.). Sonnenterrasse mit Strandkörben. Mediterran geprägte Karte, gute Portionen. Große Pizzaauswahl (ab 12,-), Fondue ab 4 Personen auf Vorbestellung (35,- p.P.). Bitburger, Wein Flasche ab 19,-(2017er Portugiesischer Rosé von Enk). Über 100 Weinpositionen.

25 Jahre ist es her, dass der umtriebige Gastronom *Reiner Hinsen* mit einer Crew von Gleichgesinnten die erste *Osteria* im Watthof in Rantum eröffnete. Das Ding wurde ziemlich schnell erfolgreich – und so trubelig, dass man sich einen neuen Standort suchen musste. Seitdem ist *Die Osteria* am Campingplatz in Westerland ein ziemlich lässiger Treffpunkt für alle, die Lust auf das ungezwungene und lebendige Inselleben haben. Ganz gleich ob Surfer oder nicht, Insulaner oder Gast, ob Banker oder Verkäufer – hier darf jeder nach seiner Façon glücklich werden und Kinder dürfen einfach Kinder sein.

Die Karte ist, wie es sich für so eine Location gehört, unkompliziert und bietet reichlich Auswahl. Mediterran Leckeres ist der Schwerpunkt – weshalb es in der Osteria auch ziemlich verführerisch nach Kräutern duftet. Die Tessiner Minestrone ist daher schon mal ein guter Starter, findet unsere Autorin (6,50). Und dann wird es gar nicht so einfach mit der Auswahl: Pizza, Pasta, Carne, Pesce, alles da. Und das in reichlichen Portionen. Klassiker sind die Piccata Milanese Kalbsschnitzel auf Tomatenspaghetti mit frischen Kräutern (25,50). Oder die Lammfilets auf gartenfrischem, buntem Gemüse mit Kartoffelgratin (29,50). Serviert werden die lecker duftenden Köstlichkeiten ganz rustikal in der Pfanne – herrlich! Und die Pizza mit ihrem knusprig dünnen Boden und dem leckeren Belag, ganz nach dem Gusto des Bestellers, die sollte man hier mal probiert haben. Unsere AutorIn liebt's mit Gemüse – prego, die Pizza Verdura kommt mit Broccoli, Paprika und Zwiebeln an den Tisch (14,-). Das quirlige Team kümmert sich gewohnt aufmerksam und ziemlich flott auch im größten Trubel um die Gäste: ein weiterer Grund, warum aus Gästen hier so schnell Stammgäste werden bzw. geworden sind.

Wer trotz der üppigen Portionen noch Appetit hat, Dessert gibt's hier natürlich auch. Gerne auch aus der heißen Pfanne – das nennt man dann wohl Pfannkuchen! Und was dazu? Rote Grütze und Vanilleeis sind natürlich der (Sylter) Klassiker (8,50). Und weil so viel Leckeres schwimmen muss, gibt man am besten noch was hochprozentig Klares hinterher. Die Spirituosenauswahl kann sich sehen lassen, das Weinsortiment aber auch. In diesem Sinne – wir trinken auf weitere 25 Jahre Kult-Osteria!

DIE OSTERIA, Strandübergang Südwäldchen, Süderstraße 68, Campingplatz, 25980 Sylt / OT Westerland, Tel.: 0 46 51 / 29819, Fax: 23037, tgl. geöffnet von März bis Dez. von 12-23.30 Uhr, durchgehend warme Küche von 12-22 Uhr, montags Ruhetag, großer Parkplatz, Kinderspielplatz, für abends telefonische Reservierung empf. www.osteria-sylt.de, info@osteria-sylt.de,

Die OSTERIA Sylt

... Guten Morgen! ...

Unser Spätaufsteher - Nachtschwärmer Brunch

von 12:00 Uhr bis 16:00 Uhr

Der Osteria Brunch

Drei Brötchen,
Gaudakäse und Brie, dazu italienischer Landschinken,
Mortadella und Salami, Butter,
Marmelade, Nutella, Honig, Kräuterquark,
eine Scheibe Lachs und Rührei aus zwei Eiern
11,50 € pro Pers.

... und dazu die "Extras"

Müsli mit Milch 2,50 €
Fruchtjoghurt 2,50 €
Kräuterquark 2,50 €
Frischer Obstmix 5,00 €
Butter 1,50 €
Süßer Mix aus einmal :
Honig, Nutella und Marmelade 2,50 €
Ein frisches Brötchen 0,50 €
Baguette 1,00 €
Fleischsalat 2,00 €
Drei Scheiben Lachs 3,00 €
Drei Scheiben ital. Landschinken 3,00 €

Drei Scheiben Salami oder
Mortadella 1,50 €
Drei Scheiben Gauda 2,50 €
Eine Ecke Brie 2,50 €
Zwei kleine Filetscheiben
mit großer Garnele 10,50 €
Pfannengemüse 4,00 €
Bratkartoffeln mit Zwiebeln 4,00€
Rührei aus zwei Eiern 3,00 €
Rührei aus zwei Eiern mit Zwiebeln
und ital. Landschinken 5,50 €
Spiegelei aus zwei Eiern 3,00 €
Bacon gebraten aus 4 Streifen 2,50 €

Becher Kaffee, Becher Tee, Becher Kakao,
Milchkaffee, Capuccino, Espresso, Säfte und, und, und ...
auf den Getränkeseiten geht`s weiter !

Pizza

Pizza Margherita der Klassiker mit Käse und frischem Basilikum	12,00 €
Pizza Prosciutto mit italienischen Landschinken	14,50 €
Pizza Salami mit Salami, ist ja logisch !	13,50 €
Pizza Tonno mit Thunfisch und Zwiebeln	13,50 €
Pizza Lecker mit frischem Lachs und Creme Fraiche	15,50 €
Pizza Frutti di Mare mit Garnelen, Thunfisch und Lachs	15,50 €
Pizza „Texas" mit Putenbrustnuggets, Broccoli, Mais, Jalapenos, Chilli Creme Fraiche und Eisbergsalatstreifen (... scharf !)	16,00 €
Pizza Verdura mit Broccoli, Paprika, Zwiebeln, Knoblauch und Zucchini	14,00 €
Pizza Diavola mit pikanter Peperoni-Salami* aus Calabrien, Knoblauch, Oliven und Peperoni	15,50 €

Pasta - Nudeln

Spaghetti Arrabiata, scharfe Tomatensoße, mit Zwiebeln, Jalapenos, Paprika und Oliven	14,00 €
Spaghetti Tonno, mit Thunfisch, Jalapenos, Tomaten, Knoblauch und Schafkäse überbacken	14,50 €
Spaghetti Carbonara, "Osteria Style", mit Parmesan, Sahne und Speckwürfel (Pancetta)	13,50 €
Spaghetti Bolognese, mit Käse überbacken	12,50 €
Tortellini vegetarisch, mit Champignons, Broccoli, Karotten, Zwiebeln und Tomaten-Sahnesoße mit Käse überbacken	14,00 €
Tortellini überbacken mit Gorgonzola-Sahnesoße, Broccoli, Karotten, Tomaten und Zwiebeln	14,50 €
Lasagne nach Art Osteria	13,00 €
Rigatoni in Pestorahm, mit Tomaten und Parmesan überbacken	14,00 €
Rigatoni al Salmone, Lachs vom Grill mit Broccoli, Karotten, Champignons und Zwiebeln in scharfer Tomatensahnesoße	16,50 €
Rigatoni con Gamberi, Garnelen mit Champignons, Zwiebeln, Broccoli und Karotten in leckerer Tomatensoße	17,50 €

Fleisch/Carne

Piccata Milanese Kalbschnitzel in Parmesan-Eihülle auf Tomatenspaghetti mit frischen Kräutern	25,50 €
Putenbruststeaks auf Pfefferlauchgemüse mit Zwiebeln, und Tomaten, dazu Home Frites	21,50 €
Rinderfiletnuggets Giardino, feurig scharf mit Peperoni, Knoblauch, Zwiebeln, Zucchini und Champignons, dazu leckeres Knoblauchbaguette	23,50 €
Gegrilltes Rumpsteak vom deutschen Weiderind mit Pommes Frites und Kräuterbutter, dazu knackiger Frühlingssalat	28,50 €
Drei Lammfilet auf gartenfrischem Gemüse, Broccoli, Karotten, Zwiebeln, Champignon und Zucchini, dazu Kartoffelgratin	29,50 €
Manja´s Tip "Dschungl-Mix" Rinderfiletscheibe, Lammfilet, Putenbruststeak auf pikantem Paprika-Mais-Tomatengemüse, dazu Home Frites	30,50 €
Filetto alla Coimbra, Rinderfilet vom Weiderind aus Südamerika mit grünem Pfeffer, Majorankartoffeln und Pfannengemüse, dazu Knoblauchsoße	34,00 €

Fisch/Pesce

St. Pierre Filet gebraten auf Rigatoni Arrabiata (scharf) mit Gemüse, Oliven und Peperoni	23,00 €
Salmone alla Naggi, Lachs vom Grill auf Reis und italienischem Pfannengemüse dazu scharfe Limonensauce	22,00 €
Gamberi Saluti di Herbert: Acht leckere Garnelen in Knoblauchöl gebraten mit Lauch und Zwiebeln dazu wahlweise Baguette oder Reis	35,50 €
Bunte Garnelenpfanne: Acht Scampis in Oliven-, Zwiebeln-, Paprika-, Tomatensoße, dazu Knoblauchbaguette	35,50 €
Pesce Viererlei: Zanderfilet, Lachs, St. Pierre Filet und Garnele gegrillt auf frischem Pfannengemüse, dazu Reis und Knoblauchsauce	26,00 €
Zanderfilet auf Tai-Curry-Gemüse mit Wok - Nudeln	24,50 €

SCHACHNERSYLT

Seit 1994 Treffpunkt der Genießer

Einladende Weinhandlung, Vinothek und Bistro mit tausenden flüssigen Positionen, darunter 100 Schätze im offenen Ausschank sowie Trendgetränke mit und ohne „Umdrehungen". Entwicklung neuer Getränkekreationen. Gintuning, über 100 Edelbrände, Champagner und Schaumweine. „Erlebnisgastronomie" mit Weinduellen, Weinproben und Weindates. Rustikale Brotzeit (19,50) oder edle Snacks (Flammkuchen ab 13,50, Kaviar oder Foie Gras). Mehrfach ausgezeichnet als eine der besten Weinadressen (Feinschmecker). Weinhändler des Jahres (Weinwirtschaft).

Ein Haus für Wein-Enthusiasten hat *Martin Schachner* geschaffen.

Seit über 25 Jahren ist in der Bismarckstraße *Wine & Dine* angesagt. Das bedeutet tausende flüssige Positionen stehen bereit. Vom Terrassenwein bis zu den gesuchten Raritäten. Selbstverständlich sind hier auch edle Brände und Champagner-Marken erhältlich.

Schachners Experimentierfreude ist anscheinend unerschöpflich. Seine Mix-Kreationen, sein Weintuning mit Fruchtaromen, sein Gintuning, der „Magische Gin" sind eigene, erfolgreiche Kreationen.

Wie gut, dass es in Schachners Wein-Bistro dazu ein passendes Speisenangebot gibt. So heißt es: *Brotzeit ist!* – mit feinstem Parmaschinken und diversen Antipasti, die *Steirische Brettljause* mit Bergkäse, Schinkenspeck und, und, und. Die *Foie Gras de Canard*, die *Entenleberterrine*, die mit Brioche, Traubengelee und einem passenden Rheingau Riesling serviert wird, ist eine einzige Erleuchtung. Kredenzt werden die Köstlichkeiten vom langjährigen, bewährten, sehr freundlichen wie auch fachlich versierten Team.

Die Schachners

Ein Highlight ist immer Schachners *„Wein- & Genussfestival"*, das jeweils im Frühjahr viele Feinschmecker und Lieferanten aus aller Welt nach Sylt lockt (Termine auf der Homepage). Das „Best of" kann man im Weinhaus und gegenüber im Feinkostgeschäft von *Snezana Schachner* erwerben, das nicht nur „Feines von der Insel" bereithält, sondern internationales Flair mit einer Portion Lebenslust verströmt *(siehe Schachner „Feines von der Insel")*.

Schachners neuer „Wurf": *Sylter Likörwerkstatt* mit dem magischen „Angst" Gin, der die Farbe beim Aufgießen mit Tonic verändert (Westerland, Wilhelmstr. 7).

WEINHAUS SCHACHNER GmbH, Bismarckstr. 12, 25980 Sylt / OT Westerland, Tel.: 0 46 51 / 26519, Fax: 21598, ganzjährig geöffnet, Mo-Sa 10 bis 22 Uhr, sonntags geschlossen, P f
www.weinhaus-schachner.de, info@weinhaus-schachner.de
Online-shop: www.weinsylt.de

SCHACHNERSYLT

Speisekarte

Küche von 12.00 Uhr – 21.00 Uhr

Schachners Klassiker

Ziegenkäse überbacken (A,G,H) **14,50 €**
mit Honig und Nussbrot

Käsebruschetta (A,H,L,M) **4 Stück** **16,50 €**
mit Manchego Hartkäse aus Schafmilch
wahlweise mit schwarzem Trüffel **4 Stück** **24,50 €**

Tomatenbruschetta (A) **4 Stück** **14,50 €**
Frische Tomaten, Basilikum, Knoblauch

kleine Sardinen mit Brot (A,D) **11,50 €**
in der Dose serviert, von La Brújula aus Galizien,
per Hand selektiert und in Olivenöl eingelegt

Jamon Iberico Bellota - nur saisonal im Angebot (L,M)
Spanischer Schinken in Spitzen-Qualität
große Portion (68g) **26,50 €**
kleine Portion (34g) **14,00 €**

Käsespätzle (A,C,G,L,O) **14,95 €**
mit Zwiebeln und Käse gratiniert
garniert mit Röstzwiebeln

Portion Aioli mit Baguette (A,C,G,L,M) **6,90 €**
hausgemacht - mit frischem Knoblauch und Olivenöl

Oliven (--)
Grüne Oliven in Salzlake eingelegt **3,50 €**
Kalamataoliven in Öl eingelegt **3,50 €**

Foie Gras de Oie (A,C,L,M) **27,00 €**
Gänseleberterrine (40g)
Dazu reichen wir Brioche, Traubengelee,
5cl Riesling Auslese aus dem Rheingau

Foie Gras de Canard - Entenleberterrine (A,C,L,M) **25,00 €**
Entenleberterrine (40g)
Dazu reichen wir Brioche, Traubengelee,
5cl Riesling Auslese aus dem Rheingau

Kaviar (A,D,G)
serviert mit Baguette und Créme fraiche
Beachten Sie bitte unsere Auswahl in der Kühlvitrine!

Brotzeit
feinster Serranoschinken, Parmesan mit Trüffelhonig, edle Trüffelsalami, Salami Felino -die Königin der Salami- Antipasti, Brot, Olivenöl und Aceto Balsamico

Steirische Brettljause
Bergkäse, Landjäger, Schinkenspeck, Grammelschmalz, Verhackertes, Essiggurke, Kren und Brot

Flammkuchen „Trüffel"
Saisonbedingt mit
weißem oder schwarzem Trüffel

Brotzeit (A,G,H,L,M,O,C) **19,50 €**
feinster Parmaschinken, Parmesan mit Trüffelhonig,
edle Trüffelsalami, Salchichón Ibérico, Antipasti, Brot

Steirische Brettljause (A,G,H,L,M) **19,50 €**
Bergkäse, Landjäger, Schinkenspeck, Essiggurke
Verhackertes, Grammelschmalz, Kren, Brot

Leberkäs (A,L,M) **11,50 €**
Händlmaier- oder pikanter Senf, Senfgurken, Kaisersemmel

Tiroler Schinkenspeck (L,M,O) **13,50 €**
mild geräuchert und über viele Monate luftgetrocknet

Käseteller (A,G,H,M) **23,50 €**
eine Auswahl von verschiedenen Käsesorten

Walserstolz "unser Traditioneller" (A,G) **13,50 €**
Portion Bergkäse mit hausgemachter Erdbeer-Pfeffer-Marmelade

Queso Manchego mit Marillen-Marmelade (A,G) **11,50 €**
Hartkäse aus Schafmilch der Rasse Manchega

Flammkuchen "Vegetarisch" (A,E,H,O) **13,50 €**
mit Créme fraîche, frischen Tomaten, Zwiebeln, Rucola

Flammkuchen "der Klassiker" (A,G,L,M) **13,50 €**
mit Créme fraîche, Speck, Zwiebeln, Lauch

Flammkuchen "Iberico" (A,G,L,M,O) **19,50 €**
mit Créme fraîche, Tomate, Zwiebeln, Lomo, Rucola

Flammkuchen "Trüffel" - nur saisonal im Angebot (A,G,L,M)
mit schwarzem Trüffel (Speck, Zwiebeln) **26,00 €**
mit weißem Trüffel (Speck, Zwiebeln) **Tagespreis**

Dessert

Marillenpalatschinken (A,C,G,) **9,50 €**
mit Créme fraîche und Marillenmarmelade
Marillenknödel
mit Créme fraîche und Bröseln **14,50 €**

Speisenkarten-Auszug-Frühjahr 2019
Angebot und Preise können sich je nach Marktlage ändern

Frischer Wind im Schneckenhaus

Beschauliches Abendrestaurant in Stadtlage, heiteres Ambiente in kräftigen Farben, stilsichere Dekoration. Wetterflexible Terrasse. Insidertipp für romantische Abende. Langjähriger Klassiker: Pfeffersteak Rio mit Cognac-Rahmsoße 29,90. Kreative Neuerungen (Keitumer Lammbratwurst, bunte Linsen, Paprikamarmelade 15,90), Slow Food Rezepte. Schneckenspezialitäten (Ragout von der Weinbergschnecke ab 12,90). Vegetarische Bulgur-Frikadelle mit Wildkräutern, Blutorange, Koriander 14,50. Saisonale, marktfrische Ergänzungen auf der Tafel, Drei- und Viergang-Menüs ab 49,-. KöPi 0,2/2,80, 0,3/3,60, offene Weine 0,2 ab 5,90, Flasche ab 24,90. Abwechslungsreiche Weinkarte, Spezialitäten der Weingüter Dr. Benz/Baden, Alfons Ziegler/Pfalz und Winzer vom Genusspfad Stefan Breuer und Villa Caviciana. Reservierung (bis zu 75 Personen) für private Feiern.

Es bewegt sich etwas im hübschen *Schneckenhaus*. Die Gastgeberin *Lioba Dangelmaier* und ihr Küchenchef *Dario Göhrmann* steuern mit einigen kreativen Erweiterungen in die kulinarische Moderne. Um es vorwegzunehmen: Gutbürgerliche Gerichte wie das Pfeffersteak Rio und das Pfeffergeschnetzelte (jeweils inklusive Wildkräutersalat und einer Kartoffelbeilage 29,90) bleiben! Neu definierte Klassiker machen aber noch einmal mehr Lust auf ungewöhnlichen Genuss: Kabeljau „Birne, Bohne, Speck" (28,90), Hamburger Rundstück im Brioche (16,90) oder der Wildlachs an buntem Quinoa, Thaispargel, Zitronengras (33,-) lassen Geschmacksnerven frisch aufblühen. Aufgegriffen wird diese Neuausrichtung auch im Geflügelbereich, denn das Spicy Chicken (22,90) macht mit Wildkräutern und Limonenjoghurt ganz neue Aromafächer auf.

In der Dessertsparte punktet der „Kalte Hund von der Valrhonaschokolade" mit glasierten Beeren und Johannisbeersorbet (12,90). Darios Rezeptimpulse spiegeln dabei eine neue Speisekultur wider in der Gemüse nach extrem kurzer Garzeit noch Biss und Geschmack hat und Zubereitungen in Niedrigtemperatur das Beste aus einem guten Stück Fleisch herausholen. Vom diesjährigen „Sylter Genusspfad", an dem das Schneckenhaus „wie immer" teilnahm, ist die Sylter Fischfrikadelle (15,90) mit lauwarmem Kartoffelsalat und Passepierre (Queller) in frischer Erinnerung – und zum Glück auf der Karte.

Zu allen Köstlichkeiten hat die überaus herzliche Lioba Dangelmaier die geeignete Empfehlung aus ihrem großen Weinreservoire. Was sich in der Küche tut, können Social Media Nutzer übrigens aktuell auf ihren Kanälen verfolgen. Der Weg von der Zutat zum Gaumenschmaus in appetitlichen Bildern macht den Blick auf Tablet und Handy nun erst recht attraktiv. Reservieren sollte man bitte telefonisch. Und sich entspannt auf den Abend freuen, denn jede Tischbelegung wird – wie angenehm – nur einmal vergeben. Man nehme also den Slow Food Trend wörtlich, lasse sich alle Zeit der Welt und genieße geruhsam die Kreationen der neuen Schneckenhausküche.

SCHNECKENHAUS, Norderstr. 6, 25980 Sylt / OT Westerland,
Tel.: 0 46 51 / 23275, Fax: 967368, warme Küche ab 17.30 Uhr, in der Saison ganzjährig geöffnet. Außerhalb der Saison dienstags Ruhetag. Um telefonische Tischreservierung wird gebeten.

P AE EC VISA EC

www.schneckenhaus-sylt.de

Schneckenhaus

Unsere Klassiker wie eh und je...
...nicht wegzudenken...

Vorspeisen

Riesen Garnelen in Kräuterbutter
12.00 €

Riesen Garnelen mit Curry- Cognacrahm
12.00 €

Kleiner Beilagensalat (Wildkräutersalat)
6.90 €

Hauptgerichte

Rumpsteak mit Kräuterbutter

Pfeffersteak Rio

Pfeffergeschnetzeltes in zerlassener Kräuterbutter

Zu allen Gerichten servieren wir unseren Salat (Wildkräutersalat)
und Brot **oder** eine Beilage Ihrer Wahl
(Bratkartoffeln, Kartoffelgratin, Püree oder Nudeln)
je 28.90 €

„Klassiker neu interpretiert"

Sylter Fischfrikadelle, bekannt vom Genusspfad 2019
Lauwarmer Kartoffelsalat, Passepierre
15,90 €

***

Hamburger Rundstück im Brioche
Tomatencoulis, Feldsalat, Walnuss
16,90 €

***

Kabeljau „ Birne, Bohne, Speck „
pochierte Birne, gestovte Bohne,
Speck von der Keitumer Landschlachterei
28,90 €

***

Kalter Hund von der Valrhonaschokolade
glasierten Beeren, Johannisbeersorbet
12,90 €

4 Gang 65 €
3 Gang 49 €

„Land und Meer"

Lammbratwurst von der Keitumer Landschlachterei
Bunte Linsen, Paprikamarmelade
15,90 €

***

Bouillabaisse von Nordseefischen
Sauce Rouille, Forellenkaviar
14,90 €

***

Wild gefangener Lachs
Bunter Quinoa, Thaispargel, Zitronengras
33 €

***

Käsevariation vom Keitumer Käselädchen
Beeren, Feigensenf
13,90 €

4 Gang 69 €
3 Gang 55 €

„Was wäre das Schneckenhaus ohne Schnecken"

Ragout von der Weinbergschnecke
Dutzend 18,90 €
Halbes Dutzend 12,90 €

Weinbergschnecken in Kräuterbutter
Dutzend 15,90 €
Halbes Dutzend 9,90 €

Weinbergschnecken mit Käse gratiniert
Dutzend 15,90 €
Halbes Dutzend 9,90 €

8 Weinbergschnecken im Ganzen
mit Kräuterbutter
17,90 €

Badische Schneckensuppe
mit Kerbelpesto
12,90 €

Erbsencremesuppe
mit Minzschaum und gebratener Garnele
11,90 €

Gebackene Schnecken auf Rote Bete Carpaccio
Blutorange,Wildkräuter und Wasabivinaigrette
15,90 €

Speisenkarten-Auszug-Frühjahr 2019
Angebot und Preise können sich je nach Marktlage ändern

Maritime Schatztruhe

Wenn Restaurants auf Sylt nicht mehr wegzudenken sind, dann gehört die Seekiste in die erste Reihe. Maritimes Ambiente, Terrasse (Abendsonne), zünftige, gutbürgerliche Küche: Miesmuscheln, hausgemachtes Sauerfleisch und Labskaus, Lammrücken und Seezunge sowie das Wiener Schnitzel. Ausrichten von Feiern, KöPi/Köstritzer 0,3/4,20, Wein 0,2/8,-, Flasche ab 28,- bis zu den Großen Gewächsen.

Das Traditionsrestaurant, das die maritime Seele mit allen Sinnen anspricht. *Eileen* und *Stefan Pflug* haben hier schon seit einigen Jahren das Ruder in der Hand. Er hat die *Seekiste* mit viel Gespür für das Traditionelle aufgefrischt. Die alten Messinglampen blinken golden über den Tischen und die herrlichen Fliesenwände sind immer noch schöner als jede moderne Wandgestaltung. Viele Details, wie die hübsche kleine Galionsfigur oder die antiken nautischen Geräte wie Kompass, Nebelhorn & Co. schmücken die gemütliche kleine Gaststube mit ihren ca. 40 Plätzen. Es wird schnell klar, dass hier bei den Koordinaten 54°54'.18" N-Breite und 8°18'.20" O-Länge ein Schiff nicht nur eine einfache Seekiste abgeliefert hat, sondern eine kleine Schatztruhe.
Und die Gäste sind begeistert! Viele kommen seit Jahrzehnten, genau seit 1971, und wollen ihre Lieblingsmuscheln, die berühmten Muscheln im Curry-Sahne-Sud.
Immer dienstags ist „Enten-Tag": Auf Vorbestellung werden die Enten frisch zubereitet und das duftet dann ums kleine Häuschen ganz köstlich! Jeden Mittwoch sind dann die Reibekuchen in verschiedenen Ausführungen angesagt.
Gutbürgerlich und regional ist das Angebot der Standardkarte. Eine wechselnde Tageskarte bietet neue Küchenideen mit den saisonalen Produkten – immer sehr verlockend. Auf die Küchenleistung kann Chefkoch *Gregor Goltz* wahrhaftig stolz sein. Der kann´s. Am großen Mahagonitresen, in den kleinen „Séparée-Ecken" oder an warmen schönen Tagen auf der kleinen Terrasse vor dem Haus – der unkomplizierte, aber dennoch professionelle Service ist der Garant dafür, dass dem Seekistenbesucher an nichts mangeln wird, – eben doch wie immer!

SEEKISTE, Käpt´n-Christiansen-Str. 9, 25980 Sylt / OT Westerland,
Tel.: 0 46 51 / 22575, ganzjährig geöffnet ab 17.30 Uhr,
warme Küche bis 22 Uhr, sonntags Ruhetag (außer an Feiertagen).
www.seekiste-sylt.de, info@seekiste-sylt.de

Vorspeisen

Friesentatar

Tatar von Lachs und Matjes mit gebuttertem Friesenbrot
und Meerrettich Crème fraiche
18,00 €

Weinbergschnecken

in Kräuter-Knoblauch-Butter mit würzigem Parmesan gratiniert
1/2 Dutzend 9,50 € 1 Dutzend 16,50 €

Garnelenpfanne Seekiste

in Olivenöl pikant gewürzt mit Chili, Knoblauch und gemischtem Gemüse
11,50 €

Holländische Matjesfilets

mit Hausfrauen Soße, gebuttertem Friesenbrot, und roten Zwiebeln
9,50 €

Muschelpfännchen Seekiste

in Kräutersahnesoße, mit gemischtem Gemüse und Parmesan überbacken
18,00 €

Frische Nordsee Miesmuscheln

nach Seekisten Art mit würzigen Curry Sahnesud und gebuttertem Friesenbrot
12,00 €

Gebratene Jacobsmuscheln

auf roter Zwiebelmarmelade und Krustentierschaum
15,00 €

Carpaccio vom Rinderfilet

mit Parmesanraspeln, Rucola und altem Balsamico
15,00 €

Sylter Krabbensuppe

mit Nordseekrabben
9,50 €

Meer- und Landkarte

Scholle Finkenwerder Art

in Butter gebraten mit Speckgrieben, gemischtem Salat und Salzkartoffeln
22,00 €

Scholle Büsumer Art

in Butter gebraten mit Nordseekrabben, gemischtem Salat und Salzkartoffeln
26,50 €

Garnelenpfanne Seekiste

in Olivenöl pikant gewürzt mit Chili, Knoblauch und gemischtem Gemüse
25,50 €

Pochiertes Nordseedorschfilet

mit herzhafter Senfsaatsoße, Gurkensalat und Salzkartoffeln
26,00 €

Edelfisch und Krustentiereintopf

in der Kasserolle serviert mit Safran, Gemüse, Aioli und Steinofenbaguette
25,00 €

Gebratene Nordsee Seezunge

mit zerlassener Butter, Salzkartoffeln und Gurkensalat
12,50 €

Zarte holländische Matjesfilets

mit Hausfrauen Soße, Bratkartoffeln und Salat
18,50 €

Frische Nordsee Miesmuscheln

nach Seekisten Art mit würzigem Curry-Sahnesud und gebuttertem Friesenbrot
19,50 €

Jeden Dienstag

Ofenfrische "Seekisten Ente"

mit Rotkohl, hausgemachten Kartoffelklößen und Entenjus
21,50 €

Direkt aus dem Ofen um 18:00 Uhr
Anmeldung erforderlich

Jeden Mittwoch

Reibekuchen Tag

mit Tatar von Lachs und Matjes, dazu Meerrettich Crème fraiche
21,00 €

mit frisch angemachtem Rindertatar
22,50 €

mit gebratener Blutwurst und Apfelmus
17,50 €

Seekisten Variation

für 2 Personen
Reibekuchen mit frisch angemachtem Rindertatar,
gebratener Blutwurst und Apfelmus,
Tatar von Lachs und Matjes, dazu Meerrettich Creme fraiche
15,00 €

(Reibekuchentag und Seekisten Ente an Feiertagen unter Vorbehalt)

Holsteiner Lammrücken

fein mariniert und rosa gebraten,
dazu Rahmwirsing mit Speck, Parmesangnocchi und Kräuterjus
32,50 €

Wiener Schnitzel vom Kalb

mit herzhaftem Kartoffelgurkensalat
und Preiselbeeren
28,50 €

Filetsteak vom Holsteiner Weiderind

mit Süßkartoffelstampf, Pfefferrahm Soße und Bratkartoffeln
35,50 €

Sauerfleisch

hausgemacht, dazu gemischter Salat, Bratkartoffeln
und Remouladensoße
19,50 €

Hausmacher Labskaus

mit Morsumer Spiegelei und saurer Beilage
18,50 €

Trüffeltagliarini

mit frischen Trüffeln in Sahnesoße
29,50 €

Beilagensalate

Gurkensalat 6,00 €
Gemischter Salat 6,00 €

Saisonmotto: „Beach baby!"

Relaxtes Bistro mit sehr kreativer Küche am Radwanderweg direkt am Strandaufgang im nördlichen Westerland. Unkomplizierte Atmosphäre, regional geprägte Küche mit Crossover-Einflüssen aus allen Kontinenten. Klassiker: Shakshuka (Tomate, Ei, Koriander, Brot) zum Teilen (12,50) sowie Fish & Chips mit Süßkartoffel-Fritten (19,50). Flens vom Fass 0,3/3,20, Wein 0,2 ab 5,50, Flasche 0,75 ab 17,50.

Sie ist auf Anhieb nicht ganz leicht zu finden, die gemütliche Strandbude hinter einer Düne – Höhe Marine-Siedlung. Aber wer diese Hütte einmal gefunden hat, kommt wieder. Vorbei sind die Zeiten, in denen man ohne Reservierung auf einen leckeren Burger reinschneien konnte. Es hat sich inzwischen herumgesprochen, dass man im *S-Point* unkompliziert und hervorragend speisen kann.

Was seine drei „Küchenbullen", wie Maître *Sepp Reisenberger* das Küchenpersonal liebevoll nennt, in der winzigen Küche produzieren, ist so lecker, hier gibt es eben kein Essen von der Stange. Kreativität steht ganz vorne auf der Agenda.

Die Gallowaybratwurst mit Ingwer, Koriander und Kräutern gefällt nicht nur durch den Geschmack – sondern ist auch eine eigene Herstellung vom Gänsehof in Keitum. Mehr Regionalität geht nicht. Die Wurst wird samt Kartoffelstampf und Gemüse (17,50) gereicht. Freunde von Fisch werden mit Fenchel-Brotsalat und Pulpo (16,-) oder einer hervorragenden Pasta Vongole (24,50) glücklich gemacht. Fish & Chips bedeutet hier Kabeljau im Sesam-Bierteig mit Süßkartoffel-Fritten (19,50), so gut wird man diesen Klassiker in ganz Großbritannien nicht finden. Das orientalisch angehauchte Shakshuka (12,50) bestehend aus Tomate, Ei, Koriander und Brot zum Dippen ist einfach nur köstlich und eignet sich perfekt als Vorspeise für zwei Personen. Dazu mundet eine hausgemachte Zitronenlimonade (3,90) ebenso wie ein helles Stiftungsbräu (0,5/4,90), serviert im eisgekühlten Tonkrug.

Neu ist das hauseigene Craft Beer mit dem verheißungsvollen Namen „Förster Buben", gebraut nach Rezeptur vom S-Point. Im Hochsommer gibt es ab der 20 Grad-Marke von 11 bis 14 Uhr Mojitos für 5 Euro, „damit die Gäste bei coolen Grooves auch hinter der Düne das Beach-Feeling zelebrieren können".

Für Freunde von kultivierteren Tropfen hält Sommelier *Florian Geißler* neben Standards wie Grauburgunder von Markus Schneider (1,5l/29,-) und einem Roten wie Kaapzicht estate oder Le Volte in der 1,5l Flasche im Raritätenschrank tolle Überraschungen parat. Bei allem Hochgenuss sitzt der Gast rustikal an Tischen, deren Holz zuvor als Fußweg für die benachbarte Strandtreppe diente. Auch sonst ist das Mobiliar maritim, hölzern, urig, strandnah – wie die Location selbst.

BISTRO S-POINT, Lornsenweg 7, 25980 Sylt / OT Westerland,
Tel.: 0 46 51 / 3504746, täglich geöffnet ab 11.30 Uhr,
Küche von 12-22 Uhr,
www.s-point-sylt.de, sepp@s-point-sylt.de, facebook.com/spointsylt,
instagram.com/spointsylt

Best of deutsche Küche bis zum Asian Style Bar

TELLERRAND Restaurant & Bar

Jung! Modern! Lecker!

Stylishes Restaurant im Herzen von Westerland. Gehobene deutsche Küche mit euroasiatischen Einflüssen. Schöner, heller Wintergarten, Barbereich für Aperitif und Digestif, hauseigene Likörkreationen. Schwerpunkt auf regionalen, saisonalen Produkten. Wechselnde Abendempfehlungen. Vorspeisen ab 11,50 (Blutwurst mit Schmorzwiebeln, Apfel, Wasabipüree), Hauptgerichte ab 24,50 (Kabeljau mit getrüffelter Beurre blanc, Pak Choi und Rote-Beete-Püree). KöPi 0,25/3,-, Wein 0,1 ab 4,-, Flasche ab 26,-.

„Der *Tellerrand* gehört dem Gast!" Dieses Motto ziehen Restaurantleiter *Tim Högy* und Küchenchef *Jan Ole Sander* mit viel Passion durch und haben damit sprichwörtlich großen Erfolg: Die Gäste kommen in Scharen, das kleine Restaurant zwischen Friedrichstraße und St. Nicolai-Kirche ist längst kein Geheimtipp mehr. Die modern interpretierte und mit euroasiatischen Einflüssen inspirierte gutbürgerliche und regional-norddeutsche Küche ist unglaublich lecker – Hausmannskost mit Pfiff meets Gourmetküche. Dazu eigens produzierte Drinks vom Aperitif bis zum Likör plus Spitzenweine.
Ein wichtiger Grundsatz im Tellerrand ist die Verwendung von regionalen und saisonalen Produkten, die vorwiegend aus der näheren Umgebung stammen: Fische aus der Nordsee, das Fleisch aus Schleswig-Holstein und McPomm, Gemüse aus dem Umland. Generell soll der „Tellerrand" ein nachhaltiger Ort sein: Nach dem Motto „weniger ist mehr" gibt es Beilagen in kleinen Portionen, damit möglichst wenig in die Tonne wandert. Nachschlag wird gern gereicht – ergo ohne Aufpreis.
Die Einrichtung ist zeitgemäß ohne viel Schnickschnack, man sitzt puristisch aber stilsicher auf grauen Stühlen oder Sitzbänken.
Auffällig ist auch die große Geschirr-Vielfalt – man hat das Gefühl, dass jedes Gericht auf einem anderen, individuellen Teller gereicht wird.
Egal, ob behaglich im Restaurant oder bei gutem Wetter auf der schmucken, um 30 Plätze erweiterten Terrasse: Zum Auftakt lohnt immer ein kulinarischer Ausflug nach Fernost – zum Beispiel Thunfisch, Sashimi, Tatar, Teriyaki, Apfel-Ingwer, Wasabi-Gurke und Sesam (15,50) – einfach köstlich. Ebenfalls auf der Zunge zergehend präsentiert sich das Beef Tatar mit Wachtelei, gebackenen Kapern, Sesammayonnaise und Röstbrot (16,50). Die Ochsenbacke mit Traubenjus, Romanesco und Trüffelpüree (26,50) ist noch zarter, als sie klingt, auch der Heilbutt mit Honig, Sojasauce, Thai-Spargel und weißem Bohnenpüree (28,-) ist nicht umsonst aus dem Meer gefischt worden. Die Weinkarte bietet alles, was das Herz von Weinliebhabern höher schlagen lässt – der Fokus liegt auf Deutschland, Österreich und Italien.
Zum Warmwerden kredenzt die Bar im Entrée des Restaurants einen „Werner Wermuth": weißer Wermut aus der Riesling-Traube mit Tonic Water aufgegossen und mit Blau- sowie Johannisbeere garniert. Das ist der Drink der Stunde im Tellerrand! Außerdem hält der Barmann als Dessert nach dem Dessert auch Hausgemachtes parat, von dem fantastischen Eierlikör (5,-) braucht man unbedingt ein zweites Glas...

TELLERRAND, Maybachstraße/Ecke Sankt Nicolai-Str. 1, 25980 Sylt / OT Westerland, Tel.: 0 46 51 / 44 65 300, geöffnet ab 17 Uhr, Küche 18-22.30 Uhr, Bar open end, dienstags Ruhetag
www.tellerrand-sylt.de

STRANDOASE
RESTAURANT & CAFE

Top Lage
Dünen-
paradies
auch
vegetarisch

Beste Aussichten

Restaurant- und Cafébetrieb südlich von Westerland, traumhafte Lage. Wind- und wettergeschützte Außenterrasse mit Blick auf Dünen, einmalige Stegterrasse auf Dünenkamm mit einzigartigem Blick auf die Nordsee. Vielfältige Speisenkarte mit verfeinerter Hausmannskost, mediterranen Schmankerln und saisonalen Highlights. Spezialitäten: Knusprige Ente (24,80) und Fleisch-Fondue (36,50). Veltins 0,25/3,30. Tolle Weinkarte, 0,2 ab 6,-, Flasche ab 26,-.

Die *Strandoase* ist ein wahres Juwel in den Dünen, zum Wasser sind es nur wenige Meter. Nicht weit vom regen Treiben Westerlands entfernt und trotzdem vollkommen entschleunigt lädt die große Terrasse am Haus mit herrlichem Blick in die Dünen zum Lunch, Dinieren, zu Kaffee und Kuchen oder einem Sundowner ein. Bei jeder Witterung finden hier draußen 120 Gäste Platz. Das Highlight der Strandoase ist die höher gelegene Stegterrasse, von der man einen atemberaubenden Blick auf die Nordsee hat, der auf Sylt einmalig ist. Wer hier seinen Flirt im großzügigen Strandkorb auf einen Sundowner einlädt, hat alle Karten in der Hand.

Im Inneren der „Oase" sorgen der rustikale Blockhausstil mit sanften Erdtönen und geschmackvolle Details aus Holz und Naturstoffen für behagliche Atmosphäre. Die große Galerie im ersten Stock eignet sich wunderbar für private Festivitäten. Das gleiche gilt für die herrliche Cabrio-Terrasse, die von Strandoase-Inhaber *Udo Sonnleitner* und seinem Team mit ein paar Handgriffen flugs in eine wetterfeste Location verwandelt werden kann.

War da noch was? Natürlich, bei aller Schwärmerei darf man nicht vergessen, dass man die Strandoase zum Speisen besucht, das geht hier richtig gut. Die Bouillabaisse mit Nordseefischen und Garnelen im pikanten Tomaten-Gemüse-Sud (13,50) mundet vorzüglich, als Vorspeise brilliert ebenfalls das klassisch marinierte Tatar vom Husumer Rinderfilet mit gebratenem Wachtelei und gehobelter Trüffelkäseperle (17,-). Die Küchenchefs *Carolin Lichtnow* und *Silvio Sprenger* servieren ein klasse veganes Avocadotörtchen mit Tomaten und Lauchzwiebeln an scharfem Mangochutney (13,-) geschmacklich ebenso vollendet wie die butterzarte Ochsenbacke in Portwein geschmort mit Fingermöhren und Kartoffelpüree (23,50). Perfekt gebraten überzeugt auch das Nordsee-Kabeljaufilet an sautiertem Spitzkohl mit Birne und Pommery-Kartoffeln (26,50) oder die Garnelenpfanne „Strandoase" mit Paprika, Kirschtomaten, Oliven, Peperoni, Knoblauchöl und Aioli (26,50).

Der Klassiker schlechthin ist allerdings die halbe knusprige Ente mit Rotkohl und Semmelknödeln (24,80), die Dienstag, Donnerstag und Sonntag am Abend auf Vorbestellung frisch aus dem Ofen kommt. Zum Finale unwiderstehlich ist der heiße Valrhona-Schokoladenkuchen mit erfrischendem Zitronensorbet (9,50): jede Sünde wert!

Am hauseigenen Kiosk gibt es alle Gerichte, Erfrischungsgetränke und Eis zum Mitnehmen für den Verzehr am Strand. Sylt, Strand und die Strandoase sind eine gute Grundlage, um einen Urlaubstag genussvoll zu verbringen.

STRANDOASE, Lorens-de-Hahn-Str. 42, 25980 Sylt / OT Westerland, Tel.: 0 46 51 / 4464696, Fax: 4464695, ganzjährig geöffnet, Küche 11.30 - 21.30 Uhr. Außerhalb der Saisonzeiten können die Küchenzeiten variieren.
www.strand-oase.de, office@strand-oase.de

STRANDOASE

RESTAURANT & CAFE

Vorspeisen

Unser Gurkensalat
nach original Strandoasenrezept
5,50 €

Salate der Saison
in Balsamico-Kräuterdressing mit gerösteten Kernen und Croûtons
vegetarisch 9,50 €
mit Rinderfiletstreifen 19,50 €
mit Garnelen 19,50 €

Avocadotörtchen
mit Tomaten und Lauchzwiebeln an scharfen Mangochutney
13,00 €

Milder Büffelmozzarella
auf buntem Tomatensalat, Rucola und altem Balsamico
13,50 €

Klassisch mariniertes Tatar vom Husumer Rinderfilet
mit gebratenem Wachtelei und gehobelter Trüffelkäseperle
17,00 €

Unsere Vorspeisenvariation ab 2 Personen
Eine wechselnde Auswahl an Salaten, Dips und raffinierten Kleinigkeiten
von unseren Küchenchefs für Sie zusammengestellt
14,50 € pro Person

Fisch

Garnelenpfanne Strandoase
mit Paprika, Kirschtomaten, Oliven, Peperoni und Knoblauchöl,
dazu frisches Kräuterbaguette und Aioli
26,50 €

Nordsee- Kabeljaufilet
auf der Haut gebraten, an sautiertem Spitzkohl mit Birne verfeinert
dazu Pommery-Kartoffeln
26,50 €

Kutterscholle „Müllerin Art“
im Ganzen gebraten, dazu Salzkartoffeln und Zitrone
21,50 €

Kutterscholle „Finkenwerder Art“
im Ganzen gebraten, mit Speck, Salzkartoffeln und Zitrone
23,50 €

Seezunge „Müllerin Art“
frisch vom Grill, mit Zitronenbutter, Salzkartoffeln und Gurkensalat
-Tagespreis-

Fleisch

Wiener Schnitzel vom Kalb
in Butterschmalz gebraten mit Preiselbeeren und
Kartoffel-Speck-Gurken-Salat
25,50 €

Filet vom Husumer Rind
gegrillt mit Portwein-Wildzwiebeln, Selleriepüree und
warmem Kartoffelkuchen
36,50 €

Lammrücken rosa gebraten
mit Kräutercrumble an Speckbohnen,
Kartoffelgratin und Thymianjus
29,50 €

Butterzarte Ochsenbacke in Portwein geschmort
mit Fingermöhren und Kartoffelpüree
23,50 €

Speisenkarten-Auszug-Frühjahr 2019 | Angebot und Preise können sich je nach Marktlage ändern

Sylter Stadtgeflüster
cafe + restaurant

Strandhausflair mitten in der Stadt

Aromaküche und Strandhaus-Flair

Charmantes, legeres Tages- und Abendrestaurant im Herzen Westerlands, unkomplizierter Beach-House-Look, viel Holz, Sandtöne, Weiß. Romantische Speiseterrasse, von Heckenrosen umwachsen. Zahlreiche Stammgäste. Tagesgerichte von 13 bis 16.30 Uhr, große Salatkarte (ab 13,50) mit Beilagen (z.B. mit gegrillten Scampi 20,50), Flammkuchen ab 9,70, Skreifilet 22,90. Abendkarte von 17.30 bis 22 Uhr, Pilzrisotto 15,90, Tournedos vom Duroc-Schwein 26,60. Genuss-Extras auf der Tagestafel. Becks 0,25/3,80, ausgezeichnete, große, exquisite Weinauswahl, 0,2/7,50 (Grüner Veltliner, Weingut Mantlerhof).

Iris & Thorsten

Die Welt gehört denen, die sie genießen" – so das Motto des Restaurants *Sylter Stadtgeflüster*, das man als eines der Highlights in der Westerländer Restaurant-Landschaft betiteln kann. Mit Geschmack und Sensibilität widmen sich die Gastgeber *Iris* und *Thorsten Wilke* ihrem Haus, einem mit Fingerspitzengefühl designten Wohlfühlort. Die ambitionierte Servicecrew (alle in hübschen Ringelshirts) hat sichtbar Spaß daran, die Gäste zu umsorgen.

Bei gutem Wetter – und sonst mit Decke – speist man auf der Terrasse im schicken Beachstyle, auf der ab 13 Uhr die Tagesküche serviert wird. Dann liebäugelt man vielleicht mit einer mediterranen Fischsuppe (11,90 als Vorspeise), dem Quinoasalat mit Tofu (17,90), der Pasta al dente (Spaghetti Bolognese 13,90), mit Fisch- und Fleischklassikern (Labskaus 21,90, Surf&Turf Roulade 28,90).

Auf der süßen Seite gibt es Waffeln mit Vanilleeis und heißen Kirschen, hausgebackene Kuchen und eine hinreißende Crème Brûlée (11,50), begleitet von einem edlen Mango-Basilikumsorbet. Man könnte zum Dauergast werden und gleich am Abend weiter schlemmen. Denn ab 17.30 Uhr zeigt das Küchenteam unter der professionellen Leitung von *Timo Frischkorn* erneut, wie man hier mit Herz und Knowhow auf der aromatischen Klaviatur spielt.

Die handgeschriebene Extratafel informiert über die köstlichen News des Abends (z.B. Kalbsrückensteak 30,-, Steinbeißer an Mango-Spinat 31,50). Auf der gut sortierten Klassikkarte steht ein Rinderfilet mit Weißweinrisotto und Portweinschalotten zur Wahl (33,50), eine anspruchsvolle Trilogie, die in der eigenen Küche eine echte Geduldsprobe wäre. Als Vorspeise empfiehlt sich hier z.B. ein Dim Sum vom Camembert mit Preiselbeersorbet, dazu hausgebackenes Nussbrot. Auch das Heilbuttfilet (mit Blumenkohl und Wermutschaum 26,50) hat das Zeug, der Genusstour einen weiteren Aromaschub zu geben und für die Bärlauch-Gnocchi mit Kirschtomaten und zartem Lammfilet rückt so mancher Vegetarier für einen Moment von seiner Überzeugung ab.

All das gewinnt schließlich mit einer adäquaten Weinbegleitung noch an Geschmackstiefe, man verlasse sich hier voller Vorfreude auf die Empfehlungen der Gastgeber im Stadtgeflüster.

SYLTER STADTGEFLÜSTER, Boysenstraße 4, 25980 Sylt / OT Westerland, Tel.: 0 46 51 / 9955591, warme Küche von 13 bis 16.30 Uhr und von 17.30 bis 22 Uhr. Reservierung empfehlenswert
www.sylter-stadtgeflüster.de

Wenningstedt-Braderup
SYLT

Fotos: Wolfgang Schmidt, Imke Wein, Henning Sieverts, Michael Magulski, Kai Müller, Sabine Priebe, Maike Hüls-Graening

FAMILIENBAD SEIT GENERATIONEN

Tourismus-Service Wenningstedt-Braderup GmbH & Co. KG
Strandstraße 25 | 25996 Wenningstedt-Braderup
Telefon: 0 46 51 / 44 70 | Fax 0 46 51 / 4 47 40 | info@wenningstedt.de | www.wenningstedt.de

SYLT
MEER. LEIDENSCHAFT. LEBEN.

WIEDER im Buch

Web Christel

Schöne Atmosphäre, famose Küche

Äußerst beliebtes Abendrestaurant im Süden Westerlands, urgemütliche Speiseräume im behaglichen Stil, kommunikativer Bartresen, Strandkörbe-Sommerterrasse. Spezialitäten wie Bouillabaisse von Edelfischen (ab 19,50). Traditionelles (halbe junge Ente in 2 Gängen 26,50), Fischklassiker (gedünsteter Angeldorsch 26,50), feine Suppen, gebratener Hummer auf getrüffelten Steinpilz-Ravioli (36,50). Vegetarische Speisen nach „Wunsch und Genuss". Saisonales und Regionales auf der Tafel. Feiern auch für geschlossene Gesellschaften. König Pilsener 0,2/3,20, König Rotbier 0,2/3,20, umfangreiches Weinportfolio, ca. 250 Positionen, beste Lagen, 0,2 ab 8,50, Flasche ab 33,-. Champagner von Taittinger.

Wer sich bei dem Namen *Web Christel* die Frage stellt, was es hier mit dem World Wide Web auf sich hat, sei beruhigt: Der Name dieses Hauses hat vielmehr mit der alten Handwerkskunst des Webens zu tun, der man sich hier einst widmete. Seit über drei Jahrzehnten steht dieses Restaurant nunmehr für eine ausgezeichnete Speisenqualität, die unter der jahrelangen Leitung von Küchenchef *Bashir Amieri* immer wieder den jeweiligen Zeitgeist trifft. Gastgeber *Marc Ullrich* und sein tolles Team (Restaurantleiter *Norman Feldmann*) haben aus diesem romantischen Reetdachanwesen einen kulinarischen Anziehungspunkt gemacht, der den Gästen und den „Stammgenießern" wie eine zweite Heimat ist. Man bleibt seinem Lammkarree auf grünen Bohnen (34,50) gewogen, könnte die Spaghettini mit frischen (!) Trüffeln auch mit bestem Goodwill nicht so perfekt al dente und mediterran zubereiten. Und wem gelingt so eine feine Hummersuppe oder die Komposition von Nordseekrabben mit Avocado? Von der Seezunge „Müllerin Art" (mit zerlassener Butter, Gurkensalat, Morsumer Kartoffeln 47,50) und der Kalbsleber „Berliner Art" (25,-) ganz zu schweigen. Was Saison hat (Spargel, Pfifferlinge, Grünkohl), steht auf der Extratafel und beschert dem Angebot immer wieder ein jahreszeitliches Upgrade.

Marc Ullrich

Für eine Genussrunde empfiehlt sich „Das kleine Menü" mit drei feinen Gängen (mit Fisch 35,-, mit Fleisch 40,-) und „Das Sylt Menü" mit vier Gängen (ab 45,-). Wer vegetarisch isst, hat neben der überbackenen pikanten Kartoffel-Gemüsepfanne (19,-) noch die einfachste aller Möglichkeiten, um auf seine Kost zu kommen: Man spreche das clevere Serviceteam an, das ja auf Wunscherfüllung spezialisiert ist. Auch hinsichtlich der Weinempfehlungen ist man in der Web Christel absolut vom Fach, sodass der Gast mit bestem Gefühl zum anhänglichen Follower werden kann.

WEB CHRISTEL, Süderstraße 11, 25980 Sylt / OT Westerland, Tel.: 0 46 51 / 2 29 00, Fax: 88 92 939, Küche von 17 bis 22 Uhr, mittwochs Ruhetag, P AE EC VISA EC
www.webchristel.de, info@webchristel.de

Spezialitäten

„Unsere" Bouillabaisse von Edelfischen mit Aioli und Baguette 18,50 €/	26,50 €
„Marco Polo" Rinderfiletstreifen mit Gambas und Gemüse, pikant !	31,50 €
Gebratener Hummer auf getrüffelten Steinpilz-Ravioli mit frischem Trüffel	36,50 €
Entenbruststreifen mit Pilzen, Rucola, Pinienkernen, Schafskäse in weißem Balsamico und feinen Bandnudeln	24,00 €
Steinbutt an der Gräte aus dem „Ofen" oder „Sud" mit Streifengemüse, Dijonsenfsauce und Morsumer Kartoffeln	44,50 €

Fisch

Fischvariation „Web Christel" mit Tomatenspinat und zweierlei Saucen dazu Morsumer Kartoffeln	29,50 €
Angeldorsch gedünstet mit Blattspinat, Dijonsenfsauce und Salzkartoffeln	26,50 €
Zanderfilet auf Champagner-Sauerkraut-Püree mit Balsamicobutter	26,00 €
Seeteufel und Gambas an Orangen-Pfeffersauce auf Mango-Lauch Nudeln	32,00 €
Spicy-Garlic-Tomatenspaghetti-Pfanne mit ausgelösten, gebratenen Black Tiger Gambas dazu frischer Parmesan	30,00 €
Nordsee Seezunge „Müllerin Art" mit zerlassener Butter, dazu Gurkensalat und Morsumer Kartoffeln	47,50 €

Fleisch

Argentinisches Rumpsteak, Röstzwiebeln, Kräuterbutter & Bratkartoffeln	29,50 €
Kross gebratenes Lammkarrée auf frischen grünen Bohnen und Gratin	34,50 €
½ Junge Ente in „Zwei Gängen" serviert mit Preiselbeersauce	26,50 €
Klassisches Wiener Kalbsschnitzel mit Gurkensalat und Bratkartoffeln	26,00 €
Frische Kalbsleber „Berliner Art", Portweinsauce und Kartoffelpüree	25,00 €
Lammfilet rosa gebraten mit Ratatouille dazu Kartoffelgratin	30,00 €
Argentinisches Rinderfilet auf frischen grünen Bohnen mit Pfeffersauce und Kartoffelgratin	39,50 €

Das kleine Menü

Feldsalat in Zwiebeldressing mit

krossem Speck und Crôutons

&

Angeldorsch gedünstet auf Blattspinat,

Dijonsenfsauce und Salzkartoffeln

oder

Lammfilet rosa gebraten

mit Ratatouille

dazu Kartoffelgratin

&

Sylter Rote Grütze mit Schlagsahne

Fisch-Menü: 35,00 €

Fleisch-Menü: 40.00 €

Das Sylt Menü

Lachs-Jacobsmuschel Carpaccio

mit Mango-Limonen Dressing

&

Tafelspitzconsommé mit Sherry

&

Zanderfilet auf Champagner-

Sauerkraut-Püree, Balsamicobutter

oder

Rinderfilet auf frischen grünen Bohnen,

mit Pfeffersauce und Kartoffelgratin

&

Tonkabohnenparfait

Fisch-Menü: 45,00 €

Fleisch-Menü: 55.00 €

Dessert

Hausgemachte Sylter Rote Grütze mit Vanilleeis	8,00 €
Dreierlei von hausgemachtem Sorbet mit frischen Früchten	9,50 €
„Le Colonel" Zitronensorbet - mit Sash & Fritz Wodka	7,50 €
- mit Champagner Taittinger Brut Réserve	11,00 €
Weisskäsemousse an Fliederbeersauce	9,00 €
Gebackenes Walnusseis in der Mandelkruste	10,00 €
Hausgemachtes Tonkabohnenparfait	9,50 €
Marmoriertes Schokoladenmousse	9,50 €
New York Cheesecake mit frischer Mango und Vanilleeis	10,00 €
„Mövenpick" Gemischtes Eis mit Schlagsahne	8,00 €
„Coupe Dänemark" Vanilleeis mit heißer Schokoladensoße	8,50 €
Dessertvariation „Web Christel"	12,50 €

Speisenkarten-Auszug-Frühjahr 2019 | Angebot und Preise können sich je nach Marktlage ändern

Wenningstedt und Braderup

Badestrand und Wattenland

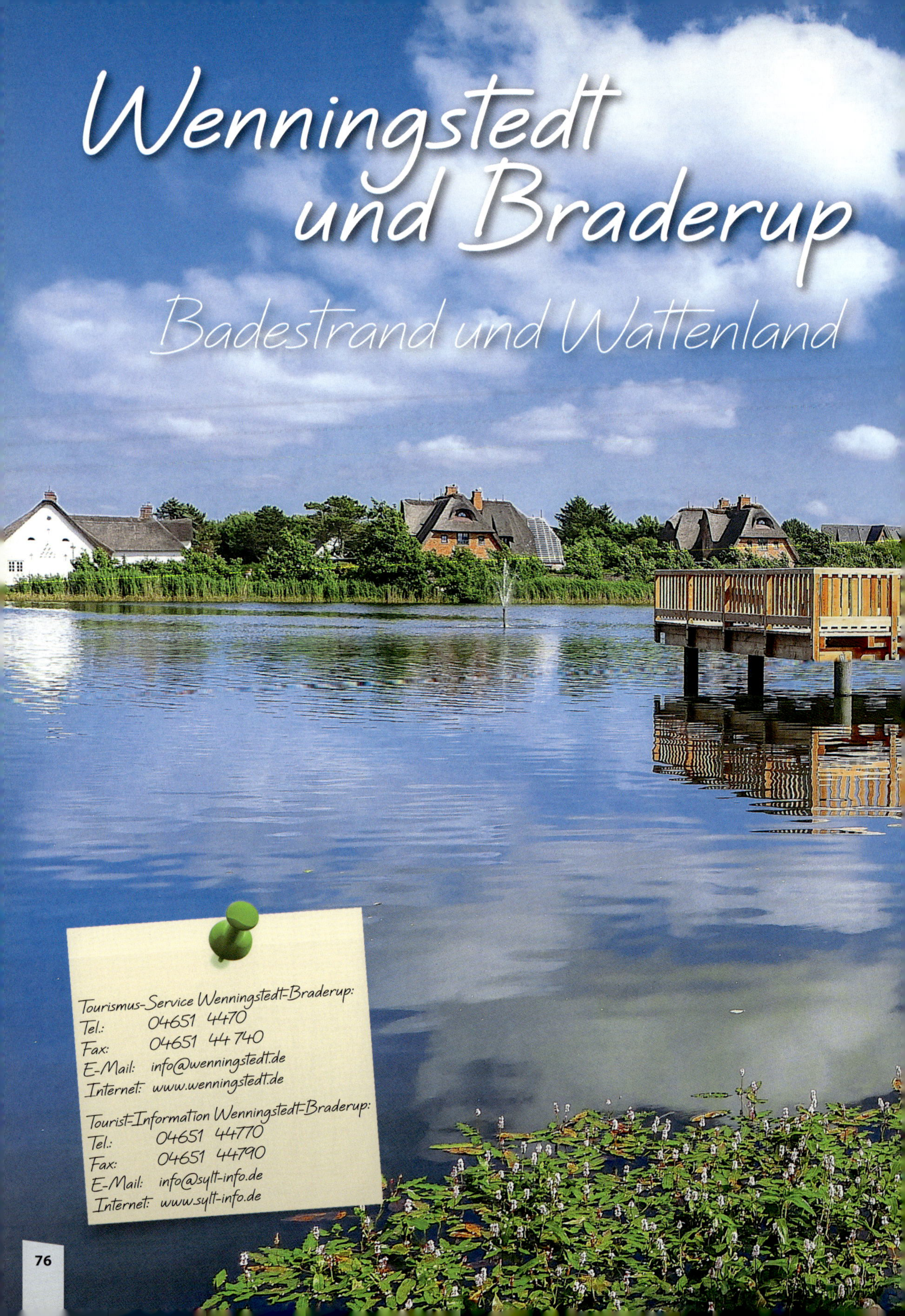

Tourismus-Service Wenningstedt-Braderup:
Tel.: 04651 4470
Fax: 04651 44 740
E-Mail: info@wenningstedt.de
Internet: www.wenningstedt.de

Tourist-Information Wenningstedt-Braderup:
Tel.: 04651 44770
Fax: 04651 44790
E-Mail: info@sylt-info.de
Internet: www.sylt-info.de

Das beliebte Familienbad kann unter anderem mit einem breiten, feinen Sandstrand vor der Kulisse eines hohen Kliffs aufwarten. Herzstück ist der idyllische Dorfteich, der einst als Viehtränke und den Hausfrauen als Waschplatz diente. Heute ist dieses Biotop bei Spaziergängern sehr beliebt und auf der Seebrücke kann man sich – wie übrigens auch am Strand – trauen lassen. Die meisten Paare geben sich das Ja-Wort allerdings in der schmucken Friesenkapelle, an deren Wänden das „Vaterunser" in friesischer Sprache zu lesen ist. Ein Zugewinn für den Ort ist der „Sagenwald", der nördlich von Wenningstedt eröffnet wurde.

Tipp: Steigen Sie doch mal hinab in die Sylter Unterwelt! Die verbirgt sich in einem unscheinbaren Hügel, dem Denghoog – es ist das bedeutendste Steinzeitgrab Schleswig-Holsteins, das bereits 5000 Jahre alt ist und besichtigt werden kann. In die Neuzeit indes führt der Weg viele Gäste mit Appetit zu „Gosch am Kliff": In dem architektonisch herausragenden Gebäude, aber auch in den zahlreichen anderen gastronomischen Betrieben lassen sich die vielfältigen Gaumenfreuden des Meeres genießen. Braderup, die kleine Schwester von Wenningstedt, liegt am Wattenmeer. Hier dehnt sich weithin die Heide aus, die einer großen Zahl von Pflanzen und Tieren einen idealen Lebensraum bietet. Lohnend ist auch eine Stippvisite im dortigen Naturzentrum.

Fitschen
am Dorfteich

Immer wieder herzlich, köstlich, gemütlich

Malerische Lage am Wenningstedter Dorfteich. Familiengeführtes Restaurant und Café, beschauliche Sonnenterrasse mit Strandkörben. Neuer Wintergarten, maritim inspiriert. Regionale Speisen mit badischen und mediterranen Akzenten. Mittagskarte von 12 bis 17 Uhr (Flammkuchen ab 11,50, Klopse „Königsberger Art" 18,50), Abendessen ab 17 Uhr (Sylter Muscheln im Kräutersud 24,50). Täglich marktfrische Angebote auf der Extratafel. Wöchentlich wechselnde 4-Gänge-Menüs (72,-). Stauder und Bitburger 0,25/3,80, exzellente Weinkarte, 0,2 ab 8,50, Flasche ab 31,-. Hotelzimmer im Haus (3 Doppelzimmer, 5 Suiten, *siehe Hotelreport*). Teilnahme am Schleswig-Holstein-Gourmet-Festival am 27./28. Oktober 2019. Gastkoch: Philipp Stein (Favorite, Mainz), jüngster Sternekoch Deutschlands.

Einmal Fitschen, immer Fitschen. Seit 15 Jahren ist das Restaurant *Fitschen am Dorfteich* nicht nur für seinen kreativen Speisenkanon bekannt, sondern gleichermaßen für die überaus zuvorkommende Gastgeberin *Verena Fitschen*, bei der man gleich bei der Begrüßung das Gefühl hat, selbst Teil dieser großen Familie zu sein. Am Herd hat ihr Ehemann *Manfred* das Sagen und die Töpfe unter seiner Regie. Während Tochter *Claudia* als Restaurantleiterin wirkt, hat sich ihr sizilianischer Mann und Sous-Chef *Cristian* darauf fokussiert, die Karte mit mediterranen Upgrades zu bereichern.

Man darf gespannt sein auf die Scampi à la Cristian (18,50), die mit auf den Punkt gekochten Spaghetti eine bemerkenswerte Vorspeise ergeben – Vorsicht: pikant! Auch das Filet vom weißen Heilbutt kommt in südlicher Begleitung, nämlich mit einem perfekten Gemüsebulgur (31,-), bei dem auch die treuen Stammgäste immer wieder in Schwärmereien geraten. Das Angebot ist so vielfältig, dass man sich kaum entscheiden kann: das Duett von der Gänseleber an Apfel-Chutney, das Tatar vom Lachs, Matjes und Tuna an Algensalat oder die Linguine mit Trüffel und Trüffelrahmsauce.

Bei nächster Gelegenheit sollten Sie unbedingt auch die Desserts testen – wie etwa den köstlichen Dialog von weißem und dunklem Schokoladenmousse (11,-). Fitschen hat zum Glück schon mittags geöffnet, sodass man sich bei einer herzhaften Mahlzeit für die zweite Hälfte des Tages stärken kann (Keitumer Lammbratwürstchen auf Wirsing, mit Bratkartoffeln 18,50, Variationen vom Glückstädter Matjes 19,50). Oder einfach nur bei Kaffee und hausgebackenem Kuchen das Leben genießt.

Je nach Wetterlage findet man den optimalen Platz: Draußen im gemütlichen Strandkorb mit Aussicht auf den idyllischen Dorfteich oder im neu angebauten, großzügigen Wintergarten. Die ganze Bandbreite des Dolce Vita am Dorfteich bündelt sich in den wöchentlich neu kreierten Viergangmenüs, die die Gäste auf eine Reise durch die kulinarischen Landschaften zwischen Nord und Süd mitnehmen.

FITSCHEN AM DORFTEICH, Am Dorfteich 2, 25996 Wenningstedt, Tel.: 0 46 51 / 32120, Fax: 30310, von Ende März bis Ende Oktober durchgehend warme Küche von 12 bis 22 Uhr. Dienstags Ruhetag. Außerhalb der Saisonzeiten unterschiedliche Öffnungszeiten. Siehe auch Hotel-Report.
www.fitschen-am-dorfteich.de, info@fitschen-am-dorfteich.de

Fitschen

am Dorfteich

Fitschen's Mittagskarte bis 17 Uhr

Für den kleinen Hunger oder als Vorspeise

Vitalsalat nach ihren Wünschen:	
- mit Champignons, Croutons und Keimlingen	*12,50 €*
- mit Putenbruststreifen oder gebratenen Scampi ***klein*** *16,50 €* ***groß***	*19,50 €*
- mit gebratenen Fischfilets	*21,00 €*
Krabbenbrot mit Spiegelei	*18,50 €*
Variation vom Glückstädter Matjes mit Bohnen und Bratkartoffeln	*19,50 €*
Spaghetti mit gebratenen Scampi an Tomatensauce ***klein*** *16,50 €* ***groß***	*18,50 €*
Gemüserisotto mit Parmesan (vegetarisch)	*18,00 €*
Hausgemachte Ententortellini mit Trüffelsauce ***klein*** *17,50 €* ***groß***	*22,50 €*
Aus dem Ofen:	
Flammkuchen mit Speck/Zwiebel	*11,50 €*
Flammkuchen mit Schinken/Käse oder Tomate/Käse	*13,50 €*

Aus dem Suppen- Topf

Hausgemachte geschmälzte Maultaschen in der Brühe	*12,50 €*
Holsteiner Kartoffelsuppe mit Krabben	*10,50 €*
Manfred's Fischsuppe mit Knoblauchbrot	*11,00 €*

Aus dem Stall und von der Weide

*Klopse „**Königsberger Art**" mit Kapernsauce, Salzkartoffeln, rote Beete*	*18,50 €*
Lammbratwürstchen auf Wirsing mit Bratkartoffeln	*18,50 €*
*Schnitzel **"Wiener Art"** von der Pute mit Marktgemüse & Bratkartoffeln*	*19,50 €*
Deichlammrücken mit Kräuterkruste, Böhnchen und Kartoffelgratin	*34,00 €*

Aus dem Meer

Calamarata-Nudeln mit Muscheln und Scampi	*21,50 €*
*Sylter Pannfisch von **Edelfischen** mit Senfsaatsauce und Bratkartoffeln*	*25,50 €*
*Ganze Scholle " **Finkenwerder Art**" mit Salzkartoffeln*	*26,50 €*
Nordseedorsch auf Wurzelgemüse mit Senfsaatsauce, Salzkartoffeln	*27,50 €*

Ein süßer Abschluss

Hausgemachte rote Grütze mit Vanilleeis und flüssiger Sahne	*9,90 €*
Sorbetteller des Hauses mit frischen Früchten	*10,50 €*
Topfenknödel mit Pflaumenkompott und Vanilleeis	*11,50 €*
Variation von weißem und dunklem Schokoladenmousse	*11,00 €*

Für zusätzliche oder nachbestellte Beilagen berechnen wir 5 € pro Portion

Speisenkarten-Auszug-Frühjahr 2019

Angebot und Preise können sich je nach Marktlage ändern

Lagerfeuerromantik am Meer

Restaurant mit einmaligem Erlebnisfaktor und Meerblick an der Wenningstedter Promenade. Grillen am offenen Tischfeuer – ob Stockbrot, Gemüse, Fisch, Fleisch oder Tofu für Veganer (ab 13,50). Hausgemachte Dips. Abwechslungsreiches BBQ, bunte Tapas-Auswahl (Schälchen ab 6,90). Leckere Bistrogerichte wie „Angry Chicken Salat" (16,-) und Burger, auch als Veggie-Variante (16,90). 35 Sorten Bio-Eis. Flensburger 0,33/3,90, Wein von Top-Winzern 0,2 ab 6,-, Flasche ab 26,-.

Wer erinnert sich nicht gerne an vergangene Zeiten im Zeltlager, als wir am Lagerfeuer Brot und Marshmallows grillten? Diese Nostalgie kann man im *iismeer* aufleben lassen: mit Grillen am offenen Tischfeuer. Ein auf Sylt einmaliges Erlebnis, das die erfahrene Gastronomin *Sigrid Neutzer* in Wenningstedt etabliert hat. Den Blick auf Meer, Horizont und die herrlichsten Sonnenuntergänge gibt's als Bonus obendrauf.

Ganz gleich, ob man Fisch, Fleisch, Gemüse oder ein gefülltes Stockbrot (ab 13,50) über dem Feuer röstet – das Tischgrillen ist nicht nur ein kulinarisches, sondern auch kommunikatives Highlight für die Familie, Freunde oder das romantische Treffen zu zweit. Außerdem kann man die Leckereien auch prima untereinander teilen. Der Grillspaß wird mit knackig-bunten Salaten und hausgemachten Dips serviert. Ein Highlight ist auch das BBQ, z.B. mit pikanter italienischer Salsiccia Bratwurst (18,50) oder mit Kalbsrücken, gerollt wie eine Roulade und mit Frischkäse und Peperoni gefüllt (27,-).

Wer nicht grillen möchte, aber trotzdem gerne teilt: Dazu eignet sich die Tapas-Variation (26,-), eine gelungene Zusammenstellung der iismeer-Favoriten. Übrigens auch eine persönlich getestete und für köstlich befundene Empfehlung der Autorin dieses Textes.

Wer eine knackig-unkomplizierte Kleinigkeit für den kleinen Hunger oder zwischendurch bevorzugt, wählt aus der sorgfältig kombinierten Bistrokarte. Ob Fitness-Salat (14,50) oder Erbseneintopf mit Wiener (8,90) – hier findet jeder seinen Lieblingssnack. Übrigens ist das iismeer allein schon wegen der 35 Bio-Eissorten einen Besuch wert – teils vegan. Und weil die Auswahl so vielfältig ist, kommt man gerne immer wieder. Eine feine Auswahl bietet auch die Cocktailkarte. Mit einem erfrischend-herben Tiojito (9,50) – einer der iismeer-Lieblingsdrinks – stößt man gerne zum Sonnenuntergang an und freut sich schon auf das nächste Treffen zur Lagerfeuerromantik.

1 x im Monat Grill & Chill mit Livemusik von kreativen Singer-Songwritern. Perfekte Location für Hochzeiten, Events & Tagungen – Grillen verbindet! www.iismeer.de

iismeer goes Kampen

Ab Juli steht der bunte iismeer-Eiswagen wieder am Hauptstrand am Roten Kliff. Mit Bio-Eis und leckeren Snacks für die Strandversorgung.

IISMEER, Strandstraße 25, 25996 Wenningstedt, Tel.: 0 46 51 / 9572719, Fax: 9572718, in der Saison täglich ab 13 Uhr geöffnet. Feiern bis zu 65 Personen
www.iismeer.de, info@iismeer.de

iismeer
SYLT

iismeer TAPAS

ZU ALLEN GERICHTEN GIBT ES EINEN BROTSACK

Torres Premium Chips
Schwarzer Trüffel, Iberischer Schinken, Mediterranes Salz, Extra 100% Olivenöl — 50g Tüte 3,50 €

Nussmix — Schälchen 3,50 €

Grüne & schwarze Oliven
Pimientos de Padrón
Thunfisch-Knoblauch Creme mit Zwiebeln und Tomatenwürfel
Schafskäse gebacken mit Oliven
Schälchen 6,50 €

Gebackener Manchego im Serrano Schinken
Scharfe Hackbällchen gratiniert mit Ajvar
Chorizo á la Parilla
Kartoffeln mit Mojo Verde
Schälchen 7,50 €

Garnelen aglio e olio
Kieler Sprotten
Spargel mit Parmesan gratiniert
Salsiccia mit Fenchel
Schälchen 8,50 €

FÜR 2 PERSONEN

Tapasvariation - unsere Favoriten — 26,00 €
TIPP in Kombination mit einer Flasche Hauswein — 49,00 €

KNÜPPELKNIFTE

Die Knüppelknifte - ein gefülltes Stockbrot - drehen Sie am Feuertisch - mit Salat und feinen Dips.

Toskana Schafskäse, Roastbeef, getrocknete Tomaten, Rucola und Pesto — 13,50 €

Lieblingsknifte Pulled Pork Meerettich, Feigensenf und Coleslaw — 13,50 €

Hot & Spicy Chorizo, Gouda, BBQ Soße, Sriracha Soße, Chilischoten — 13,50 €

Knifte mit Meat Hackfleisch, Tilsiter, BBQ Soße, geheime Soße, Tomatenwürfel — 13,50 €

Garnelen & Garlic Garnelen, Aioli, Kräuter, Knoblauch — 15,50 €

Bacon & Cheese Schinken, Tilsiter, Kräuterbutter, Gouda, Zwiebeln — 13,50 €

Vegetarisch Gemüsewürfel, Champignons, Kräuterbutter, Zwiebeln, Paprika, Remoulade — 11,00 €

GLUTEN FREIER TEIG MIT 24 STUNDEN VOREE-STELLUNG

TIPP VEGAN

Veggie Platte Bunter Salat mit gegrilltem Gemüse, Tukan Räuchertofu und Süßkartoffel aus dem Ofen mit Guacamole — 19,50 €

iismeer MENU

iismeer Menu - Family Style (ab 2 Personen)

Beispiel für 2 Personen — pro Person 49,00 €*

Variation aus unseren Vorspeisen & Tapas
+
2 BBQ Spieße nach Wahl mit 2 Salaten, 2 Kartoffelbeilagen und Dips
+
2 Eisbecher nach Wahl

*pro Surf&Turf/Dry Aged Spieß + 10,00 €

BBQ

GRILL DIR DEN SPIESS

An unseren Feuertischen grillen Sie selbst und unser Service steht Ihnen mit Rat und Tat zur Seite. Sie entscheiden sich für einen Spieß und wählen dazu 2 Beilagen.

Rinderfilet (220 g) mit Paprika — 34,00 €

Entrecôte Dry aged (220 g) — 39,00 €

Surf and Turf Rinderfilet & Riesengarnelen — 43,00 €

iismeer Burger 100% Rindfleisch, Chorizo, Tomate, Käse, Salat — 21,90 €

Kalbsrücken gerollt mit Frischkäse und Peperoni — 27,00 €

Iberico Schweinefilet (220g) mit Pimientos im Speckmantel — 27,00 €

Salsiccia Bratwurst Fenchel mit Apfel — 18,50 €

Hähnchenbrust Tandoori mit Kochbanane — 23,50 €

Lachsfilet mit Zitrone — 26,00 €

Riesengarnelen mit Oliven — 32,00 €

Gemüse & Mais — 10,50 €

Tukan Räuchertofu Sesam-Mandel mit Gemüse — 17,50 €

Wählen Sie dazu 2 Beilagen:

Caesar Salad | Gurkensalat | Feldsalat mit Trüffelvinaigrette | Möhren-Melonensalat
Radieschensalat mit Zitrone & Kerbel
Quinoa mit Zucchini | Tomate-Fetasalat

Ofenkartoffel mit Sour Cream
Süßkartoffel aus dem Ofen mit Guacamole
Mojo Verde Kartoffeln | Torres Premium Chips

Speisenkarten-Auszug-Frühjahr 2019 | Angebot und Preise können sich je nach Marktlage ändern

RISTORANTE

La Pergola

Cucina Italiana auf der Grande Terrazza

Das italienische Restaurant in Wenningstedt mit großer Terrazza. Wetterunabhängiges Überdachungssystem. Separater Raucherbereich vorhanden. Leckere italienische Küche. Pizza ab 8,90, Pasta ab 14,90 bis zu Bistecca Griglia (28,90) und Rinderfilet „al Barolo" (34,90). Große Auswahl an italienischen Spitzenweinen und Grappa. Wein 0,2 ab 6,90, Flasche ab 28,-.

Nicht mehr wegzudenken ist in Wenningstedt *La Pergola* – ein Ristorante mit traditioneller italienischer Küche, Frischequalität und Gastlichkeit, das seit über 20 Jahren etabliert ist. „La Pergola", so wird in Italien ein überdachter Sitzplatz im Freien oder eine Laube genannt. Und so etwas hat der engagierte Südländer *Mikush Tunaj* hinter den Wenningstedter Dünen geschaffen: eine „Hightech-Pergola" vom Allerfeinsten! Die große Terrasse mit 120 Sitzplätzen wird durch ein transparentes modernes Überdachungssystem in Minutenschnelle zum kuscheligen, windgeschützten Wintergarten – nennen wir es „Luxuslaube"! Der Blick in Richtung Nordsee auf die untergehende Sonne kann so bis zum letzten Moment wetterunabhängig genossen werden.

Wer keinen der begehrten Plätze dort ergattern konnte oder vielleicht sogar auf Sonnenuntergang & Co. verzichten kann, weil ihm Anblick der/des Geliebten Sonne genug ist, begibt sich auf der breiten Treppe hinab in die großzügigen, hellgestalteten Räume der „Pergola" mit 150 Plätzen. An den Wänden findet der Gast dann auch sylttypische Ausblicke: Die Dauerausstellung bereichert das Ambiente kunstvoll – alle Bilder sind auch zu erwerben. Beim Durchschauen der umfangreichen Speisenkarte ist dann allerdings für kurze Zeit die Nordsee aus dem Sinn. Das große Angebot an Pizzen, Pasta und klassischen italienischen Gerichten wie Kalbsleber mit Salbei oder Saltimbocca alla Romana macht die Auswahl schwer – und dann noch das häufig je nach Saison wechselnde Extraangebot mit zarten Lammfilets, Lammkoteletts und Rinderfilets, lecker oder besser „buonissimo" oder einfach „delizioso"! Toll, was der langjährige Küchenchef *Don Pasquale Vassalo* an kulinarischen Anregungen aus der Toskana mit nach Sylt gebracht hat.

Auch für die passenden Weine ist gesorgt! Schon die Dekoration aus ungewöhnlichen Weinflaschen in unterschiedlichen Größen z.B. eine 18 Liter fassende Riesenweinflasche, die unter Kennern „Goliath" genannt wird, deutet auf das Weininteresse hin und macht neugierig auf die Schätze des Pergola-Weinkellers.

Last but not least, der Service: Die ganze Familie ist im Einsatz, um den Wohlfühlfaktor für die Gäste zu schaffen. Ehefrau, Sohn, beide Töchter und Schwiegersohn achten mit dem gesamten großen Team genau darauf, dass alles kompetent und professionell klappt. Trotzdem ist immer Zeit für ein freundliches Gespräch am Tisch der Gäste und zu erzählen gibt es auf jeden Fall immer genug!

LA PERGOLA, Dünenstraße 6, 25996 Wenningstedt, Tel.: 0 46 51 / 46108, ganzjährig geöffnet ab 12 Uhr, P ec f
www.lapergola-sylt.de, info@lapergola-sylt.de

R.I.S.T.O.R.A.N.T.E

La Pergola

Unsere Empfehlungen

Spaghetti Vongole e Rucola *Mit Venusmuscheln, Rucola und Knoblauch in Weißweinsauce*	23,90
Pizza Rucola e Gamberoni (4 gegrillte Riesengarnelen)	18,90
Rucola mit Rinderfiletscheiben (vom Grill), Parmesankäse und frischen Tomaten	23,90
Wiener Schnitzel *Vom Kalb, mit Gurkensalat und Pommes-Frites*	26,90
Saltimbocca alla Romana *Zarte Kalbsrückenmedaillons mit Parmaschinken und Salbei in Weißweinsauce, dazu Bandnudeln*	27,90
Tagliatelle alla „La Pergola“ *Kalbsrahm-Geschnetzeltes (mit Zwiebeln und Champignons) auf Bandnudeln und mit Mozzarella überbacken*	22,90
Pizza Barbarossa *Mit Rucola, frischen Tomaten, Parmaschinken und einen Klecks Mascarpone*	17,90
Pizza Calzone (zugeklappt) *Mit Salami, Hinterschinken und Champignons*	16,50
Gnocchi *Italienische „Kartoffelklöße“ mit Tomatensauce, Mozzarella-Stücken und Parmesankäse*	16,90
Zarte Lammkoteletts vom Grill *Mit Rosmarin und Knoblauch, dazu Rosmarinkartoffeln*	27,90
Fegato Burro e Salvia *Kalbsleber in frischem Salbei und Butter gebraten, dazu Rosmarinkartoffeln und Spinat*	24,90
Filetto al Pepe Verde *Rinderfilet in grüner Pfeffersauce, dazu 1 Beilage nach Wahl*	33,90
Petto di Pollo al Gorgonzola *Hähnchenbrust in Gorgonzolasauce, dazu Bandnudeln*	25,90
Spaghetti Aglio e Olio e Gamberoni *Mit Olivenöl, Knoblauch, 5 Riesengarnelen und pikant*	23,90
Tagliatelle alla Salmone *Bandnudeln mit Sahnesauce, Brokkoli und Lachs*	23,90

Pizza – Aus dem Steinofen

Pizzabrot *Mit Olivenöl, Knoblauch und Oregano*	8,90
Pizza Margherita *Mit Mozzarella-Käse*	10,90
Pizza Salami *Mit Mozzarella-Käse, Salami*	13,00
Pizza Prosciutto e Funghi *Mit Mozzarella-Käse, Hinterschinken, Champignons*	13,90
Pizza 4 Stagioni *Mit Mozzarella-Käse, Hinterschinken, Champignons, Artischocken, Oliven*	15,90
Pizza Capricciosa *Mit Mozzarella-Käse, Hinterschinken, Champignons, Artischocken, Ei*	15,90
Pizza Spinaci e Gorgonzola *Mit Mozzarella-Käse, Spinat, Gorgonzola, Knoblauch*	15,90
Pizza Frutti di Mare *Mit Mozzarella-Käse, Muscheln, Krabben, Knoblauch*	16,90
Pizza Hawaii *Mit Mozzarella-Käse, Hinterschinken, Ananas*	14,50
Pizza Tonno e Cipolla *Mit Mozzarella-Käse, Thunfisch, Zwiebeln*	16,90
Pizza Diavola *Mit Mozzarella-Käse, Salami, Hinterschinken, Peperoni, Sardellen, pikant*	16,90
Pizza Primavera *Mit Mozzarella-Käse, Hinterschinken, Spinat, Broccoli, Zwiebeln, Paprika, Peperoni, Oliven, Knoblauch (**ohne Hinterschinken = Pizza Vegetaria**)*	16,90
Pizza 4 Formaggi *Mit 4 verschiedenen Käsesorten (Mozzarella, Parmesan, Gorgonzola, Schafskäse)*	16,90
Pizza „La Pergola“ *Überraschungspizza*	20,90

Fleisch

Mix Grill „La Pergola“ *Argentinisches Rumpsteak, Lammfilet und Hähnchenbrustfilet*	28,90
Bistecca Griglia *Argentinisches Rumpsteak*	
- gegrillt mit Kräuterbutter	28,90
- mit Champignons-Zwiebeln	29,90
- in grüner Pfeffersauce	29,90
Filetto Griglia *Rinderfilet*	
- in Champignonsauce	33,90
- in Gorgonzolasauce	33,90
- in Barolosauce	34,90
- gegrillt mit 3 Riesengarnelen	35,90
Filetto di Agnello alla Griglia *Lammfilet*	
- gegrillt	28,90
- in Barolosauce	29,90
- 2 Stück gegrillt mit 3 Riesengarnelen	30,90

1 Beilage wahlweise: ***Rosmarinkartoffeln, Gemüse, Bandnudeln, kleiner gem. Salat oder Pommes-Frites***

Pasta

Spaghetti Aglio e Olio *Mit Olivenöl, Knoblauch und pikant*	14,90
Spaghetti Bolognese *Mit Tomaten-Hackfleischsauce*	15,90
Spaghetti Carbonara *Mit Hinterschinken-Sahnesauce und Ei*	15,90
Spaghetti Puttanesca *Mit Tomatensauce, Kapern und Oliven*	15,90
Fettuccine e Gamberoni *Bandnudeln mit Weißweinsauce und 5 Riesengarnelen*	23,90
Penne Arrabbiata *Mit pikanter Tomatensauce, Knoblauch und Basilikum*	14,90
Penne ai 4 Formaggi *Mit 4 verschiedenen Käsesorten (Parmesankäse, Mozzarella, Gorgonzola und Schafskäse)*	16,90
Lasagne „La Pergola“ *Hausgemachte Lasagne mit Tomaten-Hackfleischsauce (mit Mozzarella überbacken)*	16,90

Fisch

Salmone alla Griglia *Gegrilltes Lachsfilet in Weißweinsauce, dazu Spinat und Rosmarinkartoffeln*	23,90
Gamberoni alla Griglia *6 Gegrillte Riesengarnelen und einen kleinen gem. Salat*	26,50
Filetto di Scorfano *Rotbarschfilet in Zitronen-Sahnesauce, dazu Rosmarinkartoffeln und frisches Gemüse*	24,90
Fischteller „La Pergola“ *Riesengarnele, Rotbarschfilet und Lachsfilet (alles gegrillt) in Weißweinsauce, dazu Rosmarinkartoffeln und Broccoli*	29,90
Nordseeseezunge (gegrillt oder in Butter gebraten) *Gewicht: ca. 600 – 800g, dazu Rosmarinkartoffeln und einen kleinen gem. Salat*	46,50

Speisenkarten-Auszug-Frühjahr 2019

Angebot und Preise können sich je nach Marktlage ändern

Steffen's
Restaurant im Golfclub Sylt

Gepflegtes Grün
Gepflegte Speisen

Speisen, ganz ohne „Handicap"

Legere Gastronomie unter Reet im Golf-Club Sylt, traumhafte Lage mit herrlichem Blick auf Golfplatz und Kampener Leuchtturm. Frühstück, Mittagessen und Dinner zu zivilen Preisen, spannende Weinkarte. Junges, dynamisches Team mit erfrischenden Ideen und internationaler Erfahrung. Frühstück ab 9,90, Vorspeisen ab 6,- (Gurkensalat), diverse Pfannkuchen ab 8,90, Hauptgerichte ab 8,90 (Currywurst mit Pommes Frites) bis zur gebratenen Scholle mit Kartoffeln, Krabben und Zitronenkapern (25,-). Bitburger 0,25/2,80, Wein 0,2 ab 7,-, 0,75/24,50.

Inzwischen hat es sich herumgesprochen: Zwischen Wenningstedt und Kampen, kurz hinter Loch 18 im Golf-Club Sylt kann man zu fairen Preisen hervorragend verfeinerte Hausmannskost speisen. Und das mit Blick auf wunderschöne Fairways, den Kampener Leuchtturm und illustre Gesellschaft. Berührungsängste sind hier überflüssig – snobistische Schwingungen einer vermeintlichen Elite sucht man hier vergeblich. Im Klartext: Nichtgolfer sind in der Sportler-Klause an „Loch 19" herzlich willkommen. Seit 2015 führt der gebürtige Sylter *Steffen Hansen* gemeinsam mit seiner Frau *Victoria* den gastronomischen Betrieb, zuvor konnte er im „Waldorf Astoria" in Berlin und im rustikal-luxuriösen Bergrestaurant „El Paradiso" auf der Suvretta in St. Moritz Erfahrung sammeln.
Bei Preisen, die durchschnittlich unter dem Niveau der Restaurants von Kampen und Wenningstedt liegen, möchte das *„Steffen's"* ein unkomplizierter Ort für Genuss sein. Das zeigt auch die angenehm übersichtliche Speisenkarte, die alles bietet, um glücklich vom Grün zu gehen.
Dass Pfannkuchen nicht nur etwas für Kindergeburtstage sind, beweist die Küche durch ihre Interpretationen mit Ziegenkäse, Serranoschinken und Kräutersalat (13,90) sowie mit roter Bete, Prinzessbohnen und roten Zwiebeln (10,90). Das Tomatenbrot mit Rührei (9,-) bringt ebenfalls Schwung in müde Knochen. Am Nachmittag gibt es Kaffee und Kuchen (Stück ab 3,10), dafür empfehlen sich bei schönem Wetter die Außenplätze am „Putting green", wo die Golfer ihren letzten „Schuss" trainieren. So hautnah am Geschehen ist man bei Speis und Trank auf keinem Golfplatz in ganz Nordfriesland, versprochen...
Als Hauptgang empfiehlt sich das gebratene Lachsfilet mit Bulgur-Risotto, Babyspinat und getrockneter Tomate (21,-). Fleischfans werden mit Schweinefilet samt Gorgonzola-Feta-Kräuterkruste sowie Kartoffel-Pinienkern-Kroketten und Prinzessbohnen(17,90) glücklich gemacht. Oder sie erfreuen sich an einem klassischen Wiener Schnitzel mit Gurkensalat und Preiselbeeren (22,50).
Im hellen, großzügigen Gastraum sitzt es sich bequem in Korbsesseln, während das junge, dynamische Team einen angesagten Wermut-Aperitif-Cocktail serviert, auf den Gastronom Hansen als erfrischende Alternative zu Hugo und Aperol-Spritz setzt. Sobald die Temperaturen steigen, sollte man die großzügige Terrasse nutzen: Hier draußen, bei herrlichem Blick auf Natur und Kampener Leuchtturm, schmeckt das hausgemachte Zitronensorbet mit Vodka (6,-), der warme Schokoladenkuchen mit flüssigem Kern und Mango-Minzsorbet sowie der Kaiserschmarrn mit Rosinen, Zwetschgenröster und Vanilleeis (11,50) nach wahrem Genießen und Relaxen.

STEFFEN´S RESTAURANT IM GOLFCLUB SYLT, Norderweg 5, 25996 Wenningstedt, Tel.: 0 46 51 / 9959841, Fax: 9959853, täglich ab 9 Uhr geöffnet (Hauptsaison)
www.restaurant-steffens.de, info@restaurant-steffens.de

Steffen's

Restaurant im Golfclub Sylt

<u>Vorspeisen</u>

Gemischter Blattsalat
mit Hausdressing, Frühlingslauch, Cherrytomaten,
Paprika, Gurke und Kürbiskernen — 10,90 €

Karamellisierter Ziegenkäse
mit Wildkräutersalat und Mangochutney — 11,90 €

<u>Hauptgerichte</u>

Gemüsecannelloni
mit Frühlingsgemüse und Selleriefond — 14,90 €

Gebratene Scholle mit Kartoffeln
Speckzwiebeln, zerlassener Butter und kleiner Salat — 19,00 €

Hausgemachtes Roastbeef
mit Bratkartoffeln und Remouladensoße — 18,00 €

Königsberger Klopse
mit Kartoffelstampf, Rote Bete und Kapernsauce — 18,90 €

Steffen's

Restaurant im Golfclub Sylt

<u>Hauptgerichte</u>

Wiener Schnitzel mit Gurkensalat
und Preiselbeeren sowie Pommes Frites — 22,50 €

<u>Pfannkuchen</u>

mit Äpfeln — 8,90 €

mit Blaubeeren — 10,90 €

mit Speck, Zwiebeln und Schnittlauch — 10,90 €

mit Ziegenkäse, Serranoschinken und Kräutersalat — 13,90 €

<u>Desserts</u>

Kaiserschmarrn mit Rosinen, Zwetschgenröster
und Vanilleeis — 11,50 €

Käseplatte
verschiedene Sorten Käse mit Baguette — 10,50 €

Lecker speisen unter Palmen

Urig-rustikales Restaurant – unscheinbar am Wenningstedter Campingplatz gelegen. Brötchen-Dienst 8 - 10 Uhr. Brunch ab 14 Uhr für 22,50. Neben der Standardkarte mit Pizza ab 9,80, Pasta ab 10,50, warmen und kalten Tapas, Paella 23,90, mit Asia-Wok-Gerichten und gutbürgerlichem Fleisch und Fisch gibt´s noch eine wechselnde Tages- und Abendkarte – je nach Saison (auch vegetarisch + vegan). Kinderfreundlich mit Spielecke und Spielplatz. Strandkorbterrasse. Vom Fass „Bitte ein Bit" und Flens 0,3/3,20. Ausreichende, überschaubare Weinauswahl, 0,2 ab 5,40, Flasche ab 23,-.

Aldente Strandgut 31 ist ein richtiges „Gute-Laune-Lokal". Sehr freundlicher Empfang, immer einen Schnack auf Lager.

Etwas versteckt liegt dieser urige „Laden" am Rande des Wenningstedter Campingplatz-Areals hinter der großen, gelben Strandkorbhalle und den mächtigen Dünen. Verstecken muss sich dieses rustikale Restaurant wahrlich nicht. Der Restaurantraum punktet mit lockerer, südländischer Atmoshäre. Man speist schon mal unter Palmblättern.

Die Vielfalt der „Strandgut"-Speisenkarte ist verblüffend. Zu der bereits umfangreichen Standardkarte mit der ganzen Pizza-, Pasta- und Tapas-Palette, den Asia-Wok-Gerichten und den gutbürgerlich bis mediterran geprägten Fisch- und Fleischgerichten wechselt zusätzlich ein saisonales Frischeangebot auf einer Mittags- und Abendkarte. Hier finden wirklich alle ihre Leibspeise vom Bauernomelette (8,20) bis zur Thai-Ente (25,90), von der Pizza Spinaci (14,50) bis zum Rumpsteak vom spanischen Kampfstier (27,90) und die Paella wird in der Pfanne serviert. Beachtlich ist die Tapas-Auswahl „Around the world" mit über 20 Positionen von den getrockneten Tomaten bis zu den gebratenen Babyscampi in Knoblauch. Alles wird von *Suzie* und ihrer Crew mit Herz serviert.

Gute-Laune-Team

Man sitzt herrlich auf der Strandkorbterrasse und genießt einen frischen, spritzigen Terrassen-Wein oder Tinas Erdbeerbowle. Zum Kaffee gibt´s Hausgebackenes: Apfel-Mandel, Rhabarber oder auch Banane-Schoko. Die Kids hat man im Blick, die tollen herum auf dem Spielplatz. Gleich kommt ihre Piraten-Pizza. Angenehm normal diese sonnige Zone am Campingplatz.

ALDENTE STRANDGUT 31, Campingplatz, Osetal 3, 25996 Wenningstedt, Tel.: 0 46 51 / 936636, Fax: 2990741, ganzjährig ab 14 Uhr geöffnet (ab 8 Uhr Brötchen) www.sylt-aldente.de, info@sylt-aldente.de

Pasta

Spaghetti aglio olio
in Olivenöl mit Knoblauch und Peperoni -scharf- 10,50 €

Spaghetti Arrabiata
mit Gemüse in scharfer Tomatensauce 13,20 €

Spaghetti Carbonara
mit Vorderschinken* und Champignons
in Sahnesauce 13,70 €

Tortellini vegetarisch
mit buntem Gemüse in Tomaten -Sahnesauce 14,20 €

Tortellini Gorgonzola in Gorgonzolasauce 15,80 €

Rigatoni Salmone
mit Lachs und Gemüse in Tomaten-Sahnesauce
wahlweise scharf 18,90 €

Spaghetti mit Garnelen
und buntem Gemüse in Kräuter-Sahnesauce 20,80 €

Rigatoni mit Garnelen
und buntem Gemüse in Tomaten-Sahnesauce 20,80 €

Spaghetti Pesto
mit zweierlei Pesto und gerösteten Pinienkernen 14,20 €

Spaghetti Bolognese 13,80 €

Köstlichkeiten aus der Aldente-Asia Küche

...heute schon gewokt?

„Siam Black Tiger"
Garnelen mit Thaispaghetti und knackigem Gemüse
aus dem Wok 24,90 €

„Lachs goes Asia"
Lachs in der Sesamkruste gebraten, schwimmend
in buntem Gemüse und Basmatireis 25,90 €

„Thai Ente L.K."
Die Ente vom Lieblingsrestaurant des „Bürgermeisters"
auf Wokgemüse und Basmatireis 25,90 €

Frühlingsrollen
mit Gemüsefüllung und süssem Chili Dip 8,50 €

„Buddistische Fastenspeise á la Susie & Reiner"
mit Gemüse, Pilzen, Bambussprossen, Sojasprossen
und Reis - scharf oder mild - 19,50 €

und für alle nicht fastenden Buddisten

Fisch

Paella spanischer Art
mit Fischfilet, Muscheln, Garnelen und Putenbrust 23,90 €

Lachssteak
auf Tomaten und Blattspinat mit Reis 23,50 €

Garnelen-Pfanne
mit Zucchini-Tomaten Gemüse und Knoblauchbaguette 23,90 €

Spanische Fischpfanne
mit scharfer Limonensauce und Reis 23,80 €

Steinbeißer gebraten
mit Gemüse der Saison an Spaghetti
mit Tomaten-Basilikumsauce 24,90 €

Zander auf der Haut gebraten
mit mediteranem Gemüse, Limettensauce
und Basmatireis 25,90 €

Fleisch

Schnitzel „Wiener Art" vom Schwein mit Zitrone
Pommes Frites oder Kroketten 15,90 €

Jägerschnitzel vom Schwein mit Champignon-
Rahmsauce, Pommes Frites oder Kroketten 16,80 €

Zigeunerschnitzel vom Schwein mit Paprikasauce,
Pommes Frites oder Kroketten 16,80 €

Rumpsteak vom Kampfstier mit Sherrysauce,
Rosmarinkartoffeln und Salat 27,90 €

Rumpsteak mit Kräuterbutter, buntes Gemüse
und Pommes Frites 27,90 €

Putensteak auf Pfeffer-Lauch Gemüse
mit Home Frites 20,90 €

Lecker Gyros vom Schwein mit Krautsalat,
Tzatziki und Pommes Frites 17,90 €

Vegetarisch

Gemüsepfanne mit Majorankartoffeln, buntem
Gemüse, mit Mozzarella überbacken 16,20 €

Tampe's
Restaurant

Speisen von guter Herkunft

Restaurant in zentraler Wenningstedter Lage, bekannt für seine gekonnte Qualitätsküche. Credo „regional und saisonal", große Austernkarte (Sylter Royal). Behagliche Gasträume, Südterrasse, Wintergarten. Ausgewogene Speisenvielfalt, jahreszeitliche Empfehlungen (frischer Spargel, Matjes, Pfifferlinge, Grünkohlklassiker, Gänsebraten). Scholle mit Speck 20,50, mit Krabben 25,-, geschmorte Kalbsbäckchen 29,50, Spaghettini aglio e olio 18,50, Spezialitäten vom Susländer Schwein. Bouillabaisse auf Vorbestellung. Abwechslungsreiche Dessertkarte (Mousse au chocolat 9,50). Neu: Tampes Sushi. Weihnachtsgans für zu Hause auf Vorbestellung. Leckere „Souvenirs im Glas". Krombacher, Duckstein vom Fass 0,3/3,90, ausgezeichneter Weinkeller, Offene ab 7,- (0,2), Flasche ab 24,-, gediegene Spirituosenauswahl.

Längst ein Klassiker auf Sylt! *Norbert Tampe* und seine Partnerin *Jeanette Mamot* verwöhnen die Gäste im Wenningstedter *Tampe's* (ab 17.30 Uhr) mit einer delikat ausgewogenen Speisenpalette, die vor allem eines bietet: Marktfrische und Regionalität. Kein Fisch wird aus fernen Gewässern an Land gezogen, kein Fleisch aus Übersee importiert. Darüber hinaus freuen sich die Stammgäste seit 14 Jahren, dass sie hier aus einer immensen Vielfalt an Austern-Zubereitungen wählen können.

Natürlich hält sich Norbert Tampe auch hier an seinen Grundsatz, alles aus nächster Nähe einzukaufen und frisch zu verarbeiten – z.B. die Austern „Sylter Royal". Die kreative Austern-Auswahl reicht von den Angels on Horseback (3 Austern im Speckmantel, gebraten auf Champagnerkraut 14,50) über die Oyster Shooters (mit Bloody Mary, pro Stück 4,30) bis zu den Vorspeisenvariationen Sylter Wilde (6 Stück, ab 26,50). Apropos Regionalität: Die wunderbar zarten Fleischgerichte rund um das schleswig-holsteinische Susländer Schwein (www.suslaender.de) sind ein köstlicher Unterschied zu allem, was man bislang aus dem Bereich Schnitzel und Co kannte (Kotelett vom Susländer Schwein mit Kräuterbutter und Kartoffelsalat 26,-).

Unbedingt seien hier auch die Offerten von der Tafel erwähnt, mit denen Norbert Tampe und sein Sous-Chef *Jan Lofthouse* direkt auf die aktuelle Marktlage reagieren können. So kommen ihre Gäste ad hoc in den Genuss der fangfrischen Fische des Tages. Mit etwas Glück erwischt man aber auch die gelegentlich angebotenen Finessen aus der Sushi-Küche. Die Liaison zwischen Regionalität und japanischer Esskultur ergibt eine köstliche, innovative Fusion, z.B. als Hörnum Roll (Sylter Muscheln in Tempura mit Curry 12,-).

Für alle Speisen dieser feinen Frischeküche empfehlen Jeanette Mamot und Katharina Benisch den stimmigen Wein. Für den guten Abschluss findet man allerlei kreative Dessertideen auf der Karte. Wie etwa die Wenningstedter Helene, eine pochierte Birne mit Vanilleeis und Schokosauce. Alles ist zum gemütlichen Sitzenbleiben und zum Immer-Wiederkommen.

TAMPE'S RESTAURANT, Westerlandstraße 12, 25996 Wenningstedt, Tel.: 0 46 51 / 42653, Fax: 8362280, ganzjährig geöffnet ab 17.30 Uhr, mittwochs Ruhetag. P AE EC VISA ec
www.tampes-restaurant.de, tampes-restaurant@t-online.de

Tampe's Restaurant

Vorspeisen	€
Matjestatar mit Roter Bete und Meerrettichschmand	13,50
Frische Pflücksalate in Walnußdressing	9,00
Gebratene Jacobsmuscheln mit Rucola und Knoblauchdipp	16,50
Carpaccio vom Rinderfilet mit Avokadocrème gehobeltem Trüffelhartkäse und Pinienkernen	17,50
In Panko gebackene Black Tiger Garnelen mit Salat und Mango-Chili-Sauce	17,50
Gänsestopfleberterrine mit Vanille - Salz und Birnenchutney, Brioche	20,50
Dazu empfehlen wir:	
Weingut Thörle Beerenauslese 0,1 l	9,50

Suppen

Curry-Suppe mit gebratenen Garnelen	8,50
Oma's Krabbensuppe	9,50
Fischkraftbrühe Bouillabaisse	13,50

Fleischlose Gerichte

Spaghettini aglio olio peperoncino mit Backensholzer Capros und Kräutersalsa	18,50
Bärlauch-Gnocchi auf Spargelragout mit Parmesan	24.50

Fischgerichte	€
Scholle mit Speck, warmer Kartoffelsalat	20,50
Scholle mit Krabben*, warmer Kartoffelsalat	25,00
Köhlerfilet mit Bärlauchsauce auf gebratenem Spargel, Kartoffeln	29,50
Gebratener Kabeljau mit Senfsauce auf Matignongemüse, Dauphinekartoffeln	27,50
Halber ausgelöster Hummer auf Kräutersahnespaghettini	28,50
Nordsee Seezunge Müllerin gebraten mit Kartoffeln zerlassener Butter, Gurkensalat per 100g	11,00

Fleischgerichte

Geschmortes Kalbs-Bäckchen und rosa Filet mit Spitzkohl und Kartoffelpüree	29,50
Kalbstafelspitz mit Meerrettichsauce bunte Möhren, Kartoffeln	24,50
Wiener Schnitzel mit Bratkartoffeln Preiselbeeren und Gurkensalat	26,50
Rinderfilet in Teriyaki Sauce frittierte Reisbällchen und Wasabi-Gurkensalat	38,50

Spezialität aus Schleswig -Holstein (Steinburg/Pinneberg)

Schweinebauch 48 Stunden bei 55°C mit Spitzkohl und Kartoffelpüree	24,00
Kotelette vom Susländer Schwein mit Kräuterbutter und Kartoffelsalat	26,00

* mit Konservierungsstof

Speisenkarten-Auszug-Frühjahr 2019 | Angebot und Preise können sich je nach Marktlage ändern

Kampen

Chic und Charme

Klein, aber fein. Exklusiv und zugleich weltoffen. Chic und dabei sehr charmant. Das ist Kampen, Deutschlands prominentestes Dorf. Sehen und gesehen werden, dieses beliebte Gesellschaftsspiel gehört hier dazu. Am besten auf dem Strönwai – scherzhaft auch „Whiskystraße" genannt –, wo sich noble Nachtclubs und Geschäfte und auf der Straße im Sommer kostspielige Edelboliden aneinanderreihen. Aber Kampen hat noch einiges mehr zu bieten. Zum Beispiel die 52 Meter hohe Uwe-Düne, Sylts höchste natürliche Erhebung. Oder das majestätische Rote Kliff, das vor etwa 180.000 Jahren von der Eiszeit aufgeschichtet wurde und heute eine imposante Kulisse für das Strandleben bildet.

Südlich von Kampen steht Sylts ältester Leuchtturm, der 1856 erbaut wurde. Und ein gutes Stück nördlich des Dorfes stoßen Sie auf die Vogelkoje. Dort war von 1767 bis 1921 Endstation für Enten, die auf einem Teich in Fangnetze gelockt wurden. Durch die Vogelkoje führt heute ein anschaulicher Lehrpfad – ein anderer, besonderer Weg, den Sie einmal beschreiten sollten, ist der „Kampener Kunstpfad": Mittlerweile 32 Gedenkstelen erinnern an bedeutende Persönlichkeiten wie Thomas Mann, Max Frisch oder Emil Nolde, die hier ihren Urlaub und Arbeitszeit verbrachten oder aber zeitweise gänzlich in Kampen lebten. Merke: Der Weg ist das Ziel...

Legendäres Strandbistro

Das Ziel von Einheimischen und Urlaubern, von Surfern und Sonnenanbetern. Regelmäßige Partytermine und Live-Musik im Sommer. Bequem über einen Holzsteg zu erreichen. Von der einfachen Strandversorgung (Milchreis 6,-) über Bistrogerichte (Ofenkartoffeln in verschiedenen Variationen ab 8,-) bis zu Salaten mit Schafskäse (18,50) oder Garnelen (23,50). Kuchen, Becher Kaffee 3,50, Bier (Flasche ab 4,40), Wein 0,2 ab 8,40, Flasche ab 32,-. Eigene Rotwein-Edition „Der Don".

Die Buhne 16-Sprache ist eindeutig: „Wo die Seele das Meer trifft, branden wir gegen Hunger, Durst und Langeweile." Die coole Strandlocation für die man gerne „meilenweit" über die Dünen wandert. *Buhne 16* ist Kult, auch weil es eines der ersten Surfer Hot-Spots seiner Art überhaupt auf der Insel war. Dem Familienbetrieb an dem Strand, der bereits in den 60er und 70er Jahren Tummelstätte von Promis war, ist es gelungen, über die Jahre immer mehr „in" zu werden und trotzdem „auf dem Boden zu bleiben". An der „Hütte" wird immer wieder gebastelt, auf dass es noch gemütlicher wird.

Hier trifft sich wirklich „jeder" – ob Einheimischer, Promi, Surfer, Jung oder Alt. Es ist die entspannte, lässige Atmosphäre, für die *Tim* und *Sven Behrens* – die Chefs am Strand und eine supernette Crew sorgen.

Alles ist homemade, wie auch der schmatzige Rosinenkuchen. Dazu wird super Kaffee ausgeschenkt – vom Kumpel Christian Appel von der Rantumer Kaffeerösterei.

Die Buhne-16-Küche bietet einfache, leckere Gerichte für das Strandüberleben: zarte Matjes, supergute Berliner Currywurst, Eintopf und, und, und… Von Juni bis August wird das Essensangebot durch diverse Grillstationen erweitert.

Es ist aber immer wieder eine Überraschung, was hier zur Sättigung hungriger Sonnenanbeter gebrutzelt wird. Fish & Chips sind da eine sichere Bank. Gebratene oder auch geräucherte Makrelen gibt`s nur, wenn sie auch vor Ort angebissen haben.

Und ob hier nur die Fische anbeißen, sei mal dahingestellt bei den kommunikativen Events, die hier stattfinden… wo regelmäßig eine Stimmung herrscht, die kaum zu toppen ist! Das Buhne-16-Feeling ist längst auf CDs konserviert… Wavemusic „Buhne 16 – *on the beach…*" Lange Nächte bei cooler Musik und coolen Events – was kann man sich mehr wünschen – na klaro, Meerblick + Sonnenuntergang natürlich und das gibt's hier ja sowieso gratis!

Die Events 2019: 21.6. Mittsommernacht mit Neil Hickethier / Song Ping Pong 18.30 - 1.00 Uhr, 26.7. + 9.8. After Beach Chill mit DJ Peter Kliem, 4.9. - 8.9. Longboard Festival / Surfkino, Surfparty Anmeldung: sven@buhne16.de

Die Buhtique: Seit ein paar Jahren gibt es im eigenen *Strandshop* die in Eigenproduktion hergestellten Shirts mit Buhne-16-Logo im angesagten Stil der 60er, aber auch neue Kollektionen – Kleinstauflagen im Rough-Vintage-Surf-Style. Von Bademode bis Kaschmir. Buhne 16 Year Bracelets (limitierte Auflage). Tel.: 446827

BUHNE 16, Listlandstraße 133, 25999 Kampen, Tel.: 0 46 51 / 4996, Fax: 446826, geöffnet ab 1 Woche vor Ostern bis Ende Oktober. Vom Parkplatz Buhne 16 geht es 10 Minuten über die Dünen.

www.buhne16.de, sven@buhne16.de

Makrelen
eigener Fang
mit buntem
Kartoffelsalat
frisch aus
der Pfanne
Port. 16 50

DORFKRUG
Bar & Grill

Kulinarische Vielfalt
Lifestyle im Friesenhaus
Deli im Innenhof

Hotspot im Dorf

Restaurant mit modernem Bar- & Grill-Konzept in geschichtsträchtigem Friesenhaus. Am Abend Baukasten-Speisenkarte mit endlosen Kombinationsmöglichkeiten, Fokus auf Fisch und Fleisch mit euroasiatischen Einflüssen. Zwei Gasträume, großer Außenbereich mit Bar, im gemütlichen Hinterhof „Deli" mit Frühstück in der Saison sowie À-la-carte-Betrieb am Abend. Wechselnder Mittagstisch mit Gerichten wie Linsensuppe mit Wurst (10,-), Dorade im Ganzen mit Rosmarinkartoffeln & Salat (24,-). Blechkuchen zur Kaffeestunde (3,50). Top-Weinkarte, klassische American Cocktail Bar. Veltins Bier 0,25/3,80, Wein 0,2/8,-.

Viele Jahre war die Kampener Institution im Dornröschenschlaf – längst kann man sich an diese traurige Epoche kaum erinnern, so viel Leben haben die Gastgeber *Anne Floto* und *Thomas Samson* dem Gasthof-Komplex eingehaucht. Und damit Kampen nicht nur ein tolles, neues Restaurant beschert, sondern auch eine klasse Party-Location geschaffen: Nicht selten geht hier nach dem Dinner die Post ab, es wird gerne mal – wie in alten Zeiten – das Tanzbein geschwungen. Der *Dorfkrug* ist urbanes Restaurant, gemütliche Friesenstube, Classy Bar, Nachmittags-Kaffeestube, Wohnzimmer-Party, Outdoor-Party-Warm-up und Nachtschwärmer-Treffpunkt. Vor allem aber: ein Spitzenrestaurant mit Hauptgangkarte im Baukastenprinzip.

Anne & Thomas

Demnach gibt es an diesem Ort sicher keine rollenden Augen vom Kellner, wenn ein Gast Extrawürste auf dem Teller haben möchte; das gehört hier zum Konzept. Was Küchenchef *Reik Raschke* samt Team in die Pfanne haut, hat Weltklasse: Zum Start mundet der lauwarme Ziegenkäse mit Fenchelsalat, Feige und Feigensenf (18,-) ebenso gut wie das fulminante Sashimi vom Lachs mit Ponzu-Sauce, Koriander, Wasabi-Gurkensalat und Mangochutney (19,-). Schon nach kurzer Zeit ein Krug-Klassiker sind die gegrillten Gambas, welche in Begleitung von Knoblauch, Rosmarin und Aioli auf den Tisch kommen (250g/14,-,500g/28,-, 1000g/56,-).

Neu ist das Angebot von iranischem Kaviar (50g) „top select Imperial Gold" mit Kartoffelpüree und Spiegelei (180,-). Beim Hauptgang dominiert die Freude über unendlich viele Kombinationsmöglichkeiten. Das Rinderfilet von der deutschen Färse (29,-/44,-) ist ebenso interessant wie das 300 Gramm Rib-Eye (35,-) oder die Lammfilets (30,-). Vom Meer auf den Grill springen hier mit Freude das Nordseedorschfilet (26,-) oder das Yellowfin Tunasteak (35,-). All das kombiniert man dann mit getrüffeltem Blattspinat (6,-), einem Pak Choi-Shiitake-Mix (7,-), einem betörenden Wasabi-Gurkensalat (8,-) oder diversen weiteren „sides". Dazu wählt der Gast herrlich mundende Saucen und Dips wie Portweinjus (3,-), Teriyakisauce (3,-), Chimichurri „Salsa Verde" (3,-) und viele andere Geschmacks-Highlights.

Wenn der letzte Gast im Bar-Teil des Restaurants seinen Teller leer gegessen hat, die Lautstärke der Musik langsam ansteigt, die Füße anfangen zu wippen, dann wird der Dorfkrug zur trendy Disco.

DORFKRUG KAMPEN, Braderuper Weg 3, 25999 Kampen,
Tel.: 0 46 51 / 44 92 00 0, täglich geöffnet von 12 Uhr bis open end,
Deli von 9 bis 14 Uhr, P AE VISA ec
www.dorfkrug-kampen.de, info@dorfkrug-kampen.de

DORFKRUG
Bar & Grill

MITTAGSKARTE

SUPPEN

Tageseintopf
Brot
10

Dorfkrug-Bouillabaisse
Gamba | Fischfilet | Muschel
Gemüse | Aioli
16 / 32

SÜSSES

Pancakes
Blaubeeren | Ahornsirup
10

Hausgebackener Blechkuchen
mit Sahne | ohne Sahne
4,5 / 4

HAUPTSPEISEN

Keitumer Lammbratwurst
Kartoffel-Gurken Salat
18

Currywurst
Süßkartoffel Pommes
Trüffel-Mayonnaise
16

Spaghetti Bolognese
Parmesan
16

gegrillter Mini-Romana-Salat
Zitrone | Olivenöl
Hähnchenbrust
22

Triologie
Lachs | Dorsch | Gamba
Spinat | Kartoffelpüree
29

250g | 500g | 1kg
gegrillte Gambas
Knoblauch | Rosmarin | Aioli
20 / 40 / 80

EXTRAS

Dorfkrug-Jause
Trüffelsalami | Bresaola
Käsevariation | Antipasti
Kren | Brot
29

Sashimi vom Lachs
Ponzu | Koriander
Wasabi-Gurkensalat
Mangochutney
19

Burratina
Cherrytomaten | Babyspinat
Knoblauch | Chili | Olivenöl
16

Iranischer Kaviar 50 g
“top select imperial gold”
Kartoffelpüree | Spiegelei
180

Alle Preise in Euro inkl. MwSt.

GOGÄRTCHEN
· KAMPEN ·
Sylt

Currywurst bis Kaviar
Cafégarten
Champagnerbar
Party

Kampens Klassiker auf neuen Wegen

Lebendige Legende auf der Whiskymeile unter neuer Regie. Hier genießt die sogenannte Hautevolee neben Otto Normalbürger schon ab dem Mittag für 8,- (Linseneintopf mit Wurzelgemüse, Kartoffeln u. Majoran), um dann zwischen dem Kaffeegarten mit hausgebackenem Kuchen und der Champagner-Außenbar zu wechseln, bevor es zum Abendessen (ab 19,-) geht (Serrano Pizza mit Mozzarella, Rucola und Parmesan). Veltins 0,2/4,-, Weißwein 0,2/9,50 (2017er Grauburgunder von Studier, Pfalz). Großer Weinkeller mit über 300 edlen Weinen und Champagner, sowie großer Tafel für 12 Personen für Private-Dining in geselliger Runde.

Der Name steht für Kampen, wie das Rote Kliff oder das Quermarkenfeuer. Diese Gastro-Perle hat sich in den vergangenen Jahren nicht nur optisch neu aufgestellt. Den Machern des Restaurants gelang es dabei, dass sich Stammgäste der vergangenen Jahrzehnte immer noch wohlfühlen, aber auch immer mehr neue Gäste diesen Ort für sich entdecken.

Seit diesem Jahr lenkt ein enthusiastisches Trio die Geschicke des genussvollen Ortes. Neben *Patrick Schwaiger*, der als Sommelier und Restaurantleiter seit Jahren schon zur Stammcrew zählt, steht mit *Benjamin Zehetmeier* ebenfalls kein Unbekannter an der Spitze des Traditionshauses. Zuvor als Küchenchef der Restaurants Tipken's und Hoog des Severin*s Resort & Spa in Keitum, übernimmt er diese Position auch hier gemeinsam mit seinem bisherigen Sous-Chef *Hannes Hampl,* den er gleich mitbrachte.

Allen Protagonisten ist bewusst, dass sie ein großes Erbe antreten, welches sie respektieren und behutsam weiterentwickeln wollen. Deshalb sind Klassiker wie die geschmorte Ochsenbacke mit Karotte, eingelegtem Sanddorn und Kerbel (29,-) oder Gogärtchen's Bouillabaisse von Nordseefischen, mit Wildfang-Garnele und Sauce Rouille (18,-) hier genauso immer noch auf der Karte zu finden wie das am Tisch gepresste Spaghetti-Eis als süßes Highlight zum Abschluss.

Ihre Küche hebt das Produkt in den Vordergrund. Dies gilt auch für neue Kreationen wie die hausgemachte Pasta am Abend, den Hedonismus für zwischendurch mit „Egg Shot" Stundenei, Nussbutterstampf und 10g Prunier Kaviar (32,-) oder die Käseauswahl vom feinheimischen Partner Hof Backensholz mit Früchtebrot und Traubensenf.

Ob man dann an der legendären Rundbar in „Kampens Wohnzimmer" den Abend ausklingen lässt oder in die Nacht startet, entscheiden Lust und Laune – und Drinks wie der hervorragende White Russian (12,-) oder der Bellini mit Ruinart Champagner und frischem weißen Pfirsich (19,-) von Barchef *Christian Stauber*. An eben dieser, oder im großen, neu angelegten Garten inklusive ruhiger Lounge genießt es sich übrigens auch tagsüber vorzüglich, wenn der Traum von Trüffelmayonnaise die Currywurst mit Home-Fries adelt, oder Pizza und Burger beweisen, dass Tradition auch modern sein kann. Gogärtchen-Urgestein *Thomas Warthemann* steuert neben hausgebackenen Kuchen auch alle weiteren Backwaren bei – ein seltener wie köstlicher Luxus.

Das Führungstrio komplettiert *Chris Zehetmeier* – auch schon lange Teil des Gogärtchens. Sie steht besonders in Sachen Catering und Veranstaltungen im Gogärtchen zur Verfügung. Solche übernimmt das Gogärtchen-Team gern – egal ob für 2 oder 200 Personen. „Geht nicht!" gibt's hier nämlich nicht – dafür gibt´s hier immer „ehrlich lecker!"

GOGÄRTCHEN, Strönwai 12, 25999 Kampen, Tel.: 0 46 51 / 41242, Fax: 41172, geöffnet ab 13 Uhr
www.gogaertchen.com, info@gogaertchen.com

G

GOGÄRTCHEN

· KAMPEN ·

Sylt

ABENDKARTE

VORWEG

SYLTER AUSTER
Schalotten-Vinaigrette | Chesterbrot | Zitrone
4,00

SALAT GOGÄRTCHEN
Wildkräuter | lauwarmer Spargel | Hanfsamen | Petersilien-Dressing
14

TATAR VOM HOLSTEINER WEIDERIND
Bärlauch | bunter Rettich | gebeiztes Eigelb | Pilzflan
19
Mit 10g „Prunier" Kaviar
44

SASHIMI VOM THUNFISCH
Lauch | Blumenkohl | Queller | Miso
19

GRÜNER UND WEIßER SPARGEL
Büffel Parmesan | Hüttenkäse | Alter Balsamico
16

BALIK LACHS
Crème fraîche | Blini | Granny Smith | Radieschen
24

SUPPE

SCHAUMSUPPE VOM HEIDESPARGEL
Krabben | Estragon | Filouteig
14

GOGÄRTCHEN'S BOUILLABAISSE
Nordseefische | Wildfang Garnele | Sauce Rouille
18

ZWISCHENDRIN

KEULE UND FILET VOM KANINCHEN
Marone | Olivenölkäse | Ravioli | Blumenkohl | Himbeere
19

„EGG SHOT"
Stundenei | Nussbutterstampf | 10g „Prunier" Kaviar
32

IL RISTORANTE

Italienische Genüsse – Bellissimo!

Kampens Ristorante. Italienische Genüsse. Schöne Terrazza. Gastgeber „Antonio" ist Garant für Frischeküche. Viele Stammgäste lieben das Beste der Cucina italiana. Antipasti ab 12,-. Hauptgang ab 14,- (Spaghetti aglio e olio, arrabbiata). Ganze Fische im Salzmantel (Dorade, 38,50). Veltins 0,25/3,-, Wein 0,2 ab 7,50, Flasche 0,75 ab 26,-. Top-Weine ausschließlich aus italienischen Weinanbaugebieten.

Ein Ristorante, wie man es sich wünscht. Ein Gastgeber, der alles für seine Gäste gibt. Charmant, herzlich und kenntnisreich. *Antonio Kabbani* hat das bunte Interieur mit sicherem Gespür für Geschmack arrangiert: Die Kombination aus dunklem und hellem Holz, roten Vorhängen und historischen Plakaten an den Wänden würde auch einer Trattoria in bella Italia gut zu Gesicht stehen – bellissimo! Ein Besuch im *Il Ristorante* bedeutet Pasta, Pesce und Pavarotti – man hört den unvergessenen Meister förmlich sein „O sole mio" schmettern. Italienische Lebenskultur pur; gepaart mit Kochleidenschaft und Weinenthusiasmus.

So ganz auf das Land, wo die Zitronen blühen, eingestimmt ist man jetzt natürlich auf die Offerten der Küche gespannt, die sich auf Toskana, Sardinien und Sizilien beziehen. Besonders beliebt: die Antipasti (12,- bis 16,50), vor allem die Empfehlungen außerhalb der regulären Karte, die immer die abwechslungsreichen Inspirationen der Küche und die jeweiligen saisonalen Angebote widerspiegeln. Wer Käse liebt, wählt die cremige Burratina auf Parmaschinken (14,50). Oder sollen es doch lieber die gegrillten Calamaretti sein, die mit einem Rucolasalat gereicht werden (18,-). In Italien isst man Pasta gerne als Vorspeise – hier bekommt man sie selbstverständlich auch als Hauptgang, saisonal z.B. als Tagliatelle con coniglio (Ragout von der Kaninchenkeule) – 22,50, mit Vongole oder auch mit Spargel (19,- bis 22,-). Die feine Milchkalbsleber wird in Butter gebraten und erhält mit Salbei ihr besonderes italienisches Aroma (24,50). Fleischliebhaber wählen gerne das Kalbskotelett mit mediterranem Gemüse aus der Pfanne. Dazu werden Rosmarinkartoffeln oder frischer Blattspinat gereicht (35,-).

Viele Gäste sind nur ihretwegen hier: den ganzen Fischen im Salzmantel wie Dorade oder Wolfsbarsch (38,50). Das Dessert sollte man ebenfalls nicht auslassen. Der Chef schwärmt von Dolce misto, das sind Tiramisu, Panna cotta und zwei süße Überraschungen (12,50).

Dass man hier auch mit vom Padrone ausgesuchten Weinen verwöhnt wird, liegt auf der Hand. Das mittlere Preissegment bewegt sich zwischen 35,- und 70,-. Antonio empfiehlt einen Roten aus der Toskana und schnalzt dabei mit der Zunge: Il Bruciato von Antinori (57,-) – eine sehr gute Komposition! Also, viel Vergnügen im Kampener Ristorante à la dolce Vita.

IL RISTORANTE, Süderweg 2, 25999 Kampen, Tel.: 0 46 51 / 299662, Fax: 45942, ganzjährig geöffnet ab 17 Uhr. Dienstag Ruhetag, auch in der Hochsaison. Warme Küche im Sommer bis 23 Uhr, sonst bis 21.30 Uhr. Reservierung erbeten. Catering.

www.il-ristorante.de, info@il-ristorante.de

Pasta Pesce Pavarotti

IL RISTORANTE

Unsere Empfehlung

Sergio Rosé Mionetto Prosecco 0,1l € 8,00

Weißwein

17er Poggio Al Lupo 0,75l € 36,00
Vermentino Toscana, Castiglion Fibocchi

Rotwein

15er Battaglione Barbera D´Alba 0,75l € 45,00
Renato Ratti

La Crema di Piselli con crostini di Pane Aromatizzato € 9,00
Leichte Erbsencremesuppe

Il soufflé di verdure con fonduta di Parmigiano € 12,50
Soufflee von Gemüse auf Parmesancreme

Il gnudi di Ricotta e spinaci con crema di stracchino € 16,50
Spinat-Ricotta-Klößchen auf Creme von Stracchinokäse

Il crostini al Paté di fegato, Pomodoro e Melanzane € 12,50
Geröstete Weißbrotscheiben mit Leberpastete, Auberginen und Tomaten

Le Penne Luculli € 21,50
Nudeln in rosa Soße mit Shrimps und Wodka verfeinert

Il Rigatoni con gulian di filetto di Manzo, Pomodorini e Rosmarino € 25,00
Rigattoninudeln mit Cherrytomaten ,Basilikum und Rinderfiletspitzen

Gli Spaghetti alla Carbonara con tartufo € 32,00
Spaghetti Carbonara mit Trüffeln

Il Fegato di vitello a la Veneziana € 28,50
Kalbsleberstreifen mit Zwiebeln gebraten, in Weißweinsoße

Il Filetto di Manzo al Barolo € 39,00
Rinderfilet vom Grill in Barolosoße

Il rana pescatrice crosta di Semi di papavero Su risotto di verdura € 42,00
Seeteufelmedaillons in Mohn gewälzt auf Gemüserisotto

iismeer im Sommer am Kampener Strand

Der gut bestückte trendy iismeer-Eiswagen versorgt den Strand mit Eis und Snacks. Sagenhafte verschiedene Bio-Eissorten. Zu finden am Strandkorbpodest (iismeer Restaurant in Wenningstedt, Tel.: 0 46 51 / 9572719)

ismeer
SYLT
SNACKS

Ein Traum auf Stelzen

Herrlich unkompliziertes Strandrestaurant in erster Reihe am Kampener Weststrand, das Meer und die Sonnenuntergänge sind nirgendwo näher und schöner. Zu Fuß erreichbar vom Strand oder durch die Düne entlang am Kampener Quermarkenfeuer. Große Sonnenveranda mit 100 Außenplätzen, 55 Innenplätze. Umfangreiche Auswahl kleiner Appetithappen, z.B. Datteln (4,50), Muscheln-Avocado-Salat (8,50) und Gemüsesticks mit Guacamole samt Tahini (8,50). Eintöpfe wie Kartoffelsuppe mit Speck (ab 8,50), Hauptgerichte ab 21,50. Fokus auf Fisch, gebratenes Heilbuttfilet mit Buttermöhren und Petersilienkartoffeln 23,50. Flensburger Pilsener vom Fass 0,3/4,20. Offene Weine 0,2 ab 7,50. Flaschenweine ab 24,- (Stellenbosch Pinotage Rosé 0,75).

An einem sonnigen Tag vom Strandspaziergang im *Kaamps7* einkehren und von der Terrasse erhaben auf die Brandung der Nordsee schauen – mehr Sylt geht nicht. Der Pfahlbau in grandioser Lage unweit vom Roten Kliff ist seit 2018 unter neuer Führung und hat sich auch unter der neuen Aegide weiterhin zu einem beliebten Strand- und Ausflugslokal entwickelt. Sieben Gesellschafter (daher Kaamps7) haben dem schwebenden Bau eine Generalüberholung verpasst, die Räumlichkeiten und das Interieur sind hell und freundlich gestaltet.

Christina Böckmann und *Michael Voigt* kümmern sich um die Geschäfts- und Restaurantführung, *Tim Blass* hat die Restaurantleitung übernommen. Das Team pflegt einen familienfreundlichen Ort, wo Kommunikation zwischen Gästen und Mitarbeitern im Vordergrund steht. Hier kommt man bei Kleinigkeiten wie Oktopussalat „Cinque Terre", Hummus mit Grillgemüse oder Pastrami in Vinaigrette samt roten Zwiebeln (je 8,50) unkompliziert ins Gespräch.

Die Köstlichkeiten werden vom Team um Küchenchef *Ulf Dörge* geschickt. Dem geht es nicht darum, jedem Trend des Koch-Zeitgeists hinterherzurennen, sondern Traditionen zu erhalten. Kleinerzeuger, nach Möglichkeit regional, sorgfältige Herstellung der Speisen, weg von der Chemie, Geschmack wie bei Oma (natürlich nur, wenn Oma gut kochen konnte...). Kuchen und Brot werden täglich frisch im Haus gebacken, die hervorragenden Oliven (4,50) kommen aus einem kleinen Familienbetrieb in Italien, das Manufaktur-Bier stammt aus Klanxbüll unweit vom Hindenburgdamm. Dörges Leitspruch „Wir sind am Meer, also arbeiten wir auch viel mit Fischen" findet wunderbar Ausdruck in einem saftig gebratenen Steinbeißerfilet mit Fenchel, Tomaten, Artischockenböden, neuen kleinen Kartoffeln, Pernod-Butter und Kräutern (22,50). Die Garnelen auf Risotto mit gerösteten Pinienkernen und gehobeltem Parmesan munden besonders gut mit dem hauseigenen Kaamps7 Rosé von Werther-Windisch aus Reinhessen (0,2/7,50, 0,7/24,50). Wenn dann zum Sonnenuntergang auf der Terrasse eine frische Ananas-Bowle (8,50) nebst dem fulminanten Schokomus-Törtchen mit frischen Beeren (10,50) über die Zunge gleitet, kann es auf Sylt kaum schöner sein...

KAAMPS 7, Riperstig, 25999 Kampen, Tel.: 0 46 51 / 886078, Fax: 886083, täglich von 11-22 Uhr, P ec f
www.kaamps7.de, info@kaamps7.de

Tageskarte

TAGESESSEN

Täglich wechselnd, bitte Fragen Sie unseren Service!

EIN TOPF

Linsensuppe mit Wiener	8,50
Kartoffelsuppe mit Speck	8,50
KAAMPS7 Fischsuppe, Sauce Rouille	18,50

KLASSIKER

Backkartoffel mit Kräuterquark und Salat	14,50
Caesar Salat mit Hühnerbrust, Croutons und Grana Padano	18,50
Currywurst mit Pommes	12,50
KAAMPS7 KlassikBurger 180g „Friesisches Rind" mit Pommes und Salat	24,50
Rindstatar „Friesisches Rind" mit Röstbrot und Leckereien 200g	22,50
…mit 28g Osietra Caviar	+42,00
Scampi und Pommes, Aioli und Zitrone	18,50

MOZZARELLA köstlich

Bruschetta, Tomate, Olive	14,50
Spargel, Rucola, Grana Padana	14,50
Rote Beete, Apfel, Pesto	14,50

SALAT herb frisch

Tomate, rote Zwiebel, Kapern	13,50
Radicchio, Walnüsse, Birne, Gorgonzola	14,50
Chicorée, Blattspinat, Ricotta, Orange, Pinienkerne	14,50

MARINIERT und GERÄUCHERT

Matjes HAUSFRAUENSAUCE mit Bratkartoffeln	16,50
Sardellenfilet, Crostini, Fassbutter und Salat	16,50
Räucherlachs, Dill-Gurken Salat, Röstbrot und Zitrone	18,50

PASTA

Penne Bolognese	16,50
Steinpilzravioli und grüner Spargel in Steinpilzrahm	26,50
Trüffelpasta in Rahm und Parmesan	28,50
Kartoffelgnocchi in Salbeibutter und Parmesan	24,50

STEAK und GRILL

Kalbskotelette mit grünem Spargel, glasierten Tomaten und Morsumer Kartoffeln	36,50
Lammfilet gegrillt, mit sardischer Aubergine, Chili, Zwiebel, Kirschtomaten, Schafskäse	29,50
Rinderfilet 160g mit Backkartoffel, Kräuterquark und Tomatensalat	27,00

MEERESFRÜCHTE PLATTE für ZWEI

Hummer, Jacobsmuscheln, Kaisergranat, Crevette, Garnelen, Sylter Auster und Miesmuscheln dazu Aioli, Sauce Rouille, Algensalat, Baguette und Knoblauchbrot	86,00

DESSERT

Schokomousse Törtchen mit frischen Beeren	10,50
Mandelküchlein, Orangenfilets, Cassis Eis	10,50

KUCHEN

Lutzi´s Kuchen Stk.	3,90

Bitte fragen Sie unseren Service nach dem Tagesangebot

Kaamps7

Abendkarte

KLASSIKER

KAAMPS7 Fischsuppe, Sauce Rouille	18,50
Hummerschaumsuppe mit 1/2 Hummer	21,50
Pikantes Lammcurry mit Joghurt und Koriander, Reis	18,50
Caesar Salat mit Hühnerbrust, Croutons und Grana Padano	23,50
Scampi und Pommes, Aioli und Zitrone	18,50
Rindstatar „Friesisches Rind" mit Röstbrot und Leckereien, 200g	22,50
…mit 28g Osietra Caviar	+42,00
KAAMPS7 Klassik Burger „Friesisches Rind" mit Backenholzer Deichkäse und Pommes Frites	28,50
JAPAN Tempura Körbchen mit Sesam Dip und Wasabi Mayo	21,00
JAPAN Wildfang Wolfsbarsch Sashimi, Spargel Tempura	28,00

MOZZARELLA köstlich

Bruschetta, Tomaten, Oliven	14,50
Spargel, Rucola, Grana Padano	14,50
Rote Beete, Apfel, Pesto	14,50

SALAT herb frisch

Tomate, rote Zwiebel, Kapern	13,50
Radicchio, Walnüsse, Birne, Gorgonzola	14,50
Chicorée, Blattspinat, Ricotta, Orangen, Pinienkerne	14,50

PASTA

Steinpilzravioli und grüner Spargel in Steinpilzrahm	26,50
Trüffelpasta in Rahm und Parmesan	28,50
Kartoffelgnocchi in Salbenbutter und Parmesan	24,50

DESSERT

Schokomousse Törtchen mit frischen Beeren	10,50
Mandelküchlein, Orangenfilets, Cassis Eis	10,50

FISCH

Seezunge gebraten in Butter mit Morsumer Kartoffeln und Salat	Tagespreis
Dorade oder Wolfsbarsch gegrillt, mit Morsumer Kartoffeln und Salat	32,50
Dorade oder Wolfsbarsch FÜR ZWEI aus dem Ofen, mit mediterranem Gemüse im Weißweinsud gebacken, Morsumer Kartoffeln und Aioli	58,00

MEERESFRÜCHTE PLATTE für ZWEI

Hummer, Jakobsmuschel, Kaisergranat, Crevette, Garnele, Sylter Auster und Miesmuschel dazu Aioli, Sauce Rouille, Algensalat, Baguette und Knoblauchbrot	86,00

STEAK und GRILL

Kalbskotelette mit grünem Spargel, glasierten Tomaten und Morsumer Kartoffeln		36,50
Lammfilet gegrillt, mit sardischer Aubergine, Chili, Zwiebel, Kirschtomaten, Schafskäse		29,50
Rinderfiletsteak	160g	27,00
	200g	36,00
Rib-Eye Steak	300g	36,50
Dry-Aged Rib-Eye vom Pommerschen Rind	800g	84,00
Tomahawk Steak	1100g	86,00

Backkartoffel, Pommes Frites	Beilage
Kräuterbutter, Pfeffersauce, BBQ Sauce, Kräuterquark	Saucen
Tomatensalat, Grillgemüse, grüner Spargel	Gemüse/Salat

Wir servieren Ihnen zum Steak eine Beilage, zwei Saucen und ein Gemüse oder Salat

Lammschulter FÜR DREI, im Ofen geschmort mit mediterranem Gemüse und Morsumer Kartoffeln	86,00

Kaamps7

Speisenkarten-Auszug-Frühjahr 2019 | Angebot und Preise können sich je nach Marktlage ändern

Kaamp Meren

Kulinarische Momente in Kampens Mitte

Modernität und Tradition im „Kaamp Hüs" – Kampens Mitte. Terrasse. Bodenständige Küche. Service: Außer-Haus-Küche (Abholung). Vorspeisen ab 12,50 (Schneckenpfännchen), Hauptgang ab 20,90 (Rinderroulade). Täglich wechselnde Empfehlungen. KöPi 0,25/3,40, Weißburgunder von Dreissigacker 0,2/7,50, 2016er Tempranillo „Campo Liberto" 0,2/7,50.

Der Restaurant-Name *Kaamp Meren* kommt einem echt friesisch vor. Richtig! Das heißt auf Hochdeutsch *Kampens Mitte*. Hier im *Kaamp Hüs* laufen alle Tourismusfäden zusammen, und hier treffen sich alle, die Lust auf Genuss haben. Dass sich jeder wohlfühlt, dafür sorgt das bewährte „Team à la Kampen": *Beate* und *Werner „Muffel" Stoltenberg* sowie der Chef am Herd, *Steffen Meier*.

Im Restaurant ist ein gelungener Mix aus modernem Design und maritimer Gemütlichkeit entstanden: frisches Blau und Weiß sowie dezente Grautöne beruhigen das Auge, dekorative Designerstühle treffen auf blanke, schlicht eingedeckte Holztische. Entlang der Bar nimmt man an Bistrotischen Platz, gesäumt von Schwarz-Weiß-Fotografien an der Wand. Wer einen Platz am „Pass" ergattert, kann sogar bei der Zubereitung der eigenen Gerichte zuschauen.

Küchenchef Steffen ist für jegliche kulinarische Überraschung gut. Sein Motto: geschmackliche Abwechslung. So hat die gesamte Speisenkarte auch den ganzen Tag lang Gültigkeit. Wir sahen im Frühjahr z.B. Schneckenpfännchen oder Garnelenpfanne, Gemüsecarpaccio und Lachstatar mit Meerrettichmousse. Die traditionelle Rinderroulade oder das Roastbeef dürfen natürlich nicht fehlen. Oft wechselt dazu das Angebot auf der Schiefertafel. Verlockend ist das Zanderfilet mit Karotten-Kohlrabigemüse und Stampfkartoffeln (26,50). Fleischliebhaber werden mit einem Lammcarré in Kräuterkruste und Belugalinsen beglückt. Der halbflüssige Schokoladenkuchen setzt einen genussvollen Schlusspunkt.

Sie haben Lust auf noch mehr Genuss à la „Kampens Mitte"? Dann feiern Sie Ihr „Ja"-Wort, Ihren Geburtstag oder das Firmenjubiläum im gleichen Haus in den Räumen vom *„Kaamp Hüs"*! Eine feine Adresse für Feste aller Art. Dort zeichnet dann das „Kaamp Meren" für die kulinarischen Momente verantwortlich.

Kaamp Meren serviert auch auf der großen Terrasse. Motto: Herz und Schnauze, Liebe und Leidenschaft von Handfestem für Spätaufsteher bis zum allerletzten Absacker.

KAAMP MEREN, Hauptstraße 12 (Kaamp Hüs), 25999 Kampen,
Tel.: 0 46 51 / 43500, täglich ab 12 Uhr, warme Küche bis ca. 22 Uhr.
Außerhalb der Saison Mo. Ruhetag,
www.kaamp-meren.de, info@kaamp-meren.de

Kaamp Meren

Suppen

Rinderkraftbrühe / Pfannkuchenstreifen / Gemüse
8,50

Thai Curry Suppe / Garnelenspieß
10,50

Vorspeisen

Rindercarpaccio / Rucola / Parmesan
17,90

Schneckenpfännchen Kaamp Meren
12,50

karamelisierter Ziegenkäse / Feigenchutney / Wacholderschinken
14,50

Hauptgänge

Spaghettini / Spinat- Ricottasauce
14,90

Rinderroulade / Rotkohl / Kartoffelstampf
20,90

Roastbeef / Remouladensauce / Bratkartoffeln
23,90

Rumpsteak vom Husumer Rind / Portweinzwiebeln / Salat / Pommes
28,80

Nordsee- Scholle / Speckbutter / Gurkensalat / Inselkartoffeln
21,90

Dorschfilet / Blattspinat / Pommery- Senfsauce / Salzkartoffeln
27,50

Manne Pahl

Den ganzen Tag
Das ganze Jahr
Pahl-Zeit

Friesenflair und Hüttencharme

Einfach saugemütlich ist dieses Traditionsrestaurant in Kampen. Frische Brötchen ab 9 Uhr, Frühstück à la carte ab 10 Uhr, berühmte Kuchen ab 13 Uhr. Feine, saisonal inspirierte Frischeküche, regional bis mediterran. Tageshauptgerichte ab 14,90 (Pasta). Ab 18 Uhr Abendkarte von Nordseescholle (22,90) bis Rinderfilet (39,-). Wahlweise kleine und große Portionen, Warsteiner 0,25/3,80, Wein 0,2 ab 6,80, Flasche ab 24,- (Grauburgunder/Kiefer), hervorragende Weinkarte! Weindependance in Keitum: „PIUS" (siehe Seite 204)!

Pius mit Tochter Sarah

Die beständige Erfolgsgeschichte dieser Lokalität wird seit einem Vierteljahrhundert maßgeblich von Inhaber *Pius Regli* geschrieben. Der Schweizer, der vor ewigen Zeiten die stillen Berge gegen die quirlige Nordsee eintauschte, ist ein leidenschaftlicher, einfallsreicher und unermüdlicher Unternehmer. Diese Leidenschaft setzt sich in der Familie fort: Seine Tochter *Sarah* führt sehr sympathisch seit 7 Jahren begeistert und kompetent das Restaurant mit Papa und nach „Regli Art". Hier werden nun schon seit Generationen Urlaubsbekanntschaften geschlossen. Das Ganze fühlt sich atmosphärisch dann so an wie eine Friesenstube in den Schweizer Bergen – oder umgekehrt? Auf jeden Fall einfach „saugemütlich"!
Morgens duftet es nach köstlichen frischgebackenen Brötchen, während Bäckermeister *Andreas Günther* bereits die Kuchen für die Kaffee- und Teezeit in den Ofen schiebt. Ein wenig später kann es auch mal sein, dass schon mittags die Champagnerkorken wie „in alten Zeiten" knallen und die lustige Meute „Pahlzeit!" ruft. Eine grundehrliche wunderbare Küche, die auf bester Tradition beruht, begeistert immer wieder viele Stammgäste und macht Newcomer zu Wiederholungstätern.
Sehr angenehm: Von den Mittagsgerichten kann man sich auch kleinere Portionen bestellen. Aber will man das? Hier schmeckt doch schließlich alles zum „Sitzenbleiben". Ein „Muss": das Wiener Schnitzel (mit alles!), Rigatoni in Thaicurry mit Poulardenbrust, der „Pahl"-Burger mit Fritten, das Roastbeef mit Bratkartoffeln. Und erst diese Pfannkuchen! Mmh! Küchenchef *Mathias Maisch* offeriert zum Beispiel umwerfende Kalbsfrikadellen, aber auch Ochsenschwanzragout mit Kartoffelpüree oder Steinbutt auf der Haut gebraten, im Verbund mit Balsamicolinsen und Thymiankartoffeln – das scheinbar Einfache bekommt im „Pahl" seine besondere Note.
Tolle Tropfen gibt es übrigens ganz speziell auch in der Inseldependance, der *„PIUS-Weinwirtschaft"* in Keitum. Übrigens: Am 1. August, dem Schweizer Nationalfeiertag, lässt Pius Regli die Heimat ins Haus und serviert ausschließlich Leckeres von der Schwyzer Schoggi bis zum Greyerzer. Nicht entgehen lassen! „Pahlzeit"!

MANNE PAHL, Zur Uwe Düne 2, 25999 Kampen, Tel.: 0 46 51 / 42510, Fax: 44410, geöffnet von 10 Uhr bis 1 Uhr, Tageskarte 12-17 Uhr, 17-18 Uhr Küchenpause, Abendkarte ab 18 Uhr
www.manne-pahl.de, info@manne-pahl.de

Tageskarte von 12.00 - 16.30 Uhr

Suppen	kl.Portion	
Eintopf nach Tagesangebot		9,50 €
Kartoffelsuppe mit Kochwurst 8,10		8,50 €
Sylter Krabbensuppe 2,8,10		11,50 €

Salate & Co.		
Gemischter Salat mit Hausdressing 4,6,11		10,50 €
…..mit Garnelen 2		23,90 €
…..mit Poulardenbruststreifen 4,6,11		21,50 €
Caeser`s Salat mit Parmesanchip 4,5,8,11		12,50 €

Fleisch		
Unser Wiener Schnitzel mit Preiselbeeren, Bratkartoffeln und Gurkensalat 1,4,8,11	22,90 €	26,90 €
Kalbsfrikadellen mit Kartoffel-Rotweinzwiebelpüree und Gemüsestreifen 1,8,10,13	19,50 €	23,50 €
Geschmorte Rinderroulade mit buntem Gemüse und Kartoffelpüree 8,10,13		26,50 €
Roastbeef mit Remouladensauce und Bratkartoffeln 4,8	18,90 €	22,90 €

Das darf nicht fehlen!		
„Pahl-Burger“ mit Trüffelmayo und dazu Fritten 1,4,8		22,50 €
…..für Mädchen (spicy Ketchup) 1,4,8		17,50 €
„Pahl-Currywurst“ vom Kalb mit Fritten 1,11		12,50 €

Fische und Krustentiere		
Garnelen-Knoblauchpfanne mit Gemüsestreifen 2,10,13	17,50 €	24,50 €
Matjes nach „Hausfrauenart“ mit Bratkartoffeln 5,8,11	16,50 €	20,50 €
Gebratene Nordseescholle mit Speckbutter, Petersilienkartoffeln und kleinem Salat 1,5,8,11		22,90 €
…mit Krabben 1,2,5,8,13		28,90 €

Inhaltsstoffe: 1. Glutenhaltiges Getreide, 2. Krebstiere, 3. Weichtiere, 4. Eier, 5. Fische, 6. Erdnusse, 7. Sojabohnen, 8. Milch, 9. Schalenfruchte, 10. Sellerie, 11. Senf, 12. Sesam, 13. Sulfit / Schwefeldioxid, 14. Lupine

Abendkarte ab 18.00 Uhr

Suppen	kl.Portion	
Kartoffelsuppe mit Kochwurst 8,10		8,50 €
Sylter Krabbensuppe 2,8,10		11,50 €

Vorspeisen		
Karamellisierter Ziegenkäse auf Mango-Chilichutney und Thymianhonig 8		14,00 €
Bresaolacarpaccio mit Limonenöl, Ruccula und Parmesan 4,11		14,50 €
Garnelen-Knoblauchpfanne mit Gemüsestreifen 2,10,13	17,50 €	24,50 €
Gemischter Salat der Saison 4,6,11		10,50 €
…..mit Garnelen 2		23,90 €
…..mit Poulardenbruststreifen		21,50 €
Caeser`s Salat mit Parmesanchip 4,5,8,11		12,50 €

Pasta von Alexandro Pape		
Rigatoni mit Kirschtomaten, Pinienkernen und Basilikumpesto 1,4,7,10		18,50 €
mit Poulardenbrust 1,4,8,13		21,50 €
mit Garnelen 1,2,4,8,13		24,50 €

Regionale Qualität

Wir beziehen unser Fleisch ausschließlich aus der Region Schleswig-Holstein!

Roastbeef mit Remouladensauce und Bratkartoffeln 4,8	18,90 €	22,90 €
„Pahl-Burger“ mit Trüffelmayo und dazu Fritten 1,4,8		22,50 €
…..für Mädchen (spicy Ketchup) 1,4,8		17,50 €
Kalbsfrikadellen mit Kartoffel-Rotweinzwiebelpüree und Gemüsestreifen 1,8,10,13	19,50 €	23,50 €
Unser Wiener Schnitzel mit Preiselbeeren, Bratkartoffeln und Gurkensalat 1,4,8,11	22,90 €	26,90 €
Geschmorte Rinderroulade mit buntem Gemüse und Kartoffelpüree 8,10,13		26,50 €

Extra		
Unsere Trüffelmayo 4,8		3,00 €

Speisenkarten-Auszug-Frühjahr 2019 | Angebot und Preise können sich je nach Marktlage ändern

Das etwas andere Restaurant

Im Zentrum des Kampener Highlifes. Freundlicher, heller Gastraum mit offener Küche. Tolle, geräumige Terrasse mit Blick auf Kampens „Whiskystraße". Frühstück inklusive Smörrebröd ab 10 Uhr, hausgebackene Kuchen und Brüsseler Waffeln von 13 bis 17 Uhr, ab 18 Uhr Abendkarte. Frisches Sushi & Sashimi, eigene Wein- und Champagnerabfüllungen von Spitzenwinzern. Buntes Speisenangebot vom Caesar Salat Klassik (8,50) über Smörrebröd (3,50-4,50) bis zu mediterranen Riesengarnelen aus dem Wok (19,50/29,-). Fokus auf Fisch. Heineken Bier vom Fass ab 3,80 (0,25), Wein ab 4,- (0,1).

Frischer Wind auf dem Kampener Strönwai – *Odin* macht die Whiskymeile bunter! Dabei denkt man bei Odin – einer der komplexesten Gestalten in der nordischen Mythologie –nicht sofort an einen familienfreundlichen Farbenreigen und schon gar nicht an „Rainbow Kitchen". Genau diesem Komplex aber haben sich die Gastgeber *Jörn Steffen* und *Sigrid Rothbart* verschrieben. Um die Kinderfreundlichkeit zu untermauern, gibt es seit Kurzem sogar ein Maskottchen: das „Odinchen" ist ein kleiner Oktopus, der sich im Kosmos des Gasthauses vielfältig wiederfindet – und garantiert nicht in der Pfanne landet.

Das kulinarische Motto lautet: „Je farbenfroher es in der Küche zugeht, desto frischer und fitter geht man durchs Leben". Das Odin ist anders als andere Gasträume in Kampen, versteht sich als universeller Lebensraum, in dem man zufällig auch besonders gut essen und trinken kann. Hier flattern schon mal buddhistische Fahnen im Wind und nicht das Logo von Luxusmarken, das hat auf Sylt und gerade in Kampen Seltenheitswert. Die Räumlichkeiten sind licht- und luftdurchflutet, die Wände schmückt ein erfrischender Mint-Ton.

In der offenen Küche kann man den Köchen beim Zubereiten der Speisen zuschauen. Etwa wie sie eine Portion „Easy Peal 8/12 Riesengarnelen" in den Wok werfen und die Krustentiere mit mediterranen Kräutern, Knoblauch und Tomaten (29,-) vereinen. Oder den Odin-Fischeintopf mit Kartoffeln, Knoblauch, Porree, gerösteten Mandeln und Weißwein bestücken (15,-). Ebenso einen Versuch wert sind das pikante Tatar vom Husumer Weiderind (19,-) oder der Kaiserschmarrn mit Zwetschgenröster, Friesenschmand und Tahiti-Vanilleeis (12,-).

Bemerkenswert: Viele Hauptgerichte gibt es als halbe Portion für den kleinen Hunger, so auch die vom Partnerrestaurant in Südafrika inspirierten Sylter Muscheln in Cape-Malay Curry mit Möhren, Porree, Lauchzwiebeln, Kokosmilch und Weißwein (klein 13,50, groß 18,50). Eine aktuelle Tageskarte ergänzt die feste Menükarte. Auf der Terrasse dominiert Holz, sei es das Mobiliar oder rustikal aufgeschichtetes Feuerholz. Von hier aus lässt sich das bunte Treiben auf der „Whiskymeile" beobachten – man ist auf dem erhöhten Plateau vom Odin mittendrin und doch angenehm außen vor.

Morgens ab 10 Uhr kann man mit einem wunderbaren Smörrebröd (3,50-4,50) in den Tag starten, dazu einen Bio-Apfel-Sanddorn-Saft von Lütts Landlust (4,50/0,33) genießen. Zur Kaffeezeit empfiehlt sich ab 13 Uhr eine Brüsseler Waffel mit roter Grütze (6,50) oder der hausgemachte warme Apfelstrudel mit Vanillesoße (5,50) sowie hausgebackener Kuchen und Gebäck. Dazu eine Tasse Elbgold Kaffee auf der Terrasse – wunderbar. Und sonst? Für den Ausflug zum Strand gestaltet das Odin tolle Picknickkörbe, im Weinschrank warten exklusive Abfüllungen von Spitzenwinzern und ein paar Mal im Jahr gibt es Menüabende mit Tanzveranstaltungen.

ODIN-DELI, Strönwai 10, 25999 Kampen, Tel.: 0 46 51 / 45455,
ganzjährig geöffnet ab 10 Uhr bis open end, Küche bis 22 Uhr
P ec f www.odin-deli.com, office@odin-deli.com

ODINS KLASSIKER

CAESAR SALAT „KLASSIK“
MIT GEHOBELTEM PARMESAN, KAPERN & SARDELLEN [C, E, I, J, H, K, 7] — 8,50 €

EXTRAS ZU UNSEREN SALATEN
GEGRILLTE MAISPOULARDENBRUST [A, G, I, K, L, 3] — 7,00 €
DREI GEBRATENE RIESENGARNELEN [C, E, I, J, H, K, 7] — 9,00 €

ODIN ANTIPASTI MIT FRISCHEM ZIEGENKÄSE [A, H, I, 2] — 16,50 €

ODIN FISCHEINTOPF MIT KARTOFFELN, KNOBLAUCH, PORREE, GERÖSTETEN MANDELN, WEISSWEIN [A, I, J, L, O]
ALS VORSPEISE — 12,50 €
ALS HAUPTGANG — 15,00 €

SYLTER MUSCHELN IN CAPE - MALAY - CURRY
MIT MÖHREN, PORREE, LAUCHZWIEBELN, KOKOSMILCH, WEISSWEIN [A, B, C, E, F, G, L, O, H]
ALS VORSPEISE — 13,50 €
ALS HAUPTGANG — 18,50 €

1/2 DUTZEND “SYLTER ROYAL AUSTERN“
TÄGLICH FRISCH AUS LIST MIT ROTWEINSCHALOTTEN, LIMONE UND BROT [A, B, F, J, L, O] — 21,00 €

RIESENGARNELEN “EASY PEAL 8/12“ AUS DEM WOK
MIT MEDITERRANEN KRÄUTERN, KNOBLAUCH, TOMATEN, DREIERLEI DIPS & FRISCH GEBACKENEM BROT [A, C, H, G, L]
ALS VORSPEISE — 19,50 €
ALS HAUPTGANG — 29,00 €

TATAR VOM HUSUMER WEIDERIND (PIKANT)
ALS VORSPEISE — 15,00 €
ALS HAUPTGANG — 19,50 €

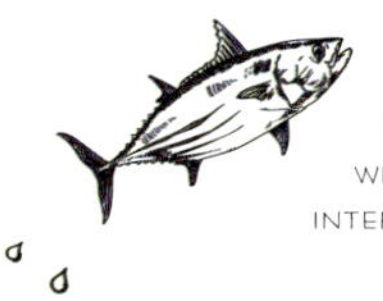

RUND UM DEN ANGELTHUNFISCH
WECHSELVOLLE ZUBEREITUNGEN & INTERPRETATIONEN DES THUNFISCHS

KIDS ONLY “PASTA ODINCHEN”
GEBUTTERT [B, H] — 5,50 €
MIT TOMATENSAUCE [B, J, 5] — 6,00 €

DAS BESTE KOMMT IMMER ZUM SCHLUSS

KAISERSCHMARRN (ZUBEREITUNGSZEIT CA. 25 MIN.)
MIT ZWETSCHGENRÖSTER, FRIESENSCHMAND & TAHITI-VANILLEEIS [A, B, F, H, I, 5, 6] — 12,00 €

SYLTER ROTE GRÜTZE MIT VANILLE-SAUCE — 6,50 €
WIENER APFELSTRUDEL MIT VANILLE-SAUCE ODER VANILLEEIS — 5,50 €

IHNEN GEFÄLLT ES BEI UNS?
BESUCHEN SIE DOCH UNSERE FACEBOOK-SEITE
UND TEILEN SIE IHRE EINDRÜCKE.
FACEBOOK.COM/ODINDELIKAMPEN

ODIN

SIE WÜNSCHEN EINE EIGENE
ZUSAMMENSTELLUNG DER ANGEBOTENEN SPEISEN?
GERN KOMMEN WIR IHREN VORSTELLUNGEN NACH.
FRAGEN SIE EINFACH BEI IHRER BESTELLUNG.

94Kampen Sound & Kitchen: Osteria Revival!

Neues Gastro-Konzept am Standort des ehemaligen Kamp'ner Pesel, basierend auf der ersten Osteria aus dem Jahr 1994. Moderne Intention im historischen Friesenhaus. Lässig-bunte und entspannte Location für jedes Klientel. Geöffnet ab 17 Uhr – Early Kitchen bis 20 Uhr. Vorspeisen ab 14,- (Kürbis-Kartoffelrösti, Räucherlachs), Hauptgang ab 16,- (Sushi-Variationen). Ab 20 Uhr „Sharing Dinner“ in 5 Runden (p.P. 64,-). Devise: Teilen, Tauschen, Austauschen. Bodenständige Küche mit einem Hauch Asien. KöPi 0,25/4,-, Grauburgunder „Hand in Hand“/Klumpp 0,2/8,-.

Über ein Jahr waren die Schotten dicht im *Kamp'ner Pesel* – damit ist jetzt Schluss. Für alle, die es bunt, lecker und musikalisch lieben und sich für eine Prise Nostalgie begeistern: hereinspaziert ins *94Kampen Sound & Kitchen!* Dahinter verbirgt sich nichts weniger als ein Revival der allerersten Osteria im Watthof in Rantum – die 94 steht für das damalige Eröffnungsjahr. Partner seinerzeit: der Ex-Wirt des Pesel, *René Richter*, sowie *Reiner Hinsen*, umtriebiger Gastronom der heutigen *Osteria* in Westerland. „Ein Revival unserer damaligen Osteria, das wär's!“, dachte sich Reiner Hinsen, als er seinen Weggefährten René zu dessen Restaurant-Neueröffnung in Stuttgart besuchte. Dessen Pachtvertrag auf Sylt lief weiter – „Dann machen wir doch ein Jubiläumsprojekt!“, beschloss Reiner. Mit der erfahrenen Gastronomin *Maren Stooß* fand er nicht nur die passende Gastgeberin dafür, sondern auch eine kreative Ideengeberin für das Konzept *94Kampen Sound & Kitchen*. Die Eckpfeiler: 25 Jahre Osteria, lecker Essen und chillige Musik vom Plattenspieler.

Ab 17 Uhr geht's los – dann ist *„Early Kitchen“* bis 20 Uhr. Perfekt für alle, die vom Strand oder der Radtour kommen und Lust auf unkomplizierte, leckere Gerichte haben. Etwa einen asiatischen Rotkohlsalat mit Mango, Kresse und Hühnerbrust (15,-) als Starter. Oder man schwelgt in Nostalgie mit einer Roulade wie bei Oma, dazu gibt's Orangenrotkohl und Kartoffel-Röstzwiebelstampf (24,-).

Ab 20 Uhr folgt ein besonderes und zugleich kommunikatives Genusserlebnis: *„Sharing Dinner“!* Jeder bekommt seinen Teller, das Menü, z.B. in fünf Runden, wird dann einzeln in Schälchen serviert (p.P. 64,-). Zum Teilen, Naschen und Tauschen. „Dann ist der Tisch einfach voll mit einem kreativen Durcheinander aus leckeren Köstlichkeiten“, erklärt Gastgeberin Maren Stooß. Ein erfrischend anderes und lässiges Konzept, das Lust macht, Essen neu für sich zu entdecken!

Wem nach dem Essen nach Bewegung ist, der kann sich eine Etage tiefer beim Tischkickern austoben – oder mit einem Gin-Tonic in Lounge-Möbel sinken und eine spritzige Collage aus 25 Jahren Osteria bewundern. Klingt nach „ankommen, bleiben und immer wiederkommen“? „Das ist das Ziel“, sagt Maren Stooß und lächelt. Sylt à la carte meint „Hold on I´m coming!“

94KAMPEN SOUND & KITCHEN, Alte Dorfstraße 2, 25999 Kampen, Tel.: 0 46 51 / 299 83 75, Abendkarte ab 17 Uhr P VISA ec
www.facebook.com/94Kampen

94 sound & kitchen KAMPEN

Sylter Frühling
Early Kitchen 17:00-20:00

Vorspeise

Kürbis – Kartoffelrösti Räucherlachs Rucola Limettenschmand 14

Asiatischer Rotkohlsalat Mango Kresse Gegrillte Hühnerbrust 15

Heilbutt geräuchert Quinoa Erbsen pochiertes Ei 17

Hauptgang

Zanderfilet gebraten Spargelgemüse Grapefruit Kräuterrahm 25

Gelber Linsensalat Koriander Chili Jakobsmuschel 27

Omas Roulade Orangenrotkohl Kartoffel-Röstzwiebelstampf 24

Dessert

Oreo-Joghurt Beeren 8

Sorbet Sylter Eismanufaktur 1 Kugel 4,5

Hanami
Early Kitchen 17:00-20:00

Vorspeise

Edamame 11

Variation Nigiri
Lachs Thunfisch Hamachi Unagi 14

Variation Taruto Tatar 16
Lachs Mango Crunch
Thunfisch Avocado Cajun-Walnuss Chili-Mayonaise
Thunfisch Schnittlauch Gurke grüner Tee Limette
Gambas Karotte Gurke Teriyakicreme

Sashimi
Lachs 13 Thunfisch 15 Hamachi 14

Maki Mix
16
Lachs Thunfisch Hamachi Unagi
Gurke Mango Honigmelone Avocado

94 sound & kitchen KAMPEN

Hanami
Early Kitchen 17:00-20:00

Hauptspeise

Tuna Tatar Chili Koriander Zimt Avocado Cajun Walnuss Chili 24

Lachstatar Mango Crunch Teriyakicreme

Sashimi vom gebeizten Lachs Wildkräuter Fruchthäubchen 24

California Style per roll 16
Hot Tuna Avocado Schnittlauch Hot Sesam
Fruity Salmon Mango Avocado Crunch Teriyakicreme
Green Hamachi Gurke Schnittlauch grüner Tee

Ab 20:00

Sharing Dinner in 5 Runden p.P. 64

Omakase p.P 84

Weinempfehlung

Weingut Becker Pfalz 2016
Grauburgunder „Kalkmergel" 0,75 49

Marcus Hees Nahe 2016
„Auener" Riesling 0,2l 13,5 0,75 46

Domaine Josmeyer Elsaß 2014
„Fromenteau" 100% Pinot Gris 49

VOGELKOJE
KAMPEN SYLT

Speiseoase mit Landhaus-Charme

Traditionelles Ausflugsziel auf der Route von Kampen nach List, Reetdachrestaurant und Café, moderner Landhaus-Stilmix, aparte Dekoelemente. Romantischer Strandkorb-Garten, Kinderspielplatz. Gutbürgerliche Frischeküche. Viele Stammgäste. Diverse Frühstücksvarianten (ab 10 Uhr), ofenfrische Kuchen. Tageskarte von 12 bis 17 Uhr (z.B. Königsberger Klopse 14,40, Reibekuchen ab 9,50). Abendkarte ab 18 Uhr, viele Klassiker (Halbe Vogelkojen-Ente mit Rotkohl, Kartoffelkloß, Preiselbeer-Birne 27,-), Fische im Ganzen je nach Tagesverfügbarkeit, Skreifilet 29,50. Sechs Sylter Austern 21,-. Originelle Desserts (Schoko-Brownie mit Zwergorangen, hausgemachtem Eis, Sylter Milchschaum 14,-). KöPi 0,25/3,80, Wein 0,15/7,- (Kamptal 2015 Grüner Veltliner), ausgezeichnete Weinkarte – ca. 400 Positionen! Hauseigene Vinothek, Spitzenlagen, extra Champagnerkarte.

Vielen Sylter Gästen ist der Besuch der *Vogelkoje* ein lieb gewordenes, festes Ritual. Das reetgedeckte Schmuckstück und sein verträumter Kaffeegarten liegen etwas versteckt zwischen Kiefernwäldchen und der historischen Entenfangstätte. Die Vogelkoje hat ihren ganz eigenen Charme.

Erfreulicherweise hat Geschäftsführer *Gerhard Diehm* den kulinarischen Kompass auf „ganztags" gestellt und beglückt seine Gäste in der Saison von 10 bis 14 Uhr mit herrlichen Frühstücksversionen. Vom kleinen Süßen (12,-) über das große Kojenfrühstück mit allem Drum und Dran (29,-) bis zum Sylter (16,50) und dem Champagnerfrühstück (mit Austern 245,-).

Vogelkojen-Einkehrer lassen sich ab 12 Uhr gleich mehrfach beflügeln: Die Tageskarte öffnet ihre Seiten (Kojen-Burger 200 g, US-Beef, 19,50, Sylter Fischeintopf mit Knoblauchbrot 17,-, frisch gebackene Waffeln ab 4,50), die duftenden Kuchen vom Blech (3,80) kommen just aus dem Ofen und die Kinder sind happy auf ihrem Spielplatz, den sie nur für den „Räuber Hotzenplotz" (kleines Kalbsschnitzel mit Pommes Frites und Gemüse 9,50) oder „Nemo" (panierte Fischfilets mit Püree und Gemüse 8,-) verlassen.

Ob drinnen in den stylischen Gasträumen oder draußen im blühenden Garten: Entspannung, Familienfreundlichkeit und Genuss sind die gleichbleibenden Wohlfühlkomponenten der Vogelkoje. Am Abend (ab 18 Uhr) glänzen die Tische im Kerzenlicht. Man hat eine ansehnliche Auswahl mit marktaktuellen Ergänzungen auf der Extratafel, zieht regionale Fleischgerichte (Filet vom Husumer Ochsen 39,50) ebenso ins kulinarische Kalkül wie eine Bouillabaisse „Riche" (18,50 als Vorspeise, 34,- im Hauptgang), das Filet vom Ijsselmeer-Zander (mit Rahmlinsen, Rotweinschalotten und Klintumer Kartoffeln 33,50) oder das Perlgraupen-Risotto mit Waldpilzen und Büffel-Parmesan (27,-). Für den ganzheitlichen Genuss lasse man sich ein individuelles Menü in drei oder vier Gängen vorschlagen, das mit den passgenauen Trinkempfehlungen aus dem großen Weinkabinett noch lange nachklingen wird.

VOGELKOJE, Lister Straße 100, 25999 Kampen, Tel.: 0 46 51 / 95250, ganzjährig geöffnet, in der Saison täglich von 10-14 Uhr Frühstück, im Winter nur am Wochenende, Tageskarte von 12-17 Uhr, Abendkarte ab 18 Uhr. Feste und Familienfeiern
www.vogelkoje.de, info@vogelkoje.de

VOGELKOJE
KAMPEN SYLT

ZUM EINSTAND

6 SYLTER ROYAL AUSTERN AUF GESTOSSENEM EIS
Chesterbrot / Zitrone / Schalottenvinaigrette
- 21,00 € -

KNACKIGER WILDKRÄUTERSALAT
Balsamicodressing / gebackener Spargel /
karamellisierte Nüsse / Croûtons
- 14,00 € -

MARINIERTER UND GEBACKENER ZIEGENFRISCHKÄSE
Tomatenmarmelade / Rucola / Rosmarinhonig
- 14,50 € -

DREIERLEI FISCH-CARPACCIO
Cipriani-Sauce / Spargel / Yuzo
- 19,00 € -

Vitello tonnato
Tatar / Alici / Rucola / Parmesan
- 18,00 € -

UNSERE HAUPTSPEISEN

SUPPEN

SCHAUMSÜPPCHEN VOM BÄRLAUCH
Jakobsmuschel
- 13,50 € -

CONSOMMÉ VON KOJEN-ENTE
Cannelloni / Gemüse
- 12,50 € -

BOUILLABAISSE "RICHE" Á LA VOGELKOJE
unsere Version des Klassikers
Vorspeise – 18,50 €
Hauptgericht – 34,00 €

VEGETARISCH

SPINAT-FRIESENKÄSEKNÖDEL
Spargelragout / Bärlauch
- 27,00 € -

RISOTTO MIT FRISCHEN MORCHELN
wilder Brokkoli / Trüffelschaum
- 32,50 € -

IN DER HAUPTSACHE FISCH

FILET VOM KABELJAU
Bärlauch-Risotto / wilder Brokkoli /
Beurre blanc
- 31,50 € -

KÜSTEN-WOLFSBARSCH & RIESENGARNELE
Macadamia-Blattspinat / marinierte Süßkartoffeln /
Curryschaum
- 38,50 € -

SEEZUNGE "MÜLLERIN ART"
mit Aromaten gebraten
zerlassene Butter / kleine Kartoffeln / Gurkensalat
- 52,00 € -

IN DER HAUPTSACHE FLEISCH

1/2 VOGELKOJENENTE "KLASSISCH"
Kirschrotkohl / Kartoffelkloß / Preiselbeer-Birne
- 27,00 € -

ZWEIERLEI VOM DEICHLAMM
"Rosagebraten & Geschmortes" / Artischocken /
Bohnen / Balsamicojus / Knoblauch-Kartoffeln
- 38,00 € -

FILET VOM WAGYU-RIND
Frühlingsgemüse / Sauce Béarnaise / Kojenpommes
- 49,50 € -

SÜSSE DESSERTS

GESCHMELLZTER MARILLENKNÖDEL
Pflaumenkompott / Vanilleeis
- 12,00 € -

CRÉME BRÛLÉE
Waldbeeren / Sanddorneis
- 12,00 € -

FONTAINE ROUGE VON DER ERDBEERE
mit Yuzo-Sorbet / im Glas serviert
- 12,00 € -

AUSWAHL VOM BACKENHOLZER HOFKÄSE
Oliven / Feigensenf
klein - 12,50 €

Die Ostdörfer

ländliches Sylt

Insel Sylt Tourismus-Service,
Informationen über Keitum,
Archsum, Morsum,
Munkmarsch und Tinnum unter:
Tel.: 04651/9980
Fax: 04651/998-6000
E-Mail: urlaub@insel-sylt.de
Internet: www.insel-sylt.de

Tinnum, Keitum, Munkmarsch, Archsum und Morsum bilden die Sylter Ostdörfer, um die herum sich zwischen Deich und Watt weithin Wiesen und Felder erstrecken.

TINNUM liegt gleich in der Nachbarschaft zur Inselmetropole Westerland, aber hier geht alles etwas ruhiger zu. Zum Beispiel beim gemütlichen Spaziergang oder einer Radtour durch die Wiesen, die sich bis hin zum Vogelschutzgebiet Rantum-Becken erstrecken. Einen Ausflug wert sind unter anderem der schöne Tierpark mit seinen 300 einheimischen und fremdländischen Bewohnern sowie der Wallring „Tinnumburg“, ein Relikt aus vorchristlicher Zeit.

KEITUM besticht durch seine vielen alten Friesenhäuser, denen die traditionellen Reetdächer ihr apartes Gesicht verleihen. Im Dorf finden sich unter anderem die Manufakturen der Kunsthandwerker, zu einem Besuch laden zudem gleich drei Museen ein: Im Altfriesischen Haus wurde die Wohnkultur des 18. Jahrhunderts originalgetreu rekonstruiert. Im Sylter Heimatmuseum macht die Vielfalt der Exponate von nautischen Instrumenten bis hin zu Sylter Trachten den Reiz der umfangreichen Sammlung aus. Dritter im Bunde ist das kleine Feuerwehrmuseum, in dem alte Uniformen, Helme, Fotos und Ausrüstungsgegenstände ein Jahrhundert Feuerwehrgeschichte dokumentieren. Wahrzeichen des Friesendorfes ist die im 12. Jahrhundert erbaute Kirche St. Severin. Hörens- und sehenswert: sonntägliche Gottesdienste und die Mittwochskonzerte *(siehe Veranstaltungskalender)*. Tipp: Während der Saison können Sie Keitum trefflich bei einer Dorfführung oder einer Kutschfahrt erkunden.

MUNKMARSCH – ganz nah am Wasser gebaut. Einst das Tor zur Insel, als es den Hindenburgdamm noch nicht gab und die Sommerfrischler per Schiff anreisten, ist der Hafen heute ein beliebter Anlegepunkt für Freizeitskipper. Munkmarsch ist zudem ein idealer Ausgangspunkt für entspannte Spaziergänge am Wattenmeer entlang in Richtung Keitum oder Kampen.

ARCHSUM ist der ideale Urlaubsort für alle, die die Ruhe suchen. Für Wanderer und Fahrradfahrer bieten sich ideale Bedingungen in den Wiesen bis hin zum Nösse-Deich. Naturfreunde finden am Rand des Wattenmeers eine besondere Biotopform vor: Die Salzwiesen, die den Übergang zwischen Meer und festem Land bilden.

MORSUM, das ist ländliche Idylle, in der Sylter Traditionen wie das Ringreiten und auch die Sylter Sprache, das „Söl'ring“, noch lebendig sind. Sehenswert ist das Morsum-Kliff – in seinem geologischen Aufbau einmalig in ganz Europa. Diese imposante geologische Formation fächert acht Millionen Jahre Erdgeschichte in drei Schichten nebeneinander auf. In der Heidelandschaft, die sich dem Kliff anschließt, wächst eine Reihe äußerst seltener Pflanzen, darunter sogar – Urlauber aus Bayern werden's kaum für möglich halten – der aus den Alpen bekannte Lungenenzian. „Beste Qualität direkt vom Land“, das versprechen Morsums Bauernhöfe, die ihre Fleisch- und Agrarprodukte direkt ab Hof verkaufen.

Nomen est omen: In unkomplizierter Atmosphäre dürfen sich die Gäste des Bistrorants im Muasem Hüs ganz *„Wie Zuhause"* fühlen. Ebenso unkompliziert sind die Gastgeber *Anke* und *Sven Kießling*, die viele Sylter wie auch Gäste im Bistro und dem angrenzenden Foyer sowie im Sommer im gemütlichen Biergarten bewirten. Leckere Gerichte ohne Schnörkel und zu einem ansprechenden Preis machen Appetit: Das Angebot reicht dabei von delikaten Vorspeisen (ab 4,50) wie gebratene Muscheln oder Carpaccio vom Kohlrabi über herzhafte Suppen (ab 4,50) wie „Lenas Meerrettich-Suppe mit Lachsspieß" und die „Soljanka à la Tomek" bis hin zu süßen Nachspeisen (ab 5,50) wie der Roten Grütze mit Vanilleeis und Sahne. In der Saison werden zudem zwischen 14 und 17 Uhr hausgebackene Kuchen serviert. *Küchenchef Tomek* zaubert derweil Fleisch- und Fischgerichte (ab 9,-), die aromatische Gaumenfreuden versprechen: Wie wäre es mit Pannfisch, einer Kutterscholle oder einem kross gebratenen Zanderfilet? Aber auch das Sauerfleisch, das Labskaus oder das Pfeffersteak in Cognac-Rahmsauce sind allemal eine Versuchung wert. Natürlich finden sich auf der Karte auch vegetarische Gerichte wie Kohlrabi-Schnitzel oder vegetarische Nudeln mit Schafskäse, Spinat und Tomaten. Dazu überrascht die Speisenkarte mit wechselnden saisonalen Spezialitäten, zum Teil direkt von der Insel, und mit Aktionen wie Burger- und Schnitzeltagen.

25980 Sylt / OT Morsum, im Muasem Hüs,
Tel.: 0 46 51 / 8351583, tgl. außer dienstags von 12 bis 22 Uhr geöffnet, außerhalb der Saison 17 bis 21 Uhr
www.wiezuhause-morsum.de

In Keitum gehört ein Besuch der schnuckeligen *Kleinen Teestube* schon zum abwechslungsreichen Dorfbummel dazu. Unter dem Reetdach ist es heimelig und liebevoll dekoriert. Draußen verkriecht man sich gerne in windgeschützte Ecken oder unter einen Sonnenschirm.

Ab 11 Uhr ist „lecker Brotzeit" mit Tomaten, Schinken oder Krabben angesagt. Mittags bietet sich hier eine heiße Ofenkartoffel mit Sour Cream und Krabben an.

Der Kuchen ist selbstverständlich hausgemacht (4,20). Renner sind die Friesentorte und frisch gebackene Waffeln mit Brombeeren und Sauerrahm (6,-), Blaubeerpfannkuchen (8,90) und Milchreis (6,90). Dass in der Kleinen Teestube ein großes Teesortiment für die friesische Teestunde bereitgehalten wird, versteht sich von selbst. 80 verschiedene Teesorten stehen zur Auswahl, vom Friesentee über Rooibos, Früchtetees (5,20) bis hin zu chinesischen Raritäten. Wir lasen bei tripadvisor von einem Paar aus Hannover: „Eine perfekte Auswahl an Tee und selbstgebackenem Kuchen. Der Mohnkuchen ein Traum." – Na, also!

25980 Sylt / OT Keitum, Westerhörn 2/Ecke Gurtstig,
Tel.: 0 46 51 / 31862, Fax: 30396, ganzjährig geöffnet 11 bis 18 Uhr. Außerhalb der Saisonzeiten ist donnerstags Ruhetag. www.kleineteestube-sylt.de,
info@kleineteestube-sylt.de,

Diese Café-Oase ist ein beliebtes Ziel, das etwas versteckt, aber gut ausgeschildert im ländlichen Teil von Tinnum an Wiesen und Feldern zu finden ist.
Birgit Klein, die Initiatorin dieses Hofcafés geht mit ihrem Team nun schon in die 8. Saison. Inzwischen hat sich ihr *Klein'er Kuhstall* fest etabliert.
Der Konditor backt jeden Tag und abwechslungsreich, z.B. Kuchen vom Blech (St. 3,90): Kirschstreusel, Apfel, Rhabarber, Käse-Himbeer und Käse-Blaubeer. Apfel-Pflaume ist der Renner. Die Torten (St. 4,20): Rote Grütze, Eierlikör, Mandarine-Quark – immer wieder! Reelle Stücke, wie in einem Hofcafé so üblich. Wenn „Oma Toni´s Mohntorte" auf der Schiefertafel steht – zugreifen!
Es gibt auch Deftiges: Mit Kräutern selbst eingelegter Schafskäse (15,50) und die „Kuhstall-Mistplatte", die überhaupt kein Mist ist, denn auf ihr befinden sich u.a. Parma-Schinken, Mailänder Salami und Backenholzer Deichkäse (20,50). Prima sitzt man unter Deckenbalken oder draußen auf der Terrasse im Bauerngarten.
Zwar werden hier 20 verschiedene Teesorten aufgebrüht, aber auch an die Weine, z.B. den Weißburgunder von Andreas Bender (0,2/7,20), kann man sich gewöhnen – genauso an diesen gastfreundlichen Kuhstall. Ein Tipp, der schon lange kein geheimer mehr ist...

25980 Sylt / OT Tinnum, Südhörn 7c, Tel.: 0 46 51 / 8353005, ganzjährig geöffnet von 13.15 Uhr bis 18.15 Uhr, in der Saison schon ab 12.15 Uhr (April - Okt.), donnerstags Ruhetag www.kleinerkuhstall.de,

Die „Gute Stube" von Archsum. Mit gutbürgerlichen, bodenständigen Speisen. Für den Wohlgeschmack sorgt *Holger Autzen* mit seinem bewährten Team. Schon die Vorspeisen machen neugierig: Matjestatar, eingelegter Schafskäse und auch die Suppen, allen voran die Kartoffelsuppe mit Speckstippe und Nordseekrabben. Die Salate sind üppig und mit gebratenen Scampi oder Lammfilet vollwertig wie ein Hauptgericht. Die Bratkartoffeln sind so kross, wie es sich gehört und sie begleiten viele Gerichte: Matjes, Brathering, Sauerfleisch, die Steaks und das Wiener Schnitzel vom Kalb. Fisch ist hier immer gut, sei es Scholle, Angeldorsch oder Lachsfilet. Pannfisch mit einer pikanten Senfsauce ist ein Renner – nicht zu vergessen der Sylter Edelfischteller. Wenn „Birnen, Bohnen und Speck"-Zeit ist, unbedingt „zuschlagen". Dieses populäre Gericht wird hier zubereitet wie früher in der „Fränkischen Weinstube." Etwas für Kenner! Die können es in der „Alten Schule". Die Kinderfreundlichkeit ist hervorzuheben.
Erwähnenswert wäre auch der angeschlossene Saal, in dem bis zu 70 Personen feiern können und die Terrasse, schön möbliert und von der Sonne verwöhnt – wenn sie denn scheint...

25980 Sylt / OT Archsum, Dorfstraße 6, Tel.: 0 46 51 / 891508, ganzjährig geöffnet 18-22 Uhr. Mittwochs Ruhetag. Preiswerter Mittagstisch ab ca. Mitte Mai bis Ende September 12-14 Uhr. www.alteschule-sylt.de

P EC

Ein kreatives Doppel – zwei Sterneköche in einer Küche

Sternekoch, Gastgeber und Fernsehkoch Holger Bodendorf zeigt Leidenschaft für kreative, genussvolle Kulinarik in einem Restaurant, das seinen Namen trägt. Im 5 Sterne-Superior-Hotel LANDHAUS STRICKER (Relais & Châteaux). Im gleichen Haus: das modern gestylte Restaurant SIEBZEHN84 (siehe auf den folgenden Seiten). Das Gourmetrestaurant BODENDORF´S glänzt seit 16 Jahren mit einem Michelin Stern und 18 Punkten vom „Gault Millau". Mit Philip Rümmele steht ein zweiter Sternekoch gleichberechtigt an Bodendorfs Seite. 5-Gang-Menü im BODENDORF´S: 159,-, 7-Gang-Menü 189,-, dazu korrespondierende Weinempfehlungen. Fulminanter Weinfundus mit kostbaren Raritäten, 950 Positionen. Wine Spectator: „One of the most outstanding wine lists in the world". Terrasse und coole MILESBAR.

An kulinarischen Auszeichnungen herrscht im Hause von *Holger Bodendorf* kein Mangel. Nur wenige Köche werden mal eben zum „Koch des Jahres" gewählt. Hinter diesen Lobpreisungen stehen die sagenhafte Kreativität von Bodendorf und ein Dreamteam – geadelt mit einem Michelin-Stern. Bodendorf ist mit seiner TV-Präsenz schon ein mediales Markenzeichen. Für ein kreatives Doppel am Herd konnte Bodendorf für seine beiden Restaurants den Sternekoch *Philip Rümmele* gewinnen. „Philip bringt frischen Wind in unser kulinarisches Programm", meint Bodendorf, „Ich freue mich über seinen Input". Auf der BODENDORF'S Speisenkarte sahen wir die verlockende Kombination von „Glaciertem Rehrücken, Sellerie in Salzteig, jungen Fichtensprossen, Rhabarber und mildem Wacholderjus". Aber sehen Sie selbst.

Im Reetdachhaus LANDHAUS STRICKER ist alles ein wenig anders und besonders – von der Atmosphäre durch dezente Farben und schönes Kerzenlicht sowie den herrlichen Köstlichkeiten aus der Küche bis zum angenehmen persönlichen Service. Anspruchsvoll in höchster Qualität und entspannt zugleich, ohne steife Etikette.

Ob ein Menü in fünf oder sieben Gängen oder in einer eigens zusammengestellten Speisenfolge ausgewählt wird – die Geschmackserlebnisse bieten pure Lebensfreude und Genuss in drei Phasen: „hinsetzen, abheben, glücklich sein." Durch die Kreativität von Bodendorf und Rümmele ist eine ständige Veränderung des Gebotenen zu erwarten. Die Speisen werden von korrespondierenden Weinen aus dem außergewöhnlichen Fundus des Gastgebers begleitet. Darum kümmert sich eloquent Sommelier *Tim Schweitzer.*

BODENDORF´S bietet eine einzige kulinarische Genussreise. Vorfreude auf die feinen Kreationen mit südfranzösischen Akzenten bekommt man schon beim ersten Blick auf die Speisenkarte des BODENDORF´S. Für den „Absacker" bietet sich die gestylte MILESBAR mit der ganzen Palette edler Getränke an. Rundumgenuss für die Sternstunden des Lebens.

EINE PRISE SYLT im Buchhandel vergriffen. Nur noch handsigniert im Hotel erhältlich.

BODENDORF'S IM LANDHAUS STRICKER, Boy-Nielsen-Str. 10, 25980 Sylt / OT Tinnum, Tel.: 0 46 51 / 88990, Fax: 88 994 99, geöffnet Dienstag bis Samstag ab 19 Uhr. Genaue Daten auf Nachfrage. Bookatable.
www.landhaus-stricker.de, info@landhaus-stricker.de

RELAIS & CHATEAUX

BODENDORF'S
Sternstunden by Holger Bodendorf

Kaninchenrücken „Kassler“
Spargel aus dem Alten Land,
Guacamolecrème, Senfbrotcrumble & grünes Wildkräutersorbet

Tristan Langouste
Exotische Bouillabaisse, Fenchel, Enoki & Yuzuhollandaise

Yellowfin Tuna
geschmorte Pimento, braune Butter, Kartoffelschaum & Brasato

Imperial Wachtel
Topinambur, Süssholz & Pèrigord Trüffel

US Prime Onglet
Urtomate, Artischocken, Tortelloni vom geschmorten Ochsenbäckchen
& Chimichurri

Rohmilchkäse von Mâitre Affineur Volker Waltmann

Valrhona Araguani Couverture
Olivenölbisquit , roter Shiso & Thaimango

sieben Gänge: 189 €
fünf Gänge: 159 €

zu unserem sieben Gang Menü bieten wir Ihnen gerne
eine korrespondierende Weinbegleitung an zu 95,00 €

Königskrabbe
Gartengurke, Passionsfrucht, Buttermilch
& Kimchi

Bretonischer Kabeljau
Spargel aus dem Alten Land,
Nashibirne, Schnippelbohne, Lardo & Holunderessig

Nagelrochen & Herzbries
Mandelcrème, grüne Olive, Passepierre & Salzzitrone

Dry aged Luma Pork
marinierter Spitzkohl, „Ofenkartoffel“ & Sauerkrautsaft

Glacierter Rehrücken
Sellerie in Salzteig, junge Fichtensprossen, Rhabarber
& milde Wacholderjus

Rohmilchkäse von Mâitre Affineur Volker Waltmann

Karamellisierte Strudelblätter
Gegrillte Ananas, Kokosnuss & Salzkaramell

sieben Gänge: 189 €
fünf Gänge: 159 €

Speisenkarten-Auszug-Frühjahr 2019 | Angebot und Preise können sich je nach Marktlage ändern

SIEBZEHN84 (HB)
Restaurant by Holger Bodendorf

Bodendorf und Rümmele – modern und bodenständig

Restaurant SIEBZEHN84 im LANDHAUS STRICKER, dem 5-Sterne-Superior-Hotel. Ein historisches Friesenhaus – anno 1784 – beherbergt eines der modernsten Restaurants der Insel. Lockere, entspannte Atmosphäre, vorzügliche bodenständige und kreative Gerichte. Das Landhaus Stricker-Verwöhnfrühstück hat Kultstatus (38,- für Außer-Haus-Gäste). Sterneköche Holger Bodendorf und Philip Rümmele bestimmen hier die Speisenkarte für das Casual Dining. Ideenreiche, anspruchsvolle Zubereitung der kräuterbetonten Küche. Weinfundus mit 950 Positionen. Im gleichen Haus Sterne-Restaurant BODENDORF´S.

Das legere Restaurant im 1784 erbauten Friesenhaus. Es gehört schon etwas Mut dazu hinter diesen historischen Mauern die Tradition mit einem „coolen" Interieur zu verschmelzen. SIEBZEHN84 heißt Tradition und Moderne; Frische und Kreativität lautet das Credo der Küche. Verhältnismäßig neu ist in der Küche des Hauses, das ja auch das Restaurant BODENDORF'S beherbergt, die kreative Zusammenarbeit der beiden Sterneköche *Holger Bodendorf* und *Philip Rümmele*. Beide geben die kulinarische Richtung vor. Die lockere Wohlfühlatmosphäre ist eine weitere Zutat, die den „Feinschmecker" veranlasste, das SIEBZEHN84 zu einem der „beliebtesten Restaurants für jeden Tag" zu wählen.

Die Mitte des Gastraumes bildet ein kommunikatives Zentrum mit extravaganten Holztischen. Die Pop-Art-Bilder von *Devin Miles* bringen zeitgenössische, dekorative Kunst ins alte Haus.

Die Speisenkarte bietet viele moderne und bodenständige Facetten, eigentlich für jeden Gaumen etwas. Das Besondere, Ausgefallene steht hier immer im Mittelpunkt. Der „Geangelte Kabeljau" wird mit glaciertem belgischen Chicoree serviert und die „Krosse Brust von der Maispoularde" wird von einem cremigen Wasabirisotto begleitet. Diese internationale Küche mit einem eigenen Kräutergarten im Hintergrund macht aus dem SIEBZEHN84 Restaurant by *Holger Bodendorf* einen kulinarischen Hot-Spot.

Jeder Gast kann hier nach seiner Fasson glücklich sein. Wer nur einen Burger möchte, der bekommt den leckersten weit und breit! Und wer *nur* Pasta essen möchte, der bekommt ein Gericht, das das „n u r" nicht verdient. Hier muss aber auch der Klassiker Erwähnung finden: *Steak & Stuff* – beste Steaks, die am Tisch tranchiert werden, dazu wahlweise diverse Gemüse, Beilagen und Saucen – ein kulinarisches Erlebnis!

Das LANDHAUS STRICKER wartet mit einem fulminanten Weinfundus auf. Hier findet man garantiert den passenden Tropfen.

Als Abschluss eine hervorragende Käseauswahl vom Affineur Waltmann und natürlich eines der köstlichen Desserts. Abgerundet wird der Besuch durch einen genussvollen Ausklang in der trendy gestalteten MILESBAR, bei schönem Wetter auf der bareigenen Terrasse.

RELAIS & CHÂTEAUX

SIEBZEHN84, Boy-Nielsen-Str. 10, 25980 Sylt / OT Tinnum, Tel.: 0 46 51 / 88990, Fax: 8899499, ganzjährig geöffnet, Frühstück 8-14 Uhr (Buffet und Speisenkarte). Restaurant täglich 17-22 Uhr, sonntags und an Feiertagen 12-14 Uhr, Bookatable, P AE EC VISA ec
www.landhaus-stricker.de, info@landhaus-stricker.de

SIEBZEHN84

Restaurant by Holger Bodendorf

Vorspeisen

Marinierter Büffelmozzarella mit bunten Tomaten, Orangen-Basilikumcrème und knusprigem Bauernbrot 17

Scheiben vom rosa gebratenem Kalbsrücken mit Sellerie- Senf Marinade, geflämmtem Frühlingslauch und Wasabirauke 18

Gebratene Jakobsmuscheln mit Spargelsalat, Kräuter- Ei- Radieschen- Vinaigrette und Wildkräutern 19

Zwischendurch

Hausgemachte Haselnussgnocchi mit Honigtomatensugo, jungem Spinat und Belper Knolle 14 / 24

Spaghetti mit Gamba, grobe Tomatensauce, Chili und Basilikum 17/ 27

Spargelrisotto mit gebratenem Saiblingsfilet und Bärlauchschaum 16 / 26

Fisch

Zander auf der Haut gebraten mit geschmortem Römersalat Olivenpüree und Chorizoschaum 21/ 28

Geangelter Kabeljau auf glaciertem belgischen Chicoree, mit knusprigen Kartoffelwürfeln und Passionsfrucht Beurre blanc 23/30

Nordsee- Steinbutt mit Schalottenkruste, Blumenkohl Thymiankrapfen und gebratenen Shi-Takepilzen 32/ 42

Fleisch

Krosse Brust von der Maispoularde crèmigem Wasabirisotto, sautierter Mini Pak Choi, Sesam und rotem Curryschaum 26

Gebratene Kalbsleber mit Ragout von grünem Spargel und Bohnenkernen, Dörrfrüchtechutney und Himbeeressigjus 29

Sylter Deichlammrücken auf cremiger Maispolenta, wildem Broccoli und Kapern-Limettenbutter 35

Käse und Dessert

Quark-Limonenschaum mit Rhabarber-Erdbeerkompott und Butterstreuseln 10

Pfirsich-Maracuja Frappée mit Joghurt, Limettensorbet und knusprigen Bisquitwürfeln 11

Mousse von weisser Schokolade und Rosenwasser mit Litschisorbet und marinierten Himbeeren 13

Erdbeerknödel mit Schokoladenbröseln Pistazieneis und Vanilleschaum 14

Geschmolzener Brie auf einer gebratenen Graubrotschnitte, mit roter Zwiebelmarmelade und Trüffelvinaigrette 15

Stellen Sie sich doch einfach Ihr eigenes Menü aus den oben aufgeführten Gerichten zusammen – auch vegetarisch...

4-Gänge, inkl. Dessert: 74
5-Gänge, inkl. Dessert: 88

Suppen

Spargelcrèmesuppe mit hausgebeiztem Purplecurry Lachs und Crôutons 12

Tomatenessenz mit Frischkäse-Kräuternocken und Basilikumöl 12

Aufgeschlagene Hummersuppe mit gebackener Krustentierpraline und Kräuteröl 13

Steaks & Stuff

Rumpsteak 200g 34
Milchkalbsrückensteak 200g 35
Rinderfilet 200g 39

Tranche ab 2 Personen, am Tisch tranchiert pro Person
Roastbeef je 200 g 34
Milchkalbsrücken je 200 g 35
Rinderfilet je 200 g 39

Gemüse:
glacierte Ingwerkarotten, Pfefferbohnen, Spitzkohl Coleslaw, gemischte Pilze

Beilagen:
Steakhouse Pommes, Kartoffelpüree, Süßkartoffel Pommes

Saucen:
Café de Paris Butter, Barbecue Sauce, Rotweinjus, Sauce Bèrnaise

Wir servieren zu den Steaks jeweils ein Gemüse, eine Beilage und eine Sauce

Jede weitere Beilage berechnen wir mit 4,50

Klassiker

Kopfsalat mit Pulled Duck, Radieschen, marinierten Mandeln, Frühlingslauch und Joghurtdressing 12
mit glacierter Kalbsleber 15
mit Gambas (3 Stk.) 18

Caesar Salat mit Friesenei, Sardelle, Parmesan und Croûtons 12
mit Hähnchenbrust 17
mit Gambas (3 Stk.) 18

Hausgemachte Frischkäseravioli mit Ingwer Tomaten Chutney, Steinchampignons und Parmesanschaum 15/ 25

Gebratene Rinderfiletwürfel mit Wokgemüse, Sprossen, Wurzelgemüse und Teriyakimarinade 21/ 29

„LANDHAUS STRICKER BURGER"
Black Angus Beef mit Gruyère, karamellisierte Zwiebeln, Barbecue-Sauce, Bone Sucking Mustard, Süßkartoffel Pommes 24

Krosse Bauernentenbrust mit Rahmkohlrabi, marinierten Zwetschgen, Kartoffelkrapfen und milder Pfeffersauce 25

Speisenkarten-Auszug-Frühjahr 2019
Angebot und Preise können sich je nach Marktlage ändern

BROT & BIER
anno 2016

Sylter Spezialitäten aus der Lister Genussmacherei

Die edle Stullenschmiede

Ein Restaurantkonzept im Trend. Interieur mit viel Holz, Leder, Glas, Erdtönen und modernen Design-Elementen. Diverse Sorten frisch gebackenes Brot aus der Fährhaus Backstube, hausgemachte Toppings oder Produkte von exzellenten Gourmet-Partnern. Kristallbrot mit Dips (6,-), Veggiebrot mit Avocadocreme und pochiertem Ei (13,-), Nordseekrabbenbrot mit Limonenschmand, zweierlei vom Ei und Kartoffelspeck-Dip (26,-). Insgesamt ein Dutzend belegte Brote de luxe. Selbst gebrautes „WATT"-Bier aus der Lister „Genussmacherei" (0,3 ab 4,50), diverse andere Bierspezialitäten, eigens kreierte Drinks oder WATTwasser von der Bar. Shop mit WATT-Bier, Sylter Meersalz und anderen ausgesuchten Premium-Produkten zum Mitnehmen.

Schon nach kurzer Zeit ist das simpel klingende Brot & Bier-Konzept äußerst erfolgreich am „Gourmet-Kreisel" in Keitum etabliert. Ein Schelm, wer bei BROT & BIER an profane Mettbrote mit Zwiebelbergen oder Rührei-Hügel auf weißen Teiglingen denkt. *Sven Pietschmann*, etablierter Küchenkünstler, von Anfang an federführend am Genussprojekt Brot & Bier beteiligt, hat den Laden mit seiner versierten Crew fest im Griff.

In der Fährhaus Bäckerei werden täglich mehrere Sorten Brot gebacken, das Fundament für Brot & Bier muss schließlich passen. Die Basis vom „Lachsbrot" zum Beispiel ist ein wunderbar knuspriges Weißbrot, darauf türmen sich Tranchen vom geräucherten Vidal-Lachs aus der Sylter Meersalzbeize sowie Klebereis, Wakame-Algensalat, Soja-Mayo sowie Wasabi-Caviar und Nüsse (22,-).

Für Freunde von raffinierter Hausmannskost empfiehlt sich der „Stramme Max" mit Matjes, Coppa-Schinken, Avocadocreme, pochiertem Ei, Feldsalat und Chili-Honigmayo (18,-). Letztere Komposition wiegt satte 350 Gramm (jedes Brot mit Gewichtsangabe!), macht garantiert satt und glücklich. Die obere Gewichtsklasse wird vom 540 Gramm schweren SÖL-Burger angeführt: Dry Aged Fleisch vom US-Beef, Clubmayo, Cheddar-Pastrami-Streifen, Schmorzwiebeln und Coleslaw-Salat.

Auch süße Zähne kommen auf ihre Kosten: Der „Arme Ritter" aus karamellisiertem Hefezopf, eingelegtem Apfel, Schmandcreme und Quark-Salzkaramelleis (9,-) wirkt so gar nicht ärmlich. Und bis 17 Uhr gibt es Bienenstich-Waffeln mit Vanillecreme, Mandeln und Karamell (10,-).

Die Getränkeauswahl lässt keine Wünsche offen: sie glänzt mit WATT-Bier, das in der Lister Manufaktur gebraut wird und mit den eigens kreierten Drinks von der Bar, wie dem wunderbaren „Big Buck" mit Brokers Gin, Orangenlikör, Ingwerlimonade und Zitrone (12,50), aber auch mit tollen alkoholfreien Varianten, wie dem „Algenwasser" mit Bitter Lemon, Mandeln und Zitrone (8,50). Sollte man einmal etwas länger auf sein Brot warten, nicht verzagen – Qualität braucht eben ihre Zeit, die Geduld lohnt sich!

BROT + BIER, Gurtstig 1, 25980 Sylt / OT Keitum, Tel.: 0 46 51 / 9363743, geöffnet Dienstag bis Samstag 13 bis 21 Uhr, Stullenzeit/Küche von 13 bis 19.30 Uhr P VISA EC
www.brot-und-bier.de, kontakt@brot-und-bier.de

Brotkarte | Breadcard

- Eine raffinierte kulinarische Kreation -

Krabbenbrot — 26,00
Stullengewicht: 340g
Friesenbrot | Limonenschmand | Nordseekrabben zweierlei vom Ei | Cocktailsauce

Lachsbrot — 22,00
Stullengewicht: 270g
Focacciabrot | Vidal-Lachs | Klebereis | Sojamayo
Wakame-Algensalat | Wasabi Nüsse
Wasabi Cavier

Fischbrot — 15,00
Stullengewicht: 340g
Bierbrot | Brathering | Feldsalat | Remouladensauce
Knusperkartoffel | eingelegte rote Zwiebeln

Käsebrot — 14,00
Stullengewicht: 200g
Malzbrot | warmer Taleggio | Preiselbeeren
ofengeröstete Kartoffeln in Kümmelbutter

Vegibrot — 12,00
Stullengewicht: 255g
Landbrot | Avocadocreme | pochiertes Ei
Feldsalat | Chili-Honigmayo

Roastbeef - Stulle — 19,00
Stullengewicht: 350g
Landbrot | Roastbeef | Feldsalat | Senfmayo | eingelegte rote Zwiebeln | kleine Ofenkartoffeln | Gartenkresse

Strammer Max — 16,00
Stullengewicht: 350g
Landbrot | Matjes | Coppa-Schinken | Avocadocreme
pochiertes Ei | Feldsalat | Chili-Honigmayo

Caviar - Stulle — 50g - 85,00; 100g - 160,00
(Auf Anfrage)
Geröstetes Focaccia | Coppa-Schinken | Caviar | Eigelb
Schmand | Erbsenkresse

Haben Sie Fragen zu Allergenen, dann sprechen Sie uns bitte darauf an!

SÖL-Burger 2.0 — 24,00
Kartoffelbrötchen | Dry Aged vom Chianina Rind | Clubmayo
Cheddar | eingelegtes Grillgemüse | Romana-Tomate

SÖL-Fritten-Burger — 28,00
Kartoffelbrötchen | Dry Aged vom Chianina Rind | Clubmayo
Cheddar | eingelegtes Grillgemüse
Romana-Tomate | Knusper Fritten

Frikadellen — 20,00
Bauernbrot mit Kräuterbutter geröstet | Frikadellen
Kartoffelsalat (Essig & Öl) | Sylter Koggensenf (Brot & Bier Edition)
Kleine Gewürzgurken

Hot Dog — 13,00
Laugenbrot | Käsekrainer | Pimentosauerkraut | Senfmayo
Ketchup | Zwiebel-Brezel-Knusper |
+ Knusper Fritten & Aioli 18,00

Salat | Salad

- Gesundes trifft auf BROT -

Gemischter Blattsalat Brotsticks | Romana-Tomate | Gurke | Radi | Nuss-Crunch 11,00
mit Garnelen 20,00 mit Roastbeef | **kalt** 22,00

Suppe | Soup

- Das Brot ist die Suppe -

Darf es WATT anderes als „das Brot“ sein?

- Extravagante Toppings und raffinierte Beilagenkreationen -

Speisenkarten-Auszug-Frühjahr 2019 | Angebot und Preise können sich je nach Marktlage ändern

All you can (M)eat

Im Fokus: hochwertiges Fleisch! Von Bison über Irish Dry Aged bis zum Wagyu. Zubereitung im speziellen 800 °C Steakgrill-Ofen. Mittagskarte ab 12 Uhr. Stylishes Ambiente mit Glaskamin. Großzügiger Barbereich und Terrasse. Tagesgerichte ab 13,50 (Caesar Salad „Butcherei“). Wein-Happenings mit Winzern. Weine werden aus der Dekantier-Karaffe ausgeschenkt. Chardonnay „Hacienda“ 8,50, Malbec „Beefsteak Club“ 7,90. KöPi 0,25/3,30. Weine außer Haus: Kartenpreis minus 20 Prozent.

Was für eine wunderbare Bastion für Fleischliebhaber: die *Butcherei* im Herzen Keitums. Gepfiffen wird hier auf Vegetarisches – Gastgeber *Oliver Behrens* und sein Team bringen hochwertige Fleischspezialitäten aus aller Welt an die Tische. Auch das „Drumherum“ passt: Das Auge wird mit einem angenehmen Farbkonzept mit erdigen Braun- und Goldtönen verwöhnt. Der puristische Glaskamin ist von schnörkelloser Eleganz und verleiht dem Gastraum Wärme.

Weil die Entscheidung für Fleischsorte und Cut hier gar nicht so einfach ist, hilft das kompetente Serviceteam natürlich gerne weiter. Aus dem Mutterland der Steaks etwa lockt ein US-Beef von den berühmten Longhorn- und Hereford-Rindern. Das Skirt Steak (300 Gr./33,-) aus dem inneren Rippenbogen ist schön saftig. Das Flanksteak wiederum ist ein geschmacksintensives Stück aus der Flanke und ein Klassiker unter Steak-Liebhabern (200 Gr./26,-).

Der spezielle, 800 °C heiße Steakgrillofen sorgt dafür, dass das Fleisch innen saftig und außen schön knusprig kredenzt wird. Serviert wird das Fleisch mit Kräuterbutter und einer Beilage nach Wahl. Alles Weitere bestellt man sich dazu z.B. so ein gebratener Maiskolben – das wäre doch fein (5,50). Exotischer sind die Süßkartoffeln aus dem Ofen mit Chili-Orangenquark (5,50). Verschiedene Saucen gibt's natürlich ebenfalls, z.B. das würzige Chimichurri (3,50).

Man sollte dem Gaumen aber erlauben, sich erst mal den Eigengeschmack des Fleisches zu erschließen. Vor allem beim Bison. Die Rasse ernährt sich u.a. von 180 verschiedenen Kräutern, was dem Fleisch einen besonders frischen und würzigen Geschmack verleiht (Tenderloin 200 Gr./58,-).

Für flüssigen Gaumenkitzel sorgt ein guter Tropfen aus der mit Sachverstand zusammengestellten Weinkarte. Etwa der 2017er Kumarod aus dem Burgenland von Johann (Hans) „The Butcher“ (0,75/39,-).

Alle lieben Fleisch, nur Sie nicht? Kein Problem! Es gibt ja noch Alternativen, z.B. das Filet vom Kabeljau mit Dijonsenfsauce (26,50). Oder Sie gönnen sich 1/2 Dutzend Sylter Austern, überbacken mit Spinat und Sauce Bernaise (26,50). Und dann wäre da noch dieses himmlische Dessert: ein Exotic Cheesecake mit Mango und Passionsfrucht (12,-). Schmeckt auch bekennenden Fleischliebhabern… In der Butcherei keinen Platz bekommen? Dann sind Sie im *Amici* direkt gegenüber herzlich willkommen!

Ahoi, ihr Landratten! Seit letztem Jahr betreibt Familie Behrens auch den Strandkiosk *Onkel Johnny's Strandwirtschaft* in Wenningstedt am Standort des ehemaligen Wonnemeyers.

BUTCHEREI, C.-P.-Hansen-Allee 2, 25980 Sylt / OT Keitum, Tel.: 0 46 51 / 8864300, Fax: 8864302, geöffnet von 12-22 Uhr (warme Küche), Bar open-end. Amici: geöffnet 12-22 Uhr (warme Küche), sonntags Ruhetag
www.butchereisylt.de, butcherei@icloud.com

Meat

BUTCHEREI
GRILL & BAR

Sämtliche Fleischgerichte servieren wir mit einem Side nach Wahl und Kräuterbutter

US Beef

Westlich des Mississippi-Rivers befindet sich der US-Bundesstaat Iowa, wo noch nach guter alter „Western-Tradition" die typischen Longhorn- und Hereford-Rinder gezüchtet werden, deren herausragende Fleischqualitäten auf der ganzen Welt einen legendären Ruf genießen.

Diese Rinder wachsen auf Maisfarmen auf. Das Fleisch stammt ausschließlich von Tieren, die spätestens nach 30 Monaten geschlachtet werden, wodurch dieses Fleisch so zart und wohlschmeckend ist. Wir verwenden ausschließlich diese Prime-Qualität.

Skirt Steak 300g — 33,00 €
Saftiges Stück aus dem inneren Rippenbogen

RibEye 300g — 48,00 €

US Tenderloin
Filetsteak aus der Lende

Filet Mignon 160g — 39,00 €
Ladies Cut 250g — 53,00 €

Flank Steak
Ein geschmacksintensives Stück Fleisch aus der Flanke

200g — 26,00 €
400g — 52,00 €

Bison

Zu halten ist der Bison nur freilaufend und am Besten in seiner ursprünglichen Heimat der amerikanischen Prärie. Hier findet er nämlich bis zu 180 verschiedene Kräuter und Mineralien, die seinem Fleisch einen frischen, würzigen Geschmack verleihen.

Bisonfleisch erfüllt höchste Qualitäts- und Gesundheitsansprüche und gehört damit zweifellos an die Spitze aller Fleischarten. Es ist von allen Sorten das cholesterin- und fettärmste Fleisch. Es hat nur einen geringen Wasseranteil und kürzere Fasern und daher bessere Gareigenschaften. Trotz des intensiveren Geschmacks schmeckt es aber nicht wildähnlich.

Tenderloin
Filetsteak aus der Lende

200g — 58,00 €

Strip Loin
Das klassische Rumpsteak

250g — 47,00 €

Australisches Premium Beef

Hinter dem Label „1788" verbergen sich familiengeführte Zuchtbetriebe, die auf den ausgedehnten Weideflächen in der australischen Region New South Wales Rinder halten. Die Rinder wachsen natürlich auf und ernähren sich bis zur Endmast ausschließlich von Weidegras. 120 Tage lang bekommen sie eine spezielle Getreidefütterung, unter anderem mit Mais, bis sie im Alter von 26 Monaten geschlachtet werden. Ein Teil der Rinder gehört der Rasse Black Angus an und wird sogar 200 Tage lang mit Getreide gemästet. Dies sorgt für mehr intramuskuläres Fett und eine dichtere Marmorierung. Das Ergebnis: besonders zartes Rindfleisch mit vollem Geschmack

Black Angus **Strip Loin** „1788"
Das klassische Rumpsteak

250g — 33,00 €

Black Angus **RibEye** "1788"
Saftig und geschmackvoll mit dem berühmten Fettauge in der Mitte

300g — 39,50 €

Black Angus **Tenderloin** „1788"
Filetsteak aus der Lende

180g — 38,00 €

Burger, Fish and Kids

BUTCHEREI
GRILL & BAR

Burger

Black Angus Cheeseburger „Butcherei" (200g) — **19,00 €**
Saftiger hausgemachter Burger mit Butcherei Ketchup, Tomate, Zwiebeln, Gurke, Salat, Cheddar Cheese, Bacon und Pommes Frites.

"Pulled Pork – Burger" — **22,00 €**
Pulled Pork ca. 150 g Fleisch im Briochebrötchen mit Salat, Steak-Pommes und Butcherei Ketchup

Ceasar Burger — **18,00 €**
Römersalat, Maishühnerbrust, Parmesan und Pommes Frites
Steak-Pommes und Butcherei Ketchup

„Zugabe" gefällig?

„surf & turf" — Aufpreis: **23,00 €**
Ca. 300g Halber Hummer zu Ihrem Steak nach Wahl

„Rossini" — Aufpreis: **14,00 €**
Eine Scheibe gebratene Entenstopfleber zu Ihrem Steak nach Wahl

Fish & Sea food (mit einer Beilage nach Wahl)

Filet vom Kabeljau 200g, Dijon-Senfsauce — **26,50 €**

Filet vom isländischen Rotbarsch 200g, Dijon-Senfsauce — **25,00 €**

Kids

Unser W-Lan – Code: **ButchereiFuerGaeste**

„Stibitz"-Teller	**0,00 €**
Mini-Cheese-Burger mit Pommes Frites	**9,50 €**
Fischstäbchen mit Kartoffelpüree	**6,50 €**
Hot Dog mit Pommes Frites	**5,00 €**
Penne mit Tomatensauce	**6,80 €**
Chicken Fingers mit Karotten und Pommes Frites	**8,50 €**

Käpt'n Selmer Stube: Tradition und Innovation

Restaurant im Hotel Fährhaus Sylt, externe Gäste sind willkommen. Sommerliches Pop-up-Fischrestaurant „Fiiwfutt" unter demselben Dach. Regionale, gradlinige Küche, Tageskarte, z.B. Caesar's Salat mit geröstetem Speck (14,-), Matjes Hausfrauenart (17,50). Kuchenauswahl aus der hauseigenen Bäckerei. Terrasse mit Wattenmeerblick. Stauder 0,2/3,20, 0,3/4,20. 2016er Weißer Burgunder und Chardonnay 0,1/5,50, 2018er Pinot Grigio 0,1/5,-. Exquisites Weinsortiment mit „Schatzkammer".

Tradition verpflichtet – immerhin steht das *Fährhaus Sylt* seit nunmehr über 150 Jahren für Gastfreundschaft und feine Gaumenfreuden. So wie die *Käpt'n Selmer Stube*, die mit friesischem Charme, nordisch-puristischem Design und sorgfältig komponierten Gaumenfreuden die Gäste in ihren Bann zieht.

Schon auf dem Weg zum Fährhaus gerät man ins Schwärmen: der pittoreske Yachthafen, die viktorianische Architektur des Haupthauses – hier hat sich Sylt ein Stück Ursprünglichkeit bewahrt. Das zurückgenommene Farbkonzept des Gastraums greift mit dezenten Blau-, Grau-und Beigetönen das natürliche Farbenspiel der Insel auf, Blickfang sind antike Highlights wie der Kachelofen und die original Delfter Kacheln im Friesenzimmer – friesische Gastlichkeit pur.

Wattläufer und Radfahrer pausieren mittags gerne auf der Veranda und lassen sich mit Köstlichem aus der Küche verwöhnen. Dort hat *Markus Gerlach* das Zepter in der Hand. Seine Vorliebe für regionale Produkte und seine gradlinige Kochhandschrift zeichnen den Chef am Herd aus – bloß kein Schnickschnack auf dem Teller. Lieber eine ehrliche „Bourride Fährhaus" von Krustentieren und Nordseefischen (16,50/19,50). Oder ein gebackenes Kalbsschnitzel (23,50).

Von 14 bis 16.30 Uhr locken hausgemachte Kuchenspezialitäten: die Friesentorte mit Pflaumenmus und Schmand sollte man sich nicht entgehen lassen (4,50).

Und abends? Darf man sich auf Köstliches von Meer und Land mit einem fein ausbalancierten Aromenspiel freuen. Etwa auf die Spanferkelkrone, begleitet u.a. von grünem Spargel und Kapern-Kartoffel-Mousseline (31,50). Oder den Skrei mit geröstetem Spitzkohl, Jakobsmuscheln und Karottenbutter (26,50). Empfehlungen für die passende Weinbegleitung hat das versierte Serviceteam parat.

Wer von Fisch aus Markus Gerlachs Küche nicht genug bekommen kann: Bis voraussichtlich Ende September ist das Pop-up-Fischrestaurant *Fiiwfutt* (Seestern-Fünffuß) gleich nebenan wieder geöffnet. Markus Gerlach setzt im „Fiiwfutt" auf eine leichte, gemüsebetonte und skandinavisch inspirierte Küche. Besonders beliebt sind die Menüs, die je nach saisonalem Angebot etwa alle zwei Wochen wechseln (4 Gänge ohne Käse 91,-). Es locken äußerst delikate Kombinationen: etwa Klippfisch mit Eiskirschen oder Rotbarsch mit Milchferkel, Sellerie und Vanille – eine facettenreiche Aromenreise! Tradition verpflichtet ohne allerdings innovative Aspekte außer Acht zu lassen.

FÄHRHAUS SYLT, Bi Heef 1, 25980 Sylt / OT Munkmarsch, Tel.: 0 46 51 / 93 97 0, Fax: 93 97 10, ganzjährig geöffnet, Tageskarte von 13-15 Uhr, Kuchenbuffet bis 16.30 Uhr. Abendkarte von 18 bis 21.30 Uhr.
Um Reservierung wird gebeten. Ausrichtung von Festivitäten.
Kulinarische Events unter: www.faehrhaus-sylt.de,
info@faehrhaus-sylt.de P AE EC VISA ec f

UNSERE ABENDKARTE AB 18 UHR

Vorspeisen

Sylter Royal Austern auf Eis (4,9,14) Chesterbrot	Stück	3,50
Proscuitto San Daniele / Grissini / Anti Pasti (1,4,5,9,10,12)		13,50
Fährhaus Schlemmerschnitte (1,2,4,7,9,11) Rindertatar / Crème fraîche / Kerbel / Balsamico		21,00
- mit St. James Kaviar/Caviar House & Prunier	20g	48,00
- mit St. James Kaviar/Caviar House & Prunier	30g	58,00
Burratino vom Wasserbüffel (4,5,6,7,8,9,11) Getrocknete Tomaten / Rucola / Himbeervinaigrette / Knäckebrot		17,50
Sashimi vom Thunfisch (2,5,6,7,12,13) Eingelegter Rettich / Wasabi / Ingwer / Kressesalat		18,50

Suppen

Spargelrahmsuppe (1,4,7,9) Wachtelei/ Schnittlauch / Croûtons		8,50
Bourride Fährhaus (1,2,3,4,5,7,9,14) Eintopf von Krustentieren und Nordseefischen / Geröstetes Baguette / Sauce Rouille / Pesto	klein groß	16,50 19,50
Gazpacho (3,6,7,8,9,12) Gebratene Garnelen / Knoblauchbrot		11,50

Zwischengänge

Haselnussrisotto/ Rote Bete / Belgische Endivie (2,4,5,7,10,11) mit gebratenem Rochen	16,00 22,50

Hauptgänge

Mafaldine / Steinchampignons (4,5,7,9,10,12) mit Rindergeschnetzeltem in Cognacrahm	12,50 19,50
Seezunge „Müllerin Art" (2,4,7,9,10) Spinat / Kartoffeln / Noilly Prat	46,00
Kabeljau (2,4,5,7,9,10,14) Geräucherter Spitzkohl / Jakobsmuscheln / Karottenbutter	26,50
Filet vom Zander (2,4,5,7,10) Artischocke / Tomate / Dattel / Speck	28,50
Kalbskotelett (4,5,7) Friesisch Blue / Sylter Meersalzkartoffeln / Blattspinat	32,00
Husumer Lammrücken unter der Bärlauchkruste (1,4,5,7,9,10,12) Lardo / Saubohnen / geschmorte Kartoffeln	33,00
Spanferkelkrone (4,5,7,9,10,12) Grüner Spargel / Kapern - Kartoffelmousseline / Sylter Dunkelbiersauce	31,50

FÄHRHAUS
SYLT

Weissweinempfehlung

2017 Weissburgunder Smaragd -Ried Kollmüntz-
Rudi Pichler, Wachau, Österreich
0,1 l 8,50 Euro / 0,75 l 60,00 Euro

Die Nase erinnert an Birnen - und Äpfelbäume an denen nur die reifsten Früchte hängen. Feine florale Noten mit deutlichen Anklängen von Walnüssen runden das Bukett ab. Die perfekt eingestellte Fruchtsäure steht in einem sehr guten Verhältnis zur Restsüße und wirkt deswegen äußerst trinkanimierend.

2017 Grauburgunder -Herzenzlust-
Weingut Stigler, Baden, Deutschland
0,1 l 5,50 Euro / 0,75 l 39,00 Euro

Wahrlich elegant zeigt sich der Grauburgunder mit einem hellen Gelb, in dem grünliche Reflexe optische Highlights setzen. Ihm entströmt der fruchtige Duft von Birnen, Äpfeln und Pfirsichen, die am Gaumen von feinen Kräuternoten und mineralischen Akzenten ergänzt werden. Der leichte und fruchtige Körper brilliert zur präzisen und lebendigen Säure.

Rotweinempfehlung

2015 Finca Biniagual Veran
Vinicola Biniagual, Mallorca
0,1 l 7,00 Euro / 0,75 l 48,00 Euro

Der Veran zeigt ein komplexes Bouquet von reifen roten Früchten, Balsamico-Würznuancen, Eukalyptus und Kokos. Der Gaumen ist rund und saftig mit dem Eindruck feiner roter Beeren. Im Abgang sind delikate Röstaromen und erneut Anklänge von Kokos zu spüren.

2016 Rosso di Montalcino
Capanna, Toskana, Italien
0,1 l 8,00 Euro / 0,75 l 56,00 Euro

Dieser Rosso di Montalcino wurde 8-12 Monate in Eichenholzfässern gelagert. Seine würzigen Noten im Bouquet, die eindringliche Kräuter und die ganz dezente Minze machen ihn zu einem Spitzenwein. Seine Jugendlichkeit ist sehr direkt; wirkt dann aber überraschend weich im Mund – eine reife süße Frucht und ein wenig Vanille machen sich am Ende bemerkbar.

Abend - Menüempfehlung

Süppchen vom Knollensellerie (4,5,7,10)
Speck vom Susländer Schwein / Karamellisierte Apfel

oder

Rosa Rehrücken (5,7,8)
Romanescosalat / Cumberlandsauce / Knäckebrot

* * *

Gebratenes Filet von der Meeräsche (2,4,5,7,11)
Brokkoli - Kartoffelmousseline / Karottenstroh / Haselnüsse
Noilly Pratsauce

oder

Gebratene Brust von der Maispoularde (1,4,9)
Blumenkohl / Schupfnudeln / Nussbutter

* * *

Variation von der Schokolade (1,4,7,9,10,11)

oder

Ellerbeker Wasserbüffelcamenbert (4,6,7,9,11,12)
Dattelchutney / Pumpernickel

3 -Gang Menü mit Meeräsche 52,00 Euro
3-Gang Menü mit Maispoularde 52,00 Euro

Speisenkarten-Auszug-Frühjahr 2019 | Angebot und Preise können sich je nach Marktlage ändern

JOHANNES KING

Eine Nase für Genuss

Genießen und entspannen à la King

Die Keitumer Gourmet-Dependance von 2-Sterne-Koch Johannes King. Hotspot am Ortseingang. Kleine Karte, großer Genuss. Feine Speisen zu fairen Preisen. Shopping für den Gaumen. Lieblingsprodukte von Selina Müller-King und Johannes King. Appetizer und Marktplatz. Köstlichkeiten zum Naschen von der Suppe „in der Dose" (9,-) über Tatar vom Bio-Lachs (19,-) bis zu Gerichten mit dem edlen Wagyu Fleisch. Große Weinauswahl, exklusive Getränke. Portweine! Exklusiver Lieferservice: Kings Küche kommt ins Feriendomizil.

Herzlich willkommen Freunde des besonders guten Geschmacks in der King-Gourmet-Dependance des mit zwei Michelin Sternen dekorierten Restaurants Söl´ring Hof. Es begrüßt Sie Selina Müller-King.

Der Genuss-Shop am Ortseingang von Keitum führt all die Lieblingsprodukte, die *Johannes King* mit seiner Frau *Selina* aussucht: hochwertige Kochutensilien, Spezialitäten aus eigener Produktion bis zu Favoriten aus der Welt der Feinkost.

„Essig, Öle, Gewürze, Schokoladen, Marinaden, Dressings, Fonds, fast alles, was wir im Söl´ring Hof machen und benutzen, gibt es in Keitum auch", betont Johannes King die Authentizität der Angebotspalette des Genuss-Shops. An der guten Handvoll von Bistro-Tischen im Kleinod und den deutlich mehr Plätzen auf der Terrasse wird geschwelgt und kommuniziert. Selina Müller-King und ihr Team wuseln gut gelaunt und herzlich um die Gäste. Renner sind Selinas Wagyu Burger und die Röstbrote mit Matjes, Radieschen und Kräutern.

Die Essenz der Erfahrung des umtriebigen Gourmet-Kochs, lieber etwas weniger, dies dafür aber etwas besser zu tun, spiegelt sich im Genuss-Shop in Keitum wider: „Genuss hat nichts mit der Menge zu tun, sondern mit Sensibilität, mit Wertschätzung und damit, dass man gute Produkte unterscheiden kann. Die Produkte, die im Genuss-Shop angeboten werden, sind tatsächlich alle auch im Söl´ring Hof zu Hause. Man kann sich ganz spontan auf den Weg machen – ganz unkompliziert und ohne Reservierung freut sich die King-Crew auf einen Besuch im Genuss-Shop in Keitum.

Und für alle, die nicht mal eben vorbeischauen können, gibt es ja zum Glück den Online-Shop (www.johannesking.de/shop/).

Foto: Michael Magulski

KINGS GENUSS-SHOP, Gurtstig 2, 25980 Sylt / OT Keitum,
Tel.: 0 46 51 / 9677790, Fax: 9677792, geöffnet von 11 bis 20 Uhr,
keine Reservierung, sonntags Ruhetag. Abends exklusiv buchbar.
Online-Shop: www.johannesking.de/shop/
www.johannesking.de, mail@johannesking.de

JOHANNES
KING

Eine Nase für Genuss

Kleine Köstlichkeiten zum Naschen

6 Stück Sylter Royal Auster	24,-
„Dosensuppe" à la King	9,-
Gemüsesalat mit frischkäsecreme und Rapsöl–Vinaigrette	14,-
Röstbrot mit Matjes, Radieschen und Kräutern	15,-
mit Kings Selleriegeist (Schnaps)	19,-
Tatar vom Bio-Lachs mit Creme Fraiche und kandierter Gurke	19,-
Selinas kleine Wagyu Burger	18,50
Kleine Kartoffelpuffer	
·mit 10g Prunier Kaviar – King Selektion	44,-
·mit hausgebeiztem Lachs	21,50
„Blonder Schwede" Apfelkompott, Streusel weiße Schokoladencrème, Liebelei (alkoholhaltig)	12,50
Warmer Schokoladenkuchen mit Fruchtkompott und Sahne (ca. 25 Min. Backzeit)	14,-
Vier Gläschen hausgemachte Sorbets (alkoholhaltig)	12,-
Feinheimische Käseauswahl	16,-

Feinstes Fleisch
serviert mit buntem Gemüse & Lauchöl

Strip Loin	100g / 16,-
Kalbsrücken	100g / 17,-
Rinderfilet	100g / 19,-

Speisenkarten-Auszug-Frühjahr 2019
Angebot und Preise können sich je nach Marktlage ändern

Auf die feine friesische Art

Friesische Tradition trifft auf zeitgemäße Eleganz im Keitumer Benen-Diken-Hof. Anspruchsvolle Küche, die einen besonderen Akzent auf Fischgerichte setzt und den Fokus auf Produkte der Region legt. Wechselnde, saisonal geprägte Karte. Hauptgänge von 18,- bis 31,-, Menüs von 39,- bis 49,-. Umfangreiche Weinkarte (Schwerpunkt: Deutsche Weine), darunter die „Raritäten aus dem Keller". Jeweils sechs offene Weiß- und Rotweine.

Der formidable *Benen-Diken-Hof* in Keitum steht nicht nur für die Hotellerie in seiner besten Form, auch das Restaurant *KØKKEN* (Dänisch für Küche) macht auf der Insel Furore. In der letzten Zeit hat sich das Restaurant zu einer der besonderen Adressen für lecker zubereiteten frischen Fisch und Meeresfrüchte entwickelt: Austern aus dem Lister Watt, Miesmuscheln aus Hörnum, Kabeljau, Kaisergranat, Krabben oder Steinbutt aus der Nordsee. So sahen wir auf der Frühjahrskarte u.a.: „Lauwarm marinierten Nordsee-Seeteufel", „Confierten Heilbutt" und „Maracuja-gebeizten Lachs".

„Bei allen Neuerungen werden (Stamm-)Gäste aber auch auf liebgewonnene KØKKEN-Klassiker wie „In Portwein geschmorte Kalbsbäckchen" oder „Roulade vom Husumer Weideochsen" nicht verzichten müssen", erläutert der Hotelier *Claas-Erik Johannsen*.

In der KØKKEN-Küche legt man den Fokus auf vielfältige und qualitativ hochwertige Zutaten aus der Region. 60 Prozent der Lebensmittel werden heute bereits aus dem Umland angeliefert: Der Fisch stammt – wie schon erwähnt – aus der Nordsee, das Fleisch von den Tieren, die auf den Weiden von Schleswig-Holstein grasen und der Käse von einer Hofkäserei, die nur wenige Kilometer entfernt auf dem Festland produziert.

So qualitativ hochwertig das kulinarische Angebot, so stimmig auch das Ambiente im Restaurant. Die Gäste werden in zwei Räumen empfangen, friesisch modern und elegant eingerichtet, in gedeckten, kontrastreichen Farben. Ein Ort, an dem das Essen in lockerer, ungezwungener Atmosphäre stilvoll genossen werden kann. Und dafür, dass der Weinkeller weiterhin eine beachtenswerte Auswahl bietet, sorgen der Chef persönlich und Restaurantleiter *Johannes Komm*.

Am Nachmittag laden das gemütliche Kaminzimmer und bei schönem Wetter auch die Terrasse zu Kaffee und Kuchen ein, wobei der Gast unter verschiedenen hausgebackenen Spezialitäten wählen kann. Von 18 bis 1 Uhr empfiehlt sich dann zum Ausklang des Tages die gemütliche Hotelbar, an der auch Raucher willkommen sind. Hier erfahren die Gäste Informationen und Neuigkeiten über Sylt aus erster Hand, zumal dann, wenn der Chef persönlich hinter der Theke steht – der schnackt sogar original Friesisch.

RESTAURANT KØKKEN, Keitumer Süderstraße 3-5, 25980 Sylt / OT Keitum, Tel.: 0 46 51 / 93830, Fax: 9383183, geöffnet ab 18 Uhr, von Nov. bis März mittwochs Ruhetag, (siehe auch unter „Hotel Report")

www.benen-diken-hof.de, info@benen-diken-hof.de

BENEN-DIKEN-HOF

RESTAURANT KØKKEN . KEITUM. SYLT

Tachenkrebs, Zitrusfrüchte, Friséesalat	15
Knurrhahnfilet Hafer, Sanddorn & Queller	12
Geflämmter Zander, Birne, Senfkohl & Eiszapfen	16
Tatar vom Husumer Rind, Kapernapfel & Wachtelei	19
Fischsuppe KØKKEN Gemüseperlen & Nordseefische	16
Confiertes Eigelb Zwiebel, Spitzkohl und Gemüseboullion	11
Nordsee - Kabeljau Spinat & Pastinake	29
Gebratener Wolfsbarsch Erbsen, Mairüben & Kartoffelschaum	26
Seeteufelmedaillons Rahmkohlrabi, grüner Spargel & Quinoa	31
Zweierlei vom Keitumer Lamm Tomate, Couscous & Studelteig	29
Filetsteak vom Husumer Rind Spitzkohl & cremige Rosmarin-Polenta	30
Joghurt & Grapefruit	10
Schokoriegel Erdbeeren & Sauerrahm	10
Kardamom - Crème Brûlée & Gewürzeis	10

Speisenkarten-Auszug-Frühjahr 2019

Angebot und Preise können sich je nach Marktlage ändern

Fotos: Finja Schulze

KLEINE KÜCHENKATE
zu Gast bei Familie Sprengkamp

Diese „Kate" hat es ...

Dieser schmackhafte Treff für Urlauber und Insulaner ist schon längst kein Geheimtipp mehr. Offene Küche für regionale Fisch- und Fleischspezialitäten: von Labskaus bis zum Filet vom Galloway, von Bürgermeisterstück rosa gebraten bis zum Rumpsteak „Café de Paris", von Matjesfilet bis zur perfekt gebratenen Seezunge. Nachmittags Palatschinken, Kaffee und Kuchen. Softeis auf die Hand. KöPi 0,2/2,40, Wein 0,2 ab 6,-, Flasche ab 21,-.

Detlef und Noah Sprengkamp

Dieses sympathische Keitumer Bistro-Restaurant in Wattenmeernähe, wo sich auch Insulaner nur mal auf ein Bierchen treffen, hat es kulinarisch wirklich in sich. „Einfach gut gekocht" lautet das Credo von *Detlef Sprengkamp* und seiner Crew mit *Dominic Seidel* und *Sven Krause*. Hausgemachtes Sauerfleisch, Kalbsschnitzel mit einer fluffigen Panade, Labskaus und Lammbratwurst aus der Landschlachterei sind die Klassiker in der „Kate".
Die Spezialität: Rumpsteak „Café de Paris". Dieses einmalige Rezept stammt von der Familie König aus der ehemaligen Weststrandhalle in List. Natürlich kommen die Köstlichkeiten aus der Nord- und Ostsee in der *„Kleinen Küchenkate"* nicht zu kurz. Von frischem Kabeljaufilet, Steinbeißer, Seezunge bis zum Steinbutt vom Grill ist alles auf den Punkt perfekt zubereitet. Frische Tagliarini in Tomaten-Pesto mit Rucola, Pinienkernen, gebratenen Garnelen und frischem Parmesan sowie vegetarische Gerichte dürfen im Programm nicht fehlen. Darf es noch eine süße Sünde sein? Palatschinken, Friesenrahm mit Roter Grütze und Heikes selbstgemachter Eierlikör, sowie Softeis sind es wert, vernascht zu werden.
Heike Möller-Sprengkamp und ihr Team servieren derweil einen guten Tropfen Wein, der hauptsächlich von deutschen und europäischen Top-Winzern stammt.
Draußen sitzt man herrlich unter der Sylter Sonne in Wattenmeernähe auf der windgeschützten und neu gestalteten Terrasse. Für den Innenbereich empfiehlt es sich im Voraus zu reservieren. Denn wie der Name schon sagt: „Kleine Küchenkate – zu Gast bei Familie Sprengkamp".

KLEINE KÜCHENKATE, Hoyerstig 2, 25980 Sylt / OT Keitum, Tel.: 0 46 51 / 33387, geöffnet von 12 -22 Uhr, Küche ab 12 Uhr, nachmittags (Palatschinken, Kuchen, Tagesgericht, Eintopf und Suppen), 16.30-17.30 Küchenpause, Ruhetage: Mittwoch und Donnerstag, im Juli, August nur Mittwoch, separater Raum für Festlichkeiten bis zu 12 Pers. www.kleinekuechenkate.de

Suppen & Vorspeisen

Hausgemachte Aioli | ofenfrisches Baguette 4,50

Klare Brühe vom heimischen Galloway 8,00
Fleischklößchen | Gemüse | Lauchzwiebeln

Gulaschsuppe vom heimischen Galloway 8,00
frische Paprikastreifen | Baguette

Curry Creme-Suppe 8,50
Lauchzwiebeln | gebratene Garnelen | Ingwer

Garnelen-Pfanne „al Ajillo“ 14,50
Garnelen | Knoblauch | Chili | Olivenöl | Baguette
kleine Portion 10,50

Frischer Salat

Gemischter Salat 6,50

Bunter Blattsalat 8,50
geröstete Pinienkerne | Strauchtomaten | Parmesan

Großer Salatteller 13,50
gebratenen Garnelen | Aioli 19,50
eingelegter Schafskäse | Oliven | Zwiebelringen 17,50

Zu allen Salaten reichen wir ofenfrisches Baguette

Nudeln & Vegetarisch

Curry Creme-Suppe | Lauchzwiebeln | Ingwer 7,50

Eingelegter Schafskäse im Ofen gebacken 13,80
Paprika | Kirschtomaten | Oliven | Rucola | Baguette

Frische Tagliatelle (feine Bandnudeln) 14,80
mit Tomaten-Pesto | Rucola | Pinienkerne | Strauchtomaten

Frische Tagliatelle mit Tomaten-Pesto, 19,80
Rucola | gebratene Garnelen | Strauchtomaten | Parmesan

Das Fleisch

Schnitzel „Wiener Art“ 18,50
vom Behrendorfer Landschwein | frischer Salat
Petersilien-Kartoffeln

„Bürgermeisterstück“ vom Galloway 18,50
rosa gebraten und kalt serviert | Remouladensauce
bunter Salat | Bratkartoffeln

Labskaus vom Galloway 19,50
Gewürzgurke | Rote Bete | Rollmops | Sylter Landei

Wiener Schnitzel vom Kalb 25,00
frischer Salat | Petersilien-Kartoffeln
kleine Portion 19,80

Sezialität des Hauses

Rumpsteak „Café de Paris“ ca. 220g 29,80
mit einer aufgeschlagenen, würzigen Butter gratiniert,
frischer Salat | Bratkartoffeln

Der Fisch

Eingelegte Bratheringe 15,80
rote Zwiebelringe | Salat | Bratkartoffeln

Matjesfilet „Hausfrauen Art“ 16,80
Apfel | Gurke | Zwiebel | Kräuter-Schmand | Salzkartoffeln

Filet vom Lachs, gebraten 23,00
Orangen-Pfeffersauce | Pfannengemüse | Salzkartoffeln

Kabeljau-Filet vom Grill 26,00
Pommery-Senfsauce | Salat | Kartoffel-Gemüsestampf

Frische Seezunge „Müllerin Art“ Tagespreis
Zitronen-Butter | gemischter Salat | Salzkertoffeln

Wir akzeptieren EC-Karte und Bargeld!

Alle Preise in Euro inkl. Bedienung und 19% MwSt.

KLEINE KÜCHENKATE
zu Gast bei Familie Sprengkamp

Süße Sünden & Käse

Unser Friesen-Rahm
Roter Grütze | Eierlikör | Sahne 5,50

Vanille-Softeis 6,50
Kürbiskernöl | karamellisierte Kürbiskerne | Sahne

Schokoladene-Softeis 6,50
Heikes selbstgemachter Eierlikör | Früchte | Sahne

Mövenpick-Eis: je Kugel 2,50
Bourbon-Vanille | Chocolat Chips | Walnuss | Brombeere
Espresso-Krokant | Stracciatella
Zitronen-Sorbet | Himbeer-Sorbet (gluten- und laktosefrei)

Espresso „Affogato“ 5,50
Bourbon-Vanilleeis ertrinkt im Espresso mit Sahne

Eingelegter Schafskäse | Oliven | Kirschtomaten 9,80
rote Zwiebelringe | Blattsalat | Baguette

Speisenkarten-Auszug-Frühjahr 2019 | Angebot und Preise können sich je nach Marktlage ändern

Nielsens
KAFFEEGARTEN

Schönster Blick
Regionale Küche
Legendäre Torten

100 Jahre jung

Jubiläumsjahr! Stolze 100 Jahre Bäckerei Nielsen. Heute Kaffeegarten auf dem Keitumer „Grünen Kliff". Schönster Blick auf das Wattenmeer. Tägl. Brötchen ab 6.30 Uhr, Frühstück ab 8 Uhr. Küche bodenständig von üppigen Broten über Matjes mit Bratkartoffeln bis zu den wechselnden Tagesgerichten – von regional bis mediterran. Kuchen und Torten von Rhabarber-Schmand bis Zitronenomelette. Bis zu 30 verschiedene Tee- und Kaffeespezialitäten, Pott Kaffee 4,-, Krombacher/Flensburger 0,33/3,50, offene Weine 0,2/7,50.

Wenn man auf Sylt den Superlativ „einmalig" anwenden kann, dann gehört *Nielsens Kaffeegarten* mit dieser Auszeichnung zweifelsfrei in die Reihe der Sehnsuchtsorte auf unserer Insel.
Im Hinblick auf das Jubiläumsjahr 2019 wurde das Anwesen der 1919 gegründeten Bäckerei Nielsen grundlegend neu gestaltet. Das Ergebnis kann sich nun wahrlich sehen lassen.
Jens Nielsen, in der 4. Generation Bäckermeister und seine Frau *Elizabeth* präsentieren nun ihren „Kaffeegarten" in einer modernen, zeitgemäßen Form mit einem ausgesprochenen Wohlfühlcharakter und einem superfreundlichen Service. Die Traumlage ist geblieben. Die Gäste sitzen im Café oder draußen auf der Terrasse erhöht auf dem „Grünen Kliff" und haben einen Ausblick über den Gezeitenwechsel des Wattenmeeres. Hier geht einem wahrlich das Herz auf und man wäre auch mit „trocken Brot" schon zufrieden. Wären da nicht die kulinarischen Verlockungen. Das fängt bei dem vielfältigen Frühstücksangebot an. Das kann zwar mit einem frugalen Müsli beginnen, aber dann mit Nielsens großem Frühstück mit „Dit und Dat und alles" enden (18,50). Mittags ist dann die Zeit für die Tagessuppe oder den Eintopf – immer wechselnd, für üppige Delikatess-Brote oder Matjes mit leckerer Sauce und Bratkartoffeln. Tagesgerichte wechseln je nach Saison oder frischem Fang.
Und nachmittags zur Kaffee- und Teezeit? Dem Zitronenomelette, dem Friesen Pai (auch „gehäkelter Unterrock" genannt), der extra sahnigen Friesentorte oder dem Vanilleeis mit heißen Himbeeren kann man wohl kaum widerstehen. Dazu ´nen schönen Friesentee...? Alles das, und noch viel mehr und dazu auch noch Meer – Watt will man mehr?

Ausflug zu Nielsens Kaffeegarten – anno dazumal

NIELSENS KAFFEEGARTEN, Am Kliff 5, 25980 Sylt / OT Keitum, Tel.: 0 46 51 / 31685, tägl. Brötchenverkauf ab 6.30 Uhr, sonn- und feiertags ab 8 Uhr, Café 8-18 Uhr, dienstags Ruhetag, P
www.nielsens-kaffeegarten-sylt.de, nielsenskaffeegarten@t-online.de

Frühstücks-Variationen .

Frankreich € 9,00
Croissant, Butter, Marmelade, Joghurt mit Roter Grütze dazu einen Milchkaffee

Italien € 10,50
Ciabatta-Brot belegt mit Tomate, Mozzarella und Parmaschinken dazu einen Cappuccino

Fit in den Tag (vorgeweicht) € 10,50
Bircher Müsli mit geriebenem Apfel, Nüssen, wahlweise mit Milch oder Joghurt, dazu Glas Tee

Friesenjunge € 11,50
Gebuttertes Schwarzbrot mit Tomate, Rührei oder Spiegelei dazu ein Heißgetränk Ihrer Wahl
mit Krabben € 23,50

„Vincy-Breakfast“ € 13,00
Omelette mit Zwiebeln, Tomate und Käse, Brot und Butter dazu einen Pott Kaffee oder Schokolade

Nielsen's „kleines süßes“ € 13,00
Hausgemachte Marmelade und Pflaumenmus, Honig, Nutella, Butter, Joghurt mit Roter Grütze und ein Heißgetränk Ihrer Wahl

Nielsen's „großes herzhaftes“ € 18,50
Hausgemachte Marmeladen und Pflaumenmus, Honig, Nutella, Butter, Salami, Schinken, Mortadella, Käse aus dem Keitumer Käselädchen, Joghurt mit Roter Grütze und ein gekochtes Ei dazu ein Glas Orangensaft und ein Heißgetränk Ihrer Wahl.

Zu unseren Frühstücksvariationen reichen wir Ihnen unser hausgebackenes Brot und Brötchen. Guten Appetit!

Tagliatelle € 13,50
mit halbgetrockneten Tomaten, Frühlingszwiebeln, Knoblauch, Rucola und Parmesan-Spänen

Risotto € 13,50
Arborio Risotto mit Basilikum-Pesto und jungem Parmesan

Matjes „Hausfrauen Art“ € 14,50
echter Holländischer-Matjes in einer leichten Sahne-Sauce mit Äpfeln, Gurken und Zwiebeln, dazu gibt es Bratkartoffeln

Saftiges Brisket € 16,50
Rinderbrust vom Galloway bei 56° Sous Vide gegart, kalt und dünn aufgeschnitten mit hausgemachter Remouladen-Sauce und Bratkartoffeln

Kartoffelrösti € 14,50
mit gebeiztem Lachs, Honig-Senf-Dill-Sauce und kleinem Salat Bouquet

Speisen

Unsere Tagessuppe € 8,50
je nach Angebot, bitte fragen Sie unseren Service

Salat „Nielsens Kaffeegarten“ € 8,50
gemischte Blattsalate, Paprika, Tomate, Zwiebeln dazu gibt's unser Hausdressing
mit Hähnchenbrust € 13,50

Tomatenbrot **„so wie wir es mögen“** € 11,50
geröstetes Baguette mit Basilikum-Pesto, Tomaten und Parmesan

Matjes Tartar € 12,50
auf hausgebackenem Schwarzbrot mit Salat Bouquet

zu Suppen und Salaten reichen wir Ihnen unser hausgebackenes Brot.

Unser Club-Sandwich € 15,50
geröstetes Sandwich-Brot belegt mit Sous Vide gegarter Galloway-Rinderbrust dazu Salat mit Paprika, Zwiebeln, Tomaten, und einer pikanten Sri Racha-Majonaise

Ziegenkäse „Crème Brûlée“ € 11,00
gratinierter Ziegen-Frischkäse aus der Region, abgeschmeckt mit Honig und Kräutern, dazu Feldsalat

Friesischer Käseteller € 18,50
verschiedene regionale Käse mit Feigensenf und unserem hausgebackenem Brot

Ofenkartoffel € 9,50
mit hausgemachtem Kräuterquark und Salat
mit Lachs oder Matjes € 14,50

Speisenkarten-Auszug-Frühjahr 2019
Angebot und Preise können sich je nach Marktlage ändern

PIUS'
Weine • Schokolade • Zigarren

35 offene Weine
Flammkuchen
Terrasse

Die wohltemperierte Weinwirtschaft

Ein Meetingpoint für Weingenießer. Gastliche Atmosphäre im alten Friesenhaus am Keitumer Grünen Kliff. An die 250 verschiedene Weine zur Auswahl. 35 offene Weine: vom Grünen Veltliner (0,2/5,80) bis zum gehaltvollen 2014er Chocolate Block aus Südafrika (0,2/14,80). Ausschank auch im 0,1 Glas, Flaschen ab 22, bis zu den begehrtesten Weinen zum „Kultpreis". Deutsche Winzersekte. Alle Weine werden auch „außer Haus" verkauft und sogar an die Heimatadresse verschickt. Kleine Leckereien von Datteln im Speckmantel (7,80) über Flammkuchen (9,50) bis Vesper-Auswahl (16,80) – Grande für 2 Pers. 29,60. Bierfreunde können sich im Notfall auch ein frisches KöPi zapfen lassen (0,25/2,90).

Namensgeber *Pius Regli* – der Schweizer „Sylt-Friese" – ist spezialisiert auf lockere, aber gepflegte Gastlichkeit. Das beweist er seit Jahrzehnten in seinem Kampener Restaurant *Manne Pahl*. Die hier vorgestellte Weinwirtschaft ist allerdings ein ganz besonderes, urgemütliches Eigengewächs.

Im alten Friesenhaus am Keitumer Grünen Kliff werden an die 250 Topweine gelagert. Eine gute Mischung erster Lagen aus den bevorzugten Weingebieten, darunter die gehaltvollen, opulenten Kultweine à la „Opus one" aus dem Napa Valley und „Grange" von Penfolds, die sich in dem wohltemperierten „Weinkeller" befinden. 35 Weine hält *PIUS* zum offenen Degustieren bereit. Was für eine herrliche Gelegenheit, erstklassige, nicht ganz so bekannte Weine kennenzulernen! Preisgünstige „Renner": Die Weißen vom Weingut St. Antony und der Rote aus der Pfalz vom Weingut Metzger. Prickelnde Highlights sind der Cremant de Loire, der Rosé Brut vom Schloss Vaux bis zum Taittinger Brut Reserve, das ist große Champagnerkunst.

„Eine große Attraktion in Keitum ist mein Dreamteam mit Tatjana Schnau und Kay Bäätjer unter der Leitung von *Halina Schröder*", meint Pius. „Die zaubern mit ihrem flinken, unaufdringlichen Service eine herrlich charmante Atmosphäre."

Zum Wein gibt es Flammkuchen, Ofenkäse, Schinken, Antipasti oder Schokolade, Crème brûlée und „Süße Sünden" oder eine gemischte Auswahl von allem (siehe Speisenkarte). Und wenn man gegen den stechenden Durst ein Bier braucht, kann das Dreamteam auch damit dienen.

Bei schönem Wetter wird der Wein übrigens auch auf der mit hohen Tischen und Barhockern ausgerüsteten, neu gestalteten Terrasse serviert. Saugemütlich – Prost Pius!

PIUS, Am Kliff 5, 25980 Sylt / OT Keitum, Tel.: 0 46 51 / 8891438, Fax: 8891439, ganzjährig geöffnet, täglich von 17-24 Uhr, P f
www.pius-weine.de

PIUS'
Weine • Schokolade • Zigarren

WEINBEGLEITENDE SPEISEN

€uro

KLEINE KÖSTLICHKEITEN

GRÜNE OLIVEN mariniert mit Knoblauch, Basilikum und Zitrone, gefüllt mit Frischkäse 4,90
½ DUTZEND WEINBERGSCHNECKEN mit „Café de Paris“ Kräuterbutter 8,90
DATTELN im Speckmantel 7,90
SCHAFSKÄSE eingelegt in feinem Olivenöl mit viel frischer Petersilie und Knoblauch 8,90
OFEN RACLETTE KÄSE mit Perlzwiebeln, Cornichons & Baguette 9,90
QUICHE MEDITERRAN mit Spinat, Ziegenkäse, Pinienkernen, Bailicum & getrockneten Tomaten (ca 140g) 8,90
CAPRESE Mozzarella mit frischen Tomaten, Pesto, feinem PIUS-Olivenöl und Crema di Balsamico 10,90
PARMIGIANO REGGIANO mit 13 Jahre alten Aceto Balsamico di Modena Montebello und Birnensenf 12,00
APPENZELLER KÄSE affiniert mit der geheimen Kräutersalz Rezeptur, mit Birnensenf und Baguette 12,00
FRANZÖSISCHER ZIEGENKÄSE überbacken mit Vielblütenhonig, Thymian und Baguette 8,90
TAPASTELLER Manchego Käse, Serrano Schinken, Chorizo, grüne Oliven, Datteln im Speckmantel 14,50
„BRESAOLA“ CARPACCIO hauchdünn aufgeschnittener, luftgetrockneter Rinderschinken aus Veltlin in Norditalien mit Oliven-Limonenöl beträufelt, gehobeltem Parmigiano Reggiano und Zitronenviertel 14,00
PATÉ DI CINGHIALE feines Wildschweinfleisch verfeinert mit Tomaten, grünen Oliven, Knoblauch, Rotwein und Zartbitterschokolade. Toskanische Wildschweinpastete **im Glas serviert**, mit Cornichons und Baguette 14,50
OFENFRISCHES FOCACCIA mit Oliven, unserem toskanischem PIUS Olivenöl und Sylter Meersalz 6,90
OFENFRISCHE LAUGENBREZEL mit Butter 3,60
BROTAUSWAHL mit Aioli & eine Dipcreme 6,00

SUPPEN

MINESTRONE mit Pesto und toskanischem PIUS-Olivenöl 6,00
GULASCHSUPPE mit Rindfleisch, Paprika und Crème Fraîche 6,50

FLAMMKUCHEN

„ELSÄSSER“ mit Speck, Zwiebeln und würziger Crème Fraîche 10,90
„WALDPILZE“ mit Stein-, Butter-, Austern-, Shiitakepilzen, Champignons, Crème Fraîche & Parmesan 12,00
„VIER KÄSE“ mit rotem Cheddar, Emmentaler, Mozzarella und Blauschimmelkäse 12,00

PIUS BROTZEIT

MIT BAGUETTE, VOLLKORN- UND LANDBROT

SCHINKEN & SALAMI AUSWAHL hauchdünn, frisch aufgeschnittener toskanischer Bauernschinken, Serrano-Schinken, Fenchel-Salami, Wildschweinsalami, Chorizo, Bresaola mit Oliven-Limonenöl und Cornichons 18,90
PIUS-TOUR DE FROMAGE eine Auswahl an französischen und italienischen Käsespezialitäten mit Feigensenf
für eine Person 18,00 / für 2 Personen 36,00
PIUS VESPER eine Auswahl unserer Käse-, Schinken- und Salamispezialitäten, Oliven, Cornichons, Feigensenf
für eine Person 18,50 / für 2 Personen 36,00

KNABBEREIEN

KÖRBCHEN MIT PIKANTEN NÜSSEN 6,50
(gesalzene Mandeln, Wasabinüsse, Erdnüsse)

CHIPS MIT HIMALAYASALZ 5,50
(150g)

SÜSSE SÜNDEN

CRÈME BRULÉE mit gratinierter Karamellkruste 7,00
EIS oder SORBET nach Tagesangebot (Portion: 2 Kugeln) 7,50
BOURBON VALILLE EIS mit Kürbiskernöl, eine himmlische Komposition! 7,00
VALRHONA SCHOKOLADENAUSWAHL aus Frankreich, die wohl beste Schokolade auf diesem Planeten 6,00
(6 Stücke von verschiedenen Sorten Valrhona Schokolade)
SCHOKOLADENTRILOGIE Trüffel mit Kaffeebohnensplittern, Mandeln & Haselnüsse in Valrhona Schokolade 12,00
SOUFFLE CIOCCOLATO mit flüssigem Kern und feiner Fruchtsauce 8,90

Speisenkarten-Auszug-Frühjahr 2019
Angebot und Preise können sich je nach Marktlage ändern

Reblaus
WINE & DINE

Feine Genüsse auch zum Mitnehmen
Wohlsortierte Tee- und Weinauswahl

Kleines Bistro, großer Genuss

Bistro, Weinbar und Genuss-Shop in leger-stilvollem Ambiente. Sonnenterrasse, Küche von 11 bis 23Uhr, angenehmes Preis-Leistungs-Verhältnis. Nachmittags hausgemachte Kuchenauswahl. Catering, Events, Hochzeiten am Strand. Kaffee- und Teespezialitäten, u.a. spezielle Mischung aus der Kaffeerösterei Sylt. Wechselnde Tagesempfehlungen ab 8,- (Gulaschsuppe mit ofenfrischer Breze).Hausgemachtes Eis und Sorbets. Gerichte können individuell zusammengestellt werden. Flaschenbiere ab 3,40 (KöPi), Weißwein 0,2 ab 5,90, Rotwein 0,2/8,20, Raritäten.

Kleines Restaurant mit sehr guten Speisen", „Lohnenswert",„So macht es Spaß!" – ja, die Gäste sind begeistert von den Genuss-Kreationen, mit denen das Küchenteam in der aufwartet. Auch das Ambiente in dem kleinen und feinen Bistro macht Spaß: Stylish und dennoch angenehm zurückhaltend mit dezenten Creme- und Grautönen macht man es sich hier gerne gemütlich und freut sich auf die kreativen Köstlichkeiten aus der offenen Küche.

Die Küchenwerkstatt ist zwar vergleichsweise klein – der Genuss dafür umso größer. Das Schöne: Anhand von tollen Produkten, die auf einer Schiefertafel annonciert werden, kann sich der Gast sein ganz individuelles Lieblingsgericht zaubern lassen. Etwa ein feines Côte de Boeuf (Hohe Rippe) mit knackigem Spargel aus dem eigenen Anbau des Reblaus-Inhabers *Dr. Rainer Berchtold.* Was sonst noch Köstliches je nach Marktlage und Saison verfügbar ist, verrät eine schwarze Schiefertafel. Der Preis ergibt sich dann aus den ausgewählten Produkten.

Ein Blick in die Speisenkarte lohnt sich aber ebenfalls. Denn sonst würde man ja die hausgemachte Pasta mit Aglio, Olio, Peperoni und frischen Aromen der Gardesana-Limone verpassen (12,50). Oder das Kabeljau-Rückenfilet mit Kartoffel-Brunnenkresse, Risotto und Frisée (20,-). Fleischfans lassen sich indes gerne von einem gebratenen Tafelspitz auf Meerrettich-Sellerie-Creme verführen, der von wildem Brokkoli und Birnenkompott begleitet wird (26,-).

Auch die Aussichten auf den flüssigen Gaumenkitzel sind großartig. Neben mit viel Sachkunde ausgesuchten Weinen locken spritzige Sommerempfehlungen. Seit letztem Jahr auf der Karte, hat sich der „Italicus" zu einem echten Renner entpuppt: ein Bergamotte-Likör mit Aromen von Kamille, Tanne und Lavendelblüten, aufgegossen mit Prosecco und viel Eis (6,50). Salute!

Die große Genuss-Freiheit gibt es auch zum Mitnehmen: feinste Kräuter und Gewürze, Olivenöl, Pralinen und Schokolade…So lässt sich die Zeit bis zum nächsten Reblaus-Besuch genussvoll überbrücken!

REBLAUS WINE & DINE, Tipkenhoog 2, 25980 Sylt / OT Keitum, Tel.: 0 46 51 / 8868970, Fax: 9575602. Außerhalb der Saison mittwochs Ruhetag.
www.reblaus-sylt.de, www.facebook.com/reblaussykt/, info@reblaus-sylt.de

Reblaus
Wine & Dine

SPEISENAUSWAHL

CURRYWURST 7,50 €
VON DER LANDSCHLACHTEREI ANDERSEN
MIT HAUSGEMACHTER FRUCHTIGER SAUCE

LAMMBRATWURST 10,50 €
VON DER LANDSCHLACHTEREI ANDERSEN
AUF KARTOFFEL-GURKEN-SALAT

BRUSCHETTE MIT TOMATEN, 9,00 €
GEHOBELTEM PARMESAN UND LARDO

KEITUMER ZIEGENFRISCHKÄSE 10,50 €
MIT TOMATENSALAT

CAESAR SALAD REBLAUS 12,00 €
MIT CROUTONS UND FRISCH
GEHOBELTEM PARMESAN
- MIT RIESENGARNELEN 18,50 €
- MIT FILETSTREIFEN 19,50 €

WILDLACHSTATAR 14,00 €
MIT CREME FRAICHE AUF SCHÜTTELBROT

BURRATINA DI ANDRIA 12,50 €
MIT TOMATEN „ALTE SORTEN"

WILDKRÄUTERSALAT 13,00 €
VOM KELTENHOF
- MIT RIESENGARNELEN 19,50 €
- MIT FILETSTREIFEN 20,50 €

SÜDTIROLER BRETTLJAUSE 18,00 €
MIT SCHINKENSPECK, KAMINWURZEN,
KÄSE UND VINSCHGERBROT

GALLOWAY BURGER 13,00 €
VON DER LANDSCHLACHTEREI ANDERSEN

HAUSGEMACHTE PASTA
- AGLIO, OLIO, PEPERONI, MIT FRISCHEN AROMEN DER GARDESANA LIMONE 11,50 €
- MAMMAROSA 11,50 €

FRITTIERTE CALAMARETTI 16,00 €
MIT BLATTSPINAT, KESSELCHIPS UND AIOLI

WEINAUSWAHL

BIANCO DI CUSTOZA, 2012	0,1 LTR.	3,90 €
WEIßBURGUNDER, POSS, 2013	0,1 LTR.	4,40 €
LUGANA, ST. CRISTINA, 2014	0,1 LTR.	4,50 €
SYLVANER, R1 REBLAUS SELECTION 201	0,1 LTR.	4,50 €
GRAUBURGUNDER EMIL BAUER 2015	0,1 LTR.	4,50 €
RIESLING, EMIL BAUER 2015	0,1 LTR.	4,80 €
RIESLING, ROBERT WEIL, 2014	0,1 LTR.	6,20 €
SAUVIGNON BLANC, GUMPHOF, 2015	0,1 LTR.	6,20 €
ZWEIGELT, FASANENGARTEN, 2012	0,1 LTR.	3,60 €
MERLOT CUSUMANO, 2014	0,1 LTR.	4,40 €
SANGIOVESE, R2 REBLAUS SELECTION, 2008	0,1 LTR.	4,50 €
100% GRACIANO RIOJA 2011	0,1 LTR.	5,10 €
NOIR, EMIL BAUER, 2014	0,1 LTR.	5,50 €
DER ALTE MANN, CARNUNTUM, 2013	0,1 LTR.	6,50 €

AB 18.00 UHR ERWARTEN WIR SIE MIT TAGESAKTUELLEN ZUTATEN, DIE UNSERE KÖCHE MIT IHNEN NACH IHREN WÜNSCHEN INDIVIDUELL ZUSAMMENSTELLEN.
UNSERE FLASCHENWEINE FINDEN SIE IN DER AUSFÜHRLICHEN REBLAUS WEINKARTE.

Speisenkarten-Auszug-Frühjahr 2019
Angebot und Preise können sich je nach Marktlage ändern

Salon 1900

Nostalgie im Friesenhaus
Ideenreiche Küche
Terrasse
auch vegetarische Gerichte

Genuss à la Salon

Sylter Institution im Keitumer Friesenhaus unter kuscheliger Reetdach-Mütze. Familientradition trifft moderne Kulinarik. Lauschige Gartenterrasse mit Mittagskarte, von deftig (Currywurst) über figurbewusst bis hin zur süßen Sünde (Waffeln, Friesentorte und Apfelkuchen). Geschmackvolles Abendrestaurant – die genussvoll leichte Kreation lockt ebenso wie der Klassiker schlechthin: das Wiener Schnitzel. Tradition und kreative Moderne kennzeichnen die Salon-Küche. Regelmäßig wechselnde Karte. Catering, Events.

Erwartungen übertroffen", „Wie immer sehr gut", „Jedes Jahr wieder" so lauten einige der begeisterten Kommentare im Netz, wenn von „salonfähigem Genuss" die Rede ist. Von Genuss im *Salon 1900*, um genau zu sein – eine Keitumer Institution. Es ist diese besondere Mischung aus Sylter Geschichte und modernem Zeitgeist – und natürlich das Gastgeberpaar *Lilly* und *André Meyerhoff* – die den einmaligen Charme ausmacht. 2010 übernahmen die beiden das Restaurant von Andrés Onkel *Peter Meyerhoff* und führten das Keitumer Kleinod behutsam in die Moderne.

Ivo Schmal

Der Gastraum strahlt pure Behaglichkeit aus: Antike Lampen, Bilder und andere Liebhaberstücke sind geschmackvoll kombiniert mit modernen Accessoires und eleganter Tischkultur. Im Sommer pausiert man gerne auf der lauschigen Terrasse und lässt sich mit frischen Waffeln, Apfelkuchen oder Friesentorte verwöhnen. Wer nach der Radtour oder Wattwanderung eher eine herzhafte Kalorienzufuhr bevorzugt, lässt sich die Kartoffelsuppe oder eine ordentliche Currywurst schmecken.

Abends ist das Restaurant in romantisches Kerzenlicht getaucht – und der Gast gespannt auf Küchenchef *Ivo Schmals* Definition von „Genuss à la Salon". Mit seiner kreativen Kochhandschrift meistert er einen kulinarischen Spagat: langjährigen Stammgästen ebenso wie „Salon-Neulingen" ein zufriedenes Lächeln ins Gesicht zu zaubern. Wie das geht? Mit einer fein abgeschmeckten Mischung aus gemüsebetonten, leichten Kreationen und Klassikern. Der feine Avocado-Tomatensalat mit Garnele könnte der Beginn einer wunderbaren „Salon-Liaison" sein. Oder die gebratene Jakobsmuschel mit Holunderblüte und grünem Spargel. Im Hauptgang kommt der Lachs mit zweierlei vom Wirsing und wunderbar ohne schwere Beilagen aus, ebenso der marinierte Saibling mit Apfel und Gurke. Der Klassiker schlechthin: das Wiener Schnitzel. Oder ein Rumpsteak mit, je nach Saison, gerösteten Schwarzwurzeln oder anderen Beilagen sowie Kartoffelgratin.

Selbstverständlich hat Restaurantleiter *Thomas Borggraefe* versierte Empfehlungen für die passende Weinbegleitung parat: die Riesling-Cuvée Sommerpalais z.B. als spritzig-leichter Begleiter für viele Gelegenheiten. Oder einen rassigen Roten mit Volumen von Simone Adams und dem passenden Namen Kaliber 19 – ja, die Winzerin ist auch passionierte Jägerin.

Ja, und beim nächsten Salon-Besuch gibt`s dann wieder ganz andere Gerichte – denn die Menükarte wird regelmäßig neu geschrieben!

SALON 1900, Keitumer Süderstraße 40, 25980 Sylt / OT Keitum, Tel.: 0 46 51 / 936000, Fax: 936005, Küche durchgehend von 12 bis 22 Uhr. Außerhalb der Saison montags Ruhetag,

www.salon1900.de, info@salon1900.de

Vorspeisen

VARIATION VON BLATTSALATEN in Balsamicodressing	9,80 €
AVOCADO-TOMATENSALAT gebratener Garnelen	16,50 €
GEBRATENE JAKOBSMUSCHELN Holunderblüte und grüner Spargel	16,50 €
KOHLRABICARPACCIO Nordseekrabben und Creme fraiche	16,50 €

Zwischengerichte

GEBRATENER WOLFSBARSCH Sauerampfer Risotto und Mairübchen	18,00 €
KEITUMER ZIEGENKÄSE Melone und Minze	18,00 €

Suppen

HUMMERSÜPPCHEN gebratene Jacobsmuschel	14,50 €
KEITUMER BOUILLABAISSE Sauce Rouille	12,50 €

Vegetarisch

TAGLIATELLE Schwarzer Trüffel und Parmesan	22,50 €
WEIßER SPARGEL Erbse, Eigelb und Braune Butter	17,50 €

Salon 1900

Gebratene Jakobsmuscheln
mit grünem Spargel und Holunderblüte

12,50 €

Gebratenes Lammkarree
mit Zuckerschoten, Radieschen und
Erbsenpüree

38,50 €

Eierlikörschaum
mit Apfel

9,50 €

Menüpreis

58,00 €

Fisch

FANGFRISCHE NORDSEESCHOLLE Kartoffelsalat	
"Finkenwerder Art" in Speckbutter gebraten	
"Büsumer Art" mit Nordseekrabben*.)	24,50 €
GEBRATENER LACHS Junge Karotten und Petersilie	27,00 €
GEBRATENER KABELJAU Zuckerschote, Staudensellerie, grüner Spargel	27,00 €

Fleisch

ARGENTINISCHES RUMPSTEAK Blattspinat und Kartoffelgratin mit Taleggio	28,00 €
WIENER SCHNITZEL VOM KALB Bratkartoffeln und Gurkensalat	22,80 €
FILETS VOM SALZWIESENLAMM Kräuterkruste, zweierlei Fenchelgemüse, Rosmarinkartoffeln und Thymianjus	27,90 €

Speisenkarten-Auszug-Frühjahr 2019 | Angebot und Preise können sich je nach Marktlage ändern

Sünhair
by Klaus

Probier's mal mit Gemütlichkeit

Gemütlich-friesisches Abendrestaurant mit lauschiger Sonnenterrasse im alten Dorfkern von Keitum. Gute Küche mit regionalen Zutaten, angenehmes Preis-Leistungs-Verhältnis. Vorspeisen 7,90 bis 15,90 (z.B. selbst eingelegter Schafskäse), Hauptgerichte 19,50 bis 27,90 (z.B. „Pastorenstück" vom Galloway). Kleine, feine Karte, ergänzt durch wechselnde Abendempfehlungen. Überwiegend deutsche Weine. Empfehlung: 2018er Grauburgunder Kabinett Fass Nr.7 by Klaus / Weingut Wilhelmshof / Pfalz 0,2/8,50, 0,75/30,-.

Im Januar 2018 hat *Klaus Kahle* das Ruder vom kleinen und feinen *Restaurant Sünhair* übernommen und seine Frau *Astrid* hat dem Keitumer Kleinod mit stilsicherer Hand eine behutsame Frischzellenkur verordnet. Dezente Beigetöne beruhigen das Auge und eine dunkelgrüne Wand am Ende des Raumes wirkt mit ihren Schwarz-Weiß-Fotografien von Bleike Bleiken aus Keitum frisch und modern. Bunte Blumen und eine liebevolle Tischdekoration runden das Ambiente ab.

Den Gästen gefällts...das zeigen die Bewertungen im Netz: „Klein, aber fein!", „Gemütlich gut essen", „Ein angenehmer Abend mit gutem Essen".

In dieser heimeligen Atmosphäre stößt man erst mal mit einem Glas Wein an: etwa einem 2018er Sauvignon Blanc by Klaus vom Weingut Oswald aus Rheinhessen. Dazu wünscht man sich „Sünhair!" Das ist Altfriesisch und bedeutet „Wohlsein" oder auch „Gesundheit" – und sucht sich einen feinen Starter aus der Karte aus. Den von Klaus selbst eingelegten Schafskäse (7,90) sollte man auf jeden Fall mal probiert haben. Küchenchef *Martin Edel* verarbeitet nur Fische aus der Nordsee und Galloway-Rindfleisch aus Viöl, Schleswig-Holstein. Vielleicht probieren Sie einmal das Filet vom Heilbutt auf Rahmsauerkraut mit Speck und Rosmarin-Kartoffeln (27,90) oder das Hüftsteak mit Erbs-Kartoffelpüree, geschmorten Zwiebeln und Granatapfel-Jus (26,50). Und dann darf es gerne auch noch ein Dessert sein. Martins weißer Schokoladen-Brownie mit Waldbeeren-Kompott zum Beispiel (8,50).

Wer deutsche Weine schätzt, wird das Sünhair by Klaus allein schon seines Sortiments wegen lieben. Und neu ist der Offen-Ausschank mit dem Coravin...besondere Tropfen können hier glasweise ausgeschenkt werden. Und darauf „Sünhair"...!

SÜNHAIR BY KLAUS, Erich-Johannsen-Wai 2, 25980 Sylt / OT Keitum, Tel.: 0 46 51 / 4498999, ganzjährig ab 17 Uhr geöffnet, dienstags Ruhetag,
www.restaurant-suenhair.de, info@restaurant-suenhair.de

Sünhair *by Klaus*

Fisch aus der Nordsee

Filet vom weißem Nordsee-Heilbutt gebraten, dazu Rahmsauerkraut mit Speck und Rosmarin-Kartoffeln	27,90
Filet vom Nordsee-Kabeljau gebraten auf körniger Senf-Sauce mit Karotten-Lauch-Gemüse und Bratkartoffeln	26,90
Wildfang Rotschalen-Garnelen (ausgelöst) mit Tomaten-Lauch-Gemüse in Soja-Knoblauch-Chili-Öl gebraten	
8 St. als Hauptgang 5 St. als Vorspeise	22,90 15,90

Fleisch von der Landschlachterei Burmeister aus Viöl

Hüftsteak vom Galloway mit geschmorten Zwiebeln, geschmolzenen Tomaten, Erbs-Kartoffelpüree und Granatapfel-Jus	26,50
"Pastorenstück" vom Galloway - kalt - rosa gebraten, Bratkartoffeln und Remouladensauce	19,50
Husumer Lammhaxe, sanft geschmort, mit Speck-Bohnen und Thymian-Kartoffeln	24,90
Frikadellen vom Galloway mit glaciertem Spitzkohl und Röstzwiebel-Kartoffelstampf	21,50

Dessert

Honig-Thymian Parfait mit frischen Früchten	8,50
Martin´s weißer Schokoladen-Brownie mit Waldbeeren-Kompott und Eis nach Wahl	8,50
Crunchy Vanille-Eis mit feinem steirischem Kürbiskernöl von Hartlieb	7,00
Nuggets vom Grana Padano mit altem Balsamico di Modena	6,90
Unsere Eis Sorten Vanille, Schokolade, Erdbeere, Caramell-Crunch	je Kugel 2,50
Erdbeer-Sorbet (laktosefrei & vegan) von der Meierei Geestfrisch aus Kropp / Schleswig-Holstein	je Kugel 3,50

Abendempfehlungen

Neben der Speisekarte sorgen saisonale wechselnde Gerichte
auf unserer Abendempfehlung für weitere Gaumenfreuden

Vorspeisen

Im Original-Weckglas selbst eingelegter Schafskäse mit Kräutern	7,90
Carpaccio vom Rind mit Dressing *by Klaus*.Feldsalat und Grana Padano	13,50
Baby-Öl-Sardinen "Sardinillas de Riannxo" von Jesus Lorenzo aus Galizien in der Original-Dose serviert...es gibt wirklich keine besseren!	18,00
½ Dtz Weinbergschnecken mit Kräuter-Knoblauchbutter und Käse gratiniert	9,90
Tomatenbrot *by Klaus*... geröstetes Baguette mit Pesto-Tomaten, Knoblauch und Grana Padano	7,90
Gemischter Pflücksalat mit Balsamico-Olivenöl-Dressing	8,50
- und selbst eingelegtem Schafskäse - und Wildfang Rotschalen-Garnelen	14,90 15,90

Suppen

Tomatensuppe mit Crème fraîche und Croutons	8,50

Vegetarisch

Spaghetti von Mancini mit tomatisiertem Gemüse-Ragout und Schafskäse	17,90

Für die Kids

Natürlich haben wir auch Gerichte für die Kinder. Einfach fragen...

Speisenkarten-Auszug-Frühjahr 2019 | Angebot und Preise können sich je nach Marktlage ändern

LANDHAUS
SEVERIN*S
MORSUM KLIFF

Gastlichkeit par excellence in Morsumer Natur

Genussjuwel am Morsum Kliff

Restaurant im Landhaus Severin*s Morsum Kliff in Alleinlage auf dem östlichsten Zipfel der Insel. Interieur im modernen Landhausstil. Große Sonnenterrasse mit Blick auf Heidelandschaft und Wattenmeer. Frühstück von 7.30 bis 12 Uhr, Mittagskarte mit saisonalen und deftigen Gerichten wie Linseneintopf mit Kochwurst (9,50) oder Labskaus „Morsum Kliff" (19,-). Köstliche Schmorgerichte, wöchentlich verschiedene Sonntagsbraten (21,50). Behagliche Kaminbar. König Pilsener 0,25/3,80, Flasche Wein ab 29,-.

Hier draußen am *Morsum Kliff* steht die Zeit still und nichts lenkt von einer entspannten Pause vom trubeligen Alltag ab. Das gilt umso mehr, wenn man zu Gast ist im Restaurant des *Landhaus Severin*s Morsum Kliff (s. Hotelreport)*. Ohne Übertreibung kann man sagen: dieses Haus ist ein Genussjuwel. Das gilt für die alleinige Lage in der einzigartigen Natur ebenso wie für die bodenständige und zugleich raffinierte Küche. Auch das Auge wird verwöhnt: mit dem frischen Landhausstil in dezenten Tönen, in denen sich auch die Farben der Sylter Natur widerspiegeln. Ein edles und zugleich entspanntes Hamptons-Flair auf der Nordseeinsel! Jetzt heißt es zurücklehnen und genießen, was der renommierte Küchenchef *Frank Zink* und sein Team am Herd Feines zaubern. Schon morgens darf sich der Gast auf ein köstliches Frühstück freuen (ab 14,50 p.P.). Danach bietet sich natürlich ein Spaziergang am Morsum Kliff an – das übrigens morgens bei Sonnenschein in den feurigsten Farben schimmert. Nach einer ausgiebigen Runde per pedes oder Velo kehrt man gerne für einen Mittagssnack in dieses attraktive Restaurant zurück. Besonders beliebt ist das Einfache, wie Gastgeber *Olaf Paulat* verrät. „Unsere Linsensuppe ist der Renner!" (9,50). Der „Morsum Kliff Cheeseburger" (23,-) ist ebenfalls ein Knüller, genau wie der Backfisch mit cremigem Spargel-Erbsen-Ragout (22,-).

Frank Zink

Ehrliche Küche ohne Firlefanz, mit besten, regionalen Produkten, gewürzt mit internationalen Klassikern und erlesenen Spezialitäten – das ist auch abends das Credo der Küchenbrigade.

Unsere Autorin würde als Hauptgang den confierten Kabeljau auf Salsiccia-Ragout wählen (29,-) oder aus dem Schmortopf ein Blanquette von Bauernhuhn & Hummer, begleitet von feinen Gemüsen und Sauerampfer (45,-).

Immer wieder sonntags darf man sich im Landhaus Severin*s ganz wie früher bei Muttern fühlen. Dann tischt das Küchenteam einen feinen Sonntagsbraten auf (21,50). Etwa einen Kalbsrollbraten oder einen deftigen Schweinekrustenbraten. Auch die Beilagen dazu sind, je nach Marktlage und Saison, immer wieder anders. Noch ein Grund mehr, das Genussjuwel am Morsum Kliff immer mal wieder zu besuchen.

LANDHAUS SEVERIN*S MORSUM KLIFF, Nösistig 13, 25980 Sylt / OT Morsum, Tel.: 0 46 51 / 460688-0, Fax: 460688-500, Frühstück 7.30-12 Uhr, Tageskarte 12-17.30 Uhr, Abendkarte ab 18 Uhr, P AE EC VISA €C
www.landhaus-severins.de, info@landhaus-severins.de

TAGESKARTE

ALS VORSPEISE

Halbes Dutzend Sylter Royal Austern in der Kiste 24,-
Zitrone ~ Frischkäseschnitte

Landhaus Salat mit Wiesenkräutern 13,-
Möhre ~ Erbse ~ Champignons

Morsumer Kartoffelsuppe 9,-
… und Kochwurst 10,-
… und hausgebeiztem Lachs 12,-

Linseneintopf 9,5
und Kochwurst

IN DER HAUPTSACHE

Fischtopf „Landhaus Style“ 21,-
Olivenölcrème ~ Röstbrot ~ Sauce Rouille

Unser Wagyu Pastrami Baguette 22,-
Spargel ~ Eiweiß ~ Rettich

Frische Tagliarini 18,-
Mascarpone ~ Waldpilze ~ Erbse ~ Pinienkerne

„Labskaus Morsum Kliff“ 19,-
Gebackenes Landei ~ Saure Beilage

Unser Backfisch 22,-
Cremiges Spargel Erbsenragout ~ Kartoffelpüree

In Nussbutter gebratener Seelachs 23,-
Möhre ~ Sauerampfercreme

„Currywurst Landhaus Style“ 13,-
Nackte Kalbsbratwurst ~ pikante Currysauce ~ Fritten

„Morsum Kliff Cheeseburger“ 23,-
im Brioche Brötchen mit 180g Beef, Cheddar Bacon-Jam, BBQ Beans und Fritten

Wiener Schnitzel vom Weidekalb 26,-
Bratkartoffeln ~ Rahmgurkensalat ~ Preiselbeeren

AUS DER SÜSSEN ECKE

Sylter Rote Grütze 9,-
flüssige Sahne ~ Vanilleeis

Hausgemachter Milchreis 9,-
Apfelkompott ~ Zimt-Zucker

Brüsseler Butterwaffel 5,50
mit Roter Grütze und Vanilleeis 9,5
mit Pflaumenmus und Sauerrahm 9,5

Langnese Carte D`Or Eiscrème je Kugel 3,-
Erdbeere ~ Schokolade ~ Vanille

LANDHAUS SEVERIN*S

MORSUM KLIFF

ABENDKARTE

MENÜ

Landhaus Menü Version Frühling mit Weinbegleitung

… in drei Gängen serviert. Ausgesuchte Produkte regionaler Produzenten und Feines aus aller Welt von bester Güte, passend zur Jahreszeit. Harmonisch aufeinander abgestimmt und schmackhaft serviert.

Marinierter Heidespargel mit kandiertem jungem Knoblauch
Rettich ~ Eiweiß ~ US Beef
€19,-
oder

„Unser Taschenkrebs“
Möhre ~ junger Lauch ~ gesalzene Limette
€19,-

„Lachsmaultasche“ mit Spitzmorcheln
Gerste ~ Buttermilch ~ Erbse ~ Jacobsmuschel
€38,-
oder

„Feines vom Salzwiesenlamm“
Olivenöl ~ Bärlauch ~ wilder Brokkoli ~ Zwiebeln
€38,-

Original Beans Edel Weiß Schoki
Eierlikör ~ Mandel ~ wilder Urwaldpfeffer
€13,-
oder

Frischkäse von Feddersen's Friesen Büffel
Rhabarber ~ Sylter Rose ~ Estragon
€13,-

3 Gang Menü €66,-
(Vorspeise/Hauptgang/Dessert)
3 Gang Menü mit Weinbegleitung €81,-

VORNEWEG

Halbes Dutzend Sylter Royal Austern in der Kiste 24,-
Zitrone ~ Frischkäseschnitte

Landhaus Salat mit Wiesenkräutern 13,-
Möhre ~ Erbse ~ Champignons

„Unsere Hühnerbrühe“ 14,-
Ravioli ~ Wurzelgemüse ~ Schwabenkorn

IN DER HAUPTSACHE

Frische Tagliarini 21,-
Mascarpone ~ Waldpilze ~ Erbsen ~ Pinienkerne

Spargel Cheesecake mit Sud von gedörrten Möhren 25,-
Sauerampfer ~ Morchel ~ Erbse

Knuspriger Backfisch mit Krustentierjus 26,-
„Schnüsch“ – Quer durchs Beet

Confierter Kabeljau auf Salsiccia Ragout 29,-
Bohne ~ Zwiebel ~ Polenta

Lecker Kalbsbouletten mit Senfcreme 26,-
Möhre ~ Erbse ~ Schwenkkartoffeln

US Schaufelstück 48/60 32,-
Artischocke ~ Bohne ~ Zwiebel ~ Bärlauch

UNSERE BESONDERE EMPFEHLUNG AUS DER COCOTTE

Blanquette von Bauernhuhn & Hummer 45,-
Spargel ~ Morchel ~ Erbse ~ Sauerampfer

AUS DER SÜSSEN ECKE

Hausgemachte Sorbets je Kugel 3,-
Holunder Joghurt ~ Rhabarber ~ Cassis Limette ~ Erdbeere

Hausgemachtes Eis je Kugel 3,-
Mascarpone Espresso ~ Brombeere Rahm ~ Sauerampfer Haselnuss Nougat ~ gepfefferte weiße Schoki

Frischkäse von Feddersen's Friesen Büffel 13,-
Rhabarber ~ Sylter Rose ~ Estragon

Original Beans Edel Weiß Schoki 13,-
Eierlikör ~ Mandel ~ wilder Urwaldpfeffer

Friesisch Blue aus der Hofkäserei Backensholz 16,-
Portwein ~ Birne ~ Nussbrot

Foto: Tom Kohler

HOOG
SEVERIN'S

Feines Bistro im 5-Sterne-Resort
hauseigene Patisserie

Genussreise im „grünen Herzen" der Insel

Kombination aus Bistro, Bar und Teestube im 5-Sterne-Superior Severin*s Resort & Spa. Mit Sky-TV. Entspannte Atmosphäre, schlichte Eleganz. Traditionelle Spezialitäten, Fokus auf den besten Produkten der Region. Feines aus der hauseigenen Patisserie. Vorspeisen ab 14,50 (Severin*s Caesar Salat), Hauptgang ab 25,50 (Maispoulardenbrust). KöPi 0,3/4,20, Weißburgunder v. Pfaffmann/Pfalz 0,2/9,50, Rotweincuvée von Becker/Pfalz 0,2/11,50.

Eine Genuss-Oase im „grünen Herzen" der Insel – darauf darf sich der Gast im Restaurant *Hoog* im *Severin*s Resort & Spa* freuen. Das Schöne: Jeder Gast ist willkommen, ob er im Hotel wohnt oder das Friesendorf Keitum erkundet. Zu jeder Tageszeit findet man hier ein passendes kulinarisches Highlight, vom Frühstück ab 9 Uhr (ab 12,50) bis zum Dinner. Im Gastraum schaffen gedeckte Sand- und Brauntöne eine entspannt-nordische Atmosphäre, das Interieur ist schlicht, elegant und geschmackvoll. Beeindruckende Schwarz-Weiß-Fotografien runden das gelungene Ambiente perfekt ab. Die Bestuhlung ist so großzügig gewählt, dass die Privatsphäre gewahrt bleibt. Spielt das Wetter mit, hat man die Wahl zwischen zwei Terrassen – geschützt zum malerischen Obstgarten hin oder mit Blick „ins Geschehen" vor dem Bistro.

Küchenchef *Normen Eller* legt im Restaurant Hoog viel Wert auf die besten Produkte der Region und auf ein abwechslungsreiches Aromenspiel. Ein bittersüßes Intermezzo erschließt sich z.B. bei einem knackigen Chicoréesalat mit Kerbelvinaigrette, Kohlrabi und pochierter Birne (15,50). Eine weitere leichte Variante, die Genussreise à la Hoog zu zelebrieren, ist das Carpaccio mit Bärlauchpesto (19,50). Nachmittags lässt man sich hier gerne mit Köstlichkeiten aus der hauseigenen Patisserie verwöhnen – dazu bietet das Hoog eine umfassende Tee- und Kaffeeauswahl. Die Kalorien kann man ja bei einem langen Spaziergang am Watt wieder loswerden.

Danach hat man dann auch wieder richtig Appetit auf weitere Gaumenfreuden. Zum Beispiel einen feinen Lengfisch mit grobkörniger Senfsauce, Röstkartoffeln und Wermutschaum (29,50). Oder soll es lieber doch der Kabeljau mit Fenchelrisotto sein (31,50)? Fleischfans dürfen sich auf eine köstliche Ochsenbacke freuen, die sich inzwischen als Klassiker auf der Karte entpuppt hat (27,50). Begleitet wird sie von Ofengemüse und einer gebratenen Semmelschnitte. Am Ende sollte man noch etwas Platz lassen für das Dessert: Sonst würde man eine köstliche Crème Brûlée von Orangen mit Orangenragoût und Vanilleeis verpassen (11,50). Zu all den Gaumenfreuden hat das Serviceteam selbstverständlich einen jeweils passenden Tropfen aus dem reich bestückten Weinkeller parat. Wer sich dann immer noch nicht losreißen kann, lässt die Genussreise an der Severin*s-Bar bei einem Drink und vielleicht einer guten Zigarre entspannt ausklingen.

HOOG, Am Tipkenhoog 18, 25980 Sylt / OT Keitum,
Tel.: 0 46 51 / 46066536, Fax: 46066500,
täglich 12 bis 22 Uhr.
www.severins-sylt.de, info@hoog-sylt.de

HOOG
SEVERIN'S

VORSPEISEN

½ Dutzend Sylter Royal Austern
mit Chesterbrot, Zitrone und Vinaigrette 28,5C

Bunter Chicorée-Salat
mit Kerbelvinaigrette, Kohlrabi und pochierter Birne 15,50 €

Severin*s Caesar Salat
mit confierten Tomaten und gehobeltem Parmesan 14,50 €
mit gebratenen Hähnchenbruststreifen 17,50 €
mit gebratenen Garnelen 19,50 €

Nordseekrabben
mit Crème Fraîche, Dill und Sonnenblumenkernen 21,50 €

Gebeizter Fjordlachs
mit Sauerrahm, Gurke, Kartoffelrösti und mariniertem Babyleafsalat 18,50 €

SEVERIN*S EMPFEHLUNG

Carpaccio vom Holsteiner Weiderind
mit Bärlauchpesto, Parmesan und Rucola
19,50 €

ZWISCHENGERICHTE

Frühlingslauchsuppe
mit Miesmuscheln und Croûtons 10,50 €

Spargelconsommé
mit weißem Spargel und gezupftem Ochsenschwanz 12,50 €

Friesisches Labskaus
mit Spiegelei, Matjes und Gewürzgurke 17,50 €

Hausgemachte Bandnudeln
mit Kirschtomaten, Knoblauch und Garnelen 18,50 €
Große Portion 25,50 €

FLAMMKUCHEN

Elsässer Flammkuchen
mit Speck, Zwiebeln und Frühlingslauch 14,50 €

Flammkuchen Severin*s
mit Galloway-Schinken, getrockneten Tomaten und Rucola 16,50 €

FISCH

Gebratener Lengfisch
mit Kartoffel-Spargel Ragout und Beurre Blanc 29,50 €

Nordsee-Seezunge
mit Petersilienkartoffeln und Gurkensalat 49,50 €

Dänischer Kabeljau
mit Fenchel-Risotto und Wermutschaum 31,50 €

Bitte Fragen Sie auch nach unseren wechselnden Tagesempfehlungen

SEVERIN*S KLASSIKER

Keitumer Fischsuppe à la Severin*s
mit Sauce Rouille und Knoblauch 14,50 €
Große Portion 21,50 €

FLEISCH

Maispoulardenbrust
mit Pfefferjus, wildem Brokkoli und Blumenkohlpüree 25,50 €

Geschmorte Ochsenbacke
mit Ofengemüse und gebratener Semmelschnitte 27,50 €

Gebratenes Rinderfilet
mit Café de Paris-Jus, Speckbohnen und Pommes Frites 42,50 €

SEVERIN*S KLASSIKER

Wiener Schnitzel
mit Kartoffel-Gurkensalat und Preiselbeeren 27,50 €

DESSERT

Sylter Rote Grütze
mit Vanillesauce und Johannisbeersorbet 11,50 €

Crème Brûlée von Orangen
mit Orangenragoût und Vanilleeis 11,50 €

Friesenteller
mit Earl Grey, Pflaume und Schmand 16,50 €

Rohmilchkäse vom Hof Backensholz
mit Früchtebrot und Feigensenf 16,50 €

Sorbetvariation
mit frischen Früchten und Beeren 14,50 €

Hausgemachtes Eis
Vanille | Joghurt | Karamell | Schokolade | Earl-Grey | Nougat | Whiskey je Nocke 3,00 €

Hausgemachtes Sorbet
Himbeere | Zitrone | Blutorange | Cassis | rote Johannisbeere | Rhabarber | Sanddorn je Nocke 3,00 €

SEVERIN*S KLASSIKER

Kaiserschmarrn (20 Min)
mit Zwetschgenröster
17,50 €

Speisenkarten-Auszug-Frühjahr 2019 | Angebot und Preise können sich je nach Marktlage ändern

Fotos: Michael Magulski

Shared Dining – gemeinsam entdecken, genießen, teilen

Stilvoll-legeres Top-Restaurant im 5-Sterne-Superior Severin*s Resort & Spa (siehe Hotel-Report). Mit großzügiger Terrasse im lauschigen Obstgarten, abends romantisch beleuchtet. Opulentes Frühstück von 7 bis 13 Uhr, nach Verfügbarkeit auch für externe Gäste (36,-). Ab 18 Uhr Dinner. Neues Shared-Dining-Konzept: 69,- bis 109,-, 2 bis 4-Gang. Mit korrespondierender Weinreise (40,-/55,-, 3 bzw. 4 Gläser à 0,1). Vorspeise ab 16,50 (Bärlauch mit Frischkäse & Bete), Hauptgang ab 28,50 (gegrillte Jackfruit). 850 Weinpositionen, Premium-Raritäten, exzellente Champagner-Auswahl, Bar. Gesellschaften für bis zu 150 Personen.

Genießen mit allen Sinnen – das ist die Devise im *Tipken's*, dem kreativen Restaurant im edlen Keitumer Severin*s Resort & Spa. Die lichtdurchfluteten Räumlichkeiten sind in Naturtönen stilvoll-elegant gestaltet und strahlen zugleich einen entspannten Laissez-faire-Charme aus. Von den drei ineinander übergehenden Räumen fällt der Blick in den malerischen Obstgarten mit Terrasse, die liebevoll mit einer üppigen Blumenpracht dekoriert ist: im Sommer ein kuscheliger, privater Geheimtipp, sowohl zum opulenten Frühstück (36,-) als auch für das romantische Dinner zu zweit.

Natürlich wird im Tipken's nicht nur das Auge verwöhnt – für das Geschmacksfeuerwerk zeichnet seit Kurzem Küchenchef *Normen Eller* verantwortlich. Der 31-Jährige lernte sein Handwerk bei Sternekoch Alexander Herrmann. Nach weiteren Stationen, u.a. im renommierten „Schlosshotel Lerbach", ist Eller jetzt der kreative Kopf hinter dem neuen Konzept im Tipken's: Shared-Dining.

„Die Idee dabei ist, dass im Menü pro Gang drei individuelle Gerichte serviert werden. Diese stellen wir in die Mitte des Tisches, so dass man unkompliziert von jedem einzelnen ‚naschen' kann", erklärt Normen Eller.

Sein Steckenpferd: ein tiefgreifendes Aromenspiel mit den besten verfügbaren Produkten zu kreieren, die der Markt saisonal bietet. Die „Chefs Choice" kommt je nach Appetit in 2 bis 4 Gängen (69,- bis 109,-). Es locken in der Vorspeise Rindertatar, geflämmte Gelbflossenmakrele und Jakobsmuscheln, gefolgt von u.a. Steinbutt und Onglet vom US Beef. Abgeschlossen wird das Menü mit einem Croque en bouche, aufgeschlagener Valrhona-Schokolade und einem Rhabarber Dessert. Dazu empfiehlt Sommelier *Sebastian Kersting* mit kompetenter Hand die passende Weinreise (40,-/55,-): entdecken, genießen und teilen.

Was für eine kommunikative Art, die schönen Seiten des Lebens zu zelebrieren! Restaurantleiterin *Julia Westphal* tut mit ihrem Team ein Übriges, damit sich der Gast wie im siebten Genusshimmel fühlt.

Wer seine Köstlichkeiten dennoch ungern teilt, darf natürlich auch einzelne Gerichte bestellen. Etwa die geröstete, pikante Makrele „Bloody Mary" mit Vodka (18,50) als Starter, gefolgt von sous-vide gegarten US-Short Ribs mit Nussbutterstampf (39,50). Vegetarier macht die Jackfruit mit Tandoori und Kokos glücklich (28,50).

Eine solch genussvolle Entdeckungsreise findet in der Bar gerne ihre stilvolle Fortsetzung. Am Kamin mit guten Gesprächen, einem erlesenen Wein oder Cocktail und vielleicht einer Zigarre – entdecken, genießen und teilen in seiner schönsten Form.

TIPKEN´S, Am Tipkenhoog 18, 25980 Sylt / OT Keitum,
Tel.: 0 46 51 / 46066533, Fax: 46066500, Frühstück von 7-13 Uhr,
Abendessen: Dienstag-Samstag ab 18 Uhr
www.severins-sylt.de, info@tipkens-sylt.de

3 – Gang Shared Dining

Tatar | Hamachi
Jakobsmuschel

***

Steinbutt | Onglet
US Short Ribs

***

Valrhona | Rhabarber
Croque

89,00 €

TIPKEN*S SHARED DINING

Entdecken | Geniessen | Teilen

Auf der ganzen Welt kommen Menschen zum Essen zusammen: Freunde, Familien und Paare, in zwangloser Atmosphäre werden alle zubereiteten Speisen in die Mitte gestellt und geteilt. Man reicht sich die Speisen, spricht über die Geschmäcker und Aromen und empfiehlt seine Lieblinge.

Genau diese Atmosphäre findet sich im Tipken's wieder: Beim „shared dining" werden alle Speisen in der Tischmitte angerichtet und laden zum Probieren, Diskutieren und Entdecken in legerer Umgebung ein. Gehen Sie zusammen auf eine kulinarische Entdeckungsreise und teilen Sie Genüsse aus aller Welt miteinander.

Makrele „Bloody Mary" - geröstet - 18,50 €

Tomate | Pfeffer | Chili | Staudensellerie | Vodka

* * *

Bärlauch - gepflückt, angelächelt, gemixt - 16,50 €

Frischkäse | Bete

* * *

Pulpo - kross gebraten - 25,50 €

Bohne | Rauchpaprika | Pata Negra

* * *

Jackfruit - gegrillt - 28,50 €

Tandoori | Kichererbse | Kokos

* * *

Hummer - poeliert - 45,50 €

Portwein | Kartoffel | Vanille

* * *

US Short Ribs - sous vide 10h/85°C - 39,50 €

Pfeffer-Jus | Nussbutterstampf

ORIGINAL SYLTER BACKKULTUR
Jürgen Ingwersen

Köstlichkeiten aus der Backstube
Cafégarten

Morsumer Café mit Zaubergarten

Morsumer Traditionsbäckerei mit angeschlossenem Garten-Café. Zauberhaft angelegt. Genuss von Frühstück über Pfannkuchen bis zu Keitumer Lammbratwürsten, hausgebackenes Brot, Brötchen und Torten, Traditionelles aus Norddeutschland. Frühstück ab 7,20, große Auswahl an Tee- und Kaffeespezialitäten. Wechselnde Tagesgerichte, Kuchen- und Tortenbuffet. Flensburger 0,3/3,30, Riesling von Pfaffmann 0,2/5,80, Merlot Villa Santa 0,2/6,-. Köstlichkeiten aus der Backstube zum Mitnehmen für zu Hause.

Das Mosumer *Café Ingwersen* ist als beliebte kulinarische Adresse auf Sylt nicht mehr wegzudenken. Hier genießt der Gast eine traditionelle Backkunst mit den Erfahrungen der dritten Generation. Das hat sich auch nach der Übergabe von Familie Ingwersen an den neuen Inhaber *Dirk Rose* nicht geändert.

Ein ganz besonderes Kleinod ist der großzügige, mit Bedacht angelegte Obstbauerngarten. Hier haben Ingwersens – die früheren Inhaber – mit Weidenzäunen und Klettergerüsten für blühende Pflanzen kleine Inseln geschaffen, die selbst in der Hochsaison großzügigen Raum für Séparées lassen. Ein Zaubergarten, in dem der Alltag keinen Zutritt hat…

Sollte das Wetter mal nicht mitspielen, macht man es sich in der heimeligen Cafèstube oder dem lichtdurchfluteten Wintergarten gemütlich.

Dann kann das Frühstück kommen – „Bombastisch“, wenn man mit Freunden oder der Familie unterwegs ist. So heißt die Frühstücksversion ab 4 Personen (56,-, jede weitere Person 14,-). Da ist alles dabei, was einen genussvollen Start in den Tag schöner macht. Oder doch lieber à la française? Voilà, hier kommen backfrische Buttercroissants mit Marmelade und einem Landei (7,20) auf den Frühstücksstisch.

Nachmittags macht man hier gerne eine Pause vom Spaziergang oder der Radtour. Die köstlichen hausgemachten Torten und Kuchen sind dann jede Sünde wert.

Der Blick in den Suppentopf lohnt sich ebenfalls, vor allem, wenn sich der kleine Hunger nach der Radtour meldet. Wie wäre es dann mit der Morsumer Kartoffelsuppe mit herzhaftem Vollkornbrot (6,-)? Mit dem schon berühmten Vollkornbrot von Ingwersen wird die Brotzeit zu einem Highlight. Wählen Sie zwischen Serrano Schinken, Käsesorten oder Nordseekrabben – oder gleich den Vesperteller. Mit einem Gläschen Grauburgunder von Pfaffmann (0,2/6,-) wird der Abend eingeläutet. Der muss allerdings an einem anderen Ort fortgeführt werden, denn bei Ingwersen ist ab 18 Uhr Feierabend.

CAFÉ INGWERSEN, Terpstich 76, 25980 Sylt / OT Morsum,
Tel.: 0 46 51 / 823342, geöffnet ganzjährig ab 8 Uhr,
in der Saison bis 18 Uhr. P ec
www.ingwersen-sylt.de

SPEISEKARTE

ab 12.00 Uhr

Caprese
Strauchtomaten & Büffelmozzarella
mit Pesto & Balsamico 13,50 EUR

Knackiger Saisonsalat 8,00 EUR
mit
Garnelen 15,00 EUR
Schafskäse 14,00 EUR
Avocado 12,00 EUR
oder mit allem 18,00 EUR

Morsumer Kartoffelsuppe 6,50 EUR
mit
Kochwurst 7,00 EUR
Nordseekrabben 9,50 EUR

Gulaschsuppe
vom deutschem Rind 9,50 EUR

Keitumer Lammbratwurst
mit Saisonsalat und Rosmarinkartoffeln 12,50 EUR

Matjes
mit Apfel/Zwiebel/Kräuterschmand und Drillingen 15,00 EUR

Französische Drillinge
mit Olivenöl & Rosmarin aus der Pfanne
Kräuterschmand 7,80 EUR
Kräuterschmand & Nordseekrabben 13,50 EUR
Kräuterschmand & Räucherlachs 11,50 EUR

DESSERT

Hausgemachte Rote Grütze
mit Vanilleeis oder Vanillesauce
7,50 EUR

oder wählen Sie einen unserer Pfannkuchen oder eine Marzipanwaffel
als Dessert

Bitte beachten Sie auch unser Tages-/ Tafelangebot

Speisenkarten-Auszug-Frühjahr 2019
Angebot und Preise können sich je nach Marktlage ändern

Janke's
RESTAURANT

gute Bürger-Küche mit Pfiff
auch vegetarisch

Versteckt in den Tinnumer Auen

Kleines, bodenständiges Restaurant mit deutscher Küche, Fokus auf saisonale Gerichte der Region – Spotlight auf Fisch. Moderne Einrichtung mit maritimen Elementen. Vorspeisen ab 5,50, Hauptgerichte 10,20 bis 23,90, dazu wechselnde Abendkarte bis 34,50 (Edelfische). Gute Weinkarte mit Fokus auf Deutschland. Glas Wein ab 6,20, Flasche Wein von 19,50 bis 28,-, Biere ab 2,20 (0,2).

Im Tinnumer Süden ist Laufkundschaft rar gesät. Deshalb ist das *Janke's* direkt an der Einfahrt zum örtlichen Campingplatz immer noch ein Geheimtipp. Auch wenn das gemütliche, gutbürgerliche Restaurant bei Eingeweihten längst zum Dauerbrenner avanciert ist. Das Interieur ist hell, freundlich und individuell: Hier ein wenig Dünengras, dort ein paar Fische und ein Leuchtturm an der Wand, die maritime Dekoration sorgt im Gastraum für Wohlfühl-Atmosphäre. Die Highlights der Vorspeisenkarte sind das Garnelenpfännchen mit Knoblauch und Gemüse (9,50) sowie ein gratinierter Ziegenkäse mit Walnusspesto und Früchten (10,50), ebenso gut schmeichelt dem Gaumen eingelegter Schafskäse mit Oliven und getrockneten Tomaten (8,90).

Chefkoch und Restaurantinhaber *Pierre Kiesewski* hat eine klare Liebe für Fisch und Fischartiges. Freunden von Plattfisch serviert er Kutterscholle mit Speck-Bratkartoffeln und Gurkensalat (18,50) und Scholle nach Finkenwerder Art mit Speckstippe (19,50). Wer sich die Edelvariante der Scholle zwischen die Kiemen schieben möchte, wählt den Goldbutt mit gebutterten Krabben und Gemüse (23,90). Der „Pannfisch" hat sich mancherorts ein schlechtes Image verdient, im Janke's zeigt er sich von seiner besten Seite: frischer Fisch, knackige Garnelen und leckeres Gemüse in Dijon-Senfsauce (20,50) kommen in der gusseisernen Pfanne auf den Tisch und munden köstlich. Dazu werden krosse Bratkartoffeln und ein erfrischender Gurkensalat serviert.

Fleischliebhaber sollten unbedingt die saftigen Spareribs aus dem Ofen mit Barbecuesauce, Krautsalat und Kartoffelecken (18,50) probieren, ebenso die Rindersteaks aus der Pfanne in allerlei Variationen (ab 23,90). Vegetarier werden nicht als bemitleidenswerte Körnerfresser durchgewunken, sondern mit der gleichen Leidenschaft wie Fleischesser bekocht. Sie erfreuen sich beispielsweise an Pesto-Rigatoni mit buntem Gemüse und Pinienkernen (13,90) oder genießen eine Pfanne mit saisonalem Gemüse und gratiniertem Ziegenkäse (13,80).

Der angrenzende Kiosk vom Campingplatz läuft ebenfalls unter der Regie vom Janke's. Dort gibt es nicht nur Tageszeitungen, Lakritzschnecken und weiße Mäuse: die Küche schickt hier Kalbsleber und wechselnde Eintöpfe zum Mitnehmen oder zum Sofortgenießen auf der sonnigen Terrasse.

JANKE'S, Ziegeleiweg 1, 25980 Sylt / OT Tinnum, Tel.: 0 46 51 / 3720, ab 17 geöffnet, Küche bis 22 Uhr, geöffnet bis Feierabend, kein Ruhetag, Tischreservierung empfohlen, auch auf Facebook zu finden, www.jankes-sylt.de, jankesaufsylt@gmx.de,

Zur Mühle

Neue Zeiten, frische Küche, toller Blick

Tagesrestaurant und Café in bester Lage über dem Munkmarscher Watt. Windgeschützte Sonnenterrasse mit Panoramablick. Genussadresse für Stammgäste und Spaziergänger. Gemütliches Café mit Hausgebackenem nach altem Rezept. Neue Öffnungszeiten von 11 – 18 Uhr, ganztägig warme Küche. Beliebte Traditionsgerichte (Tafelspitz 20,50, Nordseescholle ab 22,50), regionale Saisonangebote. Kleine Tafelfreuden (Suppen, Pasta, Salate, Seemannskost). Neu: kreative Canapés. Bitburger Pils 0,25/3,20, Wein 0,2/7,50 (Weißer Burgunder, Rheinhessen), Flasche ab 25,50. Erstklassige Tropfen vom Weingut Müller- Dr. Becker.

Was für eine Lage! Liebhaber der stillen Sylter Wattseite kennen das Munkmarscher Restaurant und Café *Zur Mühle* als einen Zwischenstopp, bei dem sie auf köstliche Art wieder zu Kräften kommen. Die treuen Stammgäste schätzen neben der Tatsache, dass ihre Lieblingsgerichte hier tatsächlich immer auf der Karte stehen, die familiäre Atmosphäre. Insofern ist alles „wie immer": Die herzlichen Gastgeber *Sina* und *Bernd Hinske* und ihr langjähriges Küchenduo *Jens Biesel* und *Oliver Schröder* sowie *Michael Mey* im Service geben den Gästen das gute Gefühl, in ihr kulinarisches Zuhause zu kommen – in Zeiten von To-Go-Kaffees und Streetfood ein wertvolles Kontinuum.

NEU sind die Öffnungszeiten in der Mühle!

Die Auswahl an Speisen ist groß. Die Freude auch, denn die warme Küche gibt es nun den ganzen Tag. Manchmal treffen sich dann die hausgemachte Friesentorte aus dem Familienbackbuch und die berühmte halbe Bauernente aus dem Ofen (mit Apfelrotkohl 22,50) an einem Tisch. Die Seezunge „Müllerin" (ca. 500 g, 39,50) der Erwachsenen hat nichts gegen die hausgemachten Pfannkuchen mit Roter Grütze (8,90), auf die der Nachwuchs steht. Jeder nach seinem Geschmack! Wer schon um 11 Uhr (in der Sommersaison ab 10 Uhr) vorbeischaut, kann sich – quasi als Frühstück – allerlei Canapés bestellen: Frisches Baguette, belegt mit Holsteiner Katenschinken, Lachs, Käse oder Krabben, dazu Kräuterrührei und Salat (ab 13,-). Oder schon die Rinderroulade, das Dorschfilet, die Lammkeule vom Salzwiesenlamm (23,50) in Auftrag geben. Gut, wenn man zuvor die üppige Speisenkarte online studiert. Offline und je nach Wetterlage bleibt man in der guten Stube oder sucht sich ein ruhiges Sonnenplätzchen auf der Terrasse mit Aussicht auf das Wattenmeer. Ganz entspannt im Hier und Jetzt.

ZUR MÜHLE, Lochterbarig 24, 25980 Sylt / OT Munkmarsch, Tel.: 0 46 51 / 3877, Fax: 8357355, **geöffnet mittwochs bis montags durchgehend von 11 bis 18 Uhr, im Sommer ab 10 Uhr.** Dienstag Ruhetag, Tischreservierung bis 16.30 Uhr, Parkplatz am Haus P ec www.zur-muehle-sylt.de, info@zur-muehle-sylt.de

List

Dünen-Paradies und Hafen-Flair

In Deutschland ganz oben: Wenn Sie an der nördlichen Spitze Sylts stehen, dem Ellenbogen, dürfen Sie ein besonderes Privileg für sich in Anspruch nehmen: Dann nämlich sind Sie Ihren 80 Millionen Landsleuten ein Stück voraus und dürfen sich als nördlichster Mensch Deutschlands fühlen.

Außer diesem Superlativ hat List noch eine Menge mehr zu bieten: Pulsierendes Zentrum ist der Hafen. Hier legt die Autofähre gen Dänemark ab, stechen die Ausflugsschiffe in See, offerieren Gastronomen unterschiedlichste Genüsse. Kaum ein Weg führt an den gastlichen Betrieben des populären „Fischpapstes" Jürgen Gosch vorbei, der vom Krabbenbrötchen bis hin zum frisch gedünsteten Edelfisch alles offeriert, was das Herz des Fischliebhabers erfreut. Frischer Fisch steht aber auch in den anderen Lister Restaurants ganz oben auf der Speisenkarte.

Der Lister Königshafen ist ein ideales Revier für alle Windsurfer und Kitesurfer, in der Nähe erheben sich zwei große Wanderdünen, wie sie einmalig in ganz Nordeuropa sind. Da sie im Gegensatz zu allen anderen Dünen kaum von Pflanzen bewachsen sind, wandern sie vom Wind angefacht pro Jahr etwa drei Meter.

Im Wattenmeer reifen für Deutschlands einzige Austernzucht jährlich rund eine Million Schalentiere heran, die als Marke des Jahrhunderts – „Sylter Royal" bundesweit vertrieben werden.

Tipp: Wissenswertes rund um Sylt und die Nordsee erfahren Sie auf moderne und unterhaltsame Weise im „Erlebniszentrum Naturgewalten" am Hafen.

Kurverwaltung List auf Sylt:
Tel.: 04651 / 95 200
Fax: 04651 / 95 20 29
E-Mail: info@list-sylt.de
Internet: www.list-sylt.de

Sylter Eismanufaktur

Die Schlange, die sich schon mal vor dem schönen reetgedeckten Haus bildet, gehört zu den großen Komplimenten für die aromatischen Kugeln der *Sylter Eismanufaktur* an der Lister Dünenstraße (gegenüber vom A-ROSA Sylt). Eismacher *Detlef Fügeisen* ist es eine Bestätigung, dass die Menschen ganz heiß sind auf sein Eis. In den Bewertungs-Portalen liest man durchweg positive Kommentare:„perfekter Eisgenuss", „superlecker",„das Anstellen hat sich gelohnt",„das Schokoladeneis ist von einer anderen Welt" usw. Eigentlich erscheint das Grundprinzip der Eisproduktion von Detlef Fügeisen ganz einfach: Beste, natürliche Zutaten, möglichst von regionalen Lieferanten und schonende Behandlung. Dazu kommen allerdings innovative Ideen. So entstand ein Renner der Eismanufaktur: Quark-Meersalz-Karamelleis. Die Milch dazu kommt aus Morsum und das Meersalz von der Genuss-Manufaktur aus der Nachbarschaft. Alles bio! Und das schmeckt man! Genauso beliebt sind Eierlikör-Milcheis oder Orange-Ingwer sowie Schokolade. Dazu passen sogar die tollen Fairtrade-Kaffees aus Honduras, Venezuela und Indien, die speziell auf des Sylter Wasser abgestimmt sind und hier von einer La Marzocco Siebträgermaschine zubereitet werden ... Auf den Geschmack gekommen?

25992 List, Dünenstraße 3, Tel.: 0 46 51 / 8356810, regulär geöffnet von 11-19.30 Uhr, je nach Saisonzeiten Abweichungen möglich, www.sylter-eismanufaktur.de, kontakt@sylter-eismanufaktur.de

Köstliche Nostalgie

Sylts nördlichste Wohlfühloase unter der Reetdachmütze. Behaglicher Wintergarten und romantisches Grün mit Spielplatz. Spezialitäten: Pfannkuchen von süß bis herzhaft (4,50 bis 19,80) und knusprige Ente (18,50). Gute Auswahl für Vegetarier. Hausgemachte Torten und Kuchen (ab 3,50). Große Auswahl an Tee- und Kaffeespezialitäten, Versandhandel und Shop. Flensburger 0,3/3,30, Hauswein 0,2/3,80, 0,75/14,90. Gut durchdachte Weinauswahl. E-Bike-Ladestation.

Nein, einen Bäcker, der frühmorgens Brötchen über die Theke reicht, gibt es in *Voigts Alte Backstube* nicht mehr – auch wenn so vor über 80 Jahren alles begann. Dafür ist in dem historischen Reetdachhaus seit 1998 ein wunderbares Restaurant zu Hause, in dem in vielerlei Hinsicht romantische Nostalgie mitschwingt. Sei es in der guten Stube mit antiken Tischen, Stühlen und plüschigem Sofa oder mit der Spezialität des Hauses – den Pfannkuchen – mit denen schon die Großmutter zu verwöhnen wusste. Der großzügige Garten ist ebenso wie der Wintergarten üppig mit Blumen dekoriert. Am Eingang verweist ein Schild darauf, das Handy einfach mal auszulassen. Willkommen in Sylts nördlichster Wohlfühloase!

Um 11 Uhr gehen hier die Türen auf und die Gäste dürfen sich auf einen legeren Start in den Tag freuen: Voilà, hier kommt der „Backstuben-Mini“. Ein hausgemachtes Baguette mit sorgfältig ausgewählten Zutaten wie Galloway-Salami oder Käse. Ab 12 ist die Küche warm und es ist Zeit für die Stars des Hauses: Pfannkuchen. Die gibt's hier sowohl für den kleinen als auch den großen Hunger. Und für Figurbewusste. Irgendwo auf der Welt ist schließlich immer Sommer.

Lecker ist auch der „Fitnesspfannkuchen“ mit Vollwertsalat und Kräuterquark allemal (9,70/14,90). Feinschmecker dürfte die Variante mit Trüffelcamembert, Rotweinschalotten und frischer Feige begeistern (12,90/19,80). Nachmittags legen hier gerne Strandläufer und Radfahrer eine kleine Pause ein. Kalorientechnisch darf es dann gerne etwas mehr sein. Ein Klassiker sind die hausgemachten Windbeutel mit verschiedenen Füllungen. Unsere Autorin liebt die Variante mit Sahne und Blaubeeren (7,90). Die Malakofftorte ist ebenfalls eine Spezialität des Hauses und jede Sünde wert (4,20).

Und abends? Locken allerhand Leibgerichte wie Köstlichkeiten mit dem berühmten hausgemachten „Sylter Salathimmel“-Dressing. Das gibt's zum warmen Kartoffelsalat mit scharfen Garnelen (19,90) ebenso wie zu den Spaghetti mit Antipasti (15,50). Fleischfans lassen sich gern die „Voigtspfanne“ mit Rosmarinkartoffeln und knusprigem Entenfleisch schmecken (21,50). Die Avocado-Gemüsequiche mit Salatbouquet macht auch fleischlos glücklich (13,50).

Backstuben-Feeling für zu Hause gibt's übrigens im Shop in der Listlandstraße 17: etwa den köstlichen „Sylter Salathimmel“ oder eigens designtes Porzellan und individuelle Accessoires – für das nostalgische Schwelgen bis zum nächsten Besuch in Lists Wohlfühloase.

VOIGTS ALTE BACKSTUBE, Süderhörn 2, 25992 List, Tel.: 0 46 51 / 870512, Fax: 4493312, ganzjährig geöffnet, von April bis Oktober ab 11 Uhr, warme Küche von 12 bis 21 Uhr. In der Nebensaison mittwochs Ruhetag. Großer Garten mit Kinderspielplatz und Sandkiste.

P ec f

www.voigts-sylt.de, info@altebackstube.de

auszug aus unserer speisekarte

unsere salate

	normal	klein
feldsalat mit pinienkernen und minijacobsmuscheln	19,90	13,60
blattsalate mit avocado, mango und walnüssen	18,50	12,50

gerichte mit unserem salathimmel

	normal	klein
spaghetti mit antipasti in unserem salathimmel geschwenkt und schafskäse	15,50	
warmer kartoffelsalat mit feldsalat und knusprigen bratwurstscheiben dazu sylter koggensenf	16,90	

vegetarische gerichte

blattsalat mit tomate und eingelegtem schafskäse	16,50	8,90
tomateneintopf mit kräutern und schmand	11,50	5,90
pfannkuchen mit karamelisierten feigen und ziegenfrischkäse	18,90	11,50
avocado-gemüse-quiche mit salatbouquet	13,50	

traditionelle gerichte

knoblauchpfanne mit garnelen, scharf, dazu bauernbaguette	18,50
1/2 knusprige ente mit kirschrotkraut und bratkartoffeln	22,00
spezialspaghetti mit garnelen in scharfer tomatensauce	21,50

süße sachen

großmutters schokoladenpudding mit vanillesoße	7,50
"no name" quarkspeise	7,20
rumkirschen mit vanilleeis	10,90

und vieles mehr …

alle preise in euro inkl. mwst.

Speisenkarten-Auszug-Frühjahr 2019

Angebot und Preise können sich je nach Marktlage ändern

Alter Gasthof ist auf neuem Kurs

Lister Gasthof aus dem 17. Jahrhundert, modern-nordisches Ambiente mit historischen Akzenten und neuen Eigentümern. Unterschiedlich große Stuben, teils mit über 300 Jahre alten Delfter Fliesen. Neu gestalteter Außenbereich mit Loungemöbeln und Bar. Klassische Fisch- und Fleischgerichte mit regionalem Fokus. Ganzer Hummer aus eigener Haltung. Küche ab 17 Uhr. Hauptgerichte ab 15,- (Nudeln mit Pfannengemüse), KöPi 0,2/3,-, 0,4/5,-, Grauburgunder Konrad Salwer 0,2/8,-. Etwa 300 Weinpositionen.

Ein Jahr ist es jetzt her, dass die neuen Eigentümer *Kai Richter* und *Jörg Lindner* den *Alten Gasthof* übernommen haben. Eine klassische Liebesgeschichte: Die beiden waren von dem historischen Restaurant so angetan, dass sie es erwarben und seine Geschichte jetzt fortschreiben. Der Alte Gasthof bleibt, was er war: ein historischer Gasthof, in dem Geschichte lebendig wird und der für unvergessliche kulinarische Momente steht. Dennoch haben die Eigentümer dem Lister Kleinod eine zeitgemäße und stilvolle „Frischzellenkur" verordnet: Der Gastraum strahlt jetzt mit dezenten Naturtönen in Taupe, Anthrazit, Grau, mit türkisen Farbtupfern und blanken Natureichentischen schlichte friesische Gemütlichkeit aus. Die alten Delfter Fliesen und historische Fotos unterstreichen die bewegte Historie des Hauses. Bei schönem Wetter lockt die Außenbar mit gemütlichen Loungemöbeln und einer stimmungsvollen Feuerstelle. „Der neue Alte Gasthof kommt sehr gut an bei unseren Gästen", freuen sich die neuen Eigentümer.

Der bekannte Kampener Gastronom und Koch *Dieter „Jensi" Jensen* ist seit letztem Jahr als Betriebsleiter und Küchenchef am Ruder des Lister Gastronomie-Flaggschiffs. Kulinarisch bietet die Karte einen gelungenen Mix aus Bewährtem und Neuem. Was hier nicht fehlen darf? Der Hummer aus eigener Haltung. Den gibt es in vielfältigen Varianten: nach Helgoländer Art in Meerwasser gekocht (100 Gr./13,-), als Hummercocktail „einmal anders" (26,50) oder als feine Zutat in der Bouillabaisse (klein 18,-, groß 33,-). Auch bei den übrigen Produkten setzt die Küche auf kurze Transportwege. Austern und Muscheln stammen aus List, Lamm und Rind haben zuvor die Sylter Salzwiesen genossen und kommen hier dann z.B. als geschmorte Rinderbäckchen mit getrüffeltem Kartoffelpüree und Gemüse (26,50) oder als Lammfilet mit Balsamico-Linsen und Gratin-Kartoffeln (33,50) auf den Teller. Und aus dem Meer? Lockt der Lister Fischtopf mit Salat und Kräuter-Risotto (27,50). Vegetarier genießen indes die Pasta mit Pfannengemüse (15,-).
Die „weinselige" Begleitung aus dem gut bestückten Sortiment ist hier natürlich Ehrensache. Und nur zu gerne philosophiert man nach dem Dinner in der Weinstube über Geschichte und Geschichten aus dem Alten Gasthof.

ALTER GASTHOF, Alte Dorfstr. 5, 25992 List, Tel.: 0 46 51 / 877244, Fax: 871400, in der Nebensaison montags Ruhetag, Vin Hus ebenfalls bis 22 Uhr geöffnet
www.altergasthof.com, info@altergasthof.com

ALTER GASTHOF

LIST/SYLT

DER HUMMER

unsere frischen Hummer haben ein Ø-Gewicht von 700 g

Hummercocktail „einmal anders“
26,50

Hummersuppe
mit Hummerfleisch
11,50

Bouillabaisse vom Nordseefisch
mit Hummerfleisch, Baguette und Aioli
Kleine Portion 18 / Große Portion 33

Ganzer Hummer
Helgoländer Art in zwei Gängen serviert
mit Saucen und geschmolzener Butter
100 g / 13

Halber Hummer
Gegrillt oder Helgoländer Art
mit Saucen und Baguette
100 g / 13

Hummerrisotto
mit grünem Spargel
31

Beef und Lobster Burger
Wagyu Beef und Hummer mit Avocado und einer
Mango Chilisauce, dazu Fritten
43

Kulinarik mit Dünenblick

Klasse Buffet-Restaurant im Lister 5-Sterne-Hotel A-ROSA Sylt. Modernes Ambiente mit Dünenblick und Sonnenterrasse für ein Dinner unter freiem Himmel. Großes Buffet mit europäischer Vielfalt, Live-Cooking-Stationen. Für Außer-Haus-Gäste 45,- pro Person, Kinder 0-3 Jahre kostenlos, 4 bis 6 Jahre 12,-, 7 bis 15 Jahre 22,-. Bier 0,3/4,50, offener Weißwein 0,2 ab 8,50, Flasche ab 29,50.

Das Buffet im lichtdurchfluteten *Dünenrestaurant* ist beeindruckend. Das Angebot ist riesig, die Preise fair. Für jeden Geschmack ist etwas dabei. Der Sylt-erfahrene Küchenchef *Janko Rahneberg* ist kreativ und verwöhnt die Gäste mit Highlights wie mit der Auster Sylter Royal, frischem Fisch oder Rindertatar.

Jeden Tag überrascht das Dünenrestaurant mit kreativen Buffets, am Samstag erwartet die Gäste das besondere Gala-Buffet. An den Live-Cooking-Stationen werden verschiedene Hauptgänge zubereitet, was besonders die kleinen Gäste beim Zuschauen fasziniert. Das geschmackliche Spektrum reicht von regionalen Speisen über das Mittelmeer hinaus in die weite Welt.

Apropos hinaus: Bodentiefe Panoramafenster geben den Blick auf die Lister Dünenlandschaft frei, Wandpaneele aus dem Holz von Sylter Strandbuden sorgen für eine besonders maritime Atmosphäre. Wenn der Wind nicht zu doll pustet, kann das Essen sogar draußen auf der geräumigen Terrasse verköstigt werden – hier an der salzigen, frischen Luft mundet es einfach doppelt gut. Praktisch für Eltern: Wenn dem ganz kleinen Nachwuchs bei einem Essensmarathon zu langweilig wird, finden die Kids in einer Spielecke Entspannung. Die etwas Größeren können sich in der Teenslounge „Dukes" vergnügen.

Für einen Absacker empfiehlt sich die Lifestyle-Bar des A-ROSA: Diese ist geräumig, ebenfalls für Außer-Haus-Gäste zugänglich und in puncto Mixology eine der ersten Adressen der Insel. Die Bartender sind auf Zack, verstehen ihr Handwerk und mixen behände manches Kunstwerk zusammen. Darüber hinaus kann man in der geräumigen Halle vor dem flackernden Feuer des Kamins Top-Weine oder ein Stück Kuchen samt Cappuccino aus der hauseigenen Pâtisserie genießen.

DÜNENRESTAURANT IM A-ROSA, Listlandstraße 11, 25992 List, Tel.: 0 46 51 / 96750 - 827, täglich geöffnet, Juli bis September 18.30 bis 22 Uhr und Oktober bis Juni 18.30 bis 21.30 Uhr
www.a-rosa-resorts.de, Tischreservierung auch unter tischreservierung.sylt@a-rosa.de

Foto: Michael Magulski

Asiatisch inspirierte Küche „by Tim Raue"

SPICES by TIM RAUE

Kreative Kreationen by Tim Raue

Asiatisches À-la-carte-Restaurantkonzept der Extraklasse im A-ROSA in List. Zwei-Sterne-Koch Tim Raue als kulinarischer Berater, der exklusive Kompositionen für das Restaurant im nördlichsten 5-Sterne-Hotel Deutschlands erdacht hat. Konzept: legere, asiatische Küche mit thailändischen, chinesischen und japanischen Einflüssen. Vorspeisen 12,- bis 24,-, zum Beispiel Hamachi Ceviche mit Yuzu und Avocado oder Spanferkelsalat mit Frühlingslauch und Pomelo. Hauptgänge wie Kabeljau mit Lauch und Sojasud oder Crispy Spices Ente mit Gurke und Ingwer für 20,- bis 32,-. Desserts von 10,- bis 12,- wie grüner Apfel, Holunder und Wasabi. Menü ab 84,-.

T*im Raue* steht für asiatisch inspirierte Küche der Meisterklasse: Er ist vom Guide Michelin mit zwei Sternen dekoriert worden, hat als einer der wenigen deutschen Köche 19,5 Punkte vom Gault Millau erhalten und gilt als der innovativste Koch Deutschlands, wenn es um kreative, fernöstliche Kreationen geht. Darüber hinaus ist er als der einzige deutsche Koch auf der renommierten „The World's 50 Best Restaurants" vertreten. Tim Raue hat als Berater die kulinarische Leitung des Restaurants *SPICES* übernommen und wird die Insel regelmäßig für Inspirationen und zum Qualitätscheck besuchen.

Für seine Sylter Location hat er einige exklusive Gerichte entworfen und das Gesamtkonzept des Restaurants maßgeblich beeinflusst. Auf den 70 Plätzen dürfen neben den Hotelgästen selbstverständlich auch Gäste von außerhalb Platz nehmen und die Küchen Japans, Chinas und Thailands kulinarisch vereint genießen. „Wie in allen Restaurants, die meinen Namen tragen, präsentieren wir Gerichte, die mit ihren intensiven Aromen Spaß am Gaumen machen, serviert in einer entspannten Atmosphäre", sagt Raue. Auf der Karte findet man klassische Sushi- und Sashimi-Variationen und Raues Klassiker wie Wasabi Garnelen und japanische Pizza mit Thunfisch und gelbem Rettich. Exklusiv für das Insel-Restaurant hat der Virtuose Sylter Fisch-Bun mit crispy Kabeljau, Ingwer-Gurke und Kurkuma-Mayo sowie BBQ-Lamm-Belly, Kreuzkümmel-Honig und Sichuan-Knoblauch-Bohnen kreiert. Aufgrund der Nähe zur Sylter Royal Auster, die in der Blidsel-Bucht unweit vom Restaurant SPICES heranwächst, hat sich Tim Raue auch hier etwas Innovatives ausgedacht: Spices Oyster Royal Salat mit Holunderblüte und grüner Melone heißt seine Hommage an die pazifische Felsenauster, die hier inzwischen heimisch geworden ist. Wenn das kein Ritterschlag für die Sylter Auster ist...

SPICES BY TIM RAUE, Listlandstraße 11, 25992 List, Tel.: 0 46 51 / 96750834, Mittwoch bis Sonntag ab 18 Uhr, Infos und Reservierungen s. Website P, EC
www.spices-sylt.de, spices.sylt@a-rosa.de

SUSHI OMAKASE KLEIN I GROß	16 I 28
SASHIMI OMAKASE KLEIN I GROß	16 I 24
HAMACHI CEVICHE YUZU I AVOCADO	22
JAKOBSMUSCHELN BLUMENKOHL I GRÜNER CAVIAR	24
HUMMER KAROTTE I PASSIONSFRUCHT	26
WASABI GARNELEN MANGO I KANTON STYLE	18
JAPANISCHE THUNFISCH PIZZA WASABI I GELBER RETTICH	20
NORDSEE KRABBEN TACO PUMPERNICKEL I LIMETTE	18

BACALAO VINHO VERDE BEURRE BLANC I MELONE	28
CRISPY SPICES ENTE GURKE I INGWER	28
KOREAN BBQ STEAK CHINESE COLESLAW I SÜßKARTOFFEL	32
ROTES THAI CURRY KAROTTE I PASSIONSFRUCHT	20
GRÜNER THAI SPARGEL HOLLANDAISE I ONSEN EI	20

MANGO VANILLE I TAPIOKA	10
YUZU CHEESECAKE I KARAMELL	12
KUMQUAT MANDARINE I SCHOKOLADE	10
MILCHBRÖTCHEN BANANE I UBE	10

Alle Preise verstehen sich in €uro inklusive gesetzlicher Mehrwertsteuer.
Änderungen sind vorbehalten.
Stand Juni 2019

Restaurant SPICES by Tim Raue
A-ROSA Sylt

Foto: Michael Magulski

Event Location
Easy Dining im Lister Markt

Großes trendy Restaurant in der neuen Mall im Lister Markt. Unkompliziertes „Family-Dining“-Konzept mit Pizza aus dem Spezialofen, Hähnchen, Steaks und Sushi. Urbanes, stylishes Ambiente. Vorspeisen ab 7,- (Hühnersuppe mit Grießklößchen), Pizza ab 9,50, über offenem Feuer gegrilltes halbes Hähnchen 16,50. Event Location, Veranstaltungen bis 500 Personen. Weißwein 0,2 ab 6,- (Grüner Veltliner/Strass), Rotwein 0,2 ab 5,50 (z.B. 2015er Shiraz „The Last Stand“). „Deli Hus“ für leckere Kleinigkeiten „zwischen-durch“.

E*asy* im Lister Markt – der Name des neuen Gastronomie-Konzepts am nördlichsten Zipfel der Insel ist Programm. Seit Sommer 2017 geht es hier um lässigen und unkomplizierten Genuss in urbanem Ambiente. Hohe Decken, extravagante Lampenschirme, schicke Designerstühle und ein einsehbarer Küchen-Cube mitten im Raum. Akzente mit Lokalkolorit setzen maritime Fotos in shabby-schicken Holzrahmen. Das bringt urbanes Flair in den Inselnorden.

In Sachen Kulinarik steht das Easy für lässige Leichtigkeit – Genuss ohne Gedöns ist die Devise. Das gilt für die ganze Familie. Die Pizza aus dem Spezialofen schmeckt großen und kleinen Genießern gleichermaßen, ebenso die saftigen Hähnchen, die über dem offenen Feuer gegrillt werden. Für die Kids oder für den kleinen Hunger werden die Flattermänner als „Chicken Club“ serviert. Wer mehr Appetit hat, lässt sich das halbe Hähnchen schmecken. Sie bevorzugen ein ordentliches Steak? Hier kommt das Carré vom Geest Schwein oder ein schönes, acht Wochen gereiftes Dry Aged Rumpsteak. Das Fleisch bleibt natürlich nicht allein auf dem Teller: Salat, eine Beilage und vier verschiedene Saucen leisten Gesellschaft. Nicht zu vergessen das Sushi at its best.

Ein Novum auf Sylt ist die *Tour de Taste*, die an bestimmten Tagen im Easy veranstaltet wird *(Termine s. Homepage)*. Man schlendert von einer Cooking-Station zur anderen und probiert für 39,- nach Lust und Laune Salate, Chicken, Steak, Sushi und süße Leckereien – sehr verführerisch!

Und dann gibt es ja auch noch das *Deli Hus*, das immer wechselnd Leckeres der asiatischen Küche und Herzhaftes vom Easy-Herd bietet. Dazu ein Käffchen oder ein Glas Wein. Man darf je nach Marktlage immer wieder aufs Neue gespannt sein, was kulinarisch im Easy an Lister Leichtigkeit annonciert wird.

Ein idealer Ort für Feste wie sie fallen. Immerhin kann man sich im Easy und dem Lister Markt auf ca. 500 Gäste einstellen. Okay! Alles Easy!

EASY RESTAURANT LIST / DELI HUS, Hafenstraße 2a / im Lister Markt, 25992 List, Tel.: 0 46 51 / 8867660, Montag bis Sonntag von 16.30 bis 22 Uhr P AE VISA ec
www.hotel-easy-living.de/easy-restaurant-list/, info@easysylt.de

NEU im Easy die Tour de Taste. (siehe Artikel)

MORE THAN BEEF

STEAK & CO

RUMPSTEAK

ca. 280 gr.
Australian Beef

ENTRECÔTE

ca. 250 gr.
Australian Beef

RINDERFILET

ca. 250 gr.
Canadian Beef

1/2 CHICKEN

Der klassische Cut mit Salat,
4 verschiedenen Dipsoßen
und Beilagen:

NACH WAHL

BELGISCHE POMMES FRITES
SALTY FLAKES/ SÜSSKARTOFFELPOMMES
PFANNENGEMÜSE

AUCH

PIZZA, PASTA & SUSHI

UND WECHSELNDE TAGESGERICHTE
AUF UNSERER TAFEL

Sylter Royal Marke des Jahrhunderts

Wo die Sylter Royal zu Hause ist

Im Sylter Norden befindet sich die deutsche Austernzucht. Die Auster „Sylter Royal" wurde zur Jahrhundertmarke erklärt. Hier in List expandiert Dittmeyer´s Austern Compagnie. Das Bistro wird sich in einem Neubau zu einem wahren gastronomischen Austernzentrum entwickeln. Im neuen Restaurant: Fleisch und Fisch vom Lavagrill, gegrillter Hummer. Austern-Bar. Sylter Royal natur (ab 3,- pro Stück), 10 Gourmet-Varianten (z.B. 6 Stück in Pernodbutter 24,-). Neu: die sensationelle Königskrabbe (500g/70,-). Weitere kleine Gerichte (Jakobsmuscheln 19,-, auch Gemüse-Spaghetti 14,50, eingelegter Schafskäse 8,50, Austernsuppe mit Sesam-Auster 8,50). Sonderempfehlungen auf der Tafel. Die „Sylter Royal Wild", die Wildauster – zum Mitnehmen (2,40 St.). Passende, preisfreundliche Weinauswahl, Glas 0,2 ab 7,-. Toller Sauvignon blanc „Aufwind"/Hensel, Pfalz, 33,-. Internetbestellung: „Sylter Royal" und Austernzubehör.

Der imposante Neubau von *Dittmeyer´s Austern Compagnie* lässt schon mal die Baudimensionen erahnen, die der Jahrhundertmarke „Sylter Royal" nun auch eine repräsentative Heimstätte bieten werden.

Alles auf Anfang. In den alten Räumlichkeiten werden die Austern nach ihrer Aufzucht im Wattenmeer wie bisher in großen Wasserbecken bis zur Auslieferung gehalten. In den neuen Räumlichkeiten kann man sich an einer Austernbar seine Austern nach gewünschter Größe aussuchen.

Hier wird die Sylter Royal in verschiedensten Variationen angeboten, die man sich kreativer kaum vorstellen kann: saisonal mit Spargel-Vinaigrette, „scharf gemacht" mit Gurken-Wasabi-Vinaigrette, Crème fraîche und Selection Störkaviar oder gedämpft mit Sesam und Knoblauchöl. Puristen bestellen sie naturbelassen oder gedämpft, Austernneulinge gehen auf Nummer sicher und wählen die Überbackene – mit Kräuterbutter, im Gemüsebett, mit Speck und Worcestersauce. Auch geräuchert kann man sie haben oder mit Ingwer und geriebenen Äpfeln und leicht beschwipst mit Schlehengeist oder auf Champagnerkraut. Das Team der Austern-Destination knackt, verfeinert und überbackt diese gehaltvolle Sylter Königin des Wattenmeeres.

Aber es ist nicht alles Auster, was hier zubereitet wird. Die Karte bietet mehr vom Meer. Sie wird mit einer Delikatesse aus dem Nordmeer erweitert, der Königskrabbe. Sie ist im Geschmack vergleichbar mit dem Hummer. Viele meinen: besser! Aber Hummer ist hier auch immer erhältlich. Man kann also vor Ort vergleichen! In der Saison kommen Blaumuscheln im Curry-Gemüserahmsud aus der Küche. Sollten Schwertmuscheln vorrätig sein... lecker mit Kräutern und Weißweinsud. Einem wahren Streifzug durch die maritime Welt kommt das Bestellen der Meeresfrüchteplatte gleich, auf der sich neben der Sylter Royal viele andere noble Errungenschaften aus dem Meer tummeln, von Hummer und Muscheln bis Kaisergranat und Riesengarnelen.

Natürlich sollte man den Blick ins Meerwasserbecken mit den Stars, den Sylter Royal nicht versäumen. Die Austern kann man hier direkt kaufen und sich ein paar Tipps und Tricks für die Zubereitung verraten lassen. Zum Mitnehmen werden u.a. auch geräucherte Austern, Suppen, Hummerbutter und verschiedene Dips angeboten. So kann man sich zu Hause selbst ein Austernmahl zubereiten. Im Internetshop www. sylter-royal.de erhalten Sie sogar das Werkzeug: Austernmesser und einen Kettenhandschuh.

AUSTERN STUBE, Hafenstraße 10-12, 25992 List, Tel.: 0 46 51 / 877525, Fax: 870430, in der Saison täglich Küche von 11 bis 21.30 Uhr.

Online-Shop: www.sylter-royal.de , info@sylter-royal.de

AUSTERN

		1	3	6
SYLTER ROYAL	aus eigener Aufzucht	3,00 €	9,00 €	18,00 €
SYLTER WILDE	Hand gesammelt [A]	4,00 €	12,00 €	24,00 €
SYLTER WILDE	Hand gesammelt XXL [A]	5,50 €	16,50 €	33,00 €
(auch zum mitnehmen)	Vinaigrette	1,50 €		
	Schwarzes Olivenöl	1,50 €		
	Koriander-Kokosdip	1,50 €		
Schlehe in der Auster	SYLTER ROYAL und Scheibel [A] Schlehengeist mit Auster in der Schale gereicht	7,00 €	21,00 €	42,00 €
Tatar der SYLTER ROYAL	mit Schalotten- & Tomatenwürfel & Petersilie [A]	4,00 €	12,00 €	24,00 €
SYLTER WILDE Gratiniert				
Gemüsebett	überbacken mit Hollandaise [A,E]	4,00 €	12,00 €	24,00 €
Kilpatrick	überbacken mit Speck & Worcestersauce [A]	4,00 €	12,00 €	24,00 €
Kräuterbutter	überbacken mit Brotbröseln [A,D,J]	4,00 €	12,00 €	24,00 €
Pernod²-Butter	überbacken [A,D,J]	4,00 €	12,00 €	24,00 €
Hausgeräuchert	SYLTER WILDE über Buchenholz gegart [A]	4,00 €	12,00 €	24,00 €
	- und auf Champagnerkraut [D]	4,50 €	13,50 €	27,00 €
	- und auf Balsamico-Linsen [F]	4,50 €	13,50 €	27,00 €
Gedämpft	6 SYLTER ROYAL serviert [A] mit Sesam & Knoblauchöl [G]	20,00 €		
Austernpfanne	SYLTER WILDE in pikanter Knoblauch-Kräuterbutter [A,D,F,J]	22,00 €		
	SYLTER WILDE in Anissauce & Käse gratiniert [A,D,F,J]	22,00 €		

FEINE GERICHTE WARM UND KALT

Austernsüppchen	mit Sesam Auster [D,E,F,G,H,J]	8,50 €
Lister Muschelsuppe	mit Gemüsestreifen [D,F,H]	8,50 €
Schafskäse	eingelegt in Kräuter & Öl [D,L]	8,50 €
Grana Padano	mit Feigensenf [D,L]	8,00 €
Serranoschinken	mit Oliven [D]	9,50 €
Bunter Salatteller	mit Vinaigrette [I,M]	8,50 €
	▶ dazu Schafskäse [D]	14,50 €
Pfannkuchen	natur [D,E]	8,00 €
	mit Apfelringen [D,E]	10,00 €
	mit Blaubeeren [D,E]	12,00 €
wahlweise dazu	flüssige Sahne oder Vanillesauce [D]	1,50 €
herzhaft	mit Serrano-Schinken & Ruccola [D]	12,00 €
	mit Schafskäse & Kirschtomaten [D]	12,00 €
SPAGHETTI	in Tomatensauce oder Butter [E]	8,00 €
	Aglio Olio, Kirschtomation & Oliven [E]	14,50 €
	mit buntem Gemüse & Curryrahm [D,E,F]	14,50 €
	▶ dazu SYLTER WILDE gedämpft [A,E]	25,00 €
	▶ oder Jakobsmuscheln [A,E]	22,00 €
	All Arrabiata mit buntem Gemüse [C,D,E,F]	14,50 €
	▶ dazu Garnelen [C,D,E,F]	22,00 €
	mit Garnelen in Hummersauce [C,D,E,F,H,J]	22,00 €
alle Vongole	mit Venus & Miesmuscheln [A,E,F]	22,00 €

MEERESSPEZIALITÄTEN

Venusmuscheln	aus dem Atlantik ca. 300g [A] im Sud nach Wunsch	18,00 €
Miesmuscheln	Frische Muscheln aus der Nordsee im Topf [A] in Weißwein-Curryrahm [D,F,H] oder Weißwein-Kräutersud mit Knoblauch & Chili [F,H] oder in Tomatensud mit Knoblauch & Chili [F,H]	20,00 €
Jakobsmuscheln	mit Kräuterbutter & Käse überbacken, Salatbouquet [A,D,M]	19,00 €
Jakobsmuscheln	in Zitronensahne pochiert, Salatbouquet [D,F,M]	19,00 €
Chili-Garnelen	in Knoblauchöl gebraten [F,J]	12,00 €
Garnelenpfanne	in Pernodbutter mit Schalotten, Fenchel & Tomaten [J]	22,00 €

King Crab	Königskrabbe aus Alaska mit Salatbouquet Korianderpesto & Nußbutter [C,I,L,M]	500g	70,00 €
Meeresfrüchteplatte	das Beste aus dem Meer...! [A,C,D,I,L,M] Austern nach Wahl, Hummer, Mies- & Venusmuscheln, Jakobsmuscheln, Garnelen & Riesengarnelen ab 2 Personen. Vorbereitungszeit etwa 20 Minuten	p.P.	75,00 €

DESSERT

Marinierte Orangen	in Grenadine[x] & Orangenlikör[x] mit Crème Fraîche	7,50 €
Espressoparfait	[D,E]	8,00 €

Speisenkarten-Auszug-Frühjahr 2019 | Angebot und Preise können sich je nach Marktlage ändern

Wonne am Weststrand

Relaxtes Restaurant mit „After-Beach-Lounge"-Charakter auf strandnaher Listland-Düne. Grandiose Einzellage mit 360-Grad-Dünenblick. Große Außenterrasse. Mittagessen, Kaffee und Kuchen, Abendessen. Während der Hauptsaison Strandversorgung, vorwiegend feinheimische, regionale Produkte. Klassiker: Spaghetti Vongole (17,-), Rib Eye Steak vom Galloway mit Pfannengemüse und Salat (28,50). Flensburger vom Fass 0,3/3,50, offener Wein 0,2 ab 6,50, Flasche ab 17,50.

Im Immobiliengeschäft heißt es: Lage, Lage, Lage! In List heißt es: Düne plus *Weststrandhalle* plus Fernblick gleich *Wonnemeyer!* Entspanntes Strandfeeling trifft auf feinheimische Küche bei coolen Drinks in einzigartiger Lage – so lautet nach wie vor die Wonnemeyer-Formel, die *Britta, Carla* und *Rüdiger „Wonnemeyer"* bereits in den letzten 20 Jahren viele Fans beschert hat. Seit Anfang 2017 betreiben die beiden Generationen die ehrwürdige Weststrandhalle an exponierter Lage, ganz oben auf der Düne thront das lila-graue Strandhaus, wie es auch in Skandinavien oder den Hamptons stehen könnte. Die Terrasse bietet reichlich Platz, rundum die Ruhe und Schönheit der Lister Dünenlandschaft zu genießen. Hier kann man formidabel bei Kaffee und Kuchen sitzen, dabei krebsrote wie tiefbraune Menschen betrachten, die vom Lister Weststrand heimkehren. Oder klasse Sundowner wie den (bio) Holy Secco (8,50) sowie „The Basil", Gin mit Basilikum-Limonade (8,50) genießen, wenn die Sonne über der Lister Düne am schönsten untergeht. Die Wonnemeyer-Klassiker, unter anderem Pimientos de Padron (7,50) und Gambas al Ajillo (11,50), tischt die Familie zur Freude der Gäste in gewohnter Qualität wie schon in Wenningstedt am Strand auf. Eine vegetarische Wonne ist die gegrillte Avocado gefüllt mit Schafskäse an Passionsfrucht-Salsa (15,50), genau wie die Möhrenlasagne (14,50), die beweist, dass dieser italienische Klassiker auch ohne Fleisch köstlich mundet. Bei Wonnemeyer Krabbensuppe schlürfen (13,50) ist viel schöner und sättigender als Krabbenpulen – auf der Terrasse mit einer Brise Salzluft in den Nüstern schmeckt sie am allerbesten. Im Inneren der Weststrandhalle ist die Einrichtung klar und minimalistisch, das Herzstück ist ein riesiger Tisch für ein Dutzend Gäste, hier kann man wunderbar um einen Topf Sylter Miesmuscheln in Weißweinsud mit Pommes Frites (19,50) sitzen und den Strandtag Revue passieren lassen. Oder das „Friesiko" genießen, das schmackhafte Schweinekotelett mit Rosmarinkartoffeln und Krautsalat (22,-). Empfehlenswert ist ebenfalls das halbe Chicken Piri-Piri mit Salat und Süßkartoffelpommes (19,50), die Hühner für diese Delikatesse flitzen bis kurz vor der Zubereitung glücklich und frei im nordfriesischen Neukirchen um den Bauernhof. Generell wird bei Wonnemeyer bevorzugt mit regionalen Bio-Produkten gekocht – mehr als 60% der verarbeiteten Lebensmittel stammen von Produzenten aus Schleswig-Holstein. Aus dem Barbecue-Smoker auf der Terrasse kommen edle Fleischhappen, aus den Boxen wie eh und je der smoothe Wonne-Sound. Vorgeschmack auf den wonnigen Ausblick gefällig? Dann einfach mal die Webcam auf dem Dach checken!

WONNEMEYER WESTSTRANDHALLE LIST, Ellenbogen 3, 25992 List, Tel.: 0 46 51 / 870266, Fax: 43150, Öffnungszeiten 12 Uhr bis 21 Uhr, Kiosk ab 11 Uhr, montags Ruhetag, P AE EC VISA ec
www.wonnemeyer.de, info@wonnemeyer.de

wonnemeyer
weststrandhalleLIST

TAGESEMPFEHLUNG

Wonnemeyers Krabbensuppe	€ 13.50
Kartoffellauch-Suppe mit Würstchen	€ 7.50
Feldsalat mit Kartoffeldressing	€ 9.50
Feinheimische Lammfrikadellen auf Krautsalat	€ 13.50
Möhren-Lasagne, vegetarisch	€ 14.50
Lammcurry mit Blattspinat	€ 14.50
Penne mit Lachs	€ 16.50
Kleine Kartoffeln mit Kräuterquark & Nordseekrabben	€ 18.50
1 Stück Sylter Auster „Wilde" natur	€ 4.50
„Matelotte" Bretonischer Fischeintopf	€ 17.50
Dorade vom Grill, mit Mojos, Papas Arugadas & Gurkensalat	€ 24.50
Nordseezunge mit Salzkartoffeln, Gurkensalat & Zitrone Preis nach Größe 100g	€ 10.50
Rib Eye Steak vom feinheimischen Galloway Rind mit Pfannengemüse & buntem Salat	€ 28.50
Schokoladen-Fondue mit Früchten & Marshmallows	€ 11.00

WEINEMPFEHLUNG

MOZART ART WINE

Brunello Di Montalcino, Sangiovese grosso Italien — Glas € 14.50 / Fl. € 55.00

Rubinrot mit sanften Granatnuancen, Bouquet mit Parfüm der Früchte aus Holz, Moschus und Blütentönen.

Rantum
zwischen Nordsee und Wattenmeer

Rantum ist die schmale Taille der Insel – hier sind Sie dem Meer ganz nahe, denn nur wenige Hundert Meter trennen die brausende Westküste von dem stillen Wattenmeer im Osten. Zwischen den Meeren erstreckt sich eine Landschaft urwüchsiger Dünen, an die sich sanft die Reetdachhäuser schmiegen.

In Rantum sprudelt zudem ein ganz besonderes Wässerchen: Die Brunnen der „Sylt-Quelle" fördern ein außergewöhnlich reines, jodhaltiges Wasser zutage. Eigens für Besucher wurde das schmucke, gläserne Quellenhaus erbaut, in dem sie sich das Wasser selbst in Gläser abfüllen können. Auch werden hier wechselnde Ausstellungen gezeigt. Im Sommer ist Rantum der Brennpunkt des deutschen Kabaretts – viele prominente Künstler geben sich beim „Meerkabarett" ein Stelldichein *(siehe Veranstaltungskalender)*.

Nördlich des Ortes befindet sich eines der artenreichsten Vogelschutzgebiete Norddeutschlands: Ornithologen aus dem ganzen Bundesgebiet reisen hierher an, um die mehr als 50 Vogelarten zu beobachten, die im Rantum-Becken brüten oder rasten.

Wie gut, dass es eine Unternehmerin gibt, die den Mut hat, einmal „etwas ganz anderes" auf die Beine zu stellen. Die Sylterin *Melanie Jacobsen* hat sich mit einer bonbonsüßen Erlebniswelt ihren speziellen Traum erfüllt. Melanies *Bonscherei* in der Rantumer Hafenstraße (ehemals „Der Pate") schlug vom ersten Tag der Eröffnung ein – wie ein Bonbon! Dieses süße Schlaraffenland ist einfach märchenhaft eingerichtet. Die Faszination des „Bonschen"-machens ist in der gläsernen Werkstatt mitzuerleben. Hier hat man´s fachlich einfach drauf und so liegen die süßen Ergebnisse wohlverpackt oder zum Selberabfüllen in den Regalen. Ca. 70 Sorten sollen es einmal werden – ob mit Anker, Boot, Herz oder Sylt-Symbol, ob mit Erdbeer-Vanille, Kirsch-Chili oder Espresso-Schoko-Geschmack. Sogar Firmenlogos können in die Bonbons integriert werden.

Die Bonscherei ist ein wahres Geschenkeparadies, denn neben den selbsthergestellten süßen Sachen sahen wir auch Lakritz mit Thermasol von der benachbarten Sylt-Quelle, buntes Weingummi, scharfe Gummibonbons und Champagnerbärchen. Eine ideale Location für Kindergeburtstage und Workshops. Auch der Cafégarten ist süß in Türkis und Pink gestaltet. Die Torten hausgemacht und im American Style. Die Bonscherei zeigt viel Liebe zum Detail.

Melanie Jacobsen

25980 Sylt / OT Rantum, Hafenstraße 4,
Tel.: 0 46 51 / 299 0909, P ec
www.sylter-bonscherei.de

In Rantums Hafengegend liegt das feine Aroma der *Kaffeerösterei Sylt* schon in der Luft. Also immer der Nase nach! Dann findet man bestimmt dieses Kleinod – als Kaffee-Werkstatt gedacht und nun ist es zusätzlich ein gut florierendes Café. Was als Hobby begann, entwickelte der Sylter *Christian Appel* zu einer Profession, die auf seiner Begeisterung für den Kaffeegenuss beruht. Die Qualität setzt sich durch, denn hier versteht man viel von dem Handwerk einer differenzierten Kaffeeröstung, um die unterschiedlichen Kaffeearomen aufzuspüren. Der Rohkaffee wird so schonend geröstet, dass er am Ende keine Säure hat, aber voller Aromen ist. Dass er dann mit viel Liebe auch noch mit den verschiedenen Techniken zubereitet wird (Siebträger, Handfilter oder Aeropress) begeistert jeden Besucher. Geröstet wird alle paar Tage, sodass die Chance besteht, einmal auch dabei zu sein, wenn der Rohkaffee in den großen schwarzen Trommelröster gefüllt wird und sich dann dieser angenehme Röstkaffeegeruch verbreitet. Schön, dass man hier verschiedene Kaffeearomen als diverse Espressi, Kaffees pur oder als Kaffeespezialitäten gleich verkosten und dazu den herrlichen hausgebackenen Kuchen genießen kann – bei schönem Wetter auf der Terrasse mit Blick aufs Rantum Becken. Neu für den Sommer: *Coldbrew* – der erfrischende Drink für die heißen Tage.

An diesem Ort wird einem bewusst, was es bedeutet, wenn es heißt: Klasse statt Masse.

25980 Sylt / OT Rantum, Hafenstraße 9,
Tel.: 046 51 / 2995757, täglich 11 bis 17.30 Uhr P
www.kaffeeroesterei-sylt.com,
info@kaffeeroesterei-sylt.com

Kreative Frischeküche à la Coast

Trendy Restaurant und Weinbar, ca. 50 Plätze. Lässig-stilvolles Interieur im modernen, bunten Beach-House-Look. Terrasse. Familienfreundlich. Klare Kochhandschrift.Separate Steakkarte. Frühstück von 9 bis 12 Uhr. Abendkarte ab 17 Uhr. Hauptgänge ab 16,- (Lauwarmer Kichererbsen-Quinoasalat). Verschiedene Biere 0,33/3,-, hauseigener Rosé von Bodega Can Feliu/Mallorca, 0,2/8,-, Weißburgunder 0,75 ab 23,-. Etwa 300 Weinpositionen, umfassende Auswahl an Großen Gewächsen.

Lässiger Genuss, ein locker-luftiges Strandhausambiente und das Gefühl, bei Freunden zu Gast zu sein – so geht genießen à la *Coast*! In dem Restaurant am Fuß der Rantumer Dünen haben Gastgeber *Jan-Hendrik Rose* und Küchenchef *Tobias Evers* den Anspruch, ihre Gäste zu verwöhnen, als wären sie Freunde im heimischen Wohnzimmer. Und so kann man sich im Coast durchaus fühlen: Der entspannte Strandhaus-Stil macht gute Laune mit bunten, maritimen Motiven an den Wänden, farbenfrohen Stühlen und blanken Holztischen. Die Bar mit ihren massiven Leuchten und Hockern im Industrie-Style bietet dazu einen spannenden Kontrast.

Jan-Hendrik Rose und Tobias Evers

Kreative Frischeküche mit Produkten von Land und Meer, nie stehenbleiben, sondern sich immer wieder neu inspirieren zu lassen, das ist das Credo von Tobias Evers. Der Küchenchef holt sich gerne auch von Gastköchen des *Gourmet Festivals Sylt* Ideen, bei dem das Coast einer der fünf Gastgeber ist. „Unser mexikanischer Gastkoch hat mich zu dem Tatar inspiriert, das wir jetzt auf der Karte haben", so Evers. Genau dieses Tatar vom Rind mit milder Chilisauce und knuspriger Tortilla (17,-) wäre doch ein guter Einstieg in einen genussvollen Abend, findet unsere Autorin. Zum Hauptgang darf's dann mit der geschmorten Sylter Lammhaxe gerne wieder regional werden (28,-). Zumal das Texturen- und Aromenspiel mit Steckrübe und Kakaocrunch-Püree Spaß am Gaumen macht. Wer lieber in Neptuns Reich fischt, entscheidet sich für das Filet vom Köhler, begleitet von Fenchel, Kartoffelpüree und Chorizo (25.-).

Im Coast fehlt es an nichts – auch nicht an feiner Weinbegleitung. Lieblingstropfen des Gastgebers: ein 2014er Muga Reserva Tempranillo Garnacha (0,75/49,-). Oder soll es doch lieber ein Großes Gewächs sein, z.B. ein 2017er Herrenberg von Pfeffingen/Pfalz (0,75/52,-)? Nach dem Dinner bietet sich noch ein Absacker an der stylishen Bar an. Den Tequila Silver Patrón aus 100% Agave sollte man einmal probiert haben, findet unsere Autorin. Sie werden Tequila neu erleben – versprochen! Der Drink taugt als flüssiges Dessert ebenso wie für anregende Gespräche zu späterer Stunde an der Bar – viel Spaß mit dem Genuss à la Coast!

COAST, Stiindeelke 2, 25980 Sylt / OT Rantum, Tel.: 0 46 51 / 1551, Fax: 21096, ganzjährig geöffnet, dienstags Ruhetag. Frühstück von 9-12 Uhr auch für Außer-Haus-Gäste, Abendkarte ab 17 Uhr, Feiern für bis zu 60 Personen.
www.restaurant-coast.de, info@restaurant-coast.de

GEHT IMMER
–UNSERE SPEZIALITÄT–

SYLTER ROYAL AUSTER
mit Tabasco-Schalotten-Pumpernickel
STÜCK € 3,50
–
mit Ziegenkäsecreme und Apfelchutney
STÜCK € 4,50

VORNEWEG

KNACKIGER SALAT
KLEIN € 6 • GROß € 9

TATAR VOM RIND
mit geröstetem Mais, nicht scharfer Chillisauce
und knusprige Tortilla
€ 17

CARPACCIO VOM KALB
mit Belper Knolle, Spinatsalat, Pinienkernen
und Safran-Zitronenmayo
€ 15

CEVICHE VOM NORDSEELACHS
mit Mango, Avocado und Linsencracker
€ 15

GEZUPFTER BURRATA
mit Salat von Tomatenraritäten und Gremolata
€ 14

PROVENZALISCHES FISCHSÜPPCHEN
mit geröstetem Focaccia und leichter Aioli
€ 10

ZITRONENGRAS- KOKOSSUPPE
mit Buchweizennudeln und Süßkartoffel
€ 10

ZUM ABSCHLUSS

CRÈME - BRÛLÉE
vom Kardamom mit Birnen - Tonkabohnensorbet
€ 10

GEBACKENE SCHOKOMOUSSE
mit Portweinfeigen und Walnuss - Honigeis
€ 11

HIMBEERMOUSSE
mit Passionsfrucht-Schmandeis
€ 11

EIS
aus der Hofmeierei Geestfrisch in Kropp:
Vanille, Schokolade, Erdbeere,
Sylter Rose, Haselnuss
JE KUGEL € 3

AUSWAHL
VERSCHIEDENER INTERNATIONALER
KÄSESORTEN VOM
AFFINEUR WALTMANN
mit Brombeerchutney

KL. PORTION € 10 • GR. PORTION € 16

Bitte weisen Sie uns bei Bestellung auf eventuelle Unverträglichkeiten hin. Vielen Dank!

Coast

HAUPTGÄNGE FLEISCH

ROSA ENTENBRUST
mit getrüffeltem Kartoffelpüree
und gebratenen Kräuterseitlingen
€ 26

GESCHMORTE SYLTER LAMMHAXE
mit Steckrüben - Kakaocrunchpüree
und Spitzkohl
€ 28

›COAST-BURGER‹
Dry Age Burger mit Deichkäse, Guacamole,
roten Zwiebeln, Parmesan – Fritten
und Paprika - Mango - Chutney
€ 17

PASTA & VEGETARISCH

LINGUINI
hausgemacht, mit Trüffel und Parmesan
KL. PORTION € 16 • GR. PORTION € 24

LAUWARMER KICHERERBSEN-
QUINOASALAT
mit Schafskäsestrudel
€ 16

SAFRANRISOTTO
mit Ziegenfrischkäse und Bachkressesalat
KL. PORTION € 15 • GR. PORTION € 20

HAUPTGÄNGE FISCH

FILET VOM KÖHLER
mit Fenchel - Kartoffelpüree
und Chorizo - Bohnenkernen
€ 25

FILET VOM
NORDSEESTEINBUTT
mit Birne-Bohne-Speck Ravioli
und Pastinaken-Limettenpüree
€ 37

KABELJAUFILET
mit bunten Bärlauch-Karotten
und Parmesan – Kartoffelkrapfen
€ 26

WOLFSBARSCHFILET
mit Rote Bete - Polenta ,
wildem Brokkoli, Cashewkernen und Curryemulsion
€ 25

Bitte weisen Sie uns bei Bestellung auf eventuelle Unverträglichkeiten hin. Vielen Dank!

Coast

Speisenkarten-Auszug-Frühjahr 2019 | Angebot und Preise können sich je nach Marktlage ändern

Hus in Lee

Ein vielbeachtetes Schmuckstück

Dieses reetgedeckte Traditionshaus ist eine feste Größe in der Sylter Gastro-Szene. Seit über 30 Jahren romantisches Restaurant mit Traumgarten. Wattenmeerblick. Behagliches Interieur im Reetdachhaus. Günstige Mittags- und Tageskarte (7,50 bis 15,50), hausgebackener Kuchen (3,70) und Waffeln, große Teeauswahl. Abends gehobene Küche. Ganze Fische, vegetarische Speisen. Wunschgerichte auf Vorbestellung. Saisonale Highlights. Flensburger 0,3/3,70. Ausgezeichnete Weinliste mit 200 Positionen – 0,2/6,20 bis 9,-, Flasche ab 24,-. Feiern für bis zu 100 Personen, Hochzeiten mit Oldtimer-Service.

Dieses reetgedeckte „Haus im Windschatten" mit seinem traumhaft gestalteten Cafégarten strahlt Geborgenheit aus. Man wird geradezu von dessen Charme angezogen. Viele Stammgäste haben dieses *Hus in Lee* längst in ihr Herz geschlossen. Wanderer und Radfahrer werden vom Duft von Frischgebackenem in den großen, geschmackvoll gestalteten Garten angezogen und sind überrascht von der entspannten Atmosphäre und lassen „die Seele baumeln" bei Kaffee oder Tee und einer Apfeltarte. Der Blick zum Wattenmeer bietet dazu Inselfeeling.

Ist das Wetter mal nicht so gartenfreundlich, ist das bunte, urige Interieur des Hauses keineswegs die zweite Wahl. Rustikale, aber edle Tische, Stühle und Bänke, knarrende Dielen und verwinkelte Ecken vermitteln im Inneren des romantischen Hauses mit Kronleuchtern und Kerzenlicht eine anheimelnde Atmosphäre. „Ein vielbeachtetes Schmuckstück", meint *Alexander Blume* stolz, wenn es um sein Hus in Lee geht. „Für unsere Küche kommen Gäste von der ganzen Insel."

Da sind die goldbraun gebratene große Scholle oder die Holsteiner Ente, die Jakobsmuscheln, die Kräuterkäse-Pralinen oder der im Ganzen gebratene Steinbutt. Der Küchenchef *Armin Nutzenberger*, seit über 20 Jahren am Hus in Lee-Herd und Spezialist für Nordseefisch, versteht es mit seiner klassischen Küstenküche – einer Mischung aus gutbürgerlich und kreativ – die Gäste immer aufs Neue zu begeistern.

Klassisch ist auch seine Crème brûlée, raffinierter sind da schon die mit Marzipancreme überbackenen Erdbeeren. Superlecker! Die Weinkarte zeigt mit über 200 Positionen den Weinverstand des Hausherrn. So findet sich zu jedem Anlass der passende Tropfen, der vom freundlichen Service versiert und zuvorkommend – aber betont locker kredenzt wird. Last but not least: Die gut bestückte Bar, an der man ganz gepflegt „abhängen" kann. Hus in Lee – ein „Hus" mit Charme, in das jeder gerne zurückkehrt.

Beachtlich! Eine Sylter Besonderheit, die nur hier erhältlich ist: Der Edelbrand von den Birnen aus dem Hus in Lee Garten – Sylter Williams – unbedingt probieren und genießen.

HUS IN LEE, Hörnumer Straße 26, 25980 Sylt / OT Rantum,
Tel.: 0 46 51 / 21589, Fax: 29334, ganzjährig geöffnet, Betriebsferien: 20.11. bis 20.12.19, durchgehend warme Küche von 12-22 Uhr, von Oktober bis Ende März mittwochs Ruhetag (außer an Feiertagen), Appartements, P EC
www.hus-in-lee.de, info@hus-in-lee.de

Hus in Lee

Kleiner Auszug aus unserer Mittagskarte 12 – 17 Uhr

Kartoffelpuffer mit Apfelmus	€ 7,00
Krtoffelpuffer mit gebetztem Lachs und Sahnemeerrettich	€ 12,50
Kohlroulade mit Salzkartoffeln	€ 14,00
Eingelegte Bratheringe mit Bratkartoffeln und Salatbouquete	€ 14,50
Gebratene Schollenfilets mit lauwarmen Speckkartoffelsalat	€ 15,50
Ofenkartoffel mit Putenstreifen oder gebeiztem Lachs	

Kleiner Auszug aus unserer Speisekarte 12 – 22 Uhr

Pikante Karotten-Ingwersuppe mit Flusskrebsschwänzen oder Bärlauchsuppe	€ 7,90
Gurken-Hummersuppe mit gebratenen Seawater Scampi	€ 9,00
Bruschetta aus dem Ofen	€ 7,00
Keitumer Ziegenkräuterkäse-Praline im Seranoschinken-Sesammantel knusprig gebacken, mit Feigensenf und Feldsalat	€ 10,90
Scampi in Knoblauch-Kräuterbutter und geröstetem Kräuterbaguette	€ 14,50
Variation vom hausgebeizten Lachs mit Rösti	€ 15,50
Jacobsmuscheln auf Vanille-Erbsenpüree und getrüffelten Polentaplätzchen	€ 15,50

Hauptgänge

Spaghetti mit Schafskäse, getr. Tomaten, grünen Oliven und Rucola … pikant	€ 17,00
Salat Hus in Lee mit gebratenen Fischfilets, hausgebeiztem Lachs und Ofenkartoffel	€ 20,50
Sylter Pannfisch, Fischfilets mit Dijonsenfsauce, Basmati-Wildreis und Salat	€ 22,50
Kabeljaufilet im knusprigen Kartoffelmantel, auf Limonen-Chilisauce und Gemüse	€ 26,00
Seeteufelbäckchen auf sautierten Quellern, Zitronen-Kapernbutter und Süßkartoffelpüree	€ 32,00
Wiener Schnitzel vom Kalb in Butter gebraten mit Pommes Frites und Preiselbeeren	€ 22,00
Halbe Holsteiner Ente mit Apfel-Kirsch-Rotkohl, Kartoffelgratin und eigenem Jus	€ 22,00
Geschmort Lammhaxe mit Kartoffelbaumkuchen und Wurzelgemüse	€ 25,50
Lammfilets auf Balsamicojus mit Speckböhnchen und Kartoffelgratin	€ 27,00
Rumpsteak vom Balck Angus mit Zwiebel-Senf-Kruste, Ofenkartoffel und Speckböhnchen	€ 26,50
Surf und Turf: Filet vom Black Angus und Seawater Scampi auf Hummer-Pfeffersauce, mit einem knusprigen Kartoffelspaghetti-Nest und Salat	€ 35,00

***

Frischgebackene Waffel, hausgebackener Kuchen	€ 4,20 / € 3,70
Crème Brûlée mit frischen Früchten	€ 7,00
Zweierlei Mouse au chocolat oder Gratinierte Erdbeeren mit Marzipan und Vanilleeiscreme	€ 8,50
Erdbeer-Basilikum-Parfait mit Maracuja-Salsa	€ 9,00
Sylter Rote Grütze mit Vanilleeis oder flüssiger Sahne	€ 7,00

… Karte für unsere kleinen Gäste und mehr

… und unsere wechselnde Tagesgerichte wie:

Nordseesteinbutt, Nordsee-Seezunge für 1 oder 2 Pers., Hörnumer Miesmuscheln…

Spargel, Pfifferlinge, Pata Negra, Lammkarree, Rib-Eye-Steak

UND VIELES MEHR

Speisenkarten-Auszug-Frühjahr 2019
Angebot und Preise können sich je nach Marktlage ändern

Der Pizza-Pasta Pate

Mediterrane Genussadresse in Rantum. Holzkohleofen für Pizza und Steaks. Buchenholzgrill für Ente, Maispoularde und Hühnchen. Diverse Pastagerichte, auch hausgemachte Nudeln. Ideal für Familienfeiern. Hunde sind willkommen in der Hunde-Lounge. Köpi 0,25/3,10, Wein 0,2 ab 4,50. Umfangreiche Weinliste – auch Exoten.

Es ist nicht irgendeine Pizza-Adresse auf Sylt: *Der Pate* ist und bleibt eine Art Pizza-Pilgerziel. Früher in einer Rantumer Seitenstraße versteckt und als geheimster Geheimtipp gehandelt, ist das Restaurant „Der Pate“ seit letztem Jahr an die prominente Rantumer Durchgangsstraße gezogen.

Rèda Ferhat – auch Josie genannt, seit über 20 Jahren auf Sylt – gibt den Paten, tut aber nix Böses wie der Corleone, im Gegenteil. Er tut viel Gutes für seine Gäste, er sorgt für eine äußerst schmackhafte, mediterrane Küche.

Absoluter Renner sind hier weiterhin die dünnen, aber reichlich belegten Pizzen, die in einem traditionellen Holzkohleofen bei 450°C so schön knusprig gebacken werden. Schon die einfache Margherita ist so ein Genuss. Ab dann wird upgegradet mit Rinderschinken, frischen Pilzen, Auberginen und Artischocken. Auch Meeresfrüchte gehören hier auf das knusprige Rund. Die Preisspanne reicht von 7,50 bis 17,50.

Neben Pizza ist die Pasta hier selbstverständlich: Von einfach mit Tomatensauce und Parmigiano bis zu den hausgemachten Bandnudeln mit Garnelen in Weißweinsauce (11,50 bis 18,50). Ganz beachtlich die Steaks. Beim Paten wird nur Dry Aged Beef von „Delta Hamburg“ in den Holzkohleofen geschoben und bei 450°C gegart und mit Kräuterbutter und saisonalen Beilagen serviert.

Ein Hit beim Paten: Geflügelspezialitäten auf Buchenholz gegrillt. Mittwochs und sonnabends wird der Grill angeworfen. Jeweils wechselnd kommen dann Ente, Maispoularde oder „glückliche“ Holsteiner Hühnchen äußerst schmackhaft auf den Teller. Der Wein ist das Spezialgebiet des Paten. Sein besonderes Augenmerk liegt auf Outsidern unter den Winzern. Lassen Sie sich hier also auch von seinen Weinpunks überraschen.

Übrigens:

jolie-sylt HoReCa

Unter dem Namen jolie-sylt betreuen Rèda Ferhat und Kirsten Esdar seit 18 Jahren als Großhändler Restaurants und die Hotellerie mit dem gesamten Gastronomiebedarf. *Siehe: www.jolie-sylt.de*

DER PATE-SYLT, Hörnumer Straße 5, 25980 Sylt / OT Rantum, Tel.: 0 46 51 / 9576000, geöffnet 17-22 Uhr, Sonntag und Montag Ruhetag. P EC www.derpate-sylt.de, kontakt@derpate-sylt.de

SUPPE

MINESTRONE	Italienische Gemüsesuppe [22]	€ 7,50

ANTIPASTI

BRUSCHETTA	Frische Tomaten, Knoblauch, Basilikum 2 Stücke [16,22]	€ 7,00
CARPACCIO	Vom Rind, Rucola, Pinienkerne, Parmesan Reggiano [22,23]	€ 13,50
BURRATA	Frische Tomaten, italienischer Weichkäse, Basilikum [22]	€ 14,50
ANTIPASTI	Gemischte Vorspeise	€ 14,50
VITELLO TONNATO	Kalbfleisch, Thunfischsauce, Kapern [19]	€ 16,50
GAMBERETTI	Garnelenpfanne, Lauchzwiebeln, Kirschtomaten, Knoblauch, Petersilie [17]	klein € 18,50 groß € 26,50

PIZZA

MARGHERITA	Mozzarella, Basilikum [16,22]	€ 10,50
SALAMI	Rindersalami [2,16,22]	€ 11,50
SCHINKEN	Putenschinken [2,16,22]	€ 12,00
SALAMI/PILZE	Rindersalami mit frischen Pilzen [2,16,22]	€ 12,50
SYLT	Putenschinken mit frischer Ananas [2,16,22]	€ 12,50
PRIMAVERA	Putenschinken mit frischen Pilzen und Ei [2,16,22]	€ 13,50
CAPRICCIOSA	Putenschinken mit frischen Artischocken [2,16,22]	€ 13,50
QUATTRO FROMAGGI	Schafskäse, Gorgonzola, Büffelmozzarella, Parmigiano [16,22]	€ 14,50
QUATTRO STAGGIONE	Putenschinken mit frischen Pilzen, Oliven, Artischocken [2,16,22]	€ 15,50
NAPOLITANA	Kapern und Sardellen [16,19,22]	€ 13,50
CALZONE	Putenschinken, Pilze [16,17,22]	€ 14,50
SPINACI	Frischer Blattspinat, wahlweise mit Schafskäse [16,22]	€ 14,50
DER PATE	Putenschinken, Paprika, Peperoni [16,22]	€ 14,50
BRUSCHETTA	Frische Tomaten, Rucola, Knoblauch, Parmigiano [16,22]	€ 15,50
VULCANO	Bresaola (geräucherter Rinderschinken), Rucola, Parmigiano, Chili [2,16,22]	€ 15,50
TONNO	Thunfisch und rote Zwiebeln [16,19,22]	€ 16,50
GAMBERETTI	Garnelen und Knoblauch, Petersilie [16,17,22]	€ 20,50

PASTA

SPAGHETTI	Aglio e olio, Basilikum, Knoblauch, Parmigiano [22]	€ 11,50
NAPOLITANA	Tomatensauce, Basilikum, Parmigiano [16,22]	€ 12,50
CARBONARA	Sahnesauce, Schinken, Ei, Parmigiano [2,16,18,22]	€ 12,50
ARRABIATA	Rigatoni in scharfer Tomatensauce, Rucola, Parmigiano [16,22]	€ 13,50
TORTELLINI	Rossinis hausgemachte Nudeln mit Rindfleisch in Sahne-Parmesansauce [16,22]	€ 13,50
SPAGHETTI	Bolognese mit Rinderhackfleischsauce, Parmigiano [16,22]	€ 13,50
A LA NORMA	Penne a la norma, Tomatensauce, Auberginen, Knoblauch, Basilikum, Parmigiano, Ricotta [16,22]	€ 13,50
LASAGNE	Hausgemachte Pastatorte [16,22]	€ 14,50
CORLEONE	Penne mit Gorgonzolasauce, Parmigiano, Spinat [16,22]	€ 14,50
FETTUCINE	Frische Bandnudeln mit Garnelen in Weißweinsauce, Parmigiano [16,17,22]	€ 21,50

STEAK

Unsere Steaks, aus deutschen Fersen, werden nur bei uns im **Holzkohleofen** bei 450 Grad zubereitet und stets mit Kräuterbutter und saisonalen Beilagen serviert. Wählen Sie unter folgenden Varianten:

RIBEYE-STEAK	Delta Dry Aged 300 g	€ 32,50
	Delta Dry Aged 500 g - nur auf Vorbestellung	€ 56,50
	Delta Dry Aged Rinderfilet 250 g mit 2 Garnelen	€ 36,50
	Delta Dry Aged Rinderfilet 400 g mit 2 Garnelen	€ 56,00
	Lammfilet mit karamelisierten Rotzwiebeln und Salat [22]	€ 34,50

FISCH

TAGESEMPFEHLUNGEN

BEILAGEN

Zu unseren Gerichten servieren wir Ihnen **eine** Beilage. Gerne servieren wir Ihnen zusätzlich weitere:

BEILAGEN	Karamelisierte Rotzwiebeln mit Balsamico – Mediterranes Gemüse – Salat [22]	je € 5,50

Speisenkarten-Auszug-Frühjahr 2019 | Angebot und Preise können sich je nach Marktlage ändern

SAMOA
SEEPFERDCHEN

Genuss in traumhafter Dünenlage

Dieses Restaurant in Rantumer Dünenlage ist ein Favorit bei den Sylter Genießern. Große Sonnenterrasse, Wintergarten. Regionale, kreative, frische Küche mit euro-asiatischem Einfluss. Leckere Kleinigkeiten für zwischendurch (Jakobsmuscheln 18,-, Milchreis 6,-, Tageseintopf 8,90, Keitumer Lammbratwurst 11,-), hausgebackener Kuchen (3,80). Zusätzlich wechselnde saisonale Karte und Tagesgerichte außerhalb der Karte. Abwechslungsreiche und gut sortierte Weinkarte mit 120 Positionen für jeden Geldbeutel (Glas ab 6,50 / Flasche ab 25,50). Strandsekt und Champagner. Hin und begeistert! Versprochen!

Es gibt Orte, da kommt man hin und fühlt sich vom ersten Moment an wohl, weil man einfach willkommen ist, weil eine Atmosphäre herrscht, die einem sagt: Setz dich hin, sei du selbst und genieße – ein bisschen wie nach Hause kommen. Unprätentiös, mit erstklassigem Service und einer hervorragenden kreativen und regional-typischen Küche – das ist *Samoa Seepferdchen*. Ob draußen auf der großen Sonnenterrasse oder im gemütlichen Innenraum, die Atmosphäre ist überall spürbar entspannt. Was nicht zuletzt an der perfekt eingespielten und herzlichen Servicecrew und dem Küchenteam um *Jens Dührkop*, der seit 28 Jahren das Küchenzepter in der Hand hat, liegt. Geschäftsführer *Jan Nissen-Hünding* schafft mit seinem Seepferdchen eine perfekte Mischung aus kulinarischer Kompetenz und lässiger Herzlichkeit, die an einem der schönsten Locations aufeinander treffen. Da lohnt es sich den Strandspaziergang mal für eine Bouillabaisse von Nordseefischen zu unterbrechen.

Die Gerichte auf der Karte zeigen die Kreativität der Küche – regionale Klassiker werden neu interpretiert ohne das frische Produkt aus den Augen zu verlieren. Es ist purer Geschmack und pure Freude in jeder Speise, z.B. in regionalen, inseltypischen Gerichten wie Labskaus, bei den „Grünen Heringen" oder den Lammbratwürsten vom Keitumer Gänsehof. Wer lieber Fisch mag, sollte das saftige Dorschfilet unter der Kartoffelkruste mit Vanille-Karotten und Dijonsenfsauce probieren. Für Fleischliebhaber gibt es u.a. perfekt rosa gebratene Lammfilets mit Chorizo-Bohnen oder auch eine halbe ofenfrische Flugente.

Aber auch Vegetarier kommen mit der Ofen-Aubergine auf Couscous, Kräutersalat und Misoschmand auf ihre Kosten. Zum Abschluss ist ein Gin-Sul-Sorbet mit Orange, Zitrone und Rosmarin perfekt. Und wenn's passt bekommt man zu seinem Gin Tonic Sundowner noch einen wildromantischen Sonnenuntergang gratis dazu.

So lässt es sich aushalten – an einem der schönsten Logenplätze zwischen den Meeren.

SEEPFERDCHEN, Strandabschnitt Samoa, 25980 Sylt / OT Rantum, Tel.: 0 46 51 / 5579, Fax: 201624, ganzjährig ab 12 Uhr geöffnet außer am 24.12., Küche bis 22 Uhr,
www.samoa-seepferdchen.de, info@samoa-seepferdchen.de

Auszug aus unserer Speisekarte

„Samoa's Bouillabaisse" von Nordseefischen, Gamba & Jakobsmuschel
dazu Aioli & Knoblauchbrot (Vorspeise // Hauptgang) 15,50 // 23,50

Samoa's- Bowl
Babyblattsalate, roter Coleslaw, Tomate, Gurke, Edamame,
gebackener Kürbis, Avocado, Kerne & Tataki vom Tuna 23,50

Knusper Wan Tan von „Dörte's" Sylter Ziegenfrischkäse
mit Tomatenmarmelade & Wildkräutern 15,00

Aubergine aus dem Ofen auf Couscous mit Granatapfel
Kräutersalat & Misoschmand 17,50

Rotes Knurrhahnfilet
Spicy Kürbis- Ingwermus, Pak Choi & Thai-Curry-Sauce 28,50

Große Nordsee- Seezunge in der Pfanne gebraten mit
zerlassener Butter, Salzkartoffeln & Gurkensalat 48,50

Halbe ofenfrische Flugente mit Kirschrotkohl & Kartoffelgratin 25,50

Filet vom Holsteiner Weiderind (200g)
mit rotem Coleslaw oder rahmigen Chorizo- Bohnen,
Kanarischen Kartoffeln, Tomatenbutter & Aioli 37,00

Schoko-Kuchen mit flüssigem Kern, Valrhona-Schokosauce & Cassissorbet 10,50

Pflaumenpfannkuchen mit Zimt, Zucker und Zimteis 8,90

Küche von 12 bis 22 Uhr // Auf Wunsch reicht Ihnen unser Servicepersonal gern die Allergenkarte.

Wundervoller kulinarischer Streifzug

Exklusives 2-Sterne-Restaurant im Söl´ring Hof in Rantum. Küche von Weltniveau, fokussiert auf regionale und saisonale Produkte. Helle Räume mit Blick auf die offene Küche. Neues Konzept: EIN Menue, das wahlweise in verschiedenen Gängen genossen werden kann (5 Gänge 184,-, 7 Gänge 204,-, 9 Gänge 224,-). Passende „Weinreise" um die 100,-. Über 800 Top-Positionen im Weinkeller, Spezialität: eine grandiose Portweine-Auswahl. Offene Weine ab 11,-, Wasserpauschale 9,- inklusive 3,- für ein Charity-Projekt.

Ein Besuch auf der Rantumer Düne im Restaurant vom *Söl'ring Hof*, das vom Guide Michelin mit zwei Sternen geadelt wurde, wird ein unvergessliches Erlebnis bleiben. Die Gäste werden wie Freunde begrüßt; die Gastfreundschaft der dienstbaren Geister ist offensichtlich eine Herzensangelegenheit.

Bärbel Ring und Jan-Philipp Berner

Für die *„authentische norddeutsche Küche, die auf die Qualität hochwertiger und oft vergessener regionaler Produkte setzt"* wurden *Jan-Philipp Berner* und *Johannes King* vom *Gault Millau* als *Koch-Duo des Jahres 2019* ausgezeichnet. Jan-Philipp Berner und sein Team lassen ihre Leidenschaft für exzellente Produkte mit Enthusiasmus in ihre Kompositionen und Zubereitungen einfließen.

Die Küche des Söl'ring Hofs verändert sich mit Beständigkeit. So finden immer wieder komplett neue Kompositionen den Weg auf den Teller des Gastes. Diese Kreationen spiegeln den Kreislauf der Natur, denn saisonale und regionale Produkte dominieren die Karte.

King ist für seinen „Strandsalat" auf der Insel unterwegs. Am Flutsaum entlang und ab in die Schlicken des Wattenmeeres: Herzmuscheln, Wattschnecken, Miesmuscheln, Austern, Queller und Strandportulak.

Jan-Philipp Berner, Küchenchef auf der Düne, ist der Garant dafür, dass die Menüs stets jung und lebendig wirken.

Die Speisenkarte, hier nur als Beispiel abgedruckt, zeigt das Gebotene. Ein Menue kann auf Wunsch aus den verschiedenen individuellen Gängen zusammengestellt, aber auch auf Wunsch mit „Vorlieben" variiert werden.

Sommelière und Restaurantleiterin *Bärbel Ring* erwarb sich diverse hochrangige Meriten. Sie verbindet feinfühlig und mit viel Charme ihre Weinkompetenz und Leidenschaft als Gastgeberin.

Wer einen besonders intensiven Blick in die Küche des Söl´ring Hofs werfen möchte, kann einen Kochkurs beim „King" buchen und wird die detailverliebte Perfektion eines Menschen erleben, der Genuss als Botschaft hat.

DORINT SÖL´RING HOF, Am Sandwall 1, 25980 Sylt / OT Rantum,
Tel.: 0 46 51 / 83620-0, ganzjährig geöffnet ab 19 Uhr,
in der Nebensaison mittwochs und sonntags Ruhetag
www.soelring-hof.de, info.soelringhof@dorint.com

★★★★★
DORINT
SÖL'RING HOF SYLT

UNSER DEGUSTATIONSMENÜ

Dänischer Kaisergranat
~ Melisse ~ Kohlrabi ~ Meerrettich ~

Goldforelle
~ Karotte ~ Ziegenfrischkäse ~ Estragon~

Frühlingszwiebel
~ Morchel ~ Bärlauch ~ Ei ~

Steinbutt
~ Kamille ~ Einkorn ~ Rettich ~

Frikassee vom Weidehuhn
~ junges Gemüse ~ Liebstöckel ~

Salzwiesenlamm
~ Bete ~ Senf ~ Sauerrahm ~

Rhabarber
~ Hafer ~ Buttermilch ~ Thymian ~

Apfel
~ Staudensellerie ~ Amaranth ~ weiße Schokolade ~

Käse vom Wagen
~ unsere Beilagen ~

Degustationsmenü 5 Gänge € 184,-
- Kleine Weinreise € 105,-

Degustationsmenü 7 Gänge € 204,-
- Große Weinreise € 125,-

Degustationsmenü 9 Gänge € 224,-
- Ganz große Weinreise € 155,-
- inklusive Portweindegustation -

Tradition im Dünental

Ein lohnender Ausflug ins Rantumer Dünental „Tadjem Deel". Ursprüngliches Sylt. Gastlichkeit inmitten der einmaligen Sylter Dünenwelt. Frischer Fisch und leckere saisonale Gerichte, zwei gemütliche Strandkorbterrassen, umfangreiche Kinderkarte, frisch gebackener Kuchen der Saison und leckere Weine. Verlockende, bodenständige Hauptkarte von 12 bis 21 Uhr mit ergänzender Tageskarte von 12 bis 17.30 Uhr. Bitburger 0,25/2,90, Duckstein 0,3/3,80. Wein 0,2 ab 6,-, Flasche ab 23,10.

Für viele Sylt-Urlauber und auch Sylter ist der Weg ins *Tadjem Deel* – in Rantums Dünenwelt – fest eingeplant. Auf der einen Seite die oft tobende Nordsee, zur anderen Richtung die Weiten des Wattenmeeres. In der Mitte das ruhige Tal. Ob als Zwischenstopp auf Ihrer Fahrradtour, als Stärkungspause nach einem ausgiebigen Strandspaziergang bei Wind und Wetter oder zum Abendessen bei Sonnenuntergang – das Tadjem Deel ist ein idealer Anlaufpunkt.
Hier finden Sie leckere Fischspezialitäten wie die Nordsee-Seezunge „Müllerin Art" (34,90), die große Nordseescholle in Butter gebraten oder „Finkenwerder Art" (17,50 bzw. 19,50), Lachsfilet in Rieslingrahm oder unter der Kräuterkruste (21,90 bzw. 23,50) oder auch die Variation von Edelfischen & Seawater-Garnelen auf Wurzelgemüse-Sud (26,90) – ein wahrer Gaumenschmaus. Und wenn der Tagesfang es hergibt, wird die Karte durch frisch im Rantumer Watt gefangene Meeräsche oder Maischollen und Makrelen aus der Rantumer Nordsee ergänzt, die befreundete Fischer nach dem Fang persönlich vorbeibringen. Frischer geht nicht!
Auch die Fleischkarte hat einiges zu bieten. Hier zaubern *Jan Hinrichsen* und sein Team für Sie Schweinemedaillons im Sesammantel (18,90), zarten Lammrücken unter der Kräuterfrischkäse-Haube (27,50) oder verschiedene Steak-Variationen (ca. 24,-) und vieles mehr. Im Herbst finden Sie zudem Jans superzarte Wildschweinkeule auf der Speisenkarte. Die sollte man sich einfach nicht entgehen lassen.
Wer es lieber leichter mag oder nur einen kleinen Hunger mitbringt, der findet ebenfalls eine leckere Alternative: Ob eine leckere Fischsuppe mit Edelfischeinlage und Knobibrot (6,90), eingelegter Schafskäse mit rosa Pfeffer (8,50) oder der große bunte Salat mit Seawater-Garnelen oder Streifen vom Rind (16,50 bzw. 15,90) sind hier ebenso beliebt wie der Klassiker Currywurst & Pommes (6,30). „Popeye" ist bei den Kindern besonders beliebt (Rahmblattspinat mit Salzkartoffeln 4,50) ebenso wie der cremig-warme, hausgemachte Milchreis wahlweise mit Roter Grütze, Apfelmus oder Zimt & Zucker (5,90-6,90). Danach schlecken sich nicht nur die Kleinen die Finger.
Etwas Süßes zum Dessert? Hier können nur wenige der „Rantumer Creme" mit Ahornsirup und gerösteten Nüssen (5,90) oder dem warmen Schokoladenküchlein mit Pistazieneis und frischen Früchten (8,50) widerstehen. Dazu ein Espresso oder ein Digestif und das Menü ist perfekt.
Ganz egal, ob nun zum Anfang des Urlaubs, zwischendurch oder als krönender Abschluss… das Restaurant Tadjem Deel ist doch immer ein guter Tipp.

TADJEM DEEL, Hörnumer Straße 60, 25980 Sylt / OT Rantum, Tel.: 0 46 51 / 23161, geöffnet kurz vor Ostern bis Ende Oktober, durchgehend warme Küche von 12 - 21 Uhr. Tischreservierung nur telefonisch, P ec

Tadjem Deel

Sylter Gastlichkeit in Rantums südlichen Dünen

<u>*Ein Auszug aus unserer Speisekarte:*</u>

Pikante Gulaschsuppe mit Baguette 6,00 €

Friesische Krabbensuppe mit Nordsee-Krabben und Sahnehäubchen 6,90 €

* * *

Nordsee-Seezunge „Müllerin Art" mit Salzkartoffeln und zerlassener Butter 34,90 €

Edelfisch-Variation & Black-Tiger-Garnelen poschiert auf Gemüse-Sud (in der Pfanne serviert), dazu Knoblauch-Baguette 26,90 €

Zartes Filet vom Dorsch auf Dijonsenf-Schaum, an Kräuterreis und Lauch-Rahmgemüse 23,50 €

Filet von der Meeräsche auf rotem Zwiebelkompott an Rieslingrahm, dazu Salzkartoffeln 25,90 €

* * *

Saftiges Lammkarree unter einer Frischkäsehaube mit kräftiger Jus, dazu Ratatouille und Kartoffelgratin 27,50 €

Zartes Rumpsteak auf gebratenen Estragon-Champignon mit Bratkartoffeln und Kräuterbutter 24,90 €

Schweinefilet im Sesammantel auf Zwiebel-Rotwein-Sauce mit Salzkartoffeln, dazu kleiner Salat 18,90 €

Geschnetzeltes vom Rind aus dem Wok mit knackig buntem Curry-Gemüse in Sojasauce, dazu Reis 19,50 €

* * *

„Rantumer Creme"- Quarkcreme an Ahornsirup mit gerösteten Mandeln, Hasel- und Walnüssen 5,90 €

Lauwarmes Schokoküchlein an Pistazien-Vanilleeis mit Fruchtsauce und frischen Früchten 8,50 €

Speisenkarten-Auszug-Frühjahr 2019

Angebot und Preise können sich je nach Marktlage ändern

SANSIBAR
SYLT

SEHNSUCHTSORT GOURMET-HÜTTE

Vielbeachtetes Dünen-Restaurant zwischen Rantum und Hörnum. Speisenkarte von bodenständig bis exklusiv. Top Qualität. Ab 10.30 Uhr Brunch 29,-, Tageskarte. Tagesessen 16,- bis 22,-, vom Eintopf (8,-), von gebackenem Kabeljau (23,-), der legendären Currywurst (12,-) bis zum ganzen Babybutt (45,-). Exklusive Steakkarte. Veltins 0,3/4,80, Wein 0,2 ab 8,-, Flasche ab 29,- („only Sansibar"), eine der weltbesten Weinkarten, großes Weindepot in der Dünengrotte, abends Reservierung notwendig.

Herbert Seckler & Chefkoch Dietmar Priewe

Herzlichkeit und Gastfreundschaft gehören nun seit über 40 Jahren zum Sansibar Grundsatz. Trotz großem Hype in allen Gazetten der Republik ist *Herbert Seckler* schon immer auf dem Boden geblieben.

Das Restaurant *Sansibar* liegt zwar in einsamer Landschaft – aber von Einsamkeit kann hier keine Rede sein – schließlich ist dieser besondere Ort übers ganze Jahr eine Pilgerstätte für Genussmenschen. Die gekreuzten Sansibar-Säbel zieren als Markenzeichen inzwischen viele Lifestyle-Produkte und unzählige Auto-Heckpartien als Signal: „Wir gehören dazu!"

Seckler, der vor mehr als vierzig Jahren als Jungkoch nach Sylt kam, hat das alles so gar nicht vorgehabt. Aber er wusste von Anfang an, was ihm das Wichtigste ist: Höchste Qualität der Produkte, kreative Zubereitung und sehr guter Service. Das hat Folgen, z.B. die Gault Millau-Auszeichnung als „Restaurateur des Jahres" und die Auszeichnung des Rolling Pin für sein Lebenswerk. Der Hausherr nimmt das alles gelassen hin. Seine Gourmet-Hütte ist für alle da.

Wenn man drinnen keinen Platz mehr bekommen hat oder das Wetter ist mal wieder einfach zu gut, sitzt man „draußen" mit Kind und Kegel auf Holzbänken und an den schlichten Tischen, den feinweißen Sand unter den Füßen, mit Blick über Strand und Meer. Im Winter dick eingemummelt.

Alles, was der langjährige Küchenchef *Dietmar Priewe* und seine Crew kompromisslos frisch auf die Teller zelebrieren, mundet ausgezeichnet.

Für das Gebotene fallen die Preise je nach eingesetztem Produkt für dieses Gastro-Highlight sehr gefällig aus. Die Currywurst mit Sansibars Currysauce und Bratkartoffeln ist schon legendär (12,-). Man kann hier aber auch luxuriös im oberen Preislevel schlemmen.

Die abgebildete Speisenkarte gibt nur einen Ausschnitt des täglich frisch Gebotenen wieder. Die Steakkarte weist beste Rindfleischqualität auf und auch das Fondue ist seit eh und je nicht zu toppen.

Wir empfehlen für das Abendrestaurant unbedingt im Voraus zu reservieren, sonst bekommt man bei allem Goodwill keinen Platz. Und den braucht man, allein um über die üppige Speisenfolge der 18-Uhr-Karte und über eine der umfangreichsten Weinkarten der Welt seine Blicke schweifen zu lassen.

Danke Herbert und Dreamteam für mehr als 40 Jahre Sansibar ... so kann es weitergehen!

SANSIBAR, Strand „Sansibar", 25980 Sylt / OT Rantum, Tel.: 0 46 51 / 964646, Fax: 964647, ganzjährig geöffnet, Küche durchgehend von 10.30 bis 23 Uhr, Reservierung telefonisch ab 12 Uhr, P AE EC f www.sansibar.de

SYLT HAT EINFACH GESCHMACK.
VELTINS
SANSIBAR
SYLT
PURE LEIDENSCHAFT. FRISCHES VELTINS

SANSIBAR
SYLT

Sansibars Frühlings-Special: Borgo Santo Spumante Rosé only Sansibar aus der 3l Doppelmagnum 0, 1 l ⚔	7,00

Tagesessen
Halbes Hähnchen aus dem Ofen mit Tomatensalat und Pommes

19,00

Suppen und Eintöpfe

Sansibars Tafelspitzeintopf vom Kalb mit Wurzelgemüse und Spätzle	10,00
Eintopf mit Würstchen	8,00
Fischtopf mit Aioli	22,00
Kartoffelsuppe mit Würstchen oder den alten Sansibar Klassiker mit Apfelkuchen	9,00

Salate und Vorspeisen

Sansibars ⚔ spanische Sardinen aus der Dose	17,00
Käseauswahl mit Honigfeigen, Meersalzbutter und Schwarzbrot	18,00
Gebratenes Lammfilet, Feigen, Ziegenkäse und Walnüsse auf Salat mit Feigensenfdressing	19,00
Salat mit Mango, Nüssen und Sauerrahm	19,00
Salat mit gebratenen Putenstreifen, Früchten und Preiselbeersauce	19,00
Salat`n` Dip! Hummus, Arabischen Tomatensalat und Oliven mit Salatherzen dippen	18,00
Büffelmozzarella mit Sansibar's Tomaten-Paprika Relish⚔, Pesto und Knusperbrot	18,00
Salat mit Feigen, Serrano Schinken, Parmesan, Sansibars Olivenöl ⚔ und Morsumer Honig von Familie Lobach	19,00

Sushi-Sashimi

Sashimi vom Thunfisch "Tataki Style" mit spicy Avocado, Teriyakipilzen, Sesamcreme und Wildkräutersalat	19,00
" Poke Bowl " Thuna und Lachssashimi mariniert auf Glasnudel mit Avocado, eingelegtem Gemüse, Edamamebohnen, Mango und verschiedenen Saucen	22,00
"Offenes Sushi" mit Thunfischsashimi, Gamba, Mango, Reis und Crunchy Salat	21,00
Sushirolle mit warmen Knuspergambas	19,00

Vegi

Carpaccio von der Roten Beete mit Trüffelvinaigrette und Parmesan	12,00
Quinoa-Gemüsebratling mit Rahmspinat, Curry von der Erbse und Süsskartoffelpommes	19,00
Pimientos de Padron	8,00
Weisser Spargel mit Hollandaise und Heidekartoffeln	20,00
Sansibars Trüffelpommes mit Parmesan	15,00

Pasta

Bolognese mit Spaghetti und Parmesan	18,00
Scharfe Gamba Spaghetti mit Tomaten und Parmesan	31,00
Knoblauchspaghetti mit Tomaten-Paprika-Relish ⚔ und Büffel-Robiola-Frischkäse	18,00
Nudeln mit Lachs in Peperonikäsecreme mit Parmesan	22,00

Fisch, Fleisch und Mee(h)r

Ab zwei Personen (pro Person) Nordseesteinbutt natur im Ofen im Weinfond gebacken mit Sahnekartoffeln und Senfsauce	50,00

Sansibars Erdbeerbowle

9,00

Sansibar's Spezial

Filet vom Lengfisch auf grün/weissem Spargelragout mit Schinkenbrotcrostini und Heidekartoffeln

22,00

Gebackenes Fischfilet vom Island Kabeljau mit Kartoffelsalat und Remouladensauce	23,00
Salzwassergambas in Knoblauchbutter gebraten mit Baguette	33,00
Lachsforelle im Ganzen gebraten mit Senfsauce und Ofenkartoffel	29,00
Knoblauchbutterpfanne mit Edelfischen und Baguette	29,00
Angeldorsch im Gemüsesud gegart mit Senfsauce und Salzkartoffeln	25,00
Filet vom Norweger Lachs mit weissem Spargel, Hollandaise und Heidekartoffeln	28,00
Filet vom Seeteufel kross gebraten auf Champagnerkraut mit Trauben, Speck, Croutons und Kartoffelpüree	28,00
Babybutt im Ganzen gebraten mit Ofenkartoffel und Senfsauce	42,00
Fischstücke in Dijonsenfsauce mit Basmati-Gemüsereis	25,00
Nordseeseezunge mit Salzkartoffeln und flüssiger Butter	53,00
Hacksteak vom U.S. Beef auf Spinat mit Sylter Ei, Pfeffersauce und Pommes	23,00
Leberkäse von der Metzgerei Betsch aus Stuttgart mit Kartoffelsalat und Spiegelei	19,00
Weisswurst mit Brezel und Sansibars⚔ süssem Senf	8,00
Currywurst mit Sansibars Currysauce ⚔ mit Pommes oder Bratkartoffeln	12,00

Süßes

Eis aus "Tom`s Eiswerk" von Sylt aus der Sylter Schokoladenmanufaktur *Frieseneis *Himbeereis . *Apfel-Zimt	4,00
Mövenpick Eiscreme *Vanille *Schoko . *Joghurt	3,00
Sansibars Apfelkuchen mit Sahne	6,00
Crème Brûlée	11,00
Kaiserschmarrn mit allem Drum und Dran	16,00
Mein Tip !!! Süsse Kartoffelpufferpommes mit Apfelmus und Apfelzimteis	7,00
Kirsch-Streuselkuchen und Sahne	6,00
Heiss und Eis von der Himbeere mit warmen Schokobrownie und Sahne	9,00

Die mit ⚔ gekennzeichneten Produkte erhalten Sie hier im Restaurant und auf www.sansibar.de

Speisenkarten-Auszug-Frühjahr 2019
Angebot und Preise können sich je nach Marktlage ändern

STRANDMUSCHEL
Rantum · Restaurant

Dünen-restaurant
Meerblick
Große Weinauswahl

Genuss-Location auf der Düne

Legeres Restaurant auf der Düne am Rantumer Strandübergang „Hauptstrand". Totales Inselfeeling. Direkter Meerblick, mittags und abends regionale Küche mit mediterranen Einflüssen. Mittagskarte, vegetarische Speisen und täglich wechselnde Tagesempfehlungen. Gerichte ab 7,50 (Kanarische Kartoffeln mit dreierlei Dip), über den Strandmuschelsalat (11,50 - 19,50) bis hin zum Thunfischsteak mit Kokosreis (28,50). 1a Strandversorgung mit Kiosk und Eisverkauf. Hausgebackener Kuchen. Ab 17.30 Uhr Tapas. Beachtliche Weinkarte mit über 100 Positionen, Fokus auf Riesling, Veltins vom Fass 0,25/3,30, Glas Wein ab 6,50, Flasche Wein ab 24,-. Spezialität: Sombrero-Tischgrill, Sonnenuntergangs-Secco 1/2 Preis, Reservierung per Telefon 20 Minuten vor Ankunft möglich.

Die *Strandmuschel* vereint so manche Sehnsüchte an einem wundervollen Ort. Ein „Place to be", eine Relaxzone. Hier kommt noch zur tollen Lage auf der Rantumer Düne, am offiziellen Strandübergang, eine äußerst empfehlenswerte kulinarische Adresse.
Die Betreiber *Sven* und *Svenja Rurup* haben sich hier ihren Traum verwirklicht und dieser lässigen Location eigenhändig ihren Stempel aufgedrückt. Flip-Flops und sandige Beine sitzen hier im Sommer schon mal neben Abendgarderobe, so darf und soll es sein. Zur Wahrung des lockeren Ambientes wird nicht eingedeckt, es gibt keine langfristigen Tischreservierungen. Wer kommen möchte, kann 20 Minuten vorher anrufen oder kommt einfach reingeschneit. Familien sind gern gesehene Gäste und selbst Hunde dürfen sich auf warmen Decken wohlfühlen und dabei den herrlichen Blick über die Dünen auf die Nordsee genießen. Auffällig ist die liebevolle Dekoration, die diesen unkomplizierten Ort angenehm heimelig macht – frische und außergewöhnliche Blumen schmücken die Tische, maritime und humorvolle Kunst hängt an den Wänden.
Für jeden Geschmack ist etwas dabei. Besonders Familien freuen sich über gesunde Kindergerichte mit Gemüse, Fisch und Fleisch. Die legendäre FKK-Suppe (Fenchel-Kartoffel-Karotten 9,50) darf man voll bekleidet genießen, Gambas in Knoblauchöl (12,50) gehören zum Besuch in der Strandmuschel einfach dazu und der Strandmuschelsalat mit Rinderfiletstreifen (19,50) passt perfekt zum Sonnenuntergang. Für den einzigartigen Fischeintopf mit Nordseefisch und Meeresfrüchten (21,50) und das Wolfsbarschfilet mit Majorankartoffeln und Pfannengemüse (24,50) lohnt sich jede Anreise. Ab 17.30 Uhr gibt es in guter alter Tradition hausgemachte Tapas zum Selberaussuchen am Tresen: Oktopus, Datteln und Pflaumen im Speckmantel, Oliven, Schafskäse etc.
Die Weinkarte ist ein echtes Highlight, sie bietet über 100 erlesene Tropfen, Große Gewächse, Raritäten und auch den hauseigenen „Muschelschluck" (Weißburgunder vom Weingut Poss). Allein die besondere, autofreie Lage mit dem Blick über das Meer macht die Strandmuschel zu einem Juwel in den Dünen. Das nette Muschel-Team macht einen Besuch, egal zu welcher Jahreszeit zum lässig-köstlichen Sylt-Erlebnis.

STRANDMUSCHEL, Strandweg 30, 25980 Sylt / OT Rantum,
Tel.: 0 46 51 / 27175, Fax: 27175, ganzjährig ab 11 Uhr geöffnet,
Küche bis 22 Uhr – nach Bedarf auch länger.
www.strandmuschel-sylt.de, info@strandmuschel-sylt.de

STRANDMUSCHEL
Rantum · Restaurant

Vorspeisen

Tomatensuppe mit Schafskäse und Basilikumcreme	9,50
FKK – Suppe (Fenchel, Kartoffel, Karotte) mit Gambas	9,50
Tomate – Mozzarella mit Basilikumpesto und Balsamicoglacé	8,50
Knoblauchbrot mit Parmesan	8,50
Gambas in Knoblauchöl und Baguette	12,50
Kanarische Kartoffeln mit dreierlei Dip (Buttermilch – Aioli, Rote und Grüne Mojo)	7,50
Taco Chips mit hausgemachter Tomatensalsa	6,50
Strandmuschel Salat	11,50
mit Gambas	16,50
mit Schafskäse	15,50
mit Rinderfiletstreifen	19,50
Fischsuppe mit Nordseefischen, Meeresfrüchten und Gemüse	14,50

Hauptspeisen

Tomaten - Fischeintopf mit Nordseefisch und Meeresfrüchten	20,50
Knoblauch -Tagliarini mit Kirschtomaten, Frühlingslauch und Gambas	23,50
Kalbsschnitzel mit Kartoffel – Gurken – Salat und Preiselbeeren	23,50
Rumpsteak (ca. 240g) mit Pommes, Kräuterbutter und Salat	27,50
Hausgemachte Ravioli mit frischen und getrockneten Tomaten, Salbei und geriebenen Parmesan	18,50
Thunfischsteak mit Kokosreis und Currygemüse	28,50
Getrüffelte Tagliarini mit Rinderfiletstreifen, Kirschtomaten und Frühlingslauch	25,50
„Gambas a la Plancha“ mit Aioli und Mango-Dip	38,50
Feine Käseauswahl mit Feigen - und Orangensenf, Balsamico, Olivenöl, Baguette	18,50

Ab 17:30 Uhr verschiedene Tapas am Tresen

Extras

Portion Pommes	3,50
Beilagen - Salat	5,50
Parmesan 1,50	
Aioli oder Mojo	1,50

Kinderkarte

- Seemannsgarn - Butternudeln	4,50
- Ahoi – Kleines Kalbsschnitzel mit Pommes	11,50
- Ebbe und Flut - Nudeln mit Fischfilet und Gemüse	9,50
- Kaventsmann - Kleines Rumpsteak mit Pommes und Gemüse	14,50
- Krähennest – Nudeln mit Tomatensauce und Parmesan	6,50

Süsses

Heißer Apfelstrudel mit Vanillesauce	5,50
und 1 Kugel Eis	7,50
Schokomousse mit karamellisierten Orangenfilets	5,50
Panna Cotta mit hausgemachter roter Grütze	5,50
Milchreis mit Zimt und Zucker	5,50
oder roter Grütze	6,90
Friesen- Pfannkuchen mit Apfelmus oder roter Grütze und Zimtsahne	6,90
Kuchen vom Blech	4,00
mit Sahne 4,50	

Speisenkarten-Auszug-Frühjahr 2018 | Angebot und Preise können sich je nach Marktlage ändern

Hörnum

Sylts sonniger Süden

Sylts „sonniger Süden“: Hörnum ist sozusagen das Nesthäkchen unter den Sylter Ortschaften, denn bis vor gut hundert Jahren gab es das Dorf noch gar nicht. Erst durch den Hamburger Reeder Albert Ballin, der 1901 eine Schifffahrtslinie von Hamburg zur Sylter Südspitze einrichtete, wurde der Grundstein für das heute prosperierende Hörnum gelegt. Doch bis zum Jahre 1924 sollte es dauern, bis das erste Privathaus erbaut wurde.

1907 entstand Hörnums Wahrzeichen, der Leuchtturm, der zwischen 1914 und 1933 die kleinste Schule Deutschlands beherbergte. Seit einigen Jahren kann der Turm besichtigt werden und auch Trauungen sind möglich. Gleich um die Ecke liegt der Hafen, wo an kleinen Ständen frische Krabben und Miesmuscheln offeriert werden. Und wenn Sie möchten, dann stechen Sie doch mal in See: Mit komfortablen Ausflugsfahrten geht es im Rahmen von Tagestörns zu den Nachbarinseln Amrum und Föhr sowie den kleinen Halligen. Das Luxus-Resort Budersand, direkt am Meer gelegen, setzt Maßstäbe. Der Budersand-Golfplatz, in die Dünenlandschaft integriert, wurde vielfach ausgezeichnet. **Tipp:** Im Naturzentrum der Schutzstation Wattenmeer werden neben einer Besichtigung des Zentrums mit seinen vielen Exponaten und Informationen rund um die Nordsee auch verschiedene Führungen wie Kinderwattwanderungen oder vogelkundliche Rundgänge angeboten.

STRÆND
SYLT

NEU auf Sylt

Shabby Chic
Strandbistro
Bowls!
Burger!
Wein!

Etwas versteckt und doch ganz prominent liegt das Haus hinter den Hörnumer Dünen, direkt am südlichsten Insel-Campingplatz und damit am Strandübergang.

Junge engagierte Leute haben sich hier ihren Traum von einem eigenen Strand-Bistro erfüllt. Gut, dass ein Tischler im Team ist, denn alles wurde hier aus gebrauchtem Holz gezimmert. Shabby Chic at its best.

Nachhaltigkeit bestimmt auch die Küchenphilosophie von *Jan* und *Denjo*, hier sind regionale Biozutaten angesagt. Das Essen wird „im Netz" außerordentlich gelobt.

Bei unserem Besuch im Frühjahr 2019 gab es z.B. frisch zubereitete Bowls mit der Basis Couscous und Basmatireis, klassische Burger oder Pasta. Selbst Fish & Chips, Currywurst oder Milchreis sind hier nicht 08/15.

Die angebotenen Weine zeigen Kennerschaft. Wir sahen „sichere" Winzer wie Künstler und Pfaffmann, aber auch verflixt gute Raritäten. Also, es gibt eigentlich keinen Grund hier nicht mal bei Jan und Denjo reinzuschauen, um diese Kitchen in den Hörnumer Dünen zu testen. Vielleicht kommen Sie dann immer wieder ...

25997 Hörnum, Am Campingplatz,
Tel.: 0 46 51 / 9364333, tägl. 13 bis ca. 23 Uhr,
Küche bis 21.30 Uhr, dienstags Ruhetag
www.straend-sylt.de

Genuss-Anker im Inselsüden

Junges Team im traditionellen Hafenrestaurant. Ursprünglicher Charakter, moderne Akzente, familienfreundlich. Ambitionierte, ausgezeichnete Frischeküche. Tolle Auswahl für Veganer und Vegetarier. Freitags „Miesmuscheltag" mit frischem Fang vor Hörnum (19,90). Vorspeisen ab 8,90 (Bunter Salatmix), Hauptgerichte mittags ab 14,90, abends ab 16,90. Fisch- und Fleischfondue auf Vorbestellung. Abendkarte ab 17.30 Uhr. Veltins 0,25/3,10, Weißburgunder von Poss/Nahe 0,2/7,60, Cabernet Sauvignon, Kaapzicht, 0,2/8,90.

Vor Anker gehen in Hörnum? Das klappt nicht nur mit dem Schiff, sondern auch kulinarisch ganz vorzüglich. In *Möller's Anker*, einem Hafenrestaurant, das sowohl der Tradition als auch dem modernen Zeitgeist entspricht. Ein Spagat, den Küchenchef *Thorsten Möller* seit etlichen Jahren wunderbar meistert. Das rustikale Hafenambiente mit blanken Holztischen und -bänken ist geschmackvoll kombiniert mit farbenfrohen Kissen und Dekoration; Surfbilder an den Wänden unterstreichen den maritimen Charakter des Restaurants. Im Sommer ist die Terrasse ein beliebter „place to be".

Bei der Produktauswahl legt Möller viel Wert auf Regionalität und, wo möglich, auf Bioqualität. Vor allem begeistern die einfallsreichen Kreationen für Vegetarier und Veganer. Was nicht heißt, dass der Gast hier auf Fisch und Fleisch verzichten muss. Dazu sind allein schon die „Anker Tapas" als Starter zu lecker: eine Labskaus-Praline, gebackene Sylter Auster und Hummersuppe (14,90). Oder die Jakobsmuscheln mit Wasabi-Gurkensalat und Hanfsaat (14,50). Bei den Hauptgängen hat sich die Uthlande Lammhaxe längst als köstlicher Klassiker etabliert (21,90). Begleitet wird sie von Speckbohnen, Röstkartoffeln und einer würzigen Tomatensugo. Der Anker Beefburger ist aber auch die Kaloriensünde wert (18,50). Perfekt für das Dinner mit Freunden: die frische Kalbshaxe aus dem Ofen mit buntem Gemüse, Salat und Süßkartoffelpommes (auf Vorbestellung, 3-4 Personen, 79,-). Nicht zu vergessen die derzeitige Lieblingskreation unserer Autorin – die vegane Anker Rainbow Bowl (18,90). Der bunte Mix u.a. aus Broccoli und gelber Bete, mariniertem Rotkohl, Granatapfel und Daikonrettich ist ebenso gesund wie lecker. Für besondere Würze sorgt der spicy Süßkartoffeldip.

Und was bietet sich aus Neptuns Reich an? Der Skrei zum Beispiel. Wer sich dafür entscheidet, darf sich auf ein exotisches Aromenspiel am Gaumen freuen: der Küchenchef kreiert u.a. mit Curcuma, Kokosnuss und Koriander ein ganz neues Geschmackserlebnis (27,90).

Gut zu wissen: Die hier verwendeten Gewürze wie das Sylter Salz und die hauseigene Gewürzmischung gibt es auch zum Mitnehmen. Ebenso reduzierten Balsamico, Eierlikör oder einen Sylter Heckenrosengeist. So kann man die Zeit überbrücken, bis man erneut vor (Genuss-)Anker im Inselsüden geht.

MÖLLER´S ANKER, Blankes Tälchen 8, 25997 Hörnum, Tel.: 0 46 51 / 881050, warme Küche Di.-So. 12-21.30 Uhr. Montag Ruhetag, Wintergarten und Terrasse P f
www.moellers-anker.de

Frisch geschmorte Kalbshaxe
in Möller´s Anker
für 2-3 Personen
auf Vorbestellung

KAI3 RESTAURANT

Kulinarische Sternstunden mit Nordic Fusion

Kulinarische Welt mit Nordic Fusion

Leidenschaftliche Gourmetküche im 5-Sterne-Superior BUDERSAND Hotel - Golf & Spa - Sylt am Hörnumer Hafen mit direktem Meerblick. Raffinierte, aromaorientierte „Nordic Fusion" Kreationen. Mit einem Stern im „Michelin" klassifiziert (5 Gänge 98,-, 7 Gänge 128,-). Vinothek mit Raritäten renommierter Weingüter. Wein 0,15 ab 6,50, Flasche ab 34,- bis zu den großen Lagen. Flensburger / Radeberger 0,3/4,50. Terrasse direkt am Meer mit Snacks und Kuchen (5,50).

Einen ganz besonderen Platz nimmt das Restaurant des 5-Sterne-Superior-Hotels BUDERSAND im Reigen der besten kulinarischen Adressen der Insel ein. Exzeptionell ist schon mal die Lage, schließlich liegt den Gästen das Meer quasi zu Füßen. Kein Wunder, dass Gourmets ins Schwärmen geraten und der „Michelin" zum wiederholten Mal das Mahl goutiert und die Leistung im *KAI3* – unter der Ägide von *Felix Gabel* – mit einem Stern adelte. Der Michelin lobt die „Küche voller Finesse", „auf den Punkt gebrachten Geschmack" und das „konstant hohe Niveau bei der Zubereitung". Die Hauptkomponenten eines Gerichts kommen aus dem nordischen Umfeld z.B. von Bauernhöfen und Produzenten aus Nordfriesland, Fisch überwiegend aus der Nordsee. Fusion steht für das Zusammenführen von Produkten, die bisher wohl ein Novum darstellen, doch in der KAI3-Küche zu einem Gesamtkunstwerk verschmelzen, das dann im Geschmack neue Dimensionen erreicht.

Felix Gabel

Die dokumentierte Speisenkarte zeigt die Kombinationsfreude des jungen Küchenchefs. Auf dieses Abenteuer, das von exotischen Gewürzen und Marinaden begleitet wird, kann man sich bei Felix Gabel und seinem internationalen Team getrost einlassen.

Dass die Vinothek des Hauses auf dem gleich hohen Niveau rangiert, versteht sich von selbst. Chefsommelier *Thomas Kallenberg* und Restaurantleiter *Horst-Ulrich Höhne* halten rund 500 Positionen der Top-Weine bereit. Idealer Abschluss eines Genussabends à la KAI3 ist sicherlich der Treff an der bestens bestückten Bar des Hauses. Hier kann die Aromenreise fortgeführt werden. Anlässlich des 10-jährigen Bestehens des BUDERSAND Hotels wird es ein Jahr voller kulinarischer Highlights geben, welche Sie geschmackvoll durch das Jahr führen werden. Genießen Sie beispielsweise immer montags, ab 13 Uhr BOUILLABAISSE SATT für 45,- p.P. inkl. einem Glas Weißwein an unserer Bar.budersand oder auf der Terrasse des KAI3 und bis September immer mittwochs fangfrische Muscheln für 36,- p.P. inkl. einem Glas Weißwein. Vielleicht haben Sie ja hier im BUDERSAND eines der komfortablen Zimmer gebucht ...

KAI3, Am Kai 3, 25997 Hörnum, Tel.: 0 46 51 / 4607-0, Fax: 4607-450, geöffnet ab 18.30 Uhr, Ruhetage Mi und Do, Reservierung unter Tel. 46070, Frühstück (7-12 Uhr) auch für externe Gäste ab 42,-. P EC
www.budersand.de, hotel@budersand.de

KAI3
RESTAURANT

„Nordic Fusion“ hautnah erleben

„Große Aromenreise“

Aus der Tiefe des Meeres
Handgetauchte Jakobmuschel, roh mariniert mit Molke
fermentierter Zitrone, Osietra Kaviar und Szechuansorbet

***

Teezeremonie
Dreierlei vom Deichlamm mit Frühlingszwiebel,
Wasabi und getrockneten Babyshrimps

***

Ein Spaziergang durch die rote Stadt
Sanft gebratene Makrele mit Auberginenpürée
Dukkah Crumble, Calamaretti und Tomatenessenz

***

Fröhliches Spargelstechen
Pochiertes Filet Royal vom Färöer Lachs mit zweierlei Spargel
Yuzuhollandaise und Bärlauch - Specksauce

***

Reis und Bohnen
48 Stunden gegartes Kalbsbäckchen vom Galloway
mit Orange, weissem Bohnenpürée, Sprossen und Molejus

***

Aus Itzehoe
Romadur von Affineur Kober
mit eingelegter Eiskirsche und Kakaotulpen-Sorbet

***

S´mores
Friis Holm Schokolade mit Buchweizencracker
Mandarinensorbet und warmem Marshmallow

5 Gang Menü inkl. Dessert € 98
7 Gang Menü € 128

Eine Weinbegleitung erstellen wir Ihnen gerne auf Anfrage.
Alle Gänge stehen auch einzeln à la carte zur Verfügung.

Strönholt
BISTRO · CAFE · RESTAURANT

Beste Aussichten auf „Land und Meer"

Traumhafter Ausblick von einer hohen Düne über „BUDERSAND" Golfplatz und Nordsee. Sonnenterrasse. Regionale deutsche Küche. Bistrokarte 12-18 Uhr. Currywurst (9,50) bis zum Rindersteak (24,50). Abendkarte ab 18 Uhr. Hauptgerichte ab ca. 20,- bis 30,-. 4-Gang-Menü ca. 67,-. Flensburger/Radeberger 0,3/4,50, feine Weinkarte 0,15 ab 6,50, Flasche ab 34,- bis zu Großen Gewächsen.

Der Name *Strönholt* – bedeutet Strandgut – passt perfekt zu diesem luftigen, lichtdurchfluteten, gastlichen Ort, hoch auf einer Hörnumer Düne gelegen. Bester Blick über Land und Meer, über den Golfplatz und das Hotel BUDERSAND, über den Hafen und die Nordsee bis hin zu den Nachbarinseln und Halligen. Klasse, dass sich hier zum guten Ausblick eine ebenso gute Küche gesellt, die mit einer abwechslungsreichen Speisenkarte, welche mittags und abends durch Tagesangebote erweitert wird, aufwartet.

Günther Schwarz

Küchenchef *Günther Schwarz*, gebürtiger Rheingauer, hat viele Jahre Sylt-Erfahrung in Jörg Müllers Küche genossen und kennt sich so mit der Küstenküche bestens aus. Hier im Strönholt setzt er eigene Akzente. Tagsüber gilt bis 18 Uhr eine Bistrokarte mit Standards von der Currywurst, über Friesenstulle bis zum fluffigen Wiener Schnitzel. Ab 18 Uhr wird dann der feinere Gang eingeschaltet. Apropos Gang: Ein 4-Gang-Menü lässt schon mal keine kulinarischen Wünsche offen (67,-).

Durch Günther Schwarz und sein Team bekommt das Beste von Fisch und Fleisch den ganz besonderen Pfiff. Sei es bei den Vorspeisenvariationen mit Kalbstatar, Nordseekrabben, Lammsticks und Ziegenkäse (ab 18,50), dem Deichlammrücken mit ligurischem Gemüse und Kartoffelgnocchi (29,50) oder dem gebratenen Zanderfilet mit Erbsen, Möhren und Parmesankrapfen (25,-).

Restaurantleiter und BUDERSAND Chefsommelier *Thomas Kallenberg* hat für die Strönholt-Küche eine passende Weinkarte zusammengestellt, die auf den grandiosen BUDERSAND-Weinfundus zurückgreift. Seinen Empfehlungen kann man getrost nachkommen. Für das Restaurant Strönholt kommen so viele positive Attribute zusammen, dass ein Besuch auf der hohen Düne eingeplant werden sollte.

Im diesjährigen, 10. Geburtstagsjahr des BUDERSAND Hotels warten hier viele kulinarische Highlights auf Sie.

RESTAURANT STRÖNHOLT, Fernsicht 1, 25997 Hörnum,
Tel.: 0 46 51 / 4492727, Fax: 4492728, tägl. von 12-21 Uhr warme Küche, Ruhetage: Sommersaison dienstags, Wintersaison montags und dienstags, P EC f
www.stroenholt.de, info@stroenholt.de

Strönholt

BISTRO · CAFE · RESTAURANT

Von Land & Meer

Sylter Austern auf Eis mit Chesterbrot	pro Stück	3,90 €
Frühlingshafte Blattsalate mit Spargelvinaigrette, Kirschtomaten und Wachtelei		12,50 €
Safran-Hummus-Bowl mit Avocado, Karotte, Grapefruit und Erdnüssen *- vegan -*		14,50 €
Friesische Vorspeisenvariationen vom Brett ***- ab 2 Personen -*** (u.a. Kalbstatar, Nordseekrabben, Lammsticks, Ziegenkäse)	pro Person	18,50 €

Aus Kessel & Friteuse

„Unsere Hummersuppe“ mit Nordseekrabben		16,00 €
„Strönholt's Fish 'n' Chips“ mit zweierlei Dips	*klein/groß...*	14,00 € / 21,00 €

Vom Kutter

Gebratenes Zanderfilet mit Erbsen, Möhren und Parmesankrapfen	25,00 €
Island- Kabeljau mit “Blumenkohl polnisch“ und Petersilienschaum	26,00 €
Eismeerlachsforelle auf rahmigem Spargelrisotto mit Bärlauchpesto	27,50 €
Nordsee-Seezunge - im Ganzen gebraten - mit Butterkartoffeln und Gurkensalat	(Tagespreis)

Vom Bauern

Deichlammrücken mit ligurischem Gemüse und Kartoffelgnocchi	29,50 €
Deutscher Stangenspargel mit Kalbsschnitzel, Kartoffeln & Sauce Hollandaise	32,00 €
Entrecôte vom Galloway mit Blattspinat und getrüffeltem Kartoffelpüree	37,00 €

Querbeet *- vegetarisch -*

Schlutzkrapfen mit Wildkräutern auf Tomatenkompott und altem Deichkäse	19,00 €
Rahmiges Spargelrisotto mit Ziegenfrischkäse und Bärlauchpesto	24,50 €

Unsere weiteren kulinarischen Highlights:

TAFELSPITZ-SONNTAG *- ab April, immer sonntags, ab 18 Uhr -*

Genießen Sie sonntags kesselfrischen Tafelspitz, wie nur Küchenchef Günther Schwarz ihn macht, serviert mit Cremespinat, Petersilienkartoffeln oder Bouillonkartoffeln.

25,00 € pro Person

WAGYU UND GALLOWAY AUS NORDFRIESLAND *- September -*

Im September erwarten Sie im Restaurant Strönholt Spezialitäten rund um das Wagyu und Gallowayrind aus Nordfriesland.

WEIHNACHTS- UND NEUJAHRSBRUNCH - 25. & 26. Dezember / 01. Januar, von 11.30 – 14.00 Uhr -

Lassen Sie sich von Küchenchef Günther Schwarz in unserem Restaurant Strönholt von unserem reichhaltigen, festlichen Brunchbuffet verwöhnen und krönen Sie Ihren Brunch mit einem 3-Gänge Menü. Der Vormittag wird von Pianomusik begleitet.

49,00 € pro Person

Bitte fragen Sie bei Bedarf unser Servicepersonal nach unserer Allergiker-Karte

Küche geöffnet von 12 - 21 Uhr / ab 14 Uhr Kuchenauswahl

Speisenkarten-Auszug-Frühjahr 2019

Angebot und Preise können sich je nach Marktlage ändern

SANSIBAR WEINKELLER
IN DEN RANTUMER DÜNEN

Wein und Co. auf Sylt

SANSIBAR WEINHALLE

Das Konglomerat aus Lagerhallen und Bretterbuden an der Straße zum Rantumer Hafen ist dabei, sich vom Geheimtipp zum Hypetipp zu entwickeln. Die große *Sansibar Weinhalle*, als Wein-Outlet gekennzeichnet, ist hier ein Highlight. Alle Weine, die hier in rauhen Paletten-Regalen präsentiert werden, stammen aus der grandiosen Sansibar-Weinliste; und auf diese Liste kommt nur Qualität. Dafür steht nun mal der Profi *Herbert Seckler*. Neben den Sansibar Weinen und Spirituosen sind auch Öle, Gewürze etc. sowie Non-Food Produkte im Zeichen der gekreuzten Schwerter vorrätig. Sansibar Klamotten gibt´s dann schräg gegenüber im Outlet-Store. Also, nix wie hin nach Rantum, an der Sylt-Quelle vorbei und dann zum Einladen direkt vor der Weinhalle parken.

25980 Sylt / OT Rantum, Hafenstraße 12,
Tel.: 0 46 51 / 964613, Mo - Sa 9 - 19 Uhr,
halle@sansibar.de

SYLTER TRADING KONTOR

Was sich so alles in einer der ehemals abgelegensten Ecken unserer Insel geschäftlich entwickelt, ist schon beachtenswert. Abfahrt „Rantumer Hafen“ bedeutet – nachdem man das geordnete Areal von sogenanntem Dorfhotel und SyltQuelle passiert hat, erreicht man in der äußersten Ecke, gleich achtern Diek am Wattenmeer, das *Sylter Trading Kontor*. Hier tut sich hinter unscheinbarer, historischer Backsteinfassade ein Paradies für Whisky-, Rum- und Gin-Enthusiasten auf. Neben den großen, klingenden weltbekannten Labels haben exklusive, limitierte Raritäten bei der Präsentation zumindest den gleichen Stellenwert. Kern und Ziel der Sylter Trading Idee ist die Entwicklung eines eigenen Sylter Whiskys. Inzwischen ist auch schon der erste Trader abgefüllt und weitere 70 Fässer mit dem Lebenswasser reifen im Kontor und warten auf ihre Abfüllung. Die ersten Auszeichnungen wurden bereits eingeheimst (Bronzemedaille auf der Interwhisky in Frankfurt). Regelmäßig werden draußen am Rantumer Hafen sehr informative Whisky-Tastings durchgeführt. Eine Art Whisky-Rundreise durch Scotland von weichen Malts aus den Highlands bis zu den torfigen, rauchigen Scotchs von Islay. Achten Sie auf den Sylter Whisky Summer!

25980 Sylt / OT Rantum, Hafenstraße 14,
Tel.: 0 46 51 / 9959026, Fax: 9959027,
außer im November täglich geöffnet von 11.30 - 18.30 Uhr
www.sylter-trading.de, info@sylter-trading.de

Vino Vin

VINO VIN - KÖSTLICHER GEHEIMTIPP

An dieser Oase des guten Geschmacks sollte man nicht einfach vorbeifahren. Dort, wo die bunten Fahnen von Italien und Frankreich wehen – an der Keitumer Landstraße neben der Aral-Tankstelle – ist *Vino Vin* zu Hause. Der Name Vino Vin sagt viel, aber nicht alles. Spezialisierte sich *Petra Fuchs* anfangs – vor über 25 Jahren – auf Vino aus Italien und Vin aus Frankreich, so hat sich die ursprüngliche Weinhandlung längst zu einem umfassenden Delikatessen-Eldorado entwickelt. Die Weinabteilung bietet inzwischen auch das Beste aus Deutschland, Spanien und der Neuen Welt; als Begleitung zu den guten Tropfen hält Frau Fuchs ein großes Sortiment an ausgewählter Feinkost bereit, das man unter dem Begriff „Beste Öle & Essige und Tapas für zu Hause" zusammenfassen kann.

Wie wäre es mit aromatischer Wildschwein-Salami, feinstem Parmaschinken oder köstlichem Lardo? Der Delikatess-Speck, der samt Kräuterhaube in den Marmorbecken Carraras reift, passt hervorragend zum echten Parmigiano, der nach 18 oder 36 Monaten erst die richtige Reife erreicht. Auf den Punkt gereift ist auch der italienische Büffelmilch-Camembert oder aromatischer Käse von Schaf, Kuh und Ziege aus dem Piemont. Dazu eine betörend duftende Begleitung wie die Mandarinenmarmelade mit 85% Frucht von der ägäischen Insel Chios. Das Saporina Balsamico-Gelee passt ebenso perfekt zum Käse wie der raffinierte „Jahreszeiten"-Pfeffer von INGO HOLLAND (ALTES GEWÜRZAMT). In dieser spannenden Kreation aus reinem Tellicherry Pfeffer in fünf verschiedenen Reifegraden scheinen die Aromen nur so zu explodieren. Feine Sardinen, Makrelen, Thunfisch, Forellen, Oktopus, Sardellen und weitere Fischkonserven in Gourmetqualität warten darauf, das Licht der Welt ein zweites Mal zu erblicken. Probieren Sie unbedingt mal den fermentierten, weichen, saftigen Pfeffer aus dem Dschungel von Sri Lanka. Petra Fuchs, Gastgeberin mit Herz und Seele lädt Sie bestimmt auf ein Pepperkorn ein…

25980 Sylt / OT Tinnum, Keitumer Landstraße (neben der Aral-Tankstelle), Tel.: 0 46 51 / 9365484, Fax: 938038, geöffnet in der Saison Mo-Fr 11-19 Uhr, Sa 10-18 Uhr, im Winter 1. Nov.-Pfingsten Mo-Fr 10-18 Uhr, Sa 10-14 Uhr (Parkplätze vor der Tür). Alles auch im Versand. www.vinovin-sylt.de, vinovin.tinnum@gmail.com

Die Keitumer Hopfenplantage

SYLTER HOPFEN · CRAFT BEER

GEBRAUT MIT SYLTER HOPFEN – VEREDELT DURCH FLASCHENGÄRUNG

Der *Sylter Hopfen* wächst auf der nördlichsten Hopfenplantage Deutschlands und wird Ende September, Anfang Oktober geerntet. Die Pflanzen sind nicht nur der Namensgeber des ungewöhnlichen Gourmetbieres, sondern verleihen ihm auch eine milde und unaufdringliche herbe Bitternote. Mit eigens gezüchteter Champagnerhefe und spezieller Flaschengärung in der Imperial-Flasche wird der Sylter Hopfen in einem speziellen Verfahren hergestellt, welches in der Massenproduktion nicht möglich ist.

„Nach der Gärung wird die Flasche auf den Kopf gedreht und abgerüttelt, damit sich die Hefe am Kopf der Flasche absetzen kann. Jede Flasche wird dann im Brauhaus von Hand degorgiert, das heißt die Hefe wird durch kurzes Öffnen der Flasche durch den eigenen Druck ausgetrieben und danach verkorkt. So bleibt nur der Sylter Hopfen in seiner Flasche wie er ist und wird weder haltbar gemacht, noch werden Geschmackszusätze hinzugegeben", erklärt *Thomas Kipka*, der Macher der Sylter Bierspezialität. Diese Handarbeit und das Seeklima auf unserer schönen Insel während der Reifezeit des Hopfens verleihen dem Gourmetbier seinen besonderen Geschmack und seinen spritzigen Charakter.

SYLTER HOPFEN · DRY GIN

Da der Hopfen auf der Insel ein mildes und fruchtiges Aroma entwickelt, eignet er sich auch hervorragend als ungewöhnliche Zutat zu einem Dry Gin. Dieser Gin wurde vor zwei Jahren auf den Markt gebracht und er erfreut sich seitdem zunehmender Beliebtheit, da es sich herumgesprochen hat, dass ein Hopfen-Gin nicht herb und bitter schmeckt, sondern frisch und fruchtig. Natürlich hat auch hier der Sylter Hopfen dem Dry Gin seinen Namen gegeben – getreu der Devise „Wir machen was wir sagen" nennt er sich schlicht und einfach *„Sylter Hopfen – Dry Gin"*. Nach den ersten Versuchen mit Gin wurde dann auch gleich noch eine Destille für die Produktion in der Brauerei in Flensburg eingerichtet.

Selbstredend wurde auch, der Flensburger Tradition gemäß, ein Rum destilliert und in Fässer eingelagert. Wann dieser dann zum Verkauf angeboten wird, entscheiden Reifezeit, Geschmack und Qualität. Bleiben wir also neugierig.

Sie können den Sylter Hopfen unter *www.westindien.com* oder selbstverständlich auch überall auf Sylt im guten Feinkost- oder Weinhandel bekommen. Einfach mal probieren!

WESTINDIEN COMPAGNIE,
Tel.: 0461/9001-9967,
www.sylter-hopfen.de,
www.westindien.com
kontakt@westindien.com

NEU

Auf dem Weg nach und von Sylt
GENUSSWERK FLENSBURG

Dort, wo das Craft BEER mit Sylter Hopfen gebraut wird und der Dry Gin mit Sylter Hopfen bereichert wird, ist nun in Flensburger Hafennähe ein Gasthaus mit Brauerei und Speisewirtschaft entstanden. Einfach mal Pause machen.

Brauereiweg 21, 24939 Flensburg

Martin Schachner

SCHACHNERSYLT

Das Geheimnis des Gintunings

Er ist ein genialer „Weinflüsterer" in seiner Vinothek mit tausenden flüssigen Positionen und ein äußerst kreativer Tüftler, wenn es sich um Gintuning handelt. Seit über 25 Jahren selbstständig mit Weinhandel voll beschäftigt, reizt es *Martin Schachner* Spirituosen einer magischen Verwandlung zu unterziehen. Mit dem Gin *First Edition 2018* ist ihm wohl ein Meisterstück gelungen. Dieser getunte Gin, der durch ausgesuchte Botanicals eine dunkelgoldene Farbe aufweist, die an feinsten Cognac erinnert, wird in eine exklusive, individuell nummerierte kunstvolle Glasschmuckkaraffe abgefüllt. Ein Tetrapoden-Verschluss aus Glas gibt dem Ganzen den eigenen Sylt-Apeal. Diesen Gin sollte man pur trinken. Genuss in Vollendung. Mit Tonic aufgegossen erlebt er allerdings eine magische Farbveränderung.

Ab Ende Mai 2019 ist dieser Gin dann in der exklusiv gestylten Karaffe erhältlich. Der Preis spiegelt die Rarität von nur 2.000 nummerierten Exemplaren wider. Schachners Spruch zu diesem Genussartikel: „Genießen – verschenken – sammeln – wieder verkaufen – Gewinn machen... und kassieren".

WEINHAUS SCHACHNER GMBH
Bismarckstr. 12,
25980 Sylt / OT Westerland,
Tel.: 0 46 51 / 26519,
www.weinsylt.de,
info@weinhaus-schachner.de

SYLTER LIKÖRWERKSTATT
Wilhelmstr. 7,
25980 Sylt / OT Westerland,
Tel. 04651-4467400,
www.weinsylt.de,
info@sylter-likörwerkstatt.de

Der Name *Heiliger* ist mit der Gastronomie der Insel seit Urzeiten verbunden. Aus einem Delikatessengeschäft in den Aufbaujahren des Tourismus ist der heutige Weinfachhandel entstanden. Trends werden erkannt oder gemacht. Gastronomen sowie private Weinliebhaber und Spirituosen-Genießer fahren ins Tinnumer Gewerbegebiet auf der Suche nach exquisiten Getränken. Nach wie vor ist Gin total „in". Allein 60 verschiedene Labels mit unterschiedlichen Geschmacksnuancen sind bei Heiliger erhältlich.

Tanja und *Alexander Sievers* veranstalten mit ihrem Team jährlich die „Heiliger Weinmesse". Im Frühjahr präsentieren namhafte internationale Winzer und Spirituosenhersteller ihre besten Tropfen.

In den gut sortierten Regalen des schönen Weinladens findet sich auch ein ganz besonderes Geschenk für alle Sylt-Liebhaber, denn eine Glasbläserei stellt eigens für Wein Heiliger mundgeblasene Flaschen her, die in ihrem Inneren die Silhouette der Insel tragen.

Kampener Gerste, Sylter Quellwasser und die gute Sylter Luft sind die Ingredienzen des ersten Sylter Whiskys „SILD Edition Crannog". Kenner beschreiben den bernsteinfarbenen „SILD" u.a. wie folgt: rauchig, malzig, salzig, cremig, weich und rund. Die ersten 2.700 Flaschen fanden bei den Whisky-Fans einen so großen Anklang, dass sie total ausverkauft sind. Der nächste Jahrgang ist nach 3-jähriger Lagerung im Holzfass abgefüllt und jetzt bei Heiliger zu erwerben. Dann heißt es: „Cheers!" – oder wie der Sylter Friese sagt: „Sünhair!"

25980 Sylt / OT Tinnum, Zum Fliegerhorst 22, Tel.: 0 46 51 / 927024, Fax: 23459, in der Saison durchgehend von Mo.-Fr. von 9-18 und Sa. von 9-12 Uhr geöffnet www.weinheiliger.de, info@weinheiliger.de

NEU im Buch

Sylter Fässchen
Das Besondere genießen

Mit dem Aufspüren von Besonderem und Raritäten haben sich *Sandra* und *Stefan Sacher* einen Namen gemacht und unterstreichen dadurch immer wieder die Außergewöhnlichkeit ihres *"Sylter Fässchens"*. Überwiegend flüssige Köstlichkeiten werden in ihrem inhabergeführten Delikatessengeschäft aus großen Glasballons abgefüllt und individuell beschriftet. So eignen sich die Köstlichkeiten auch ideal als Souvenir. Erlesener Whisky, Rum, Grappa oder Likör sind dabei nur einige der handverlesenen Besonderheiten, die von den Inhabern weltweit aufgespürt werden, um sie exklusiv nur hier anbieten zu können. Dies gilt zum Teil auch für Brände, Geister, Calvados und Aquavit. Hinzu kommen Essige und Öle, deren Güte der der Spirituosen in nichts nachsteht. Besonders spannend ist die Auswahl auch, weil die meisten Spezialitäten nur in begrenzten Mengen erhältlich sind. Dadurch, dass es sich z.B. beim Whisky und Rum fast ausschließlich um „single barrel" – also Abfüllungen aus nur einem Fass handelt und nicht um „gemixte" Massenware.

Große Anerkennung erfährt der exquisite Haselnussbrand, der auf Sylt in der gehobenen Gastronomie auf große Resonanz stößt. Beachtenswert auch der hauseigene Gin Typ 345, der in Kooperation mit einer kleinen Flensburger Brennerei entsteht.

Kenner finden hier auch besondere Spezialitäten in nichtflüssiger Form. Einige stammen von der Insel Sylt, wie beispielsweise der Morsumer Heide-, Raps- oder Blütenhonig. Andere Leckereien werden exklusiv in Zusammenarbeit mit dem Sylter Fässchen hergestellt wie verschiedene Fruchtaufstriche zum Beispiel, oder die aromafrischen, in der Dose gebackenen Kuchen mit Rum, Whisky oder Gin – natürlich alle aus dem Sylter Fässchen. Übrigens: Regelmäßig finden Whisky- & Rum-Tastings in kleinen Gruppen statt.

25980 Sylt / OT Westerland, Andreas-Dirks-Str. 12-14,
Tel.: 0 46 51 / 9575766, www.sylter-fässchen.de

Ein wahres Weinparadies eröffnet sich beim Besuch der stimmungsvollen Weinwirtschaft in einem historischen Friesenhaus am Keitumer Grünen Kliff. *Pius Regli*, Schweizer Insulaner und Wirt vom Kampener „Manne Pahl" hat seinen Namen für diese tolle Weinvergnügungsstätte gegeben, als er diesen „Laden" aus der Taufe hob.

Bei *PIUS´* warten ca. 250 verschiedene Weine auf eine gepflegte Vernichtung vor Ort oder auf die Mitnahme für die Vergnügungen im eigenen Heim. Dann gelten übrigens die günstigen Außer-Haus-Preise. Es können bei PIUS´ aber auch 35 „Offene" probiert werden – in 0,1 (ab 2,90) oder 0,2 Gläsern (ab 5,80). Flasche ab 22,-. Es geht aber auch hinauf bis zu einem „Mouton Rothschild" (knapp unter 1.000,-). Zum Vino gibt´s dann noch viele leckere Köstlichkeiten wie Antipasti, Schinken, Käse und ganz beliebt, den Flammkuchen *(siehe auch Restaurant-Report)*.

25980 Sylt / OT Keitum, Am Kliff 5,
Tel.: 0 46 51 / 8891438, täglich ab 15 Uhr,
im Winter ab 17 Uhr

NEU auf Sylt

Im Strönwai ist *Odin Deli* längst ein angesagter Treff für Freunde einer ideenreichen Küche in Kombination mit hervorragenden Weinen. Gleich um die Ecke, am kleinen Kampener Parkplatz, eröffnete zur Saison 2019 im weißen Geschäftshaus in Nachbarschaft von etablierten Modemarken eine *Odin Deli Dependance* als Vinothek mit den guten Tropfen, die einem schon im Strönwai mundeten – alles ganz kommunikativ, locker auf dem Hocker. Das *Odin* als *Vinothek, Deli-Shop* und Degustationstreff u.a. für die eigenen Odin-Weine und den Odin-Champagner brut. *Jörn Steffen* hat seine Beziehungen zu Südafrika spielen lassen, um wirkliche Top-Weine auf die Insel zu holen. Auch Spitzenweine aus Baden mit der Odin VDP-Qualität sind im Angebot. Herausragend der *Odin Pink Umbrella*. Hier sind Aktionen mit Winzern „in Residence" und Degustationstermine geplant. Als Alternative zu dem Rebensaft gibt´s immerhin den guten *Elbgold Kaffee*. Die hausgemachten Marmeladen haben einen Nachhaltigkeitseffekt... Bei jedem Aufstrich denkt man doch an Kampen. A place of Deli...

25999 Kampen, Hauptstraße 15, Tel.: 0 46 51 / 45455
www.odin-deli.com, office@odin-deli.com

Zimmer frei! Zimmer belegt!

Hotels auf Sylt

Die in unserem HOTEL-REPORT erwähnten Häuser sind von der Redaktion im Hinblick auf eine Bandbreite von „einfach und gut" bis „Luxus-Plus" als repräsentativ für den gehobenen Anspruch ausgewählt worden – auch wenn die Nacht in der upper Upperclass dann schon mal mit über 1.000,- € zu Buche schlägt.
Um die Kasse zu schonen gäbe es die Jugendherberge *(ca. 30,- € die Nacht im Etagenbett inkl. Frühstück)* und den Campingplatz *(Zelt in den Dünen ca. 12,50 € die Nacht).*

„Zimmer frei" kennen wir ja als Fernsehsendung. In den Straßen von Westerland und Wenningstedt stehen diese Schilder vor den hübschen gepflegten Pensionen, denn rund 60.000 Inselbetten warten auf individuell reisende Feriengäste.

Alle Angaben ohne Gewähr, Preisangaben vorbehaltlich Änderung.

HOTEL STADT HAMBURG

Hoteldirektion Hanns-Christian Wirsich

Das 1869 gegründete Haus wurde über viele Jahre in die Moderne geführt, in dem die Liebe zum Detail in jedem Winkel spürbar ist. Seit September 2018 steht das Haus unter neuer Flagge der *12. 18 Gruppe,* die den Flair des kleinen Grand Hotels auf jeden Fall fortführt.
„Very british" präsentiert sich das edle Interieur. Überwiegend englische Antiquitäten zeugen von sicherem Gespür für eine Atmosphäre, die man in unserer schnelllebigen Zeit kaum mehr findet. Sehr behutsam wird dieses Traditionshaus mit modernen Akzenten kombiniert. So bekam das Restaurant eine neue Linie mit farblichen Akzenten und gehört somit zu den stilvollsten von Sylt. Ein Highlight ist die HARDY'S Bar, die sofort zum neuen kommunikativen Treff avancierte. Der Gaumen wird im *Bistro* und dem HARDY'S *Restaurant* gleichermaßen verwöhnt *(s. Restaurant-Report)*, die Seele darf im QIARA Spa *(s. Wellness-Report)* dem Alltag davonfliegen.
45 Zimmer und 25 Suiten mit 120 Betten. Differenzierte Preisgestaltung. EZ 85/290, DZ 215/390, Suiten 340/460, Suiten m. 2 Schlafräumen 390/670. Frühstück 25,-, (Außer-Haus-Gäste 35,-), HP 75,-.
25980 Sylt / OT Westerland, Strandstraße 2,
Tel.: 0 46 51 / 8580, Fax: 858220,
www.hotelstadthamburg.com,
mail@hotelstadthamburg.com

HOTEL MIRAMAR

Familie Kreis

Das Grand Hotel „in der ersten Reihe" am Westerländer Nordseestrand. Ein wunderbarer Logenplatz am Meer. Ein Traditionshotel – anno 1903 – das immer „am Puls der Zeit" ist. Stil und Charme des Hauses werden in der 5. Generation bewahrt.
Die geräumigen, liebevoll restaurierten Zimmer und Suiten, die individuell und stilecht mit Antiquitäten oder mit neuzeitlichem, edlen Möbeldesign ausgestattet sind, verfügen über modernsten Komfort. Viele Zimmer haben grandiosen Meerblick. Auch in der Bar ist der Atem der „Belle Époque" zu spüren – auf der Strandkorbterrasse weht im besten Fall ein laues Lüftchen... Das stilvolle Restaurant im Haus *(siehe Restaurant-Report)* verwöhnt mit einer umfangreichen Speisenkarte, während der großzügige Wellnessbereich Balsam für den Körper verspricht. Verschiedene Saunen (u.a. Biosauna), eine Dampf-Relax-Grotte, Erlebnisduschen, ein Schwimmbad mit Meerblick! sorgen für Entspannung *(siehe Wellness-Report)*. Räume für Festivitäten jeder Art sowie für Tagungen stehen zur Verfügung.

Differenzierte Preisgestaltung je nach Zimmergröße, Ausstattung, Saison und Lage.
EZ 205/345, DZ 280/530, Suiten 325/1.080, Preise inkl. Frühstücksbuffet. HP pro Person 46,- (ab drei Tage). Diverse Sonderarrangements, Wochenpreise, Nebensaisonpreise.
25980 Sylt / OT Westerland, Friedrichstraße 43,
Tel.: 0 46 51 / 8550, Fax: 855222,
www.hotel-miramar.de, info@hotel-miramar.de

HOTEL & RESTAURANT JÖRG MÜLLER

Barbara & Jörg Müller
L`Art De Vivre Gourmet-Residenz

Barbara und *Jörg Müller* haben neben ihrem renommierten Restaurant auch mit dem benachbarten gepflegten Häuserensemble und den elegant ausgestatteten Komfort- und Deluxe-Zimmern eine wahre Wohlfühloase geschaffen. Sie sind großzügig geschnitten sowie individuell und liebevoll eingerichtet. Alle Zimmer haben eine Terrasse oder einen Balkon, einige sind behindertengerecht ausgelegt. Nobler Wellnessbereich mit Betonung auf „Relaxing": Sauna, Dampfbad, Infrarotkabine, und Erlebnisdusche. Ayurvedische Massagen. Physiotherapie auf Anfrage.
7 Komfort-Zimmer ab 190/210, 12 Deluxe-Zimmer ab 210/250, Suiten ab 270/340 (jeweils Belegung mit 2 Personen). Opulentes Frühstücksbuffet inklusive. Einzelpersonen erhalten 45,- Nachlass pro Nacht, Sonderarrangements auf Anfrage.
25980 Sylt / OT Westerland, Süderstraße 8,
Tel.: 0 46 51 / 27788, Fax: 201471,
www.jmsylt.de, info@jmsylt.de

HOTEL GUTENBERG **** DeHoGa*

Kirsten Vahl-Voss

Zentral in der quirligen Fußgängerzone Friedrichstraße befindet sich das *Hotel Gutenberg* in einem über 100 Jahre alten schönen Haus aus der Blütezeit des Seebades Westerland. Alle gängigen Geschäfte sind in der Nähe. Der Lesestoff kann hier nicht ausgehen, denn die Buchhandlung Voss ist im gleichen Haus. Das Hotel ist auf den neuesten Stand gebracht. Die Zimmer sind komfortabel und nordisch geschmackvoll eingerichtet. Farbharmonische Atmosphäre. Wurde als „Gastliches Haus" ausgezeichnet. Nichtraucher-Haus. Reichhaltiges Frühstücksbuffet. WLAN ist kostenlos.
Ideal für Gäste, die Stadt und Strand vor der Tür haben möchten. Bahnhof, Syltness-Center und Seepromenade sind fußläufig erreichbar.
EZ 59,90/104,90, DZ 129,80/189,80 inkl. Frühstück.
25980 Sylt / OT Westerland, Friedrichstraße 27,
Tel.: 0 46 51 / 9 888 0, Fax: 9 88 888,
www.hotel-gutenberg.de, info@hotel-gutenberg.de

HOTEL CLAUSEN **** DeHoGa*

Familie Zschage

Ein Haus mit langer Tradition. Ursprünglich 1904 erbaut und dann 1947 völlig umgestaltet, wurde es immer wieder auf den neuesten Stand gebracht. Direkt im Zentrum von Westerland, in der Friedrichstraße, in unmittelbarer Nähe zu Geschäften und wenigen Gehminuten zur Promenade, bietet das beliebte *Hotel Clausen* modern eingerichtete Zimmer mit Komfort, die alle ihren individuellen Stil haben. Helle Farben und Holz schaffen ein freundliches Ambiente, in dem der Gast sich wie zu Hause fühlen kann. Ein gepflegtes, mit drei Sternen klassifiziertes kleines Hotel „mittendrin". Das große reichhaltige Frühstücksbuffet sorgt für einen guten Start in den Tag. Öffentliche Parkplätze befinden sich ca. 200 m entfernt. WLAN kostenlos. Bahnhof und Strand sind fußläufig erreichbar.
19 Zimmer, EZ 75/105, DZ 110/180, Juniorsuite/Suite 150/195 inkl. Frühstücksbuffet.
25980 Sylt / OT Westerland, Friedrichstraße 20,
Tel.: 0 46 51 / 92290, Fax: 28007,
www.hotel-clausen-sylt.de, info@hotel-clausen-sylt.de

HOTEL DÜNENBURG **** *(DeHoGa)*

Uta Meschke und Olaf Rubin

Obwohl mitten im Zentrum gelegen und nur wenige Schritte von der Haupteinkaufsmeile Friedrichstraße entfernt, empfängt das *Hotel Dünenburg* den Gast mit einer ruhigen Atmosphäre und einer farbenfrohen Fassadengestaltung. Bis zum Strand sind es nur wenige Meter. Das freundliche und engagierte Team sorgt für entspannte Urlaubstage. Alle geschmackvoll ausgestatteten Zimmer heißen den Gast mit einem gemütlichen und sonnigen Ambiente willkommen. Die Doppelzimmer haben Balkon. Erstklassiges Frühstücksbuffet von 8 bis 11 Uhr, auch für Außer-Haus-Gäste (19,-), Kaffee und Kuchen ab 14.30 Uhr. Wein-Lounge *wein:momente*, die mit ca. 20 ausgesuchten Weinen (exklusive „Sansibar"-Weine) und einer kleinen Speisenauswahl (bis 21 Uhr) aufwartet *(siehe auch Restaurant-Report)*. Wellnessbereich mit Sauna und Dampfbad. Diverse Massageangebote.

19 EZ 94/127, 18 DZ 134/199, inkl. Frühstück, 4 App. ab 110,„Wohlfühlarrangements" ganzjährig.
25980 Sylt / OT Westerland, Elisabethstraße 9,
Tel.: 0 46 51 / 82200, Fax: 24310,
www.duenenburg.de, hotel@duenenburg.de

Fotos: Klaus Lorke

DORINT STRANDRESORT& SPA SYLT/WESTERLAND **** *(DeHoGa)*

Direktion: Jasmin Kohlbrecher

Gleich hinter den Dünen – am Strandübergang „Himmelsleiter" – liegt das familienfreundliche *Dorint Strandresort*. Ein Vier-Sterne-Superior-Hotel mit Spa, Fitness- und Spaßfaktor. In ruhiger, aber zentrumsnaher Lage, bietet es den Gästen nicht nur einen echten Erholungsfaktor, sondern auch den Ausgangspunkt für die vielfältigsten Inselunternehmungen. Familien mit Kindern freuen sich über die ganzjährige professionelle Kinderbetreuung im Dorint Kinderclub. 73 bestens ausgestattete Appartements (Studios, Komfort-Suiten, Familien-Suiten, alle Nichtraucher) in natürlichen Materialien und den sanften Wohlfühlfarben der Insel gehalten. Ganzjährig Aquagymnastik, Strandgymnastik, Jogging. Entspannung bietet die 800 m² große Spa-Oase mit Pool, Saunalandschaft, Dampfbad und Beauty-Bereich *(siehe Wellness-Report)* – auch für externe Gäste. Das ausgezeichnete Restaurant *Ebbe & Food* überzeugt die Feinschmecker mit seinen kreativen Speisen aus der offenen Showküche – und die Bar *54° Nord* rundet den Abend mit einem Drink oder Digestif perfekt ab.

73 Wohneinheiten für Nichtraucher, Studios 148/388 (bis 2 Pers.), Komfort-Suite 208/448 (bis 4 Pers.), Familien-Suite 288/508 (bis 4 Pers.). Gezeiten-Frühstücksbuffet von 7.30 – 12 Uhr (für externe Gäste 25,-).
25980 Sylt / OT Westerland, Schützenstraße 20-24,
Tel.: 0 46 51 / 850-0, Fax: 850150,
www.dorint.com/sylt, info.sylt@dorint.com

HOTEL SYLTER ZOLLHAUS

Ein äußerst positives Beispiel für die Restaurierung eines über 100 Jahre alten Bäderzeithauses ist das *Hotel Sylter Zollhaus,* das 2016 als Stadthotel mit hohen Design- und Komfortansprüchen in der Boysenstraße neben dem *Restaurant Altes Zollhaus* eröffnet werden konnte.
Schon das äußere Erscheinungsbild des restaurierten Hauses lässt hohe Kompetenz für die Belange der Historie erkennen. Das Interieur des Hauses mit 7 Suiten bietet dann den wohltuenden Kontrast mit einer hochwertigen, modernen Möbel-Linie mit hervorragenden Einzelstücken. So ist jede Suite thematisch individuell eingerichtet. Kein Wunder, ist doch der „Macher" Inhaber eines Einrichtungshauses und der *Höpershof Feriendomizile.*
7 Suiten, jeweils mit Kamin und Balkon 230/350, inkl. Frühstück (nebenan im Restaurant Zollhaus).
25980 Sylt / OT Westerland, Boysenstraße 16,
Tel.: 0 46 51 / 6695, Fax: 99 55 967,
www.hoepershof.de, info@hoepershof-sylt.de

SYLTHOTEL RAFFELHÜSCHEN GARNI **** *(DeHoGa)*

Heidrun und Catharina Raffelhüschen
Das über 100 Jahre alte Kapitänshaus der Sylter Bäcker-Dynastie *Raffelhüschen* wurde grundlegend restauriert und trägt zur Erweiterung des bereits seit 2005 bestehenden modernen *Sylthotels Raffelhüschen* bei. Zentral und trotzdem ruhig gelegen, sind Fußgängerzone, Hauptstrand und Syltness Center fußläufig schnell zu erreichen. Die Einrichtung ist hier wohnlich-gemütlich mit viel Liebe zum Detail. Man logiert z.B. in der Kapitäns- oder Lotsensuite. Viele Zimmer verfügen über einen möblierten Balkon oder eine Terrasse mit Strandkorb. In dem freundlich gestalteten Frühstücksraum kann man sich mit u.a. Brot und Brötchen der eigenen Bäckerei sowie am Nachmittag mit Kuchen verwöhnen lassen. Das Haus verfügt über einen Wellnessbereich mit verschiedenen Saunen, sowie einen Ruheraum, Solarium und Massagesessel. Ein Fahrstuhl befindet sich im neuen Gebäudeteil und ein Tiefgaragenstellplatz kann auf Wunsch dazu gebucht werden.
4 EZ 93/145, 17 DZ 130/224, 2 Suiten 165/241, inkl. reichhaltigem Frühstücksbuffet, nachm. gratis Kaffee und Kuchen aus der eigenen Backstube.
25980 Sylt / OT Westerland, Boysenstr. 8,
Tel.: 0 46 51 / 836210, Fax: 8362166,
www.sylthotel-raffelhueschen.de,
info@sylthotel-raffelhueschen.de

HOTEL UTHLAND ****

Ute Mente · Joerg Brunkhorst

Kleines, feines Hotel, zentral und trotzdem ruhig gelegen. Fußgängerzone, Kurpromenade und Strand befinden sich „gleich um die Ecke". Hier spürt man die Nähe zum Meer und dem Wellenschlag. Das beliebte Haus ist mit seinem behaglichen Interieur auf der Höhe der Zeit. Es punktet unter anderem mit einer gemütlichen Frühstückslounge und einer umwachsenen Terrasse.

Sechzehn unterschiedlich große Zimmer mit jeglichem Komfort beherbergt das rote Backsteinhaus. Alles ist im hellen, maritimen, natürlichen New Hampton-Look eingerichtet. Viel Holz, Naturtöne in Sand und Creme und ein graubrauner Holzfußboden. Man ruht hier übrigens in neuen bequemen Boxspringbetten und frischt sich auf in modernen Badezimmern. Richtig heimelig! Badelatschen und Bademäntel liegen bereit – es kann losgehen. Ab an den Strand oder in den hauseigenen SPA-Bereich. Abends trifft man sich an der kleinen Bar.

Ein ruhiges Plätzchen mitten in der City findet man auf der Strandkorb-Gartenterrasse. Hier lässt sich auch bestens das opulente Inselfrühstück genießen.

16 Zimmer, EZ 105/150, DZ 150/245, inkl. Frühstücksbuffet, inkl. Spa, Day Spa für Außer-Haus-Gäste 30,-, Sonderangebote und Arrangements auf Anfrage.

25980 Sylt / OT Westerland, Elisabethstraße 12,
Tel.: 0 46 51 / 98600, Fax: 986060,
www.hotel-uthland-sylt.de, info-hoteluthland@t-online.de

LANDHAUS SYLTER HAHN

Gastgeberin: Bettina Auselt

Das wunderschön ausgestattete Landhaus im ruhigen Westerländer Süden wird immer wieder gelobt für all die Eigenschaften, die ein Zuhause auf Zeit liebenswert machen. Hier wäre besonders das Frühstück zu erwähnen.

Nur ein kurzer Weg führt von hier über die Dünen zum Strand. Schon der Empfangsbereich und der anschließende großzügige Frühstücksbereich mit kleiner Bar sind sehr gepflegt und wohnlich gestaltet. Viele Zimmer wurden gerade erst renoviert und optimiert. Sie haben entweder Balkon oder Gartenterrasse und einige verfügen über einen Kamin. Garten mit Liegen und Strandkörben. Wellness-Landschaft mit Thalasso Therme ist beeindruckend gestaltet. Individuelle Anwendungen *(siehe Wellness-Report).*

EZ 80/120, DZ 100/270, inkl. Frühstücksbuffet. Appartements 115/290. Besondere Arrangements außerhalb der Saison. WLAN, Zeitungs-Download und diverse Magazine gratis. Sky Sport.

25980 Sylt / OT Westerland, Robbenweg 3,
Tel.: 0 46 51 / 92820, Fax: 928222,
www.sylter-hahn.de, info@sylter-hahn.de

HOTEL ROTH AM STRANDE

Hayo Feikes

In hervorragender Lage, direkt am Hauptstrand und gegenüber dem ganzjährig geöffneten Wellness-Paradies, dem „Syltness Center" mit Wellenbad und neuem Schwimmbecken (Eintritt Wellenbad für Hotelgäste mit Wochenpauschale inklusive), befindet sich das zentral gelegene 10-stöckige Hotel mit grandiosem Seeblick, Log-

gien und modernen Bädern mit allen technischen Finessen, z.B. Whirlpoolwannen oder Duschsäulen. Restaurant *„Feikes"* mit exquisiter Hotelküche, Bierstube mit gutbürgerlicher Küche, umfangreiches Frühstücksbuffet. Das *Hotel Roth* führt eine 130-jährige Hoteltradition in zeitgemäßer Form fort. Der Tagungs- und Bankettbereich wurde nach neuestem technischen Stand umgestaltet. Tagungen für 10 - 80 Personen sind möglich.

Bistro/Bar/Café *„Yellow"*, Sauna und Massagen. Garagenplätze sowie Stellplätze. In allen Zimmern ist WLAN vorhanden.

26 EZ 79/333, 31 DZ 158/334, 23 App. 74/299, 4 Suiten 135/409, Frühstücksbuffet 19,-, Halbpensionszuschlag (Mittag oder Abend) 24,-. Wochenpauschalen und Sonderarrangements.

25980 Sylt / OT Westerland, Strandstraße 31,
Tel.: 0 46 51 / 9230, Fax: 5095,
www.hotel-roth.de, info@hotel-roth.de

HOTEL NIEDERSACHSEN

Werner Scheidt

Aus dem über 90 Jahre alten *Hotel Niedersachsen*, das seit Generationen im Familienbesitz ist, entwickelte sich in den letzten Jahren ein anspruchsvolles „Architekten-Hotel" mit Designmöbeln und einer komfortablen Ausstattung. So hält auch das Innere was die moderne, geschwungene Holzfassade verspricht.

Hat man sein lichtdurchflutetes helles Zimmer bezogen, kann es gleich an den Strand gehen, denn der liegt nur wenige Gehminuten quasi „zu Füßen". Aber es gibt auch eine Saunalandschaft im Haus. „Natürlich aufgehoben" ist man im „Frühstücks-Club" mit Bio Zutaten. Überhaupt legt man in diesem Haus viel Wert auf einen ökologischen und nachhaltigen Betrieb. Das zeigen sogar die positiven Werte bei den CO^2-Emissionen und bei der Energiebilanz. Also öko und bio, dazu eine gesunde Sylter Brise – was will man Meehr ...

18 Zimmer und 12 Suiten, EZ 70/140, DZ 112/206, Suite 130/333, Preise bei Belegung mit 2 Personen. Preise bei Einzelbelegung reduziert. Specials auf Nachfrage. 3 Ferienwohnungen.

25980 Sylt / OT Westerland, Margarethenstraße 5,
Tel.: 0 46 51 / 92220, Fax: 7729,
www.hotel-niedersachsen.de, sylt@hotel-niedersachsen.de

LONG ISLAND HOUSE SYLT

Martina Blum & Lars Poppe

Viel beachtet ist dieses individuelle, kleine Hotel. Im *Long Island House* ist das Interieur puristisch in Form und Farbe und intelligent in den Details. Dieses zeitlose, stilvolle Design, das an das Interieur der Sommerhäuser in den Hamptons auf Long Island erinnert, stellt das etwas unscheinbare Äußere des Rotklinkerhauses schnell in den Schatten. Ob Captains Room oder Lighthouse – hier wird der entspannte, aber gehobene Stil des amerikanischen Weekend-Vorbilds auf lässige Weise gelebt. Menschen, die Komfort und Ruhe schätzen und dabei auf ein besonders geschmackvolles Ambiente und auf den Service eines privat geführten Hotels nicht verzichten möchten, sind hier richtig. *Feels like coming home*. Die großzügige Gartenanlage mit Sonnenliegen, die kabellose Internetverbindung zur freien Nutzung, das maritime Frühstücksbuffet mit feinsten Sylter Fischdelikatessen aus dem Hause Blum *(siehe auch Restaurant-Report)*, die Verwöhnpflege im Bad und die Lounge-Musik im CD-Player sind kleine Aufmerksamkeiten, an denen der Besucher die Herzlichkeit der jungen Sylter Gastgeber messen darf.

10 Zimmer. EZ 96/136, kl. DZ 136/186, DZ 156/246, Suite 176/266. Zimmerpreise je nach Kategorie und Saisonzeit; inkl. Frühstücksbuffet bis 11 Uhr. TIPP: Im November und März bietet das Long Island House vergünstigte Kuschelwochen ab 7 Tage Aufenthalt. Sonderpreis EZ 86, DZ 126, NEU: Ferienwohnungen „Sylt Homes" ab 108 (siehe unter Feriendomizile). Dieses Haus wird von vielen unabhängigen Reiseführern empfohlen.

25980 Sylt / OT Westerland, Eidumweg 13,
Tel.: 0 46 51 / 9959550, Fax: 9959551,
www.sylthotel.de, info@sylthotel.de

SUITEHOTEL WINDHUK

Gastgeberin: Melanie Schwegler

Das moderne, innovative Hotel befindet sich zentral in Strand- und Stadtnähe und begeistert mit seiner charmanten Ausstattung.
Die Lage des Hauses ist für Urlauber ideal. Die Entfernung zum „Brandenburger Strand" beträgt 150 m, auf welchem der World Surf Cup und diverse Strandveranstaltungen stattfinden. Geschmackvolle, großzügige Suiten und Studios (35-38 m²), die keine Wünsche offenlassen und zu einem unbeschwerten Urlaub einladen. Für den perfekten Start in jeden einzelnen Urlaubstag sorgt das hochwertige „Verwöhnfrühstück" von 8 bis 12 Uhr. Den Abend können die Gäste beispielsweise entspannt in der „Wohlfühloase" mit Dampfbad und Finnischer Sauna ausklingen lassen. 19 Suiten, 2 Studios.
Studios mit Balkon ca. 22 m² 135/205, Suiten ohne Balkon ca. 35 m² 155/305, Suiten mit Balkon ca. 35 m² 165/325. Besondere Arrangements auf Anfrage / siehe Homepage.
25980 Sylt / OT Westerland, Brandenburger Str. 6,
Tel.: 0 46 51 / 44660-0, Fax: 44660-10,
www.hotel-windhuk-sylt.de, info@hotel-windhuk-sylt.de

BETT & BUDE BOARDINGHOUSE

Robert Jopp

Gleich vis-à-vis vom Westerländer Bahnhof eröffnete das imposante Boardinghouse, das mit dem Namen *„Bett & Bude"* auf eine junge und junggebliebene Klientel sowie auf Geschäftsreisende zielt, die aus beruflichen Gründen einen längeren Sylt-Aufenthalt planen und eine zentrale Unterkunft suchen. Von der renommierten Fährhaus Hotel Collection konzipiert (Fährhaus in Munkmarsch, Aarnhoog und Lüüvhoog in Keitum), werden hier 12 Appartements in komfortabler Größe (51 und 65 m²) vorgehalten. Jedes bestens ausgestattete Appartement verfügt über ein separates Schlafzimmer sowie einen Wohn- und Essbereich mit einer großzügig ausgestatteten Küche. Stylish und innovativ ist das Interieur.
Appartement für 2 Personen 120/180 + Wäschepaket (15) und Endreinigung (60). Nachlässe je nach längerem Aufenthalt 10 bis 20 %. Alleinreisende 10 Euro Abschlag.
25980 Sylt / OT Westerland, Kirchenweg 6,
Tel.: 0 46 51 / 93970,
www.bettundbude.de, info@bettundbude.de

HAUS NOGE

Gastgeber: Enrico Richter

„Wie zu Hause, nur auf Sylt" lautet das Motto dieses so liebenswerten wie außergewöhnlichen Kapitänshauses, in dem das Wohlfühlen tatsächlich sehr leicht fällt. Denn das *Haus Noge* begeistert nicht nur mit bester Westerland- und Strandlage, sondern auch mit acht individuell ausgestatteten Zimmern, die jeweils einem eigenen Thema gewidmet sind. So erzählt etwa das „Kapitänszimmer" mit überraschendem Interieur und sorgfältig ausgewählten Sammlerstücken Geschichten von alten Seebären und der Weite des Meeres, während das „Friesenzimmer" eine blau-weiße Hommage an das Leben im hohen Norden ist. Wie gemacht für einen entspannten Sylt-Urlaub ist auch das grandios vielfältige Langschläfer-Frühstück, das Gastgeber *Enrico Richter* täglich von 8 bis 12 Uhr serviert. Noch mehr Raum für Urlaubsglück findet sich zudem in den beiden geräumigen Apartments, die nebenan vom Haus Noge in einem ehemaligen Offiziershaus untergebracht sind und Platz für 2 bzw. 4 Personen bieten.

EZ ab 85, DZ ab 140 inkl. reichhaltigem Frühstücksbuffet.

25980 Sylt / OT Westerland, Dr.-Ross-Straße 31,
Tel.: 0 46 51 / 1795, Fax: 27759,
www.haus-noge.de, office@haus-noge.de

VILLA 54° NORD

Gastgeber: Christian Behet

Ein Hotel im „Sehnsucht Sylt"-Style. Äußerlich zwar Jahrhundertwende-Bäderstil, im Inneren allerdings trendy und urban. Eine Stadtvilla mit einem jungen, hochwertigen Design. Ein reizvoller Kontrast zum historischen Baustil. Alle Räume sind individuell geschnitten und eingerichtet. Auf allen Zimmern steht eine Nespresso Maschine.

Das Stadthotel liegt zentral in Westerland. Nur wenige Gehminuten in die „City", zum Freizeitbad „Sylter Welle" und an den „Brandenburger Strand". Öffentliche Parkplätze und Bushaltestelle direkt vor dem Haus. 10 Zimmer, 5 Appartements mit WLAN (kostenlos) und Bluetooth-Docking Station.

DZ 100/200, Dreibettzimmer 110/210, Appartements mit 1 oder 2 Schlafzimmern 120/230.

25980 Sylt / OT Westerland, Norderstraße 21,
Tel.: 0 46 51 / 8364008, Fax: 9959076,
www.villa54-sylt.de, info@villa54-sylt.de

STRANDHÖRN **** *(DeHoGa)*

Dirk Lässig

Einen festen Platz hat das renommierte *Hotel Strandhörn* in der Reihe der besten Häuser der Insel. Seit Generationen in Familienhand, liegt das weiße Häuserensemble nur wenige Meter vom Wenningstedter Strand entfernt. Stilvolle behagliche Zimmer und Suiten, eine beeindruckende Wellnesslandschaft auf 400 m² mit Pool, Sauna, römischem Dampfbad, Whirlpool, Solarium, Massage und verschiedene Gesichts- und Körperbehandlungen mit bdr, QMS, Maria Galland, Horst Kirchberger, Goldeneye und Image. Wellness-Wochenarrangements. Windgeschützte Ruhezone im Garten. Flauschige Bademäntel liegen bereit. Top-Restaurant *Lässig & Easy* im Haus. Hotelbar *„Lässig"*, Loungegarten.

1 EZ 90/130, 10 DZ 160/250, Studio 175/270, Suiten 175/420, inkl. großem Frühstücksbuffet und Wellness. Zusätzlich verfügt das Hotel Strandhörn über fünf Hotel-Appartements im Nebengebäude der Villa „Dünenblick", 185/360. Sonderarrangements auf Anfrage. Unter gleicher Leitung: „Golfhouse" in Munkmarsch.

25996 Wenningstedt, Dünenstraße 20,
Tel.: 0 46 51 / 94500, Fax: 945077,
www.strandhoern.de, rezeption@strandhoern.de

GOLFHOUSE (STRANDHÖRN)

Leicht erhöht, mit Panoramablick über die Insel und das Wattenmeer, liegt die Munkmarscher Dependance des renommierten Wenningstedter Hotels Strandhörn. Im *Golfhouse* genießen die Gäste eine Alleinlage auf parkähnlichem Grundstück, zwischen Heideflächen und Golfplatz. Ruhe und Komfort. Eine Wohlfühloase für Individualisten. Fünf Suiten mit Terrasse. Edle, gradlinige, moderne Privatatmosphäre. Service vom Hotel Strandhörn.
Suiten mit 2-3 Zimmern (73m²) 155/330.

25980 Sylt / OT Munkmarsch, Munkhoog 53,
Tel.: 0 46 51 / 94500, Fax: 945077,
www.strandhoern.de, rezeption@strandhoern.de

ULENHOF RESIDENCE

Reimer Holst und Uwe Wittfeld

Der beliebte *Ulenhof* erstrahlt in neuem Look. Eine der besten Adressen für ruhigen, gepflegten Sylt-Urlaub wurde aufgefrischt mit Eichendielen in Wohn- und Schlafräumen. Alles top möbliert. Die Betten nun noch „better"! Und die Bäder! Wanne raus, Dusche rein. Es wurde an nichts gespart. Das freut die Gäste. Schöner eingewachsener Garten. Versteckt gelegene, reetgedeckte Häuser im Friesenstil, großzügige Anlage mit geräumigen 2-Zimmer-Wohnungen mit Terrasse – auch auf zwei Ebenen – von 40 bis 70 m². Alles ist bestens ausgestattet, sehr persönlich geführt. Auch der Wellnessbereich ist „very well": neue Farben, einladender Ruheraum – aber lesen Sie dazu unseren Wellness-Report. Ulenhof – eine individuelle Perle unter den Sylter Ferienwohnungsadressen.
Appartements 1 Person 80/120, 2 Personen 130/190, unterschiedliche Appartementgrößen von 40-70 m² 100/280, 150 m² – bis zu 5 Personen 210/470 inkl. Wellnessangebot.

25996 Wenningstedt, Friesenring 14,
Tel.: 0 46 51 / 94540, Fax: 945431,
www.ulenhof.de, info@ulenhof.de

FITSCHEN AM DORFTEICH

Verena und Manfred Fitschen

Die Gastronomenfamilie *Fitschen* bietet in ihrem kleinen, feinen Hotel 3 großzügige Doppelzimmer, eine ebenerdige behindertenfreundliche Suite und 4 Suiten in modernem Ambiente. Im ganzen Haus ist die Atmosphäre sehr herzlich und familiär. Das Interieur-Design besticht durch gekonnt schlichte Formgebung, hochwertige Einbauten und attraktive Farbkonzepte. Das Hotel liegt idyllisch am Dorfteich und nur wenige Minuten vom Hauptstrand entfernt. Das liebevoll am Tisch servierte Frühstück lässt keine Wünsche offen und ist im Preis enthalten. Für das Schlemmen am Mittag oder Abend empfiehlt sich das niveauvolle hauseigene Restaurant *Fitschen am Dorfteich (siehe Restaurant-Report).*

DZ 135/195, Suiten 175/295, jeweils für 2 Personen, inkl. serviertem Frühstück. Spezielle Arrangements in der Nebensaison.

25996 Wenningstedt, Am Dorfteich 2,
Tel.: 0 46 51 / 32120, Fax: 30310,
www.fitschen-am-dorfteich.de,
info@fitschen-am-dorfteich.de

HOTEL WIESBADEN

Familie Kruse

Auf einem großzügigen Parkgrundstück liegt das charmante, sehr persönlich geführte Haus strandnah hinter Friesenwällen und weißlackierten Gartenzäunen. Die Heimatstadt der Seniorchefin *Waltraut Kruse* gab diesem Wenningstedter Hotel vor über 50 Jahren den Namen. Die Herzlichkeit der *Familie Kruse*, die Geselligkeit und die Individualität haben dem Haus seitdem viele Stammgäste beschert.

Der eingewachsene große Garten mit duftenden Sylter Heckenrosen ist ein Paradies mit Liegen und Strandkörben. Das ganze Haus strahlt eine angenehme Atmosphäre aus. Wohlfühlen und abschalten. Die 15 Zimmer haben teilweise Terrasse. Einige haben sogar Meerblick. Der Einrichtung im Landhausstil merkt man die Liebe zum Detail an. So ist jedes Zimmer anders eingerichtet.

Allmorgendlich lockt das üppige nordfriesische Schlemmerbuffet, das bis zum Mittag bereitsteht und auch gerne im Garten serviert wird. WLAN, Strandhandtücher und nachmittags Kaffee/Tee und Kuchen – gratis. Golfplatz in der Nähe. Parkplätze am Haus. Ganzjährig geöffnet.

5 EZ 70/150, 10 DZ 140/260, inkl. Frühstück und Nachmittags-Kaffee, 2 Appartements 45m² und 65m² 100/210. Stark ermäßigte Preise in der Nebensaison auf Anfrage. Im Winter sind Fasten- und Wandergruppen willkommen. Angebote siehe Internet.

25996 Wenningstedt, Hochkamp 8,
Tel.: 0 46 51 / 98440, Fax: 984434,
www.hotel-wiesbaden-sylt.de,
info@hotel-wiesbaden-sylt.de

SYLTER DOMIZIL I

***** (DeHoGa)*

Maike Gesina & Sebastian Schmidt

First-Class-Hotel garni. Das Foto zeigt das Haupthaus des Wenningstedter Hotel-Ensembles. Die Zimmer – immer auf dem neuesten Stand – sind geschmackvoll und komfortabel eingerichtet. Spezielle Zimmer für Allergiker und Nichtraucher. „Langschläfer"-Frühstücksbuffet. Kleine Hotelbar, Internet-Desk in der Lobby, Südterrassen mit Strandkörben, nachmittags Kaffee und Kuchen. Café/Bistro „Wintergarten" und „SKY" Sportsbar mit 26 Plätzen. Hier gibt es bis 22.30 Uhr gepflegte Getränke und kleine Speisen. Wellness- und Fitnessbereiche auf insgesamt 220m², finnische Saunen, Dampfsaunen, Infrarot-Wärmekabine, Massage-, Fitness- und Ruheraum etc. Nur wenige Schritte entfernt liegt der romantische Dorfteich; 300 m Entfernung bis zum Strand.

114 Betten in 47 Zimmern und 8 Ferienwohnungen, EZ 64,50/170, DZ 79,50/230, Fam.-Z. 89,50/240, Suite 99,50/250, FeWo 70/210, Preise (ausgen. FeWo) inkl. „Langschläfer"-Frühstücksbuffet, Kurtaxe und vielen Extras.

25996 Wenningstedt, Berthin-Bleeg-Str. 2,
Tel.: 0 46 51 / 82 90 0, Fax: 82 90 29,
www.sylter-domizil.de, sylter-domizil@t-online.de

SYLTER DOMIZIL II

Maike Gesina & Sebastian Schmidt

Das Hotel *Sylter Domizil* hat sich mit seinen neuen, völlig umgestalteten Häusern zu einer feinen Wenningstedter „Hotel-Größe" entwickelt. Gleich neben dem First-Class-Hotel-garni-Stammhaus (siehe oben) befinden sich die beiden historischen Häuser, die mit einem großzügigen Wintergarten verbunden sind.

Die 27, mit viel Liebe zum Detail umgestalteten Doppelzimmer und Suiten weisen jeglichen Komfort auf. Große Insel-Fotografien begleiten die Gäste in jedem Raum. Die Badezimmer sind geschmackvoll und edel; sie kommen ohne überflüssigen „Schnickschnack" aus.

Der Frühstücksraum ist hell und einladend. Ideal auch die Verbindung zum renommierten Restaurant *„Fichtner´s"*. Das ist beste Rundumversorgung. Auch Wellness mit finnischer Sauna, Dampfsauna und Infrarot-Kabine bietet dieses Haus.

EZ 64,50/170, DZ 79,50/230, Fam.-Z. 89,50/240, Suite 99,50/250, inklusive Frühstücksbuffet, Kurtaxe und vielen Extras.

25996 Wenningstedt, Hauptstraße 1,
Tel.: 0 46 51 / 82900, Fax: 829029,
www.sylter-domizil.de, sylter-domizil@t-online.de

HOTEL RUNGHOLT

Familie Erdmann

Jeder auf der Insel kennt *Das Rungholt*, wie es die Sylter einfach schon immer nennen. Dieses Hotel hat in jeder Hinsicht eine herausragende Position: In dritter Generation von *Familie Erdmann* geführt, liegt das luxuriöse Haus im Herzen der Insel in Kampen direkt auf dem Roten Kliff. Was für Weitsicht in jeder Hinsicht sorgt: auf die Nordseewellen im Westen und auf das Watt im Osten, auf das vielleicht exklusivste Dorf der Insel und auf die Besonderheiten, die das Leben hier so mit sich bringt. Ein wenig gesunder Abstand zu allem, insbesondere zum Alltag, das macht hier den Horizont weit und Herzen wie Türen sehr offen. Hier feiert die Insel gern ihre Jubiläen, Geburtstage, Silvester oder Hochzeiten. Hier sind neben den Gästen Besucher willkommen, egal, ob es um den kleinen Schnack oder das große Essen geht, einen Absacker an der legendären Reiterbar oder einen Snack, einfach mal so auf der Terrasse. Die Küche? So wie die Gastgeber hier: geradeaus, im allerbesten Sinne heimatverbunden und weltoffen, mit viel Herz und noch mehr Geschmack, Meeresrauschen stets inklusive.

111 Betten, 65 Zimmer, EZ 116/226, DZ 220/388, Studio 276/464, Suite 293/568, Frühstück inkl.

25999 Kampen, Kurhausstr. 35,
Tel.: 0 46 51 / 448-0, Fax: 44848,
www.hotel-rungholt.de, info@hotel-rungholt.de

HOTEL VILLAGE

Regine Michels – Familienverbund der Michels Hotel

Die Verkörperung von Individualität und zurückhaltendem Luxus. Von *Minka* und *Peter M. Stütz* mit einer außergewöhnlich stilsicheren und unverwechselbaren Handschrift zu einem der hochwertigsten Hotels der Insel gemacht, ist das Haus nun Teil des Familienverbundes der *„Michels Hotels“*. Es wurde damit von einer Familie in die Hände einer anderen übergeben. Die außerordentlichen Vorzüge der Dependance bleiben damit unverändert. Neben Langschläferfrühstück und Wellnessbereich mit Schwimmbad, Sauna, Solarium, Fitnessgeräten und Massageangeboten bietet der persönliche, aber unaufdringliche Service viele weitere Annehmlichkeiten. Durch geschickte Architektur lassen sich Suiten zu Hausteilen als Domizil für Familien verbinden und für die Mobilität stehen Smart-Leihwagen zur Verfügung.

DZ 259/355, Juniorsuite 359/595, Große Suite 499/885; inkl. Frühstücksbuffet und Wellness. Interessante Specials in Haupt- und Nebensaison. Viele Nebenleistungen inklusive.

25999 Kampen, Alte Dorfstraße 7, Tel.: 0 46 51 / 46970,
www.village-kampen.de, hotel@village-kampen.de
reservierung@michelshotels.de, Tel.: 030 / 800 929292

LANDHAUS SÜDHEIDE

Familie Hückstädt

Anno 1763 erbaut ist dieses schöne, weiße Kapitänshaus immer am Puls der Zeit. Beliebt bei vielen Stammgästen liegt das Anwesen in einer ruhigen Seitenstraße, die zum Wattenmeer führt. In diesem mit Liebe erhaltenen Sylter Kulturgut fühlen sich die Gäste wie auf einem Familiensitz. Viele Gäste wissen die individuelle Atmosphäre des Hauses seit Jahrzehnten zu schätzen. Das *Landhaus Südheide* ist stilvoll eingerichtet und bietet Zimmer mit einer gehobenen, gemütlichen Ausstattung. Umgeben von einem großen Grundstück mit blühendem Garten.

13 Zimmer, 26 Betten, EZ 120/145, DZ 220/240, Studio 250/320 (2-4 Pers.), Suiten 250/350, inkl. Frühstück.

25999 Kampen, Sjipwai 4,
Tel.: 0 46 51 / 94590, Fax: 945911,
www.landhaus-suedheide.de, info@landhaus-suedheide.de

REETHÜÜS

Gastgeberin: Tina Mannheims

Sehr schön und ruhig gelegen ist dieses gepflegte, reetgedeckte Anwesen, und doch sind alle örtlichen Restaurants und Shopping-Locations sowie auch Strand und Wattenmeer bequem zu Fuß erreichbar. Auf einem weitläufigen Heidegrundstück liegt das schöne *Reethüüs*-Häuser-Ensemble mit Garten. Hier genießt man in privater Atmosphäre seine Urlaubstage, die mit einem wundervollen Frühstück beginnen. Terrassen, Strandkörbe, Sonnenliegen, ein charmanter Pool und Saunabereich sind weitere Pluspunkte. Fahrräder von Mai bis Oktober. WLAN.

EZ 145/205. Bei Belegung mit 2 Pers.: DZ 170/310, Suiten 245/415, Preise App., Ferienhäuser (bis 6 Personen) auf Anfrage, inkl. Frühstücksbuffet. Interessante Arrangements in der Nebensaison. Hunde erlaubt.

25999 Kampen, Hauptstraße 18,
Tel.: 0 46 51 / 98550, Fax: 985547,
www.reethues-sylt.de, info@reethues-sylt.de

AHNENHOF – HOTEL GARNI***S (DeHoGa)

Sven Scheppler

Ein Juwel an gepflegter Gastlichkeit. Bestens gelegen, ruhig und doch zentral. In der dritten Generation im Familienbesitz. Viele Stammgäste lieben diese wohnliche, private Atmosphäre. Das Haus grenzt an die weiten Heideflächen und von fast allen Zimmern hat man Meerblick. Relaxen kann man auf den Terrassen. Alle Zimmer wurden in den letzten Jahren renoviert und auf den neuesten Stand gebracht. Das *Ahnenhof*-Team serviert das reichhaltige Frühstück im friesischen Pesel bis 12 Uhr...„Darf auch gerne später sein", meint der Hausherr *Sven Scheppler*. Am Nachmittag gibts Kaffee und Kuchen im rosenumwachsenen Garten. Im individuell gestalteten Wellnessbereich – mit separatem Ausgang in den Garten – werden Dampfbad, Sauna und Solarium angeboten. Zum Strand geht man wenige Minuten. Alles, was in Kampen interessant ist, ist fußläufig zu erreichen.

4 EZ 90/130, 10 DZ 164/283, inkl. Frühstück und Saunabereich.

25999 Kampen, Kurhausstr. 8,
Tel.: 0 46 51 / 42645, Fax: 44016,
www.ahnenhof.de, info@ahnenhof.de

KAMP´S

Cornelia Kamp

Das etwas andere Hotel in Keitum – ein Kleinod – fein, ruhig und persönlich von der kunstsinnigen Inhaberin *Conny Kamp* geführt. Sie versteht es auf lockere, humorvolle Art mit ihren Gästen umzugehen.

Das Verwöhnfrühstück mit Hausgemachtem ist biologisch geprägt, wird hoch gelobt und kann im Strandkorb genossen werden. Alles ist sehr gemütlich, so dass man sich wie zu Hause fühlen kann. Conny Kamp organisiert viel beachtete Kunstausstellungen *(siehe Kunst-Report)*. Wie schön, dass das Café mit herrlichem hausgebackenem Kuchen wieder zur Saison öffnet.

4 DZ 115/175, 3 App. mit Service 140/230, die Preise verstehen sich für zwei Personen inkl. Frühstück.

25980 Sylt / OT Keitum, Gurtstich 41,
Tel.: 0 46 51 / 98390, Fax: 983923,
www.kamps-sylt.de, urlaub@kamps-sylt.de

BENEN-DIKEN-HOF

Anja und Claas-Erik Johannsen

Das schöne weiße Häuserensemble um ein historisches Friesenhaus in Keitum gilt auf Sylt als eines der schönsten und gepflegtesten Resorts – eine Insel auf der Insel – privat geführt. Unter den Reetdachhauben versteckt sich wie selbstverständlich die noble Eleganz in lichtdurchfluteten zauberhaften Zimmern, Studios, Suiten und Apartments (teilweise mit Kamin und Private-SPA). Friesische Tradition, gepaart mit moderner Kunst und edlem Design, bilden den Rahmen für einen luxuriösen Urlaub. Nicht zuletzt deshalb gehört das Hotel zur Riege exklusiver Privathotels auf Sylt. Zum *Benen-Diken-Hof* gehören das Restaurant *KØKKEN*, mit nordischer Küche *(siehe Restaurant-Report)*, eine Bar mit erstklassigen Weinen sowie eine großzügige Wellnesslandschaft auf 700 m² – das WOLKEN-LÖN-SPA mit dem renommierten *milon® Zirkel* für Ganzkörpertraining.Die Friesenhäuser *Lönhüs* und *Senhüs* haben je 6 große Wohneinheiten jeweils mit Kamin und 3 Einheiten mit einem privaten SPA. Das *Terphüs* bietet zwei großzügige Hotel-Apartments und einen hochwertigen Konferenzraum für maximal 16 Teilnehmer. Gelobt wird das ausgiebige Langschläfer-Frühstück.

120 Betten: EZ 194/248, DZ 104/193, Studios und Suiten 165/230, App. 185/285, Preise pro Person bei Doppelbelegung. Jede weitere Person 50,-. Inkl. Frühstück und Wellness. Feriendomizile unter Benen-Diken-Hof-Regie – entsprechend sind Stil, Ausstattung und Qualitätsstandard.

25980 Sylt / OT Keitum, Keitumer Süderstraße 3-5,
Tel.: 0 46 51 / 93830, Fax: 9383183,
www.benen-diken-hof.de, info@benen-diken-hof.de

HOTEL HOF GALERIE

Gastgeberin: Julia Ferner

„Fühlen wie zu Hause!" ist das Motto in dieser besonders schönen Perle im edlen Collier der „Sehnsucht Sylt"-Häuser. Ruhig im Friesendorf Morsum gelegen. In zwanzig individuell gestalteten Suiten liegt das Hauptaugenmerk auf einer beeindruckenden, zeitgemäßen Innenarchitektur, um eine abwechslungsreiche Wohlfühlatmosphäre mit ausgefallenen Einrichtungsgegenständen zu schaffen, die keine Langeweile aufkommen lässt. Der Name *Hof Galerie* erinnert an die jahrelangen Aktivitäten einer Bildergalerie an gleicher Stelle (jetzt im Westerländer Rathaus zu finden). Auch weiterhin ist das gesamte Hotel galeriemäßig reichhaltig mit Kunst bestückt – vornehmlich mit Arbeiten von Sylter Künstlern. Auf der großen, schön gestalteten Terrasse lässt es sich hier mit weitem Blick über die unendlich erscheinende Wiesenlandschaft bei Kaffee und Kuchen (gratis für Hausgäste) privilegiert genießen. Der großzügige Wellnessbereich bietet neben einem Schwimmbad auch Sauna und Dampfbad. Der Morsumer 18-Loch-Golfplatz liegt übrigens „gleich um die Ecke".

20 Suiten, 180/360 inklusive reichhaltigem Frühstück mit Eierspeisen und Wellness. Diverse differenzierte Sonderarrangements mit kulinarischen Extras über das ganze Jahr – auf Nachfrage.

25980 Sylt / OT Morsum, Serkwai,
Tel.: 0 46 51 / 957050, Fax: 9570555,
www.hotelhofgalerie.de, info@hotelhofgalerie.de

NEU im Buch

PARKRESIDENZ CHRISTIAN VIII

Im Verbund der Michels Hotels

Die reetgedeckte Residenz in Archsum ist eine persönliche Ruheoase und sie verdient wahrhaftig ihren königlichen Namenszusatz. 7.000 m² groß ist der Park mit dem einladenden Gebäudeensemble. Gäste können mit der Ursprünglichkeit der „königlichen" grünen Inselmitte eins werden und zugleich den Wohnkomfort der bis zu 55 m² großen Suiten mit eigenen Sonnenterrassen genießen. Jede von ihnen ist individuell, hochwertig und liebevoll eingerichtet. Ein Wellnessbereich mit Physio-Infrarotkabine, Sauna und Pool mit Gegenstromanlage runden das Wohlfühlangebot ebenso ab, wie das Massageangebot, das reichhaltige Genießer-Frühstücksbuffet und die Kaffeestunde am Nachmittag. Arrangements inklusive Leihräder oder organisierte Abendessen in Partner-Restaurants sind verfügbar.

Juniorsuite 130/250, Gartensuite Deluxe 200/360; inkl. Frühstücksbuffet und Wellness. Saisonale Specials. Hunde auf Anfrage willkommen.

25980 Sylt / OT Archsum, Heleeker 1,
Tel.: 0 46 51 / 97070, www.hotel-christianderviii.de,
Reservierung: reservierung@michelshotels.de,
Tel.: 030 / 800 929292

KONTORHAUS KEITUM – SUITENHOTEL

Franziska und Wolfgang Zaeske

In den Wiesen von Keitum entstand ein in vielerlei Hinsicht herausragendes Insel-Domizil: Das KONTORHAUS, das bereits mit dem TEEKONTOR und TEERAUM als Kulturort und stilvolles Ladengeschäft Furore macht, bietet in dem als Designhotel konzipierten GÄSTEHAUS großzügig geschnittene, edel-puristisch gestaltete Suiten mit einem traumhaften freien Blick über die Landschaft bis zum Horizont und den Dünen im Sylter Süden. Die lässig-elegante Ausstattung des Hauses verzichtet auf jegliche Schnörkel. Dafür bietet es bestens durchdachte Raffinesse im Ausbau mit edlen Eichendielenböden, modernen Design-Klassikern und antiken Einzelstücken. Außerordentlich wohnenswert!

Alkovenzimmer 160/195, Suiten ab 240 für 2 Personen inkl. Frühstück und eines Nachmittagstees.

25980 Sylt / OT Keitum, Siidik 15,
Tel.: 0 46 51 / 8891194
www.kontorhauskeitum.de

SEVERIN*S RESORT & SPA

Hoteldirektor: Christian Siegling

Das *Severin*s Resort & Spa* in Keitum hat sich seit der Eröffnung im Dezember 2014 als eines der führenden Luxushotels der Insel etabliert.

Im Friesenhausstil mit 6.000 m² Reetdach gebaut – mit modernem Innendesign und behaglichem Ambiente – bietet das Resort echtes Syltfeeling. Auf einem Areal von 30.000 m² bieten 62 Zimmer und Suiten sowie 27 Appartements, Häuser und großzügige Villen eine auf der Insel einzigartige Vielfalt an Feriendomizilen für individuellste Urlaubswünsche. Kinder fühlen sich im Kids Club wohl und vierbeinige Gäste freuen sich über einen Hundekorb und eine Hundedusche. Neue Energie tanken können Gäste kostenfrei im exklusiven Spa-Bereich, der auf 2.000 m² mit einem glasüberdachten Pool und 5 Themensaunen auch den Winterurlaub auf Sylt genießen lässt. Kulinarisch bietet das Restaurant *Hoog* ganztägig beste Produkte der Region sowie eine hauseigene Patisserie. Im Abendrestaurant *Tipken's* kann man mit dem neuen Shared-Dining-Konzept internationale Aromen gemeinsam entdecken und genießen. Insgesamt ein ebenso edles wie behagliches Zuhause auf Zeit, charmant abgerundet von der natürlichen und herzlichen Gastfreundschaft der Mitarbeiter.

*62 Zimmer und Suiten, 27 Appartements. Saisonale Raten. DZ/Doppelbelegungsbasis320/450, Suiten 420/760, Maisonette/Maisonette Family Suiten 470/1.400, Appartements: Studio 240/400, Gartensuiten 400/800, Hausteil 550/990, Haus Severin*s 720/1.850, Villa Severin*s 900/2.600.*

25980 Sylt / OT Keitum, Am Tipkenhoog 18,
Tel.: 0 46 51 / 460660, Fax: 46066500,
www.severins-sylt.de, info@severins-sylt.de

LANDHAUS SEVERIN*S

Gastgeber: Olaf Paulat

Ein herausragender Ort im Sylter Osten: Das *Morsum Kliff* – malerische Naturlandschaft, Ruhe, Abgeschiedenheit. Hier liegt das Hideaway in Alleinlage und ist das erste Haus, was man sieht, wenn man die Insel über den Hindenburgdamm erreicht. Es wurde aufwendig entkernt und erstrahlt mit hochwertigen Materialien restauriert als *Landhaus Severin*s* in neuem, edlen Glanz.

Fast alle der dreizehn äußerst komfortabel ausgestatteten Zimmer bieten einen ungestörten Ausblick über das Naturschutzgebiet und den Nationalpark Wattenmeer bis zum Festland.

Die Gäste des Hauses entspannen in der hauseigenen Sauna oder lassen sich verwöhnen im großzügigen Wellnessbereich des *Severin*s Resort & Spa* in Keitum.

Das neue Landhaus Severin*s Morsum Kliff heißt auch „Nicht-Hotel-Gäste" herzlich willkommen, ob im Sommer auf der Terrasse zum Frühstück, Café & Kuchen oder zu einer herzhaften Stärkung nach

einem ausgiebigen Spaziergang, ganztägig ins À-la-Carte-Restaurant oder in die gemütliche Kaminbar. Hier findet jeder seinen Lieblingsplatz.

Small Classic Landhauszimmer 130/350, Classic Landhauszimmer 160/380, Garden Landhauszimmer 190/410, Boutique Landhauszimmer 220/440.

25980 Sylt / OT Morsum, Nösistig 13,
Tel.: 0 46 51 / 4606880, Fax: 460688500,
www.landhaus-severins.de, info@landhaus-severins.de

RELAIS & CHÂTEAUX HOTEL LANDHAUS STRICKER*****S *(DeHoGa)*

Direktion: Holger Bodendorf

Behaglicher Luxus und modernster Komfort. Ganz entspannt wohnen auf höchstem Niveau. In 38 gepflegten Zimmern und Suiten fühlt man sich gleich wie „zu Hause". 5-Sterne-Superior auf Sylt im LANDHAUS STRICKER hat viele Facetten. Auf den Terrassen laden Strandkörbe zum Verweilen ein. Das inzwischen weitbekannte umfangreiche Verwöhnfrühstück bis 14 Uhr (auch für Außer-Haus-Gäste), die beiden Restaurants – und natürlich die neu gestaltete Bar – bieten alle Möglichkeiten für herrliche Genusserlebnisse. Die Sterne-Küche von *Holger Bodendorf* und der persönlich geprägte Service in allen Bereichen lassen keine Wünsche offen. Der Private Spa mit Indoor-Swimming-Pool (29°C) wurde völlig umgestaltet und erreicht mit seiner Exklusivität neue Dimensionen. Eine wahre Wohlfühloase.

EZ 160/240, DZ 240/340, Juniorsuiten 290/390, Junior-Landhaus-Suiten 290/390, Landhaus-Suiten 390/490, King-Size-Suiten 450/650, inkl. Frühstück, Wellness- und Fitness-Angebote. Golfturniere.

25980 Sylt / OT Tinnum, Boy-Nielsen-Straße 10,
Tel.: 0 46 51 / 88990, Fax: 8899499,
www.landhaus-stricker.de, info@landhaus-stricker.de

SEILER HOF

Thorsten und Christine Reckermann

Ein reizendes und beliebtes reetgedecktes Keitumer Friesenhaus anno 1762. Der inhabergeführte *Seiler Hof* gehört zu den kleinsten und individuellsten Hotels der Insel, in dem der Urgroßvater einst eine Seilerei unterhielt. Hier wird althergebrachte friesische Wohnkultur (original Delfter Fliesen, alte Seefahrerstühle und Königlich Dänisches Porzellan im Frühstücksraum) mit den Komfortansprüchen der modernen Zeit in Einklang gebracht. Das Haus besticht durch eine romantische, anheimelnde Ausstrahlung mit einem parkähnlichen Garten. Inmitten von Hortensien- und Buchsbaumhecken befinden sich Strandkörbe und Liegen. Rosenbüsche beranken das Friesenhaus. Großzügige, behagliche Zimmer und Suiten mit durchdachtem Konzept bieten Wohnqualität auf hohem Niveau. Der schöne Sauna- und Wellnessbereich ist inklusive. Am Haus stehen ausreichend Parkplätze unentgeltlich zur Verfügung. Ein Fahrradverleih befindet sich direkt gegenüber.

EZ 100/130, DZ 150/230, Suite 220/280, Junior Suiten 200/260 inkl. großem Frühstücksbuffet (Honig aus eigener Imkerei). Günstigste Preise bei Buchung auf der Hotel-Homepage.

25980 Sylt / OT Keitum, Gurtstig 7, Tel.: 0 46 51 / 93340,
Fax: 933444, www.seilerhofsylt.de, kontakt@seilerhofsylt.de

SONNENAUFGANG IN DER
MUNKMARSCHER BUCHT

FÄHRHAUS SYLT*****S (DeHoGa)

Robert Jopp · Gourmet-Residenz L`Art De Vivre

Das historische *Fährhaus* kann auf über 150 Jahre Sylter Geschichte zurückblicken. Es ist heute allein schon von der Traumlage am Wattenmeer und am Munkmarscher Yachthafen eine der Top-Adressen unter den Sylter Hotels.

Die modernen Anbauten bieten dem Gast allen erdenklichen Komfort. Ein angenehmes Zuhause auf Zeit – auf höchstem Niveau. In der Executive-Etage beeindrucken die Zimmer und Suiten mit einem atemberaubenden Blick auf den Nationalpark Wattenmeer und den pittoresken Hafen. Noch mehr Entspannung erwartet den Gast auf dem 700 m² großen Areal des Spas *(siehe Wellness-Report)*. In der Käpt'n Selmer Stube zaubert das Küchenteam genussvolle Kreationen *(siehe Restaurant-Report)*.

29 DZ ab 320, 12 Suiten ab 440.

25980 Sylt / OT Munkmarsch, Bi Heef 1,
Tel.: 0 46 51 / 93970, Fax: 939710,
www.faehrhaus-sylt.de, info@faehrhaus-sylt.de

HOTEL AARNHOOG

Das kuschlige Keitumer Hideaway *Aarnhoog* ist ein Juwel unter den Sylter Domizilen. „Spitzenhotel" bewerten Gäste im Netz. Ausgesuchte Antiquitäten bilden einen reizvollen Kontrast zum edlen 50er Jahre-Touch. Jedes Zimmer, jede Suite ist in einem anderen Farbkonzept gestaltet; über 400 verschiedene, teils eigens für das Aarnhoog gebaute Lampenarten zeugen von Liebe zum Detail. Erkerfenster haben sich mit Polstern zu gemütlichen Leseecken verwandelt. Große Badezimmer, Finessen wie freistehende Badewannen und Kaminöfen. Die meisten Zimmer und Suiten verfügen über eine eigene Terrasse.

Highlight im Spa ist die neue Spa-Lounge mit modernsten Behandlungsgeräten von KLAFS: einer Pendelliege sowie der SONNENWIESE®, die den Regenerationsprozess der Haut sowie die Kollagenbildung anregen soll. Der Spa-Bereich steht auch externen Besuchern offen.

Zum Hotel gehört auch das Keitumer Reetdachjuwel *Lüüvhoog* mit insgesamt fünf Appartements. Perfekt für alle, die Privatsphäre in Kombination mit Hotelservice lieben. Der hauseigene Aarnhoog-Spa steht auch den Gästen des Lüüvhoog offen. Beide Häuser trennt lediglich ein fünfminütiger Spaziergang. Die Stuuv verwöhnt Hotelgäste ebenso wie externe Besucher mit täglich frisch gebackenem Kuchen in rustikaler Atmosphäre *(siehe Cafés und Teestuben)*.

16 Zimmer, Suiten und Appartements. Preis pro Zimmer bei Belegung mit 2 Personen. DZ 270/360, Deluxe DZ 350/460, Junior Suite 390/540, Suite 390/780. Lüüvhoog 290/500. Ohne Service: 200/410, zzgl. 75,- Endreinigung, auf Wunsch Zwischenreinigung 75,- und Frühstück 20,- p.P./Tag.

25980 Sylt / OT Keitum, Gaat 13, Tel.: 0 46 51 / 3990,
Fax: 39910, www.aarnhoog.de, info@aarnhoog.de

HOTEL DUENE

Gastgeberin: Nina Rink

Das in Rantum im Friesenstil neu erbaute *Hotel Duene* ist eine Art Perle unter dem Label „Sehnsucht Sylt". Das Haus ist aufgeteilt in 16 komfortable Suiten und Doppelzimmer mit exklusiver Ausstattung. Beispielhaft: Nespresso-Maschine mit Kapseln, Teekocher und Teevariationen sowie freies WLAN.

Die Suiten im Erdgeschoss verfügen über eine eigene Terrasse. Ein Wellnessbereich mit Schwimmbad, Sauna und Dampfbad lädt zu einer Auszeit ein. Der Strand ist über die Dünen in nur wenigen Minuten zu erreichen. Das Top-Restaurant *Coast* befindet sich in direkter Nachbarschaft. Es besteht die Möglichkeit, in unmittelbarer Nähe in Rantum auch größere Dependancen anzumieten *(siehe Domizile-Report).*

DZ 130/360 inkl. Frühstück. Dependancen 85/800. Frühstück im nahen Restaurant Coast kann für 22,- gebucht werden. Hunde sind willkommen. Zeitungs-Download, diverse Magazine, Sky Sport.

25980 Sylt / OT Rantum, Stiindeelke 1,
Tel.: 0 46 51 / 1660, Fax: 21096,
www.hotel-duene.de, info@hotel-duene.de

ALTE STRANDVOGTEI

Gastgeberin Birte Clarenbach

In hervorragender ruhiger Randlage zum Rantumer Wattenmeer befindet sich das Ensemble mit luxuriösen weißen Reetdachhäusern. Die *Alte Strandvogtei* ist als Urlaubsdomizil eine Art Juwel. Es sind die großzügigen Suiten, hochwertig elegant eingerichtet, mit Kaminofen und Marmorbädern, mit Terrasse und „eigenem" Strandkorb, die die Alte Strandvogtei so begehrenswert machen. Auch der Wellnessbereich mit Schwimmbad und Sauna lässt keine Wünsche offen. Klasse Frühstück!

DZ 125/290, Suiten (2 Pers.) 200/290, (4 Pers.) 230/385 inkl. Frühstück. App. 2 Pers. 150/260, App. 4-6 Pers. 295/580. Frühstück 22.

25980 Sylt / OT Rantum, Merret-Lassen-Wai 6,
Tel.: 0 46 51 / 92250, Fax: 29157,
www.alte-strandvogtei.de, info@alte-strandvogtei.de

DORINT SÖL´RING HOF***** *(DeHoGa)*

Johannes King

Direkt am Meer! Bitte sehr: Im *Söl´ring Hof* liegt Ihnen die Nordsee zu Füßen! Ein Inselunikat! Outstanding! Traumhafte Zimmer, Maisonetten und Suiten – wahlweise mit Dünen-, Watt- oder Meerblick – und teilweise mit Kamin. Wie wahr die Zeilen, die uns vom Söl´ring Hof zugespielt wurden: „Ganz egal, ob Sie Dünenliebhaber sind, oder die Wattseite vorziehen – unsere Zimmer haben nur einen einzigen Nachteil: Es kommt vor, dass unsere Gäste an manchen Tagen einfach gar nicht rausgehen, weil sie sich darin so wohlfühlen". Eine feine Wellness-Oase ist für die Gäste des Hauses reserviert und über die 2-Sterne-Küche des Gourmet-Teams Jan-Philipp Berner und Bärbel Ring lesen Sie bitte im Restaurant-Report auf Seite 180. Das Hotel ist in den Wintermonaten auch exklusiv buchbar.

15 Zimmer und Suiten 450/740, große Meeres-Suite 1.290 inkl. besonders feinem „À-la-carte-Frühstück" und Getränken auf den Zimmern, Kurtaxe, Strandkorb, Tageszeitung, Wellness, Fitness. Transfer bei An- und Abreise. Arrangements für Hochzeiten, Kulinarik, Kochkurse, Port-Room usw.

25980 Sylt / OT Rantum, Am Sandwall 1, Tel.: 46 51 / 836200, www.soelring-hof.de, info.soelringhof@dorint.com

APARTMENTHOTEL AM LEUCHTTURM

Gastgeberin: Andrea Trümper

Der Name „Am Leuchtturm" zeigt unmissverständlich den Weg zu diesem familiengeführten Apartmenthotel auf. Von diesem strandnahen Häuserensemble hat man einen herrlichen Blick über die Hörnumer Dünenlandschaft. Die edel ausgestatteten Apartments weisen allen Komfort und ein zeitgemäßes Medienequipment auf. Einige der größeren Wohneinheiten haben einen Kamin, andere eine Terrasse oder einen Balkon. Der großzügige Wellnessbereich wartet u.a. mit Sauna, Dampfbad und Schwimmbad auf. Tiefgarage mit Lift.

Ap.-Preise ab 7 Nächte, je nach Größe und Saison: 2 Zi. 110/230, 3-4 Zi. 180/290. Frühstücksbuffet 17,-. Außerhalb der Saison Sonderarrangements.

25997 Hörnum, An der Düne 38,
Tel.: 0 46 51 / 96100, Fax: 961096,
www.hotel-leuchtturm.com, info@hotel-leuchtturm.com

BUDERSAND HOTEL*****S (DeHoGa) - GOLF & SPA - SYLT

Claudia Ebert und Simon Ebert
Direktion: Marco Winter

Modern gestaltetes 5-Sterne Superior Hotel mit Top-Lage, direkt am Wattenmeer und dem kleinen Hörnumer Hafen. Das Hotel *BUDERSAND* verbindet eindrucksvolle Architektur und designorientiertes Interieur. Die lichtdurchfluteten Innenräume des Hotels sind mit edlen Materialien und mit Kunstwerken ausgestattet. Alle Zimmer haben einen Balkon oder eine Dachterrasse. Exklusiver, luxuriöser Spa-Bereich auf 1.000 m², 18-Loch Links Course durch die Dünenlandschaft. Das Sterne-Restaurant *KAI3* lässt keine kulinarischen Wünsche offen. Das Restaurant *STRÖNHOLT*, am Rande des BUDERSAND-Golfplatzes gelegen, bietet eine abwechslungsreiche Bistroküche. Hauseigene hochkarätige Veranstaltungen.

77 Zimmer und Suiten. Preise je nach Saisonzeiten, lt. Homepage 365/1.080 pro Tag. Inkl. Frühstück, Privatbar, Begrüßungsgetränk, SPA-Nutzung, WLAN frei, Greenfee-Ermäßigung u.v.m. Sonderarrangements auf Anfrage. Änderungen vorbehalten.

25997 Hörnum, Am Kai 3,
Tel.: 0 46 51 / 46070, Fax: 4607450,
www.budersand.de, hotel@budersand.de

HOTEL 54° NORD

Gastgeberin: Annika Evers

Aus dem ältesten Haus Hörnums – anno 1914 –, dass die Hamburger Reederei HAPAG für die regelmäßigen Schiffspassagen baute, ist das nun stylische *Hotel 54° Nord* entstanden. Alle Zimmer sind individuell auf hohem Niveau einfallsreich gestaltet. Der Spa-Bereich bietet finnische Sauna, Dampfsauna und Infrarotkabine. Ein Hotel mittendrin im Ort – alles ist fußläufig zu erreichen: Strand, Hafen, Golfplatz und Geschäfte. Mit dem *„Dock 2"* ist auch ein trendig designtes Bistro mit einer kleinen Auswahl leckerer Gerichte eingezogen. Ein Grund, auch als Nicht-Hotel-Gast hier einmal reinzuschauen.

4 DZ, 18 Deluxe-Zimmer, Preise ab 120 für 2 Pers., inkl. Frühstück, Wellness und Parkplatz, Buchung auch als App. ohne Frühstück möglich: 108/198. Interessante Sonderarrangements inkl. 3-Gang-Menü im Restaurant „Coast".

25997 Hörnum, Strandstraße 2,
Tel.: 0 46 51 / 449170,
www.hotel54gradnord.de, info@hotel54gradnord.de

HOTEL STRAND

Gastgeberin: Karin Mittelsdorf

Ein Sylter Hotel-Highlight – direkt am Wattenmeer des Lister Königshafens – als nördlichstes Hotel Deutschlands. Die Lage ist sensationell, ein Strand liegt vor der Tür und der Blick schweift übers Meer vom Ellenbogen zur dänischen Küste. Die anspruchsvolle Architektur ist modern, die großzügigen Räumlichkeiten sind lichtdurchflutet. Edle Designausstattung der Suiten mit 2 Balkonen, Doppelzimmer teilweise mit eigener Terrasse. Umfangreicher Frühstücksservice. Großzügiger, edel gestalteter Wellnessbereich mit Schwimmbad. Seglershop, Surfen, Stand Up Paddling, Segeln und Wassersportschulungen auch für Außer-Haus-Gäste.

DZ 160/300, Suiten 230/500. Specials auf Anfrage.

25992 List, Hafenstraße 41,
Tel.: 0 46 51 / 889750, Fax: 8897555,
www.hotel-strand-sylt.de, info@hotel-strand-sylt.de

Urlaub mit Blick
Hotel Strand in List

EASY LIVING HOTEL

Der Name Easy steht im neuen Lister Hotel für einen lockeren Beach-House-Style, der gleich ein gewisses Strandfeeling aufkommen lässt. Die sonnige Strandhauseinrichtung ist hier mit hochwertigen Materialien und einem durchdachten Designkonzept ausgestattet. Der Gast fühlt sich geborgen in diesem lässig gepflegten Understatement und will doch gleich hinaus, um Abenteuer zu erleben.

List ist einerseits geprägt von einer den Ort umgebenden großartigen Naturlandschaft, aber auch von einer lebendigen Hafenszenerie und vielen Geschäften und Restaurants. Im Haus befindet sich der Lister Markt mit trendigen Shops und dem vielseitigsten Restaurant der Insel. Der Name? Richtig – Easy! *(siehe Restaurant-Report)*. Die 38 Doppelzimmer des Hotels sind großzügig geschnitten, viele Zimmer haben Meer- oder Dünenblick, möblierte Balkone, große Panoramafenster, sind individuell eingerichtet, haben jeglichen Komfort, tolle großzügige Badezimmer und selbstverständlich WLAN. Der Wellnessbereich bietet eine finnische und eine Dampfsauna.

DZ ab 120,- inkl. reichhaltigem Frühstücksbuffet.

25992 List, Hafenstraße 2a, Tel.: 0 46 51 / 9365050,
www.hotel-easy-living.de, info@hotel-easy-living.de

A-ROSA SYLT***** *S (DeHoGa)*

Direktion: Eckart Pfannkuchen

Der große, elegante Hotelkomplex fasziniert durch seine tolle Dünenlage mit Blick auf das Wattenmeer. Die von außen edle und weitläufige Ansicht setzt sich im Inneren des Resorts fort. Sei es im großzügigen Empfangsbereich, in den komfortablen 147 Zimmern und 30 Suiten oder dem beeindruckenden, grandiosen Wellnessbereich auf 3.500 m² *(siehe Wellness-Report)*.

In der Lifestyle-Bar werden die Gäste vor dem Kamin zu Live-Musik eingeladen und die Lounge *„Negroni"* bietet täglich die Möglichkeit, in einem entspannten Ambiente einen leckeren Cocktail zu genießen. Viel Platz für Events, Bankette und exklusive Feierlichkeiten. Das Buffetrestaurant *„Dünenrestaurant"* sowie das Restaurant *„SPICES by Tim Raue"* runden das Angebot ab *(siehe Restaurant-Report)*. Kinder sind im Kinderclub „Rosinis" in besten Händen und der Teens-Club „Dukes" lädt auch ältere Kinder im Surfer-Ambiente zum „Chillen" ein.

25992 List, Listlandstraße 11,
Tel.: 0 46 51 / 96750-700, Fax: 96750-799,
www.a-rosa-resorts.de, empfang.sylt@a-rosa.de

Das SPA-ROSA im A-ROSA in List

Wie man sich bettet... Schöner Wohnen auf Sylt

Auf Sylt wohnt man eigentlich immer auch „am Meer“. Oft sind es auf unserem schmalen Eiland nur 100 m und man ist am Strand. Ein Haus mit Meerblick bleibt allerdings eine Ausnahme. Für den, der's hat, ist's Gold wert... denn es schlägt sich merklich im Mietpreis nieder. Die auf den nächsten Seiten erwähnten Ferienhausanbieter halten eine große Auswahl unterschiedlicher Feriendomizile bereit. Ob ein kleines kuscheliges Ein-Raum-Appartement unter der Reetdachhaube oder ein ganzes Haus – strandnah, ländlich oder mit Meeresblick und Meeresrauschen – die Palette ist so breit, dass jeder Urlauber das Richtige für sich finden kann.
Viele Anbieter haben sich auf bestimmte Inselregionen spezialisiert, andere bieten syltweit Objekte an. Damit ein jeder sich im Vorfeld schon orientieren kann, stellen wir einige bewährte Vermietungsbetriebe kurz mit ihrem Angebot, ihrem besonderen Service oder ihrer Philosophie vor – damit dem perfekten Urlaub in puncto Feriendomizil nichts mehr im Wege steht!

APPARTEMENTS & MEHR

Markus Wenzel

Nur die besten Kampener Quartiere finden den Weg in das ideenreich gestaltete Portfolio von *Appartements & Mehr*. *Markus Wenzel* achtet auf edles Interieur, gepflegte Gärten und der Service der Agentur sucht seinesgleichen. Kein Wunder, dass Wenzels Angebot an Ferienquartieren in über 25 Jahren stets gewachsen ist. Das Kampener Büro ist zentral – neben der Bäckerei Speck – zu finden, jeden Tag von 8-18 Uhr geöffnet und darüber hinaus 24 Stunden ansprechbar. Das Tolle: Zur An- und Abreise kann man hier ein- und auschecken, wann man will!
Stellen wir doch mal ein Highlight unter den Kampener Domizilen vor: zum Beispiel das *Feloufe Hüs*, ein reetgedecktes Einzelhaus umringt von einem kleinen, gepflegten Garten. Mit 210 qm² Wohnfläche ist das Haus sehr großzügig geschnitten, dazu hochwertig ausgestaltet und ausgestattet.
Im Erdgeschoss ist der Wohnbereich offen, mit einer Top-Küche und einer Kaminecke. Im Ober- und Untergeschoss befinden sich jeweils die Schlafzimmer und Badezimmer. Sauna/Dampfbad. WLAN. Ein Traumobjekt. Ideal für 8 Personen.
Je nach Saison pro Tag 550/1.050. E-Autobesitzer aufgemerkt!: Bei Wenzel steht der schnellste Schnelllader der Insel.
Alternativen dazu? Fragen Sie Markus Wenzel und sein Team.

25999 Kampen, Süderweg 1 a,
Tel.: 0 46 51 / 995950,
www.kampeninfo.de, urlaub@kampeninfo.de

LITZKOW IMMOBILIEN & FERIENVERMIETUNG

Seit ca. 25 Jahren berät das sympathische Familienunternehmen *„Litzkow"* seine Gäste mit viel Herz und Leidenschaft bei der Suche nach dem individuellen Traumdomizil. Derzeit vermietet die persönlich geführte Agentur allein über 80 Ferienhäuser und -wohnungen, die vom Deutschen Tourismusverband mit 5 Sternen ausgezeichnet wurden.

Neben zahlreichen Neubauten unter Reet befinden sich hierunter auch wunderschöne Einzelhäuser mit großzügigen Grundstücken und / oder mit Meerblick. Die Einrichtung ist stets luxuriös und lässt es an nichts mangeln. Der offene Kamin, der antike Kachelofen oder die hauseigene Sauna garantieren einen ganz besonderen und erholsamen Sylt-Urlaub auf höchstem Niveau.

Ein Beispiel *(siehe Fotos)*: Im Muasem Dikwai 1 bietet ein vor kurzem aufwändig saniertes historisches Friesenhaus einen einmaligen Mix aus modernem Luxus und echtem Friesen-Flair. Das ca. 203 m² große Einzelhaus ist umgeben von einem parkähnlichen Garten mit mehreren Sonnenterrassen und eigenem Teich. Nach Süden heraus genießen Sie einen atemberaubenden Weitblick über die Deichwiesen. Sauna, Ruheraum und Kamin sind vorhanden.

Mietpreis pro Woche / 6 Pers.: 2410,- / 3530,- / 4580,-.

Auch für den Erwerb einer Traum-Immobilie auf Sylt steht mit den Litzkows ein kompetentes und freundliches Team zurVerfügung.

25980 Sylt / OT Morsum, Terpstich 25,
Tel.: 0 46 51 / 4609810, Fax: 4609811,
www.litzkow-sylt.de, vermietung@litzkow-sylt.de

SYLT HOMES BY BLUM

Silke Richter & Martina Blum

Die gepflegten, privat geführten Sylter Feriendomizile der Gastgeberfamilie Blum erfüllen viele Urlaubswünsche. Ganz neu und besonders schön ist das Westerländer Ensemble *Sylt Homes* mit den Häusern *Ebbe*, *Flut* und *Bootshaus*. Sie sind zentral, strandnah und ruhig gelegen. Die stilvollen Ferienwohnungen haben Balkon, Terrasse, Garten mit Schaukel und Sandkiste. Sie sind prädestiniert für einen gelungenen Familienurlaub. Bahnreisende können ihr „Sylt Homes" bequem zu Fuß erreichen. Auch Sport, Fitness, Kultur- und Einkaufsmöglichkeiten sind in der Nähe. Die nordisch eingerichteten Ferienwohnungen sind mit allem Komfort ausgerüstet. Haustiere auf Anfrage.

Appartements für 2-6 Personen, 35-60 m². Preise für 2 Personen 106/186, jede weitere Person 20,-. Saunanutzung inkl. Sonderarrangements auf Anfrage. Beste Preise bei direkter Buchung (siehe auch: Long Island House Seite 214, Fisch Blum Seite 40).

25980 Sylt / OT Westerland, Trift 20,
Tel.: 0 46 51 / 7822, www.sylthomes.de

KÖNIG

Appartement · Immobilien · Project

Seit über 5 Jahrzehnten ist die Firma KÖNIG auf Sylt als Immobilienmakler und als Vermietungsagentur etabliert. Auch ganze Immobilienprojekte werden von König realisiert. Als Vermittler von gesuchten Ferienwohnungen ist König in Westerland zentral gegenüber vom Bahnhof für die Kunden präsent.

Im Angebot fiel uns das idyllische Reetdachhaus *„Heidekamp"* auf, das strandnah in Wenningstedt gelegen auf drei Ebenen für 5 Personen mit 132 m² reichlich Platz bietet. Die separate Küche im Landhausstil begeistert. Drei Schlafzimmer und zwei Bäder sowie ein großer eingewachsener Garten mit Strandkörben ergeben ein exklusives Zuhause auf Zeit mit allem Komfort. Internetanschluss, WLAN und PKW-Stellplatz sind hier selbstverständlich. Umfangreiches Serviceangebot.

Kosten pro Tag je nach Saison 190/260 zuzügl. Nebenkosten. Tipp: Fragen Sie nach „Out of Season"-Offerten!

Büro Westerland: 25980 Sylt / OT Westerland, Wilhelmstraße 7, Tel.: 0 46 51 / 9959210
immobilien@koenig-sylt.de, www.koenig-sylt.de

URLAUBSVERMIETUNG SYLT TOURISMUS ZENTRALE

René A. Krüger

Sylt macht glücklich! Und das liegt nicht nur an der atemberaubenden Landschaft und der rauen Nordsee, sondern eben auch daran, dass man die schönste Zeit des Jahres in einer ebenso schönen und gemütlichen Unterkunft verbringt.

Beispielhaft hierfür ist die zentral in Westerland gelegene Ferienwohnung *„Sophia"*. Dieses Domizil im geschmackvollen Ambiente verfügt neben einem lichtdurchfluteten Wohnraum über zwei großzügige Doppelbettzimmer mit eigenem en suite Bad und einem großen Süd/Westbalkon zum Ausklang eines herrlichen Urlaubstages. Wer es etwas ländlicher mag, für den ist das Haus *„Seewind"* in Wenningstedt die richtige Entscheidung. Die unmittelbare Strandlage, kombiniert mit den Annehmlichkeiten moderner Ferienhäuser, machen dieses Objekt zu etwas Besonderem. Der schöne Außenbereich mit Garten und Blick auf die Dünen rundet das idyllische Refugium ab.

Diese und andere Feriendomizile zum Wohlfühlen gehören zum Angebot der *Sylt Tourismus Zentrale*. Die private und persönlich geführte Urlaubsvermietung umsorgt ihre Gäste seit mehr als 30 Jahren menschlich und individuell. Mit einer serviceorientierten Rundumbetreuung und dem eigenen Reinigungsservice bietet sie ihren Gästen in jeder Hinsicht einen gelungenen Urlaub.

25980 Sylt / OT Tinnum, Keitumer Landstraße 10 B,
Tel.: 0 46 51 / 6026, Fax: 28180,
www.sylt-tourismus.de, info@sylt-tourismus.de

Die Logenplätze erwarten uns schon:
Nach einem ereignisreichen Tag
zur Ruhe kommen.
Den Urlaub genießen.
Die Zeit hinter sich lassen.

www.wedell-sylt.de

HELGA WEDELL FERIENWOHNUNGEN UND -HÄUSER

Urlaub in exklusiven Domizilen unter Reet in und um Keitum, dem idyllischen Friesendorf. Unter diesem Motto sorgt *Familie Wedell* seit vielen Jahren dafür, dass Urlaubsträume in ihren zahlreichen Ferienwohnungen wahr werden können. Dass dieser Familie und ihrem Team der Gast am Herzen liegt, zeigt sich auch an dem persönlichen Service. Ein „Willkommensgruß" steht bereit und auch sonst steht *Familie Wedell* gerne mit Rat und Tat zur Seite und vermittelt Annehmlichkeiten rund um den Urlaub, um die schönste Zeit des Jahres zu etwas ganz Besonderem zu machen.

Wedells führen die ganze Bandbreite der Angebote von 2 bis zu 8 Personen, bis hin zum Luxusdomizil direkt am Meer. *Neben der Vermietung kümmert sich Erik Wedell mit seiner Crew auch um die Vermittlung von Sylter Immobilien.*

Das oben abgebildete beispielhafte Feriendomizil *„Keitum Kliff"*, ist ein fast 200 Jahre altes Friesenhausteil über zwei Ebenen mit ca. 90 m² und bietet zwei bis vier Personen ausreichend Platz. Das denkmalgeschützte, reetgedeckte Haus mit eingewachsenem Grundstück liegt wenige Schritte vom Wattenmeer entfernt. Es wurde sehr liebevoll und exklusiv im gemütlichen Landhausstil modernisiert und eingerichtet. Historische Balkendecken und Holzfußboden verleihen einen ganz eigenen Charme. Ein Kachelofen lädt im Herbst und Winter zu gemütlichem Beisammensein ein und im Sommer genießt man die Zeit auf den zwei Terrassen mit schönem Gartengestühl sowie Liegen.

Mietpreis pro Übernachtung je nach Saison 200/450.

25980 Sylt / OT Keitum, Bahnhofstr. 12,
Tel.: 0 46 51 / 33333, Fax: 33353,
www.wedell-sylt.de, info@wedell-sylt.de

HÖPERSHOF FERIENVERMIETUNG

Alle angebotenen Sylter *Höpershof-Feriendomizile* sind inspiriert von Hochwertigkeit und einem wohnlichen Design erster Güte. Höpershof ist sehr erfolgreich und expandiert auf Sylt. Ca. 60 Ferienobjekte befinden sich in Westerland, Wenningstedt, Rantum, Hörnum und Keitum. Herausragend ist z.B. die Westerländer *Villa la Mer,* eine hervorragend und stilsicher restaurierte Villa aus dem Jahr 1913, mit mehreren unterschiedlich großen Wohneinheiten. Uns fiel weiterhin das *Calm Island* auf, ein feines Kleinod in Keitum. Das *Lands End* in Hörnum, eine lichtdurchflutete Wohnoase, hat fantastischen Meerblick. Die neu errichtete *Villa Long Beach* liegt in Westerland direkt am Strandübergang *(siehe Abbildung).* Wie alle Höpershof Objekte sind auch diese Wohnungen individuell auf höchstem Niveau ausgestattet. *Als Beispiel sei das Appartement Long Beach genannt. 3 Zimmer (83m²) und Südterrasse für 4 Pers. Mietkosten pro Tag 170/280 zzgl. 200,- Endreinigung.*

25980 Sylt / OT Westerland, Boysenstraße 16,
Tel.: 0 46 51 / 6695, Fax: 9955967,
www.hoepershof.de, info@hoepershof-sylt.de

MAIKE OSSENBRÜGGEN APPARTEMENTVERMIETUNG

Jennifer Daberkow

Die Sylter Gründerin der *Appartementvermietung Maike Ossenbrüggen* wählte für ihr Angebot schon vor 40 Jahren nur beste Häuser mit Charme aus. Inzwischen hat *Jennifer Daberkow* die Vermietung von ca. 40 Objekten übernommen. Wir wählten exemplarisch für den Sylter Domizile-Report aus: Das reetgedeckte *Weidemannhaus* ist eine historische Besonderheit. Zentral im dörflichen Leben von Keitum gelegen. Das syltfriesische Kapitänshaus – anno 1776, einst Atelier des bekannten Künstlers Magnus Weidemann, der hier bis 1967 wohnte, malte und musizierte, bietet eine stilvolle Ausstattung, z.B. offenes Esszimmer, komfortable Küche, 2 Schlafzimmer und Komfortbad. Der romantische Garten trägt sein Übriges zum Wohlsein bei *(150/220).* Mit einmaligem Blick auf das Wattenmeer ist die Keitumer Wohnung *Wattläufer* gesegnet *(189/315).* Schauen Sie gerne einmal auf die informative Homepage.

25980 Sylt / OT Keitum, Gurtstig 37,
Tel.: 0 46 51 / 31507, Fax: 33437,
www.fewoaufsylt.de, info@fewoaufsylt.de

Mustereinrichtung

IBF IMMOBILIEN BRIGITTE FÜHR GMBH

In den letzten Jahren hat sich Sylt zu einem Ganzjahres-Ferienziel entwickelt. Zahlreiche neue Hotels und Ferienwohnungen tragen diesem Trend Rechnung und sorgen für ein abwechslungsreiches Angebot.

IBF Immobilien von *Brigitte Führ* und ihrem Sohn *Oliver Führ*, die 2017 ihr 40-jähriges Jubiläum feierten, hat diesen Trend sehr früh erkannt. Das heutige Portfolio umfasst über 180 Landhäuser, Hausteile und Appartements für Singles, Paare, Familie und Gruppen bis zu 10 Personen. Hochwertige, gepflegte, familien- und haustierfreundliche Ausstattung ist bei der IBF GmbH selbstverständlich – vielfach auch mit Zusatzausstattungen wie große Terrassen mit Gärten, Saunen oder Wellnessbereiche, ganz im architektonischen Stil der friesischen Insel, also Seele baumeln lassen inklusive!

Ein Objekt der Superlative beispielsweise entsteht nun in bester Lage, sehr strandnah, in der Seestraße. Das Domizil *Landhaus Meeresleuchten* mit zwei Luxus-Hausteilen unter Reet für Gruppen bis zu 8 Personen, kann ab Anfang 2020 als Inselheimat ausgewählt werden.

Bei IBF berät man Sie gerne und sucht für Sie das passende Urlaubsdomizil. Bestellen Sie direkt Ihr persönliches Exemplar des IBF Jahreskatalogs 2019, entweder online oder telefonisch.

25996 Wenningstedt, Hauptstr. 11,
Tel.: 0 46 51 / 98420, Fax: 45433,
www.ibf-sylt.de, brigitte.fuehr@t-online.de

HOTEL DUENE – DEPENDANCEN

Nina Rink

Im schönen Rantumer *Hotel Duene* befindet sich auch eine versierte Vermittlung exklusiver, reetgedeckter Ferienhäuser im Friesenstil, die sich vorwiegend in Rantum und damit in Strandnähe befinden. Alle angebotenen Häuser sind auf hohem Niveau im edlen Landhausstil eingerichtet, einige haben Wattenmeerblick, Kamin und/oder Sauna. Alle Häuser sind sehr luxuriös ausgestattet: wertvolle Möbel, exklusive Einbauküchen, edle Naturstein- oder Holzböden, exklusive Badezimmer – nur vom Besten. Zum Beispiel die *„Sylt Lodge"* mit eigener Sauna, 140 m² für bis zu 8 Personen. Aufwendig ausgestattet, eigener Garten.

Diese luxuriösen Häuser haben ihren Preis. Ab 160,- bis 800,- je nach Saison. Zusätzlich besteht die Möglichkeit Frühstück für 22,- im nahen Restaurant Coast (siehe Restaurant-Report) dazu zu buchen.

25980 Sylt / OT Rantum, Stiindeelke 1,
Tel.: 0 46 51 / 1660, Fax: 21096,
www.hotel-duene.de, info@hotel-duene.de

Erholung und Gesundheit

Für Ihre Gesundheit und mehr **Wohlbefinden.**

Vereint unter einem Dach finden Sie auf 5.000 Quadratmetern unser ganzheitliches Konzept für Ihr Wohlergehen und ein stabiles gesundheitliches Fundament. Loslassen, wohlfühlen und durchatmen.

Syltness Center · Dr.-Nicolas-Straße 3 · 25980 Sylt/Westerland

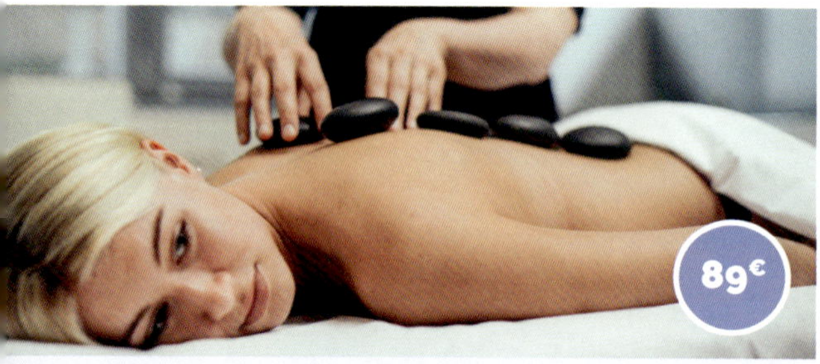

SPIRIT & MIND

Hot Stones Massage

ca. 75 Min.

Syltness Center - Das Spa am Meer · Dr.-Nicolas-Straße 3 · 25980 Sylt/Westerland

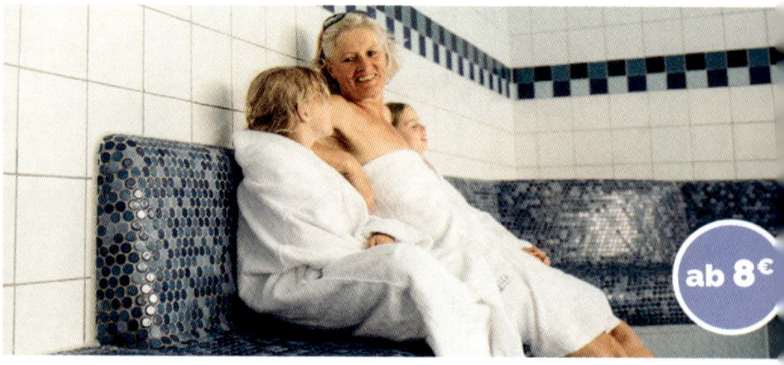

THALASSO

Meerwasserinhalation

ca. 10 Min.

Syltness Center - Das Spa am Meer · Dr.-Nicolas-Straße 3 · 25980 Sylt/Westerland

Buchungs- & Servicenummer: 04651 998-112 · Unser Sylt · unsersylt · **www.syltnesscenter.de** Sylt

Änderungen und Irrtümer vorbehalten. Anbieter der Leistungen ist die Insel Sylt Tourismus-Service GmbH · Strandstr. 35 · 25980 Sylt/Westerland

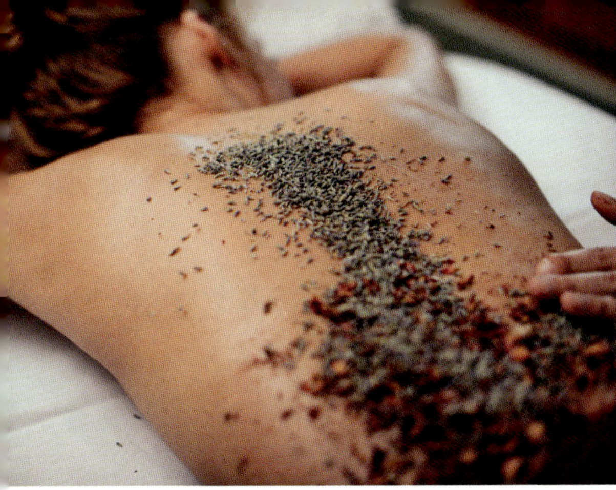

SYLTNESS CENTER

Das Spa am Meer –
Kompetenz für Ihre Gesundheit und Ihr Wohlbefinden

Das ***Syltness Center*** in Westerland bietet auf 5.000 m² höchste Kompetenz, wenn es um Gesundheit und Wohlbefinden geht. Basierend auf den fünf Säulen ***Health, Thalasso, Wellness, Beauty und Fitness*** finden Sie hier alles, was zur körperlichen Gesundheit und inneren Ausgeglichenheit beiträgt. Ausgesuchte Produktlinien, fachkompetente Therapeuten und ein SPA-Konzept, das sowohl altbewährte Traditionen als auch die ganzheitliche Philosophie von Gesundheit und Wohlbefinden berücksichtigt, lassen Stress und Hektik für eine Weile verblassen. Ob individuelle Einzelanwendungen oder fachübergreifende Behandlungsansätze, das interdisziplinär ausgerichtete Konzept des *Syltness Centers* ermöglicht es, die persönlich wirksamste Therapie zusammenzustellen. Ärzte und Therapeuten unterschiedlicher Fachrichtungen stehen dabei hilfreich zur Seite. Für den Erhalt und die regenerative Förderung der Gesundheit stehen die therapeutischen ***Leistungen im Thalassobereich*** des Syltness Centers. Dessen vielfältiges Spektrum schließt sowohl Selbstzahlerangebote als auch Kassenleistungen wie ***Physiotherapie*** und ***Massagen*** oder Anwendungen aus der klassischen ***Thalassotherapie*** wie ***Meerwasserbäder*** und ***Schlickpackungen*** ein. Und wo könnte Thalasso authentischer und effektiver umgesetzt werden als im Kompetenzzentrum des Insel Sylt Tourismus-Service, das nur wenige Meter von der Nordseebrandung entfernt ***„Gesundheit aus dem Meer"*** bietet? Die Erhaltung der Harmonie von Körper, Geist und Seele steht im Wellnessbereich im Vordergrund. Hochwirksame ***Entspannungs-*** und ***Erholungsprogramme*** für jeden Anspruch verhelfen zu kleinen Auszeiten für Körper und Geist. Von der indischen Kunst des ***Ayurveda*** über orientalische ***Hamam-*** und ***Rasul-Rituale*** bis hin zu ***Wellnessanwendungen*** aus fremden, fernen Kulturen – hier erhalten Sie den gewünschten Frischekick auf Ihrem Weg zu mehr Wohlbefinden. Schönheit bedeutet nicht nur Schönheitspflege von außen, sondern auch „sich wohlfühlen, harmonisieren und schmücken". Im lichtdurchfluteten ***Beautystudio*** mit Blick auf das Meer genießen Sie erholsame und exklusive Schönheits- und Pflegeprogramme für Gesicht und Körper – wohltuende Momente für eine wunderbare Ausstrahlung, Gelassenheit und innere Ruhe. Behandlungen mit Meereskosmetik von LITORÁGE versprechen „Meer für Ihre Haut". Die rein natürlichen und wertvollen Inhaltsstoffe aus dem Meer, wie reichhaltige und nährstoffreiche Algen oder marines Collagen, sind auf individuelle Bedürfnisse der Haut abgestimmt und verhelfen zu einem strahlend schönen, vitalen, gepflegten und gesunden Erscheinungsbild.

Darüber hinaus hält die ***Syltness Lounge***, das Premium Spa am Meer im Syltness Center, viele exklusive Behandlungen in privater Atmosphäre bereit. Außergewöhnliche und hochmoderne Behandlungsmethoden machen das Angebot der Syltness Lounge zu etwas ganz Besonderem. Erfahren Sie unvergessliche Verwöhnmomente beim Syltness Lounge Signature Treatment und bei Angeboten aus den Bereichen ***InShape, InBalance*** und ***InBeauty***.

Möchte man sportlich aktiv werden, empfiehlt es sich, das vielfältige Kursangebot des Sportcenters von A wie ***Aquafitness*** über ***Physio Yoga*** bis Z wie ***Zumba*** zu erproben. Mit unvergleichlichem Blick auf das Meer wird von klassischen Ausdauer- und Kräftigungskursen bis hin zu den trendigsten Sportkursen jeder Altersklasse Genüge getan. Darüber hinaus bietet das E-Mobility Center neben der Sylter Welle geführte E-Biketouren über die Insel an.

25980 Sylt / OT Westerland, Dr.-Nicolas-Straße 3,
Tel.: 0 46 51 / 998-0, Fax: 998-6000,
www.syltnesscenter.de, info@syltnesscenter.de

HOTEL STADT HAMBURG QIARA SPA

Das *„QIARA SPA"* ist wahrlich eine Oase der Ruhe im belebten Westerland. Die 500 m², im asiatischen Kolonialstil gestaltet, bieten alles, was eine entspannte Auszeit ausmacht: Im Pool mit Gegenstromanlage sowie im Fitnessbereich mit TechnoGym-Geräten – auf Wunsch mit Personal Trainer – kommt der Kreislauf in Schwung, Sauna und Dampfbad laden zum Relaxen ein. Das bestens ausgebildete Team verwöhnt mit klassischen Massagen und Schönheitsbehandlungen für Gesicht und Körper, privaten Yogakursen sowie physiotherapeutischen Anwendungen. Neben den exklusiven Produkten von CARITA und PAÑPURI kommt mit der Anti-Aging-Pflegelinie AQUA ORGANIC eine hochwertige organische Pflegelinie zum Einsatz. Die natürlichen Crèmes und Seren sind frei von Mineralölen und künstlichen Duft- und Konservierungsstoffen. Perfekt ergänzt wird das erlesene Sortiment von UND GRETEL, zertifiziertes Make-up mit rein biologischen Inhaltsstoffen. Aromaöl- oder Fußreflexzonenmassagen, ayurvedische Behandlungen und Lomi Lomi runden das individuell auf Sie abgestimmte Wohlfühlprogramm ab. Day-Spa-Programme, auf Wunsch Tages- oder Abend-Make-up, machen die Schönheitsrituale komplett. Der „Relax Guide" bezeichnet das „QIARA SPA" als „außergewöhnlich".

Tägl. geöffnet von 9-18 Uhr (siehe auch Hotel- u. Restaurant-Report).

25980 Sylt / OT Westerland, Norderstraße 1,
Tel.: 0 46 51 / 858500, www.hotelstadthamburg.com

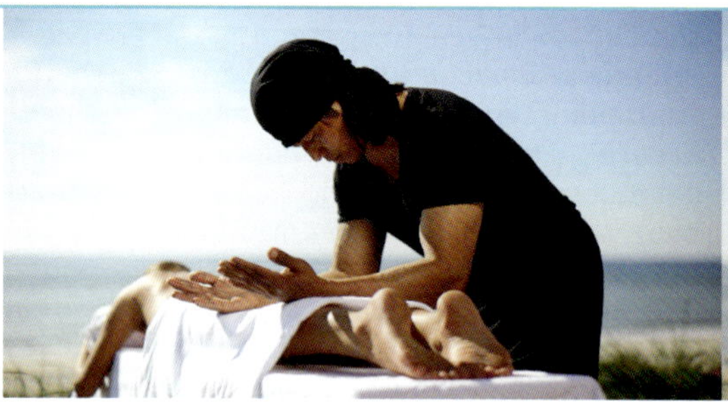

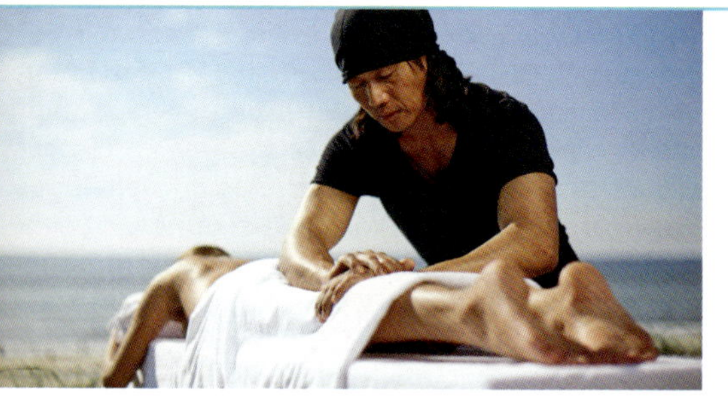

HOTEL MIRAMAR

Das über 100 Jahre alte Hotel am Meer *(siehe auch Hotel- und Restaurant-Report)* bietet seinen Hotelgästen im Bereich Beauty und Wellness ein umfangreiches Verwöhnprogramm. Außerordentlich wohltuend sind die Massagen des Wellness-Zen-Man *Michael Lee*. Er bietet individuelle therapeutische Body Works, Traditionelle Chinesische Medizin, Ernährungsberatung, Yoga und Meditation an. Ob Sie „Hot Stone" oder „Quick Refresh" wählen, die „Ganzheitliche Maui-Massage" oder das große „Anti-Cellulite-Programm": Hier sind Sie immer in guten Händen. Darüber hinaus vervollständigen eine opulente Badelandschaft mit Wasserfall, Schwallbrause, Wasserkanone und Meerblick sowie ein Fitnessraum und eine großzügige Saunalandschaft (mit Bio-Sauna, Dampfgrotte und Lichttherapie) den renovierten Spa-Bereich.

25980 Sylt / OT Westerland, Friedrichstr. 43,
Tel.: 0 46 51 / 8550, Fax: 855222,
www.hotel-miramar.de, info@hotel-miramar.de

DORINT STRANDRESORT & SPA SYLT/WESTERLAND

Der exklusive Spa-Bereich im Vier-Sterne-Superior *Dorint Strandresort (siehe Hotel-Report)* bietet auf 800 m² Beauty und Wellness auf hohem Niveau. Das Spa „Seestern" hat verschiedene Saunen und ein Dampfbad im Programm, einen Pool mit Ruhelandschaft und besondere Körperpflegeangebote. Die „Wellness de luxe"-Massage steht für einen exklusiven Behandlungsmix mit Elementen aus klassischer und Fußreflexzonenmassage, aus hawaiianischer und Aromamassage sowie aus Reiki und Lymphdrainage. Der Kosmetikbereich bietet wohltuende Gesichtsbehandlungen mit den hochwertigen OCEANWELL-Produkten an. Mit Blick auf den wogenden Strandhafer vor der Tür schenkt man sich gerne eine entspannende Auszeit und taucht ab in die besondere Philosophie der Spa Verwöhnwelt.

25980 Sylt / OT Westerland, Schützenstr. 20-24,
Tel.: 0 46 51 / 850-0, Fax: 850150,
www.dorint.com/sylt, info.sylt@dorint.com

LANDHAUS SYLTER HAHN

Ansprechpartnerin: Nathalie Miebach

Dieses gepflegte Landhaus im Süden von Westerland und dazu in fußläufiger Strandnähe bietet neben den komfortablen Zimmern eine großzügige Thalassotherme mit Schwimmbad und Sauna. Eine breite Palette von Anwendungen macht das *Landhaus Sylter Hahn* zu einem Wellness-Resort par excellence: Gesichts- und Körperbehandlungen, Massagen, Algen-Bäder, Packungen mit Algen, Honig-Lavendel, Detox, Anti-Stress und, und, und. Es werden Thalasso-Tage und Thalasso-Intensivwochen angeboten. Die Preise sind sehr differenziert. Das Schöne, diese tolle Wellness-Adresse kann auch von „Außer-Haus-Gästen" gebucht werden. Bitte schauen Sie auf die Homepage. Anmeldung 04651/928215 *(siehe auch Hotel-Report)*.

25980 Sylt / OT Westerland, Robbenweg 3,
Tel.: 0 46 51 / 92820,
www.sylter-hahn.de, info@sylter-hahn.de

ULENHOF RESIDENCE

Eine der schönsten Wellness-Wonnen bietet das aufgefrischte Badehaus vom Wenningstedter *Ulenhof (siehe auch Hotel-Report)*. Es ist jetzt noch einladender. Hier können Sie auf 400 m² in den Saunen relaxen, sich mit Massagen verwöhnen lassen oder den Kampf mit der Gegenstromanlage des 10m-Schwimmbades aufnehmen. Die Saunalandschaft bietet römische und finnische Wärme: Tepidarium (auf Körpertemperatur), Caldarium (gemächliche 50°- 60°C), angenehmes neues Dampfbad (43°- 48°C), finnische Sauna (90°C) – und ab geht's unter den kalten Wasserfall! Wählen können Sie auch unter diversen Massagepraktiken: medizinisch, ayurvedisch zur Entspannung oder für die Schönheit, Shiatsu für den Ausgleich oder Fußreflexzonenmassage für die Mobilisierung der körpereigenen Heilkräfte und, und, und... Relaxen ist hier angesagt.

25996 Wenningstedt, Friesenring 14,
Tel.: 0 46 51 / 94540, Fax: 945431,
www.ulenhof.de, info@ulenhof.de

YOGAMARE

*bewegt * berührt * entspannt*
est. 1999, seit 11 Jahren auf Sylt

Maren Schulz ist Yogini; fest verwurzelt in der Yoga-Tradition, der sie seit ihrer Kindheit folgt. Ihr Anliegen ist es spirituell, therapeutisch und verbindend wirkendes Yoga mit viel Freude zu leben und zu vermitteln.Sie unterrichtet tiefgründig, humorvoll und begeisternd. Yoga-Einheiten für Privatstunden, Gruppen, Feiern, Incentives und Kongresse gestaltet sie individuell nach Vereinbarung.
Während der Sommermonate bietet die Yogalehrerin und Körpertherapeutin täglich Mo-Fr von 10-11.45 Uhr StrandYoga an: Mo, Mi, Fr in Wenningstedt, Di und Do in Hörnum. Treffpunkt jeweils 5 Minuten vorher an den Hauptstränden.
Ganzjährig praktizieren Sylter in den Yoga-Kursen im Haus der Lebenshilfe in Westerland, an denen Gäste mit Yogaerfahrung nach telefonischer Anmeldung teilnehmen können.
Maren Schulz veranstaltet regelmäßig Yoga-Ferien-Retreats und Tagesseminare für „Körperglück & Seelenfrieden": Über Pfingsten vom 7.-10.6.2019 (ausgebucht), zum Jahresausklang am So., 29.12.2019, über Himmelfahrt vom 20.-24.5.2020 & 12.-16.5.2021.

Sylt-Entspannung zum Mitnehmen und immer wieder Genießen bietet die Yoga-CD von Maren Schulz, die im Sylter Buchhandel, vor und nach den Yoga-Einheiten sowie auf Bestellung erhältlich ist.

25980 Sylt / OT Westerland,
Am Bastianplatz 4, Tel.: 0178/5831538,
www.yogamare.de, info@yogamare.de
und facebook: yogamare Sylt

MEDCONTOUR SYLT

Medical Wellness mit Meerblick

Medical Wellness kann wahre Wunder bewirken: ein ganzheitlich und nachhaltig gesundheitsorientiert ausgerichtetes Prinzip für Körperbehandlungen in anspruchsvollem Ambiente unter kompetenter Beratung und Behandlung von *Gitta Benzien*, der Inhaberin von *MedContour Sylt*. Die zertifizierte Lipologin mit über zwanzigjähriger beruflicher Erfahrung im Gesundheitswesen bietet sogenanntes Health & Bodystyle individuell und exklusiv in ihrer Wohlfühloase im *Haus am Kliff* in Wenningstedt an.
Eine schön geformte Silhouette und neu gewonnene Vitalität sind Ziel einer entspannenden Auszeit mit z.B. dem wunderbaren Vital-Bodywrap „premium" oder „de luxe". Hierbei kann der Körper auf natürliche Weise entgiftet, entschlackt und entsäuert sowie die Silhouette geformt werden. Die Haut und das Bindegewebe werden gestrafft und gepflegt. Durch Detox gesund in Form.

Das einzigartige Angebot der Lipologie, Medical Beauty, Physiotherm und weitere Thalasso-Anwendungen der Sylter Praxis für Medical

Wellness finden Sie persönlich vor Ort bei Terminen nach Vereinbarung oder auch im Internet: www.medcontour-sylt.de

25996 Wenningstedt, Strandstraße 25,
im Haus am Kliff im 1. OG., Tel.: 0 46 51 / 8366787,
www.medcontour-sylt.de, lipologie@medcontour-sylt.de

FÄHRHAUS SPA

Der 700 m² Wellnessbereich im 5-Sterne-Superior-Hotel *„Fährhaus"* am Munkmarscher Hafen *(siehe auch Restaurant- und Hotel-Report)* ist ein Garant für eine entspannte Auszeit vom Alltag. Hier stehen zahlreiche Beautybehandlungen für Körper und Gesicht im Rampenlicht. Erfrischung für Körper und Geist bieten eine finnische Sauna, ein Dampfbad mit Farblicht sowie ein Whirl- und Innenpool. Sportler können im Fitnessraum mit TechnoGym-Geräten sowie einer Vibrationsplattform ihr individuelles Workout absolvieren. Ein Klassiker ist die Fährhausmassage für den ganzen Körper mit aromatischem Kokos-Minzöl. So werden muskuläre Verspannungen sanft gelöst und der Energiefluss aktiviert. Neu:„Cinetic Lift Expert" – eine Schönheitsbehandlung, die mit einer Kombination aus Mikrostrom, Ultraschall und Farbstimulation arbeitet. So werden feine Linien geglättet und die Gesichtskonturen gestrafft. Dabei kommen hochwertige Pflegeprodukte des französischen Labels CARITA und des Berliner Naturlabels UND GRETEL zum Einsatz. Eine Massage mit Ölen von LIGNE ST BARTH lockert Verspannungen und verführt mit Düften von Kokos und Aloe Vera. Zweisamkeit genießt man bei Anwendungen wie einem orientalischen Dampfbad mit Relaxmassage exklusiv und privat in der Double-Treatment-Kabine. Externe Gäste sind herzlich willkommen – im Rahmen des Half Day Spa, eines Beauty-Tages oder für einzelne Anwendungen.

25980 Sylt / OT Munkmarsch, Bi Heef 1, Tel.: 0 46 51 / 9397410, Fax: 939710, www.faehrhaus-hotel-collection.de, info@faehrhaus-sylt.de

A-ROSA SYLT ******S (DeHoGa)*

Direktion: Eckart Pfannkuchen

Vielfach ausgezeichnetes SPA im Inselnorden:„spa business award",„Bestes SPA der Welt" (Traveller's World Award). Das *SPA-ROSA* im *A-ROSA Sylt* bietet Luxus für Körper und Seele auf zwei Ebenen, 3.500 m² und in 18 Anwendungsräumen. Ruheraum mit Meerblick. Von der Empore aus schweift der Blick über die ganzjährig beheizte, großzügige Innen- und Außenpool-Meerwasserlandschaft, dahinter erstrecken sich Dünenlandschaft und Wattenmeer. Sechs Themensaunen und Dampfbäder mit täglich wechselnden Aufgüssen und Saunaritualen, tiefenentspannende Teil- oder Ganzkörpermassagen sowie Ayurveda-Anwendungen bringen Körper und Seele sanft in Einklang. Gesichts- und Körper-Treatments mit hochwertigen Produkten von CLARINS und LIGNE ST BARTH verwöhnen alle Sinne auf höchstem Niveau. Krönung ist die private SPA-Suite. Fitnessgeräte und Personal Training runden den ganzheitlichen Ansatz zu mehr körperlichem und geistigem Wohlbefinden ab und die Functional Fitness-Fläche bietet Sportbegeisterten viel Platz sich auszupowern. Vitalbar mit frischen Säften und gesunden Snacks. Attraktive Day-Spa-Angebote für externe Gäste *(siehe auch Hotel- und Restaurant-Report)*.

25992 List, Listlandstraße 11, Tel.: 0 46 51 / 96750-873, Fax: 96750-799, www.a-rosa-resorts.de, spa.sylt@a-rosa.de

SEVERIN*S RESORT & SPA

*SPA im 5-Sterne Superior Severin*s Resort & Spa*

Durchatmen, Ruhe und Entspannung in vollen Zügen genießen. Dazu lädt der erstklassige Spa-Bereich vom *Severin*s Resort & Spa* ein. Auf 2.000 m² ist eine Wellnessoase entstanden, die auf Sylt ihresgleichen sucht. Nur beste Materialien wie massiver Naturstein, ein zurückgenommenes Farbkonzept sowie ein bis ins Kleinste durchdachtes Lichtsystem machen deutlich, wie viel Wert auf Details gelegt wurde. Der großzügige, glasüberdachte Pool, von dem aus man den Blick auf den Kamin – ebenfalls in Übergröße – genießt, ist nur eines von vielen Spa-Highlights. Fünf Themensaunen und ein Fitness- und Yogaraum stillen den Drang nach Entspannung und Bewegung. Zum Nachspüren genießen Sie das Spa-Café – in dieser Form einmalig auf der Insel – oder den weitläufigen Ruheraum. Severin*s einzigartige Rituale verheißen pures Wohlgefühl: wie zum Beispiel bei der „Chakra-Stein-Behandlung" – eine besondere Chakra-Öl Behandlung auf warmem Quarzsand (98,-/50 Min.) oder ein „Reines Hamamerlebnis" zu zweit (mit Wassergüssen, Peeling und Seifenschaummassage, 218,-/60 Min.). In der Spa-Suite tauchen Gäste am liebsten in ihre ganz persönliche „Auszeit zu zweit". Kosmetikanwendungen mit hochwertigen Produkten von TEAM DR JOSEPH, PHARMOS NATUR, PERRIS SWISS LABORATORY oder LIGNE ST BARTH. Externe Gäste sind herzlich willkommen. So haben Hotel- und Inselgäste die Möglichkeit, sich auch im neuen *La Biosthetique Hair Spa* verwöhnen zu lassen.

25980 Sylt / OT Keitum, Am Tipkenhoog 18,
Tel.: 0 46 51 / 46066522, Fax: 46066500,
www.severins-sylt.de, spa@severins-sylt.de

PARFÜMERIE KAMPEN

QUELLE DER SCHÖNHEIT & PFLEGE

Die *Parfümerie Kampen* bietet neben exclusiven Düften auch das Beste aus den Bereichen Schönheit und Pflege. Mit den absoluten Topmarken LA MER, LA PRAIRIE, SISLEY, KANEBO, SHISEIDO, CHANEL oder GUERLAIN vertrauen die weltweiten Marktführer den kompetenten Mitarbeiterinnen ihre Producte an, damit diese sie nach ausführlicher Beratung weitergeben können. Besonders beliebt ist hierbei die Möglichkeit, sich von den Expertinnen schminken zu lassen. Ein perfektes Make-up ist Wellness für das Selbstbewusstsein.
Doch nicht nur die Partner der seit 69 Jahren im Herzen Kampens beheimateten Parfümerie Kampen sorgen mit ihren Producten für Wohlbefinden. Auch die hauseigene „SYLT BY VIGLAHN®" Collection bietet neben Düften für Damen und Herren Pflegeproducte allerhöchster Güte. Beispielsweise die handgesiedeten Pflanzenölseifen mit hochwertigen Ingredienzen wie Meeresalgen, Sylter Sand, Lavendel, Hortensien oder Sylter Heckenrosen, die der Haut schmeicheln und die Nase verwöhnen. Letzteres gilt auch für die hochwertigen Raumdüfte, die die in schönen Flacons enthaltenen Aromen über Bambusstäbchen freigeben und das Zuhause zu einem Wohlfühlort der Sylt-Sehnsucht machen. Die luxuriöse Individualität der Kampener Institution in Sachen Pflege und Wohlbefinden ist also immer ein bisschen „besonderer" – eben eine Wellness-Klasse für sich.

25999 Kampen, Hauptstraße 11,
Tel.: 0 46 51 / 44177, Fax: 44170, www.syltduft.de

Mehr Infos im Restaurant-/Hotelreport

Süße Sylter Pausen

Alles begann 1855, als Westerland zum anerkannten Seebad wurde und man es damals schon den verwöhnten Sommerfrischlern aus den Metropolen alles so schön bequem machen wollte, wie sie es zu Hause gewohnt waren.
So traf man sich schon vor 150 Jahren zum Kaffeesieren nach dem Bade im Pavillon in den Dünen. Mit den Jahren entwickelte sich Westerland zu einem mondänen Seebad und ganz besonders in der Strandstraße reihte sich um die Jahrhundertwende ein Café und Vergnügungslokal an das andere. So wurden in dem damals sehr beliebten „Café Wiedermann" die Friesenkekse als Reiseproviant erfunden und schon zu dieser Zeit in alle Welt verschickt.

Das Original von Westerland: „Der süße Heinrich"

WESTERLAND Mit einer traditionellen Caféhauskultur wartet das **Café Wien** auf. Die Auslagen im Schaufenster und in den großen Vitrinen sind ein einziger Angriff auf die schlanke Linie. Das Familienunternehmen wird in der zweiten Generation von Konditormeisterin *Tania Langmaack* geführt. Tania, ein Sylter „Urgewächs", bietet mit ihren Konditoren über 80 verschiedene Kuchen- und Tortenleckereien an. Dazu gibt es viele verschiedene Kaffee- und Teevariationen. Außerdem wird hier eine äußerst leckere gutbürgerliche Küche geboten.
Nebenan weiter wird die Verführung Café Wiens mit dem Laden der hauseigenen **Schokoladenmanufaktur** fortgesetzt: handgeschöpfte Schokoladen als Tafeln oder als Figuren in den exotischsten Geschmacksrichtungen. Eine Fundgrube für Geschenke zum Anbeißen.

Die Nachfrage nach den 303 verschiedenen süßen und bitteren Schokoladentafeln ist so groß, dass im Tinnumer Gewerbegebiet am Flugplatz eine große Schokoladenwerkstatt mit Laden entstand. Dort ist man auch mit Torten bestens ausgerüstet.
Café Wien und Sylter Schokoladenmanufaktur, Strandstraße 13, Westerland, Zum Fliegerhorst 15, Tinnum, www.cafe-wien-sylt.de

Das **Café Mateika** ist als Caféhaus alten Stils Jahrzehnte Bestandteil der Sylter Caféhaus-Szene. Im Frühjahr 2017 eröffneten Mateikas nach 2 Jahren Baupause im Nachbarhaus eine reizende Konditorei im nostalgischen Caféhaus-Stil. Es ist jetzt im kleineren Rahmen noch gemütlicher geworden.
Es werden aber die begehrten Kuchenstücke nicht kleiner, bestätigen die *Mateikas*.
Café Mateika, Bismarckstraße 11, Westerland, www.mateika.de

Im schwarz-weißen Marmor-Ambiente vom Bistro **Leysieffer** werden auch nach der Insolvenz neben den bewährten Bistrogerichten üppige Früchteträume und warmer Apfelstrudel mit Vanillesauce über den Tresen gereicht. Die Schlange vor dem „Eispavillon" ist im Sommer endlos, um an den Eistraum in „frisch gebackenen Waffeln" ranzukommen. Die gegenüberliegende Confiserie Leysieffer führt weiterhin herzhafte Delikatessen, die „Himmlischen" und weitere „Kuchenträume".
Café Leysieffer, Friedrichstraße 38, Westerland, www.leysieffer.de

Auch die Westerländer Hotels haben ihre Vorzüge, wenn man nachmittags eine Kaffeepause einlegen will. Hier sei einmal das noble **Hotel Stadt Hamburg** genannt. Die ganz besonders guten Kuchen und Torten aus der hauseigenen Patisserie können im edlen Bistro oder auf der Straßenterrasse vor der schönen alten Fassade des Hauses von 1869, aber hinter einer schützenden Hecke, genossen werden.
Hotel Stadt Hamburg, Strandstraße 2, Westerland, www.hotelstadthamburg.com

Kaffeesieren um 1910 mitten in Westerland vor dem Hotel Stadt Hamburg

Auf der Terrasse vom **Hotel Miramar** sitzt man in einem Strandkorb in der ersten Reihe, quasi über der Nordsee. Kaffee und Kuchen mit Blick Richtung England – erste Sahne!

⭐ **Hotel Miramar, Friedrichstr. 43, Westerland, www.hotel-miramar.de**

Das **Café Orth**, Traditionscafé aus den 20er Jahren, war früher ein mondänes Café für die bessere Gesellschaft. Die Terrasse auf der Friedrichstraße war immer schon der Platz, um zu sehen und gesehen zu werden. Aus vergangenen Zeiten stammt der Spruch: „Nur der kann ganz auf Sylt genesen, der auch im Café Orth gewesen."

Café Orth, Friedrichstraße 30, Westerland, www.cafe-orth-sylt.de

Folgende Strandlokale mit einem Kaffee-, Tee- und Kuchenangebot reihen sich wie Perlen an der Westerländer Seepromenade mit Blick aufs Meer: **Luzifer, Extrablatt, Friends, Sunset Beach, Badezeit, Beach House, Seenot** und im Schatten der Düne **S-Point**, **Puro** und **Aldente** im Aquarium.

Das Café-Restaurant **Strandoase** in den Dünen im Süden von Westerland hat immer Strudel und andere leckere Kuchen im Angebot. Auf der geschützten Terrasse und auf dem Dünensteg sitzt es sich ganz wunderbar und der Strandübergang befindet sich gleich hinter dem Haus. Ein Strandspaziergang hierher lohnt sich immer wieder.

⭐ **Strandoase, Lorens-de-Hahn-Str. 42, Westerland, www.strand-oase.de**

Die Idylle im kleinen Westerländer Wäldchen, dem Friesenhain. **Café Waldidyll** bietet neben der gutbürgerlichen Küche immer Kuchen frisch aus der Röhre. Viele sind begeistert von der etwas in die Jahre gekommenen Einrichtung. Hier findet man die Ruhe – Idylle eben!

Café Waldidyll, Nordstraße 82, Westerland

WENNINGSTEDT ist mit seinem „Haus am Kliff" und **iismeer** ein attraktiver Anziehungspunkt. Vom iismeer hat man einen herrlichen Blick aufs Meer. Viele Bio-Eissorten locken, Kuchen gibt´s selbstverständlich auch und abends sitzt man am Lagerfeuer und brutzelt Stockbrot.

⭐ **iismeer, Strandstraße 25, Wenningstedt, www.iismeer.com**

Gleich beim Strandübergang kann man sich auf der Terrasse der weißen Villa **Meeresblick** zur friesischen Teestunde niederlassen. Aus eigener Konditorei kommen herrliche Kuchenplatten mit Apfel, Rhabarber, Pflaume oder Kirsche, auch Waffeln mit allem Drum und Dran.

Villa Meeresblick, Strandstr. 26, Wenningstedt

Bei **Fitschen am Dorfteich** sitzen die Gäste im schönen Cafégarten in Strandkörben oder im neuen Wintergarten, um den Enten auf dem Dorfteich zuzuschauen. Hier gibt's aus eigenem bewährten Hause u.a. Mohn- und Käsekuchen oder Apfelstrudel mit Vanilleeis bzw. Vanillesauce.

⭐ **Fitschen am Dorfteich, Am Dorfteich 2, Wenningstedt, www.fitschen-am-dorfteich.de**

Gosch am Kliff ist auf die Kliffkante gebaut wie eine geöffnete Muschel. Vom ersten Tag an der Renner, denn alle wollen hier mal gewesen sein und wenn auch nur, um nach dem Fischbrötchen noch einen Kuchen mit Meerblick-Genuss zu verdrücken.

Gosch am Kliff, Dünenstraße 17a, Wenningstedt, www.gosch.de

KAMPEN ist berühmt als wahres Café-Eldorado, denkt man an **Manne Pahl**, wo jeden Nachmittag „voluminöse Kuchenpakete außer Haus geschleppt werden". Der Konditormeister offeriert immer sehr einfallsreiches Backwerk.

Manne Pahl, Zur Uwe Düne 2, Kampen, www.manne-pahl.de

Das **Gogärtchen** im Strönwai, das vor 60 Jahren als Café mit Inge Gogartens Hausgebackenem Furore machte und später als Promitreff einen legendären Ruf begründete, wird mit jugendlichem Elan in die Zukunft geführt. Es wurde fast alles auf neu und jung gebürstet. Der Cafégarten wurde neu möbliert. Kuchen im Garten oder gleich an der Champagner-Bar.

Gogärtchen, Strönwai 12, Kampen, www.gogaertchen.com

Von der etwas erhöhten Terrasse des Hauses **Odin** hat man bei Kaffee und Kuchen einen guten Blick auf das Geschehen auf dem Strönwai, dem Kampener Hotspot. Immer sehr kreativ das Hausgebackene!

Haus Odin, Strönwai 10, Kampen

Der legendäre, unkomplizierte Strandbuden-Treff **Buhne 16** an den Ausläufern des nördlichen Kampener Hauptstrands. Hier trifft sich Jung und Alt, Reich und Schön, um in entspannter, lässiger Surfer-Atmosphäre von früh bis spät zu genießen – die Sonne, das Meer, den Strand, die Dünen – und nicht zuletzt die erstklassige Rundum-Strandversorgung des *Behrens*-Clans; man steht gerne an für Kaffee, Rosinenkuchen – mmh, Eis und sonstige Leckereien.

Buhne 16, Listlandstraße 133b, Kampen, www.buhne16.de

Kaamps7 (ehemals La Grande Plage) ist die Sunset-Location über dem Sand, ganz nah am Meer auf Stelzen gebaut. Um hier nördlich von Kampen heißen Kaffee und Tee sowie leckeren Kuchen bei Meerblick zu genießen, muss man durch die Dünen oder immer am Flutsaum entlang watscheln. Auto ist tabu! Auf Höhe des kleinen Leuchtturms sind Sie am Ziel.

Kaamps7, Riperstig, Kampen, www.kaamps7.de

Der **Dorfkrug** wurde wiedereröffnet und schon ist hier gewohntes Leben eingekehrt. Man sitzt vor dem Friesenhaus auf der Sonnenseite und genießt das Leben an der Außenbar – nicht nur bei Kaffee und Kuchen.

Dorfkrug, Braderuper Weg 3, Kampen, www.dorfkrug-kampen.com

Mindestens einmal sollte man im Urlaub in der **Kampener Kupferkanne** gewesen sein. Hier duftet es nach verschiedenen Kaffeesorten, die im urigen Refugium selbst geröstet werden. Zusätzlich duftet es nach dem leckeren Kuchen, der hier ständig frisch aus dem Ofen kommt und in Maxigröße auf der Ostterrasse mit Wattenmeerblick oder auf der Sonnenuntergangs-Westterrasse serviert wird.
Die kunsthandwerklich ausgestatteten ehemaligen militärischen Katakomben sind sehenswert.

Kupferkanne, Stapelhooger Wai, Kampen, www.kupferkanne-sylt.de

Auf dem Weg von Kampen nach List sollte man bei Kuchengelüsten in die **Vogelkoje** einkehren. In urwüchsiger Natur schwelgt man im allerschönsten Strandkorbgarten weit und breit oder im stimmungsvollen Reetdachhäuschen mit Rhabarber-, Mohn-, Pflaumen- oder Quarkkuchen. Wer's herzhafter mag, dem sei das Kojenbrot empfohlen.

Vogelkoje Kampen, Lister Straße 100, Kampen, www.vogelkoje.de

Mmh! Waffel mit Früchten – Alte Backstube

Der altehrwürdige **200 Jahre Alte Gasthof** bekam ein modernes Facelifting verpasst. Auch der schöne Garten wurde bestens ausgestattet und eine Außenbar installiert. Eine gute Möglichkeit den neuen Alten Gasthof bei einem Kaffee und Kuchen-Aufenthalt zu inspizieren.
★ Alter Gasthof, Alte Dorfstraße 5, List www.alter-gasthof.com

Dass **L I S T**, auch Gosch-Town genannt, zur Kaffeezeit nicht nur Fischkuchen serviert, beweist die gemütliche **Alte Backstube** an der Hauptstraße. Auf überdachter Terrasse, im schönen Cafégarten oder im kuscheligen Biedermeierzimmer werden Kuchenträume wahr: Apfel- und Pflaumenkuchen vom Blech, Käse-, Nuss-, Orangen- oder Malakofftorten, frisch gebackene Waffeln und der riesige „Sturmsack", der Windbeutel, der gleich mit Lätzchen serviert wird.
★ Voigts Alte Backstube, Süderhörn 2, List, www.voigts-sylt.de

Neu in List ist das trendy **Restaurant „Easy".** Hier kommen viele Leckereien direkt aus dem Backofen: Besonders gute Steaks und Pizzen. Die Versorgung mit Kuchen wird aber der Traditionsbäckerei Ingwersen überlassen. Und die sind bekanntlich spitze!
★ Restaurant Easy, Hafenstraße 2a, List, www.restaurant.easysylt.de

Easy

Das große Blockhaus in und hinter den Dünenbergen am Weststrand von List wurde einem umfangreichen Facelifting unterzogen. Mit großen Lettern wird hier die neue Zeit angekündigt: **WONNEMEYER**. A nice place to be! Eine große Terrasse „mit Blick" lädt zum Kaffeesieren ein. Herrlicher Weitblick und ebenso herrlicher Kuchen.
★ Wonnemeyer in der Weststrandhalle, Am Weststrand, List, www.weststrandhalle.de

Auf der Lister Wattenmeerseite ist die Strandbude **L.A. Lister Austernperle** ein traumhafter Strandort. Auf der Terrasse mit Weitblick lässt man sich Kaffee und Kuchen schmecken.
Lister Austernperle, Oststrandpromenade, List

Sylter Eismanufaktur Vom Geheimtipp zum Hype. Wie kommt es nur, dass eine Eisdiele auf dem nördlichsten Zipfel Deutschlands zu den 10 besten des Landes gezählt wird? Okay, hingehen und Eis schlecken und unseren Bericht lesen. Dann wird alles klar.
★ Sylter Eismanufaktur, Dünenstraße 3, List, www.sylter-eismanufaktur.de

Mmh! Eis von der Lister Manufaktur

Hus in Lee

Das **Seepferdchen** am Rantumer Samoa-Strand ist nicht nur ein Dünenparadies, auch der Kuchen aus der eigenen Konditorei ist paradiesisch. Käsekuchen, Pflaumenkuchen, Mohnstrudel, Apfelstrudel – mit und ohne Vanillesauce. Mmh! Herrlich, hier bei Kaffee und Kuchen im Strandkorb zu sitzen und über die Dünengräser zum rauschenden Meer zu schauen.
Samoa Seepferdchen, Hörnumer Straße 70, Rantum, www.samoa-seepferdchen.de

RANTUM ist im Aufwind, aber das **Hus in Lee** ist hier schon seit über 30 Jahren d e r Kaffee- und Kuchentipp. Ein traumhafter Cafégarten, der immer wieder aufgehübscht wird, lockt. Man hat Wattenmeerblick und Rhabarberkuchen … Was will man Meer?
Hus in Lee, Hörnumer Straße 26, Rantum, www.hus-in-lee.de

Die Suche nach der etwas abgelegenen **Kaffeerösterei Sylt** im Areal des Rantumer Segelhafens sollte man aufnehmen. Ein unwiderstehlicher Geruch von frisch geröstetem Kaffee liegt in der Luft. Gehen Sie also immer der Nase nach! Sie werden belohnt!
Kaffeerösterei Sylt, Hafenstraße 9, Rantum, www.kaffeerösterei-sylt.com

Ein absolutes Novum für Sylt stellt die bunte **Bonscherei** gleich neben der Rantumer Sylt Quelle dar. Ein zuckersüßer Laden mit einer Bonbonmanufaktur ist entstanden. Dazu lädt ein Cafégarten ein mit einer bunten Möblierung wie aus einem Märchenfilm. Hier kann man seine Bonbons lutschen oder eine von den obulenten Torten schlecken. Inhaberin Melanie Jacobsen und ihre Patisserie haben für „Sylt à la carte" eine Bonbon-Insel gestaltet (siehe Abbildung), vielen Dank dafür! Echt süß!
Sylter Bonscherei, Hafenstraße 4, Rantum, www.sylter-bonscherei.de

Und nun weiter ab in den Süden, an den Strand von **Sansibar**. Obwohl so abgelegen, ist hier das ganze Jahr über Betrieb. Selbst in der kalten Jahreszeit sitzt man tapfer eingemummelt vor Herberts Hütte bei heißen Getränken und wunderbarem Kuchen, frisch aus dem Backofen.
Sansibar, Hörnumer Straße 80, Rantum, www.sansibar.de

In **HÖRNUM**, in der **Bäckerei und Konditorei Lund**, heizt man schon seit über 60 Jahren den Backofen an. Wenn die nichts vom Backen verstehen, wer denn sonst? So gibt es viele Kuchen-Renner, z.B. die üppig belegten Erdbeertörtchen. Das Eis ist hausgemacht und aus natürlichen Rohstoffen – natürlich!
Bäckerei Lund, Rantumer Straße 1, Hörnum, www.cafe-lund.de

In der Bonschenwerkstatt

Hoch auf einer Düne bietet das **Restaurant Strönholt** einen tollen Panoramablick auf Golfplatz und Hotel Budersand sowie den Hörnumer Hafen. Die Terrasse ist ideal für eine Kaffeepause.

★ **Restaurant Strönholt, Fernsicht 1, Hörnum, www.stroenholt.de**

Ein Highlight ist die Terrasse der Luxusherberge **BUDERSAND**. Man sitzt quasi direkt am und über dem Meer mit Blick auf die Schiffsbewegungen und auf die Nachbarinseln. Dass hier auch der Kuchen Luxus ist, versteht sich von selbst. Aber man gönnt sich ja sonst nix.

★ **Budersand, Am Kai 3, Hörnum, www.budersand.de**

KEITUM UND DIE OSTDÖRFER sind von jeher Ausflugsziele für Wanderungen und Radtouren und viele Lokale konkurrieren um die Gunst der Gäste.

Gleich am Ortseingang befindet sich der **Genuss-Shop** vom 2-Sterne-Koch Johannes King, der hier auch ganz besonderen Gourmet-Kuchen sowie Tee- und Kaffeespezialitäten bereithält.

★ **Kings Genuss-Shop, Gurtstig 2, Keitum, www.johannesking.de**

Die **Kleine Teestube** in Keitum hat ihren ganz besonderen Zauber im Innern des Friesenhauses und im Blumengarten mit Strandkörben. Täglich wird hier frisch gebacken: Früchte- und Friesentorte, Waffeln mit Brombeeren und Sauerrahm und, und, und … und Tee gibt's in vielen Variationen.

★ **Kleine Teestube, Westerhörn 2, Keitum, www.kleineteestube-sylt.de**

Das lange Warten hat sich gelohnt. Die Keitumer Traditionsadresse für Kaffee, Tee und Kuchen **Nielsens Kaffeegarten** ist wieder da und bestens modernisiert. In diesem Jahr werden *100 Jahre Nielsens Kaffeegarten* gefeiert. Kuchen wie zu alten Zeiten Spitzenklasse. Tolle Terrasse, super Blick aufs Wattenmeer. Tipp: Zitronenomelette!

★ **Nielsens Kaffeegarten, Am Kliff 5, Keitum, www.nielsens-kaffeegarten-sylt.de**

Keitums 5-Sterne-Superior-Hotel Severin*s serviert im **Restaurant Hoog** Tee- und Kaffeespezialitäten und herrlichen Kuchen – bei schönem Wetter auch auf den Terrassen.

★ **Restaurant Hoog, Am Tipkenhoog 18, Keitum, www.severins-sylt.de**

Der Teeraum im Keitumer Kontorhaus

Salon 1900 – Ob im gemütlichen Salon oder auf der Gartenterrasse mit Außenbar – der hausgebackene, gedeckte Apfelkuchen schmeckt hier und da. Die Friesentorte ist ein Muss und der „Sturmsack" mit frischen Früchten macht richtig satt. Über 15 Teesorten werden zur friesischen Teestunde stilvoll auf dem Stövchen serviert.

Salon 1900, Keitumer Süderstraße 40, Keitum, www.salon1900.de

Urgemütlich ist es in der **Stuuv** des Hotels **Aarnhoog**. Der Kuchen kommt täglich frisch aus der Backstube des Fährhauses in Munkmarsch. Die Renner: Eierlikörtorte, Donauwellen oder saisonal gedeckter Apfelkuchen.

Hotel Aarnhoog, Gaat 13, Keitum, www.faehrhaus-hotel-collection.de

Das „am Ende von Keitum" gelegene kleine **Kamps Hotel** beherbergt nicht nur Gäste. Das Haus wartet auch mit einer beachtlichen Galerie auf und kann nun wieder für einen Cafébesuch eingeplant werden. *Conny Kamp* schmeißt den Laden äußerst eloquent. Die Redaktion ist sich einig: vorzüglicher Kaffee und wunderbarer Kuchen. Tipp: Käsekuchen!

Kamps Hotel, Gurtstig 41, Keitum, www.kamps-sylt.de

Immer noch eine Art Geheimtipp: Das **Kontorhaus Keitum**, das etwas außerhalb des Friesendorfs an den weiten Wiesen und Feldern liegt. Der modern eingerichtete helle Teeraum strahlt Ruhe aus. Genau die richtige Atmosphäre für die friesische Teetied oder auch die britische Tea-Time, mit Scones und clotted Cream. Das hausgemachte Gebäck ist genauso herrlich wie der Blick von der Strandkorbterrasse über die Wiesen bis zum Deich.

Kontorhaus Keitum, Siidik 15, Keitum, www.teekontorkeitum.com

Ein beliebtes Ziel für Wanderer und Radler ist das in den Tinnumer Wiesen gelegene ländliche **Hofcafé Klein'er Kuhstall**. Hier backt täglich (außer donnerstags) ein versierter Konditor saftige Früchtekuchen je nach Saison (Apfel-Pflaume ist der Renner) und himmlische Sahnetorten (Eierlikör! Käse-Mohn!). Es gibt auch eine deftige Brotzeit und 20 verschiedene Teesorten.

Klein'er Kuhstall, Südhörn 7c, Tinnum, www.kleinerkuhstall.de

In **MUNKMARSCH** liegt das Café und Restaurant **Zur Mühle** und weist eine der schönsten Wattenmeerlagen auf. Das Wasser plätschert unweit der Caféterrasse und nach Familienrezepten gebackener Kuchen wird

Kamps Hotel: Kunst und Kuchen

serviert. Käsekuchen, Friesenpai, Apfelkuchen und natürlich die Friesentorte sind beliebt wie eh und je.
Zur Mühle, Lochterbarig 24, Munkmarsch, www.zur-muehle-sylt.de

Das **Hotel Fährhaus** in Munkmarsch hat wohl eine der schönsten Caféterrassen vor dem historischen Haupthaus mit Blick auf den kleinen Segelhafen und das Wattenmeer. TIPP: Herausragend sind die Fährhaustorte und der Käsekuchen – das wäre der „weltbeste" wird gemunkelt. Probieren!
Fährhaus, Bi Heef 1, Munkmarsch, www.faehrhaus-sylt.de

In **MORSUM**, im äußersten Osten der Insel, hat die **Bäckerei Ingwersen** ihren gepflegten Cafégarten schön wohnlich mit Weidenzäunen ausgebaut und mit Skulpturen bestückt. Ingwersen bietet hier das ganze Spektrum eines friesischen Caféhauses, seien es der Apfel- oder Walnuss-Strudel, die leckeren Waffeln mit Sauerkirschen oder die Friesentorte sowie eine große Anzahl bester Teesorten und Kaffeevarianten. Ein toller Ort zum Entspannen.
Bäckerei Ingwersen, Terpstig 76, Morsum, www.ingwersen-sylt.de

Das **Landhaus Severin*s** mit Hotel, Restaurant und Café liegt in traumhafter Alleinlage ganz am östlichen Ende der Insel. Das Morsum Kliff ist von jeher ein ideales Ausflugsziel und im „Severin*s" kann man getrost einkehren und auf der großen Terrasse herrlich „kaffeesieren".
Landhaus Severin*s, Nösistig 13, Morsum, www.landhaus-severins.de

Viel Spaß also bei den Syssen Sylter Pausen

Süße Sylter Sachen aus der neuen Bonscherei in Rantum

Shopping auf Sylt – Eine Auswahl exklusiver Läden der Insel

Geld ausgeben, wenn man es ausreichend hat, ist auf dieser Insel nicht das Problem, denn Sylt ist zwar auch eine „Dörfer-Insel", doch lebt man hier nicht am Ende der Welt. Für manche scheint hier eher der Nabel der Welt zu liegen – schließlich gibt es wohl nur in wenigen Orten mehr Luxusläden mit den Image-Marken, „die man haben muss", als auf Sylt. Hermès, Wempe und nun auch Porsche mit einem „Schmuckkasten" für diese prestigeträchtige Automarke. Fast jede Weltmarke möchte auf Sylt, möglichst in Kampen, präsent sein. Längst ist der Luxus auch nach Westerland und Keitum geschwappt. Tauchen Sie mit uns ein in einen Teil der Sylter „Shopping Welt" und lassen Sie sich verführen...und denken Sie daran, was Karl Lagerfeld über sein Einkaufsverhalten zu berichten wusste: „Der Höhepunkt des Luxus ist es, nicht auf den Preis zu gucken". Gott hab ihn selig! Dabei gibt es auf Sylt Schnäppchen all überall.

STEFFI - MODEN
H. A. GÜLCHER

Selten geworden sind sie – die inhabergeführten Modegeschäfte, die mit einem individuellen Sortiment überzeugen. Genau dies tut jedoch *Steffi-Moden* seit 1957 auf Sylt und ist dabei immer am Puls der Zeit geblieben. Viele Trends hat Seniorchef *Horst-Arno Gülcher* kommen und gehen sehen, einige hat er selbst mitinitiiert und Steffi-Moden über Jahrzehnte zu einen Inbegriff des jeweiligen modischen Zeitgeistes gemacht. In diesem Jahr feiert das Traditionsunternehmen seinen 100.(!) Geburtstag und ist dabei so jung und frisch wie eh und je.
Sportive Mode für sie und ihn war und ist das Credo der Familie Gülcher, deren Herz nicht nur für hochwertige Textilien schlägt, sondern auch am rechten Fleck sitzt. So setzt Sohn *Horst-Axel Gülcher* beispielsweise die alljährlichen Charity-Aktionen fort, mit denen Steffi-Moden Sylter Institutionen und karitative Einrichtungen unterstützt. Daher ist Steffi-Moden zu einem unverzichtbaren Teil der Insel geworden – erst recht für die vielen Stammkunden, auf die man hier besonders stolz ist. Diese finden im außergewöhnlich großen Geschäft an Westerlands Flaniermeile Friedrichstraße immer topaktuelle Kollektionen nationaler und internationaler Designer und Labels für Damen und Herren. BETTER RICH, BLONDE NO.8, BOGNER, CAMBIO, FRIEDA & FREDDIES, FREAKY NATION, FUCHS & SCHMITT, MALVIN, MARLINO, MILESTONE, NZA, PAUL & SHARK, PHIL PETTER und ZAUBERMOND sind nur einige von denen, die sich auf Sylt teilweise exklusiv nur bei Steffi-Moden präsentieren. Von klassisch elegant über modisch schick bis hin zu extravagant – Gülchers haben ein gutes Gespür für tragbare Mode zu einem fairen Preis, die Persönlichkeiten hervorhebt und Individualität unterstreicht.

25980 Sylt / OT Westerland, Friedrichstraße 35,
Tel.: 0 46 51 / 23122, Fax: 836948,
www.steffi-moden.de, info@steffi-moden.de

„Mit einem individuellen Marken-Mix, guter Ladenatmosphäre, viel persönlicher Präsenz und einem großartigen Team wollen wir unseren Kunden auch beim Shoppen Urlaubsfeeling bieten!", formuliert *Roy Komorr* seinen Anspruch und hebt sich mit dem inhabergeführten Fashionstore „auf dem Weg zum Meer" wohltuend vom Mainstream ab. Auf 200m² Fläche werden Outfit-Ideen von lässig bis angezogen der Marken DRYKORN, SET, PATRIZIA PEPE, GRACE, TIGHA, DEUS, BARB'ONE, CHAMPION –und neu: CHIEMSEE– präsentiert. Im weitläufigen Ambiente schließen sich ein smarter Anzug oder trendiges Kleid für besondere Anlässe und das Kuschel-Sweatshirt für ein entspanntes Strandpicknick nicht aus. Schuhe, unter anderem von DR. MARTENS, FLORIS VAN BOMMEL, MOMA, BLACKSTONE und passende Accessoires machen die Outfits komplett. Die Form- und Größenauswahl der Jeansmarken LEVIS, REPLAY, PEPE, NUDIE, ER-DENIM, LE TEMPS DES CERISES und THE.NIM ist super –und die kompetente Beratung auch :-)

Ferner finden Sie hier die inselweit größte Auswahl an Damen- und Herrenjacken von SAVE THE DUCK und RAINS!
Neben Mode versteht sich das bei Gästen und Insulanern gleichermaßen beliebte Geschäft aber auch einfach als Treffpunkt für einen netten Schnack, Live-Musik und andere unterhaltsame Überraschungen. Neugierig geworden?
25980 Sylt / OT Westerland, Strandstr. 25, Tel.: 0 46 51/ 834958, www.roy-sylt.de, roy.sylt

SCHACHNERSYLT
FEINES VON DER INSEL

Snezana und Martin Schachner
Schachners Feinkostwelt

Ein wahres Geschenkeparadies öffnet sich jedem Genussmenschen – gleich gegenüber Schachners Vinothek. Unter dem Motto *„Feines von der Insel"* finden sich in Schachners rustikalen Holzregalen allerhand Zutaten, die einen genussvollen Tag perfekt machen. In den startet man am besten mit einem Tässchen Kaffee à la George Clooney, denn in der eigens eingerichteten *Nespresso-Bar* kann man es dem Hollywood-Star gleichtun und sich mit feinen *Nespresso-Spezialitäten* eindecken – zum Mitnehmen oder zum Sofortgenießen. Über 20 Sorten warten in bunten Kapseln darauf, entdeckt zu werden. Auch die neuen, aktuellen Nespresso

Schachners Nespresso-Nachschub

Geschmacksrichtungen kann man hier erwerben. Neben Gewürzen, Saucen, Pestos, Essigen, Ölen, Sugos und Pasta-Spezialitäten stehen die Weine von Schachner mit Sondereditionen im Mittelpunkt des Angebots. Auch hier erhält man die auf Sylt von Schachner entwickelten *Sylt Getränke* und Cocktailkreationen. Neben dem schon bekannten Wein-Tuning hat sich Schachner jetzt dem Gin-Tuning verschrieben. Der *MarGin* ist in diversen Geschmacksrichtungen erhältlich: Wacholder, Schlehe, Orange usw. Mit Tonic aufgegossen entwickelt sich ein ganz tolles Aroma *(siehe auch Restaurants und Wein & Co)*.
25980 Sylt / OT Westerland, Bötticherstr. 11,
Tel.: 0 46 51 / 26519, Fax: 21598,
ganzj. geöffnet von Mo-Fr 10-18.30 Uhr, Sa 10-18 Uhr
www.weinsylt.de, info@weinsylt.de

HÖPERSHOF

...schöner wohnen

NEU auf Sylt

Der Name Höpershof steht für exklusiven Einrichtungsstil mit hoher Lebensqualität sowohl im Urlaub als auch zu Hause. Öffnen sich die Türen zu den Feriendomizilen auf Sylt, darunter das *Suiten-Hotel Sylter Zollhaus* und die zahlreichen Häuser & Wohnungen vom Höpershof, ist man von einem Interieur mit Liebe zum Detail umgeben. Die Symbiose aus Farben, Stoffen und Möbeln bestimmen den Höpershof-Stil. Stets klassisch und modern mit fein gewählten Akzenten.

An der Keitumer Landstraße, unmittelbar neben dem Komplex der „Alten Meierei", lädt nun das Einrichtungsgeschäft vom Höpershof mit inspirierenden Wohnszenen ein, ein Stück Höpershof mit nach Hause zu nehmen.

Ausgewählte Möbel, Stoffe und Leuchten u.a. von BIELEFELDER WERKSTÄTTEN, FREIFRAU, GERVASONI, JANUA, LAMBERT, MANUTTI, MERIDIANI, RIVA 1920 ergänzt durch außergewöhnliche Accessoires bilden ein harmonisches Ganzes. Es erwarten Sie individuelle und professionelle Beratung für den kleinen Raum oder exklusive Wohnkonzepte. Viel Spaß beim Inspirieren lassen.

25980 Sylt/Westerland, Keitumer Landstraße 10c, Tel.: 0 46 51 / 8050, einrichtung@hoepershof.de, www.hoepershof.de

WEGST

SYLT

Das Traditionshaus *Wegst* steht seit Generationen für schöne Sylt-Souvenirs ebenso wie für erlesenen Schmuck von höchster Qualität und Handwerkskunst. Friesen- und Bernsteinschmuck nach eigenen Entwürfen und Exklusivpartner aus den Bereichen Uhren und Schmuck wie SWAROVSKI, TISSOT, SWATCH, FOSSIL, KERBHOLZ, ICE WATCH und ENGELSRUFER, die ganz neu auch Uhren im Programm haben. Apropos Neuheiten: Solche kommen auch von MVMT in Form von Trenduhren aus den USA und im Schmuckbereich von COEUR DE LION und VIVENTY. Neben einer Fülle von inseltypischen Mitbringseln sind es vor allem Textilien, die im „Haus der Geschenke" immer mehr Platz eingeräumt bekommen. So beispielsweise die modische Bekeidung, mit der man seine Liebe zur Insel zum Ausdruck bringen kann. Neben der BASEFIELD Sylt-Edition und modischen Accessoires wie Taschen und Lederwaren von KIPLING, TOM TAILOR, CANVASCO, REISENTHEL, ZWEI und einem weiteren Neuling MEORI ist auch die hauseigene Modekollektion zum Dauerbrenner geworden.

Das Sylt-Sortiment an Heimtextilien mit inseltypischen Motiven und Schriftzügen wird stetig erweitert. Diese kleinen Sylt-Geschenke sind seit Jahrzehnten beliebte Objekte, die zu Hause die Zeit bis zum nächsten Sylt-Urlaub verschönern. Dazu zählen immer wieder neue Schmuckstücke ebenso wie die klassischen Mitbringsel z.B. Figuren von tierischen Nordseebewohnern oder Muschelkästchen. Nützliches und Schönes wird hier vereint und immer wieder gibt es Neues zu entdecken.

25980 Sylt / OT Westerland, Friedrichstraße 33, Tel.: 0 46 51 / 22600, Fax: 29181, www.wegst-sylt.de

BÜRSTENHAUS REDECKER

Und es gibt sie doch noch: Inhabergeführte Fachgeschäfte in Innenstadtlagen, so auch in Westerlands Friedrichstraße. Was früher mit „Tante Emma" allgegenwärtig war, ist heute eine seltene Ausnahme geworden. Schon deshalb kann man *Jutta, Gernot* und *Felix Redecker* für ihren Farbtupfer im grauen Einerlei deutscher Fußgängerzonen danken, erst recht wenn man bedenkt, dass es sich hier um einen „Bürstenladen" handelt. Aber was für einen!

Hier sind Bürsten, Schaufeln und Besen nicht nur Alltagsgegenstände, sondern Designobjekte für den täglichen Bedarf. Ein Beweis dafür, dass sich das Gute durchsetzt, dass Qualität immer noch ihren Platz hat, dass „form follows function" auch für Haushaltsartikel gilt und vor allem, dass es glücklicherweise Menschen gibt, die billigen Wegwerfartikeln entgegentreten – Produzenten wie Kunden.
„Für uns Redeckers hat neben der handwerklichen auch immer die gestalterische Qualität eines Artikels im Mittelpunkt gestanden. Interessant dabei ist, dass gutes Design immer auch etwas mit guter Funktion zu tun hat – und erst beides zusammen ergibt die perfekte Mischung, die ein Redecker-Produkt ausmacht", sagt Gernot Redecker.
Mit dieser Sorgfalt scheinen alle Haushaltshelfer von der Nagelbürste bis zum Stubenbesen im Bürstenhaus Redecker konzipiert zu sein. So gibt es eine wunderschöne Kollektion mit Küchenwerkzeug aus Olivenholz, Rasierpinsel mit Dachshaar, Spülbürsten mit Rosshaar, Rückenkratzbürsten, Scheuerbürsten und, und, und... Diesen Laden kann man eigentlich nicht wieder verlassen, ohne etwas gekauft zu haben.

25980 Sylt / OT Westerland, Friedrichstraße 16,
Tel.: 0 46 51 / 8895070, www.redecker.de,
info@redecker.de

Tisch & Herd

Ludger M. Löbbert

Schon auf den ersten Regalmetern des großzügigen Geschäfts – in einer Seitenstraße zur Fußgängerzone Friedrichstraße – liest sich die Auswahl wie das Who's who der exklusiven Haushaltswaren: WESCO, RIEDEL, PEUGEOT, KITCHENAID, ALFI, RÖSLE und CILIO... Herr über dieses Reich ist *Ludger M. Löbbert*, der seit bald 20 Jahren als geschätzter Spezialist an der Seite von anspruchsvollen Haushalten und der Kochelite von Sylt steht.
Löbbert besitzt ein unglaublich tiefes und breites Fachwissen und kennt nicht nur jeden Artikel aufs Genaueste, sondern auch seine Kunden, ihre Vorlieben und Bedürfnisse. Auch deshalb vertrauen ihm nicht nur ambitionierte Hobby- und Familienköche, sondern auch die Profis der Sylter Gastronomie. Sie schwören beispielsweise auf die exzellente Auswahl hochwertiger Messer von KAI, YAXELL, WÜSTHOF und NESMUK. So wie letztere den weltweit hochwertigsten Damast-Stahl herstellen, sind viele der hier vertretenen Produzenten die führenden ihres Fachs. Dies gilt für Kochgeschirre von DE BUYER und LE CREUSET ebenso wie für die große Auswahl an LAGUIOLE Sommelier-Bestecken und Messern.

Dass es hier neben allem was man fürs Kochen und Backen, für die schöne Tafel (große Auswahl DIBBERN-Porzellan!) oder stilvolles Anrichten und Servieren (Salatbestecke aus Olivenholz oder herrliche Käsebretter) benötigt auch sämtliche Dinge für den exklusiven Genuss gibt, versteht sich fast von selbst. Edle Champagnerkühler, Austernmesser und -handschuhe, Hummerscheren und -zangen – dieser Laden ist eine Rarität.

25980 Sylt / OT Westerland, Bismarckstraße 7,
Tel.: 0 46 51 / 995270, Fax: 995271,
www.tischundherd-sylt.de

FRITZ KRAUSE
JUWELIER · MEISTERWERKSTATT

Die Sylter Firma *Fritz Krause* gehört seit über 40 Jahren zu den ersten Adressen für hochwertige Uhren der ganz großen Marken sowie für individuellen Schmuck. Hier im edlen Geschäft in Westerlands Friedrichstraße kann der Kunde kompetente Beratung und erstklassigen Service erwarten.
Anna-Cathrin Krause führt diesen feinen Laden mit Uhrmacher- und Goldschmiedewerkstatt in der dritten Generation. „Unser Geschäft ist heute mehr denn je ein Treffpunkt großer internationaler Herstellernamen. Wir führen nur Top-Marken wie PATEK PHILIPPE, ROLEX, TAG HEUER, TUDOR und NOMOS GLASHÜTTE."
Im Schmuckbereich werden hauptsächlich die führenden Marken MARCO BICEGO, JÖRG HEINZ und LEO WITTWER angeboten. Ganz groß raus kommt GIOVANNI RASPINI mit seiner extravaganten Silber-Kollektion in atemberaubendem Design.
Verspielt ist die Kollektion von CATFEVER und DOGFEVER. Die italienischen Designer haben aus Stirlingsilber filigrane Schmuckstücke zum Thema Katze und Hund geschaffen, die Frauchen und Herrchen gleichermaßen erfreuen werden.

Anna-Cathrin Krause richtet aber zunehmend ihr Augenmerk auf ihre eigene Kollektion „designed by FRITZ KRAUSE". Mit ihren heimatbezogenen Ideen und ihrer Spendenbereitschaft hat sie sich auf Sylt und über die Grenzen von Sylt hinaus einen Namen gemacht. Aus der Kollektion FOOTPRINTS, die es in allen Edelmetallen und verschiedenen Größen gibt – mit und ohne Brillanten – wird ein nicht geringer Erlösanteil an den Küstenschutz abgeführt. In den letzten Jahren konnten für diese Aktion über 15.000 Euro übergeben werden. „Der Glaube versetzt Berge, die Liebe gibt Kraft und die Hoffnung stärkt die Zuversicht" – unter diesem Motto möchte die Familie Krause mit ihren Schmuckanhängern ihre uneingeschränkte Liebe zur wunderschönen Insel mit ihren vielen Reizen und Naturgewalten und dem herrlichen Klima unterstreichen.

25980 Sylt / OT Westerland, Friedrichstraße 32,
Tel.: 0 46 51 / 7977, Fax: 28837,
www.fritzkrause.de, info@fritzkrause.de

PORSCHE AUF SYLT

Diese Repräsentanz auf der Nordseeinsel steht für ein besonderes Markenerlebnis. Hier geht es allein um *Porsche* als Ereignis, um begeisternden Fahrspaß. Um das Eintauchen und Verweilen in der Porsche Erlebniswelt. Auf über 300 Quadratmetern Fläche über zwei Ebenen gibt es einen Shop mit einer kleinen, feinen Auswahl an Porsche Design und Porsche Driver´s Selection Produkten, sowie eine wechselnde, kuratierte Ausstellung.
Zudem bietet Porsche auf Sylt einen Einstieg, um das besondere Fahrgefühl bei einer Tour über die Insel zu erleben. Das Vermietangebot „Porsche Drive" macht´s möglich.
In einer Fitting-Lounge kann man – nach Terminabsprache – in entspannter Atmosphäre anhand von Materialproben, maßstabsgetreuen Fahrzeug-Modellen und virtuellen Interfaces seinen Wunsch-Porsche konfigurieren. Wer seinen Traum in die Realität umsetzen möchte, kann das Fahrzeug dann genau so bei Porsche bestellen.
Leidenschaft. Gemeinsam. Erleben.
Dafür wurde dieser besondere Ort geschaffen.
Überzeugen Sie sich selbst und erleben Sie in Ihrem Urlaub Porsche auf Sylt.

25980 Sylt / OT Westerland, Keitumer Landstraße 14, Tel.: 0 46 51 / 886580, www.porsche-auf-sylt.de, info@porsche-auf-sylt.de

NEU auf Sylt

Sewing-Delius Design

GALERIE FÜR LICHTKUNST

Wenn man meint auf Sylt alles zu kennen, weil die kleinsten Winkel der Insel bereits ausgeleuchtet scheinen, kommt doch in Braderup in einer bescheidenen Scheune die große Erleuchtung. Im wahrsten Sinne des Wortes, denn dieser „Scheunenfund" ist eine Art Leuchten-Tempel.
Barbara Sewing-Delius, die Inhaberin der *Lichtkunst-Galerie*, ist Lampenschirmmacherin und als solche immer auf der Suche nach Inspiration und alten Objekten, denen sie ein Licht aufsetzen kann. Der derzeitig gezeigte Lampenfundus basiert selbst auf einem Scheunenfund, denn die Lampenobjekte stammen zum großen Teil von der *Kopenhagener Weltmarke Lyfa*, die bis in die 70er Jahre stilbildend auf dem Gebiet Lampen und Kronleuchter war. Geht Ihnen ein Licht auf?
25996 Braderup, M.T. Buchholz-Stich 9, Tel.: 0179/3902829
info@sewing-delius.de

WEMPE
FEINE UHREN & JUWELEN

Eine funkelnde Schmuckschatulle begrüßt mit einem Glanz in ihren Schaufenstern gleich am Anfang vom Kampener Strönwai die interessierten Flaneure. *WEMPE* – das 1878 gegründete Hamburger Familienunternehmen – begrüßt Sie hier in einem typischen reetgedeckten Rotklinkerhaus mitten in Kampen.

Exklusiv für Deutschland wurde von WEMPE der Ashoka®-Diamantschliff in Szene gesetzt. Der patentierte Diamantschliff gilt als einer der außergewöhnlichsten seiner Art und kommt in den beiden Schmucklinien Art Déco Wempe Ashoka® und Cube Wempe Ashoka® besonders schön zur Geltung. Weniger als 1 Prozent aller weltweit geförderten Rohdiamanten in Karat besitzen das Potential in einen Ashoka-Schliff verwandelt zu werden. Das kubistische Art Déco Design tut sein Übriges zu einer sinnlichen, dynamischen Wirkung.

Seinen Namen teilt der Diamant mit einem legendären Juwel aus dem dritten Jahrhundert, das in Südindien entdeckt und von einem unbekannten Künstler geschliffen worden war. Benannt wurde es nach dem altindischen Kaiser Ashoka (268–233 v. Chr.) aus der Maurya-Dynastie, der als besonders gutherzig galt und Frieden sowie Harmonie gefördert haben soll. Wörtlich übersetzt bedeutet Ashoka „Kummerbeseitigung".

WEMPE bietet Kennern und Liebhabern neben der bewährten Eigenmarke eine umfassende Auswahl an feinsten mechanischen Uhren namhafter Schweizer und deutscher Manufakturen, wie u.a. ROLEX, BREITLING und IWC.

Neugierig? Geschäftsführerin Sandra Finzel und ihr Team freuen sich auf Sie.

25999 Kampen, Strönwai 16, Tel.: 0 46 51 / 99 59 45 9, Fax: 99 59 44 9, www.wempe.com

WEMPE-Ashoka® – aufregend und funkelnd

BINGEN
HEIMER
Dessous & Mode

„Klein, aber fein" lautet das Motto seit über 25 Jahren bei *Ursula Bingenheimer*. Dieser ganz besondere Kampener Laden in einem historischen Friesenhaus ist an sich schon sehenswert. Hier zeigt sie exklusive Bademode und aktuelle Prêt-à-porter auf kleinstem Raum, aber auf höchstem Niveau. Zu sehen und zu fühlen sind Top-Marken dieses Genres.

Das zum CHANEL-Imperium gehörende Modelabel ERES, welches mit Lingerie und Bademoden vertreten ist. Oder LA PERLA, die italienische Weltmarke, deren Mode sich durch eine verblüffende Vielseitigkeit auszeichnet. Ganz besonders gilt die Liebe von Ursula BIngenheimer der Prêt-à-porter-Linie dieser Edelmarke. Neben Luxusdessous findet man bei *Dessous & Mode* auch Nachtwäsche namhafter Hersteller, z.B. von CELESTINE Sammlerstücke aus Batist oder auch sportliche Schlafanzüge und Hemden aus feiner Baumwolle von YEL-LAMARIS. Etwas ganz Edles: Bademoden, Nachthemden und Dessous der Luxusklasse von PALADINI – eine absolute Top-Marke aus Italien. Auch an die Herren wird gedacht. Die Männerlinie von LA PERLA ist mit schönen Teilen im Sortiment vertreten.

25999 Kampen, Alte Dorfstraße,
Tel.: 0 46 51 / 45233, Fax: 46391

SYLT BY VIGLAHN IN DER PARFÜMERIE KAMPEN

Champagner und Kampen gehören zusammen wie Ying und Yang. Die Lebenslust in diesem duftenden Kleinod ist fast ebenso spürbar wie die Kraft des Meeres, die die Luft erfüllt. Es prickelt zu jeder Tages- und Nachtzeit. Dieses Lebensgefühl einzufangen und mit einem Duft auszudrücken ist mit einer einzigartigen Komposition aus dem Hause SYLT BY VIGLAHN® DUFTCOLLECTION gelungen: KAMPAGNER. Traum und Wirklichkeit werden eins, wenn dieser Unisex-Duft die Stärke von Wind, Wellen und Gischt vereint, mit dem warmen Character des im Sonnenuntergang leuchtenden Roten Kliffs. Dies ist der vorläufige Höhepunkt der duftenden Hommage an die Insel von *Wilhelm K. Th. Viglahn*, deren Ursprung und Heimat in der *Parfümerie Kampen* liegt.

Inzwischen umfasst das Angebot fast 30 verschiedene Producte, von edlen Geschenksets bis zu den 13 Fragrances für sie und ihn. Handgesiedete Pflanzenölseifen mit hochwertigen Ingredienzen wie Meeresalgen, Sylter Sand, Lavendel, Hortensien oder Sylter Heckenrosen schmeicheln der Haut und verwöhnen die Nase. Letzteres gilt auch für die hochwertigen Raumdüfte, die die in schönen Flacons enthaltenen Aromen über Bambusstäbchen freigeben und das Zuhause zu einem Wohlfühlort der Sylt-Sehnsucht machen. So fühlt man sich in den eigenen vier Wänden als ob man im Urlaub auf der Lieblingsinsel wäre. Die gesamte SYLT BY VIGLAHN® DUFTCOLLECTION ist auf Sylt erhältlich in der Parfümerie Kampen an der Hauptstraße.

25999 Kampen, Hauptstr. 11, Tel.: 0 46 51 / 44177,
Fax: 44170, www.syltduft.de

NEU auf Sylt

MAJASYLT KAMPEN

Das Kampener Geschäft *MAJASYLT* ist neu und doch ist MAJASYLT den Gästen seit vielen Jahren vertraut. Genau genommen repräsentieren *Maja Kohlstrunk* und *Michael Buchholtz* seit 19 Jahren die Marken JOOP! und WINDSOR im weißen Reetdachhaus an der Hauptstraße. Mit der Zeit wurden neue Marken mit in das Sortiment aufgenommen, die mit ihren innovativen Styles auf sehr positive Resonanz stießen. Mit dem Wechsel auf MAJASYLT KAMPEN wird die neue Vielfalt jetzt auch nach außen sichtbar.

Die neuen Marken aus dem Premium-Segment sind u.a. CINZIA ROCCA, LE TRICOT PERUGIA und ALTEA aus Italien. Die Weltmarke AIGNER ist mit Taschen vertreten. Die ausgefallenen Taschen von *Christian Alexander Beck* sind ein Must, vor allem bei den fashion-orientierten Frauen. Wir sahen außerdem trendy Blusen und Kleider aus NYC, feine handgefertigte Büffelhorn-Ketten aus der Schweiz und wunderschöne Taschen von STIEBICH & RIETH in einzigartigem Design. Einfach sehenswert. Gut eingekauft MAJASYLT!

25999 Kampen, Hauptstraße 15,
Tel.: 0 46 51 / 41734, geöffnet von März bis November und über Weihnachten / Neujahr

Maja Kohlstrunk

Luis Trenker

Alpine Lifestyle

Since 1995

Peter Watzulik

In einem schönen Keitumer Backsteinhaus ist die LUIS TRENKER COLLECTION zu finden, die längst anerkennend mit Mode-Awards ausgezeichnet wurde. *Peter „Peti" Watzulik*, eine Sylter Modeinstitution,

hat diese Marke nach Sylt geholt. Dass Luis Trenker als legendärer Bergsteiger, Geschichtenerzähler und Filmidol einmal als internationale, trendy Modemarke Furore machen würde, hat er sich wohl zu Lebzeiten nicht träumen lassen. Unterstützt wird Watzulik von *Claudia* und *Andreas*, zwei ausgewiesene Kenner der Branche. Es wird lässige, hochwertige Mode präsentiert, die einen gewissen unaufdringlichen Landhaus-Pfiff besitzt. T-Shirts, Hemden, Hüte, Jacken, Hosen und Schuhe – fast alle Artikel haben modische Applikationen. Der Witz an diesem Trenker-Modedesign lässt schon Urlaubsfeeling aufkommen.

„Mediterrane Lebensfreude gepaart mit alpinem Charme – Gegensätze ziehen an!", meint Andreas Kindl.

Ein Hit ist Trenkers buntes Schuhwerk aus feinstem Kalbsleder, das man auf jeder Plattform tragen kann. Mit beiden Beinen auf Sylt!

Auch im Trenker-Shop: feines gewalktes HEMISPHERE-CASHMERE der Extraklasse. Wir sahen sehr schöne Schals und Pullover, prägnante Stücke in dezenten Trendfarben. Anfassen und erspüren! Diese Qualität von HEMISPHERE gibt´s hier exklusiv. Ein Grund mehr, bei „Luis" mal vorbeizuschauen…

25980 Sylt / OT Keitum, Museumsweg 2,
Tel.: 0 46 51 / 8863692, Fax: 31941, watzulik@online.de

Hüs bi Hüs

Minka & Peter M. Stütz

In Keitum sprudelt eine Quelle der Stilsicherheit, die schier unerschöpflich scheint. Wohndesign wie es individueller, anspruchsvoller und außergewöhnlicher nicht sein kann, ist das Markenzeichen für Interieur à la *Minka* und *Peter M. Stütz*. Gäste des exklusiven Hotels VILLAGE in Kampen wissen wovon die Rede ist. Als Inhaber haben sie dieses Kleinod voller luxuriöser Zurückhaltung zu einem der spannendsten Hotels der Republik werden lassen, bevor sie es in diesem Jahr in neue Hände gegeben haben.

Nun konzentrieren sich die kongenialen Sylter Interieur-Designer wieder voll und ganz auf ihre Leidenschaft, die in der Entwicklung von unverwechselbaren Wohnkonzepten liegt. Mit Mut, Kreativität und noch mehr Erfahrung erfüllen sie Räume mit Atmosphäre. Farben, Licht, Materialien, Möbel, Accessoires…bei HÜS BI HÜS ist nichts beliebig oder zufällig. Aus einem reichen Fundus von auf der ganzen Welt zusammengetragenen Stücken und Inspirationen und einem fast ebenso großen Stamm hochqualifizierter Handwerker schöpfen sie und begeistern damit überregional ihre Auftraggeber. Einen ersten Eindruck kann man sich bei einem Besuch im Keitumer Showroom und Atelier verschaffen, wobei eine vorherige Anmeldung notwendig ist – schließlich wollen Minka und Peter M. Stütz ihren Gästen ihre volle Aufmerksamkeit widmen.

25980 Sylt / OT Keitum, C.-P.-Hansen-Allee 3,
Tel.: 0 46 51 / 32135, Fax: 35858, hues-bi-hues@t-online.de

MILANO

NEU auf Sylt

Anziehend italienisch! Seit dem Frühjahr gibt es in Keitum eine neue Adresse für Frauen, die ihrem Stil mit italienischer Eleganz und Weiblichkeit neuen Esprit verleihen möchten. Der umtriebige Unternehmer *Dr. Rainer Berchthold* hat das Mailänder Mode-Label *Olivia Milano* in die Räumlichkeiten der ehemaligen Goldschmiede von Birgit Damer geholt. Hinter dem Franchise-Unternehmen stehen *Marco Casna*, die Wahl-Mailänderin *Antje Mazzotta* sowie der junge Designer *Giampietro Gobbetti*. Seine Mode ist nicht nur erfreulich erschwinglich, sie bezaubert auch durch weiche, fließende Stoffe und ebensolche Schnitte. Die modebewusste, dynamische Frau soll sich schließlich in ihrer Bewegungsfreiheit nicht eingeschränkt fühlen. Unsere Autorin hat das Label gleich überzeugt und ihr Lieblingsteil hat sie bereits auserkoren: einen weich fallenden, angesagten Jumpsuit mit Gürtel und verspieltem Spitzenabsatz an Dekolleté und Ärmeln. Ebenso begeistern die weiblichen, farbenfrohen Kleider und Blusen mit auffälligen Blumenprints und weit

geschnittene Hosen mit großen Mustern. Passende Accessoires wie Handtaschen, Schuhe und Schmuck gibt's natürlich auch. Zusätzlicher Pluspunkt: Designer Gobbetti bringt alle zwei bis drei Monate eine neue Mini-Kollektion in kleiner Stückzahl heraus. Bei den zivilen Preisen kann Frau es sich auch durchaus leisten, ihre Garderobe öfter mal um ein Teil oder zwei zu erweitern!

25980 Sylt / OT Keitum, Melnwai 1, Tel.: 0 46 51 / 9675601, www.facebook.com/oliviamilanogermany/

SYLT SELECTED

TRENDY.STYLISH.EXCLUSIV.

AUSGESUCHTE MODEPERLEN

Das wird ja immer bunter! Zumindest in Sachen Mode bei *Sylt Selected*, der Adresse für die selbstbewusste Dame mit Stil. Was Farben angeht, ist in diesem Jahr alles erlaubt, was Spaß macht: leuchtendes Sonnengelb, knalliges Pink und Rot sowie fröhliches Grün. Außerdem locken Blümchen- und Leopardenprints sowie funkelnde Strass-Streifen auf den Hosen. Wer dem Farbenrausch dennoch partout nichts abgewinnen kann – auch das Camouflage-Muster ist zurück auf dem Modeparkett. Unverzichtbares „Must-have" in dieser Saison: Jumpsuits der Kernmarke JONES FASHION WIEN, die es auf der Insel nur bei Sylt Selected gibt. Die ebenso stylischen wie praktischen Einteiler sind in der Denim-Variante für den Tag erhältlich sowie in einer edleren Version für den Abend. Die passenden Accessoires wie Schmuck und Handtaschen findet Frau hier selbstverständlich ebenfalls. Und natürlich Schuhe – vor allem die angesagten Sneaker des italienischen Labels STOKTON. Die gehen

zu allem, ob klassischer Anzug oder verspieltes Kleidchen. Ganz besonders „In" sind sie übrigens mit Plateausohle, ja Frau darf sich gerne auch mal ein wenig erhaben fühlen. Der Sylt Selected Shop in Westerland wird umgebaut und öffnet unter dem Namen „Aust Fashion" Mitte Juni neu!

25980 Sylt / OT Keitum, Am Tipkenhoog 2, Tel.: 0 46 51 / 9575601, www.facebook.com/Sylt-Selected, www.sylt-selected.de

KONTORHAUS
KEITUM

NORDLICHT
Living & Style

Den modernen, leichten Wohnstil bietet in Keitum der *Nordlicht Living & Style Concept Store* von *Kathrin Gribbohm*.
Dort findet man die Kollektionen der dänischen Hersteller HOUSE DOCTOR und MERAKI zusammen mit den Design-Klassikern vom ebenfalls dänischen Leuchten-Label LOUIS POULSEN. Zudem gibt es hier die Ledertaschen und -accessoires des Hamburger Kultlabels CHI CHI FAN. Das Allroundtalent – die City Bag – ist auf dem besten Wege, ein Klassiker zu werden.

Und natürlich sind weiterhin die brandneuen Kollektionen der Night- und Homewear Produzenten SUNDAY IN BED – Top-Qualität – Made in Europe präsent. Zusammen mit der Bettwäsche und den farblich passenden Baumwollplaids ergibt sich ein Highlight in jedem Zuhause! Weiterhin gibt es die coolen Schmuckkreationen von SENCE COPENHAGEN und PERNILLE CORYDON. Und dann noch MAILEG ... zauberhafte Mäuse und Hasen aus der bekannten dänischen Kinderversteher-Manufaktur. Auf dem Weg zum Strand sollte man mal bei Nordlicht reinschauen. Die BYRH BAGS Kollektion 2019 präsentiert edle Strandtaschen aus hochwertigem Frottee in zeitlosem Design und sommerlichen Farben.

25980 Sylt / OT Keitum, Gurtstig 48, Tel.: 0 46 51 / 8356735, in der Saison: Mo-Fr 11-18, Sa und So 11-17 Uhr www.nordlicht-keitum.de, info@nordlicht-keitum.de

KONTORHAUS KEITUM
SYLT

Unter einem Dach vereinen die Gastgeber und Architekten *Wolfgang* und *Franziska Zaeske* eine Trilogie aus *Teekontor, Teeraum* und dem *Gästehaus*, einem kleinen exquisiten Hotel *(siehe Hotel-Report)*. Es hat sich längst herumgesprochen, dass sich etwas außerhalb vom Friesendorf an Wiesen und Feldern eine Tee- und Design-Oase befindet. In dem außergewöhnlich gestalteten Ensemble widmet man sich mit 200 Sorten Tee und passendem Zubehör dem faszinierenden Universum eines Getränks, in dem sich Genuss und Lebensart gleichermaßen

entfalten. Das Angebot an ausgesucht schönen, stilvollen Einrichtungsobjekten, Wohnaccessoires und Geschenkideen macht das Teekontor Keitum zur exzellenten Adresse für gehobene Lebens- und Wohnkultur. Alle Accessoires haben etwas Besonderes an sich, seien es Schalen, Kerzenleuchter, Geschirre oder Bestecke. Im Teeraum lässt sich der köstliche Tee gleich vor Ort entspannt genießen – mit hausgebackenem Kuchen und weitem Blick über Wiesengrün zum Deich. Tee war und ist ein Ausdruck von Kultur. So wundert es nicht, dass im Teekontor regelmäßig ausverkaufte, hochklassige Konzerte und Lesungen stattfinden. Zaeskes verstehen es, weltbekannte Künstler zu engagieren, die sonst große Konzerthallen füllen und längst ihren ECHO erhalten haben *(siehe Veranstaltungskalender)*.

25980 Sylt / OT Keitum, Siidik 15, Tel.: 0 46 51 / 8891194, www.kontorhauskeitum.de

Kunst auf Sylt

Das Kapitänsdorf Keitum eignet sich bestens für einen gemütlichen Bummel von Kunstwerkstatt zu Galerie – selbstverständlich mit einem stärkenden Zwischenstopp in einem der gastlichen Häuser.

GOLD- UND SILBERWERKSTATT

CHRISTOPH FREIER

Üppige Staudenbeete vor seiner Werkstatt und seine Schmuckauslagen in den antiken Vitrinen machen dem Werkstattbesucher beim Goldschmied *Christoph Freier* schnell klar, dass der Künstler in Keitum die endlose Farbvielfalt der Natur liebt. „Blüten und Edelsteine haben es mir angetan", erzählt der Keitumer Goldschmied weiter, als wir ihn in seinem Keitumer Haus von 1868 aufsuchen,„ihre Farbenvielfalt ist schier endlos. Meine verwendeten Edelsteine sind außergewöhnlich, selten und kostbar und haben eine Farbigkeit und Leuchtkraft, die sich einmalig von dem Üblichen in der Schmuckbranche abhebt. Gerne setze ich meine Steine in einen sehr schlichten Ring, der Edelstein ist die Attraktion, die Ringform eher Nebensache. Diese Steine haben etwas Ewiges und Edles."

„Und ich liebe das Nebeneinander von Farben in meinen Ketten, Ohrhängern und auch Ringen. Erst so kann man die vielfältigen Farbnuancen wirklich erkennen", erzählt Christoph Freier, als er mir seine „Kette vom Rot" mit 28 verschiedenen rot leuchtenden Turmalinen in die Hand gibt.

In diesem Jahr arbeitet Christoph Freier auch intensiv mit farbigen Porzellanmünzen, die vor etwa 150 Jahren in China hergestellt und in Spielhäusern im damaligen Königreich Siam als Wertmarken eingesetzt wurden.„Ich suche mir immer wieder gerne antike Elemente: Münzen, Skarabäen oder Gemmen, sie erzählen einzigartige Geschichten. Die Porzellan-Token mit alter chinesischer Schrift beschrieben, geben der Trägerin sogar gute Wünsche mit auf den Weg. Solche Elemente verleihen – genau wie die Edelsteine und der Herstellungsprozess am Werktisch – dem Schmuck erst die Seele. Am 8. September 2019 können Sie im Rahmen einer Matinée von 11 – 15 Uhr auch die wunderbare Vielfalt dieser Token anschauen, die Christoph Freier als große Sammlung in den USA erwerben konnte und zu Schmuck verarbeitet hat. Kommen Sie nach Keitum und schauen Sie.

25980 Sylt / OT Keitum, Erich-Johannsen-Wai 1,
Tel.: 0 46 51 / 35882, ganzjährig geöffnet, Dienstag, Donnerstag, Freitag und Samstag.
www.gold-silberwerkstatt.de

GOLDSCHMIEDE ANTJE BALLAUF

Mitten in Keitum – nahe des Tourismus-Büros – beginnt der Alte Kirchenweg. Gleich im zweiten Haus befindet sich die Werkstatt der Goldschmiedin *Antje Ballauf*. Perlen aus Glas und Ton sowie Edelsteine aus aller Welt und aus allen Zeiten werden von ihr höchst malerisch zu ganz individuellen Schmuckstücken zusammengefügt – verbunden mit einem Verschluss von handwerklich bester Qualität. Nicht zu übersehen sind ihre opulenten Ketten und die kunstvollen, traditionellen Treibarbeiten. Wer Sinn hat für das kreative Silber- und Goldschmiedehandwerk... auf in den Keitumer Kirchenweg, in die kleine Werkstatt ausgezeichnet mit „Stern und Goldenem Hammer!"

25980 Sylt / OT Keitum, Alter Kirchenweg 4,
Tel.: 0 46 51 / 31266

KUNSTSTÜCK - GEDREHT & GEMALT

Zur bunten Keitumer Kunsthandwerkerszene gehört die kleine malerische Töpferwerkstatt *Kunststück gedreht und gemalt* seit nun mehr 40 Jahren.

Das alte, im Sommer mit Rosen umrankte Friesenhaus ist ein Highlight des Keitum-Bummels und man sagt hier unwillkürlich: „Ach wie isses schön!" Eine unverwechselbare Töpferware für den Alltagsgebrauch und Einzelobjekte als Hingucker sind hier zu betrachten. Den kreativen Stil von *Regine Skoluda* und *Till Bruttel* kann man als kongenial bezeichnen. Die Töpferform gepaart mit strengen geometrischen Zeichen oder schwunghaften Ornamenten ist jeweils als individuelles Einzelstück konzipiert.

25980 Sylt / OT Keitum, Gaadt 6,
Tel.: 0 46 51 / 31587, die Öffnungszeiten sind eingeschränkt: Mi, Do und Fr 11-13 und 14-17 Uhr, Sa 11-14 Uhr

MOMO SCHMUCKWERKSTATT UND GALERIE

Am Ortseingang von Keitum befindet sich die Schmuckwerkstatt von *Astrid Jahnke*. Hier fertigt sie außergewöhnliche Schmuckstücke mit individuellem Charakter zu erstaunlich moderaten Preisen. So können es wertvolle Edelsteine in naturbelassener Form sein, aus denen moderne Ketten entstehen oder auch einmal ein funkelnder Saphir, der auf einen unregelmäßig geformten Silberring mit rauer Oberfläche gesetzt wird. Klassische Perlen werden ohne Schnörkel und sichtbare Fassung verarbeitet, so dass sie in ungewohnt puristischem Design daherkommen.

Astrid Jahnke bezieht den Großteil ihrer Edelsteine direkt aus den Herkunftsländern und verarbeitet diese zumeist in Silber, aber auch in Gold. Daneben kreiert sie auch moderne Silberketten und -ringe ohne Steine, deren Design von der Sylter Natur und dem Meer inspiriert ist. Bei der Fülle der Auswahl fällt es nicht schwer, hier auch ohne Extra-Anfertigung ein bleibendes Lieblings- und Erinnerungsstück zu finden.

Als einzige Goldschmiedin auf Sylt bietet Astrid Jahnke individuelle *Goldschmiede-Stunden* an, die jederzeit kurzfristig vereinbart werden können. „Auch ohne Vorkenntnisse kann hier jeder in zwei bis drei Stunden einen professionell aussehenden Ring selbst anfertigen", garantiert die Designerin. So kann beispielsweise auch ein am Sylter Strand gefundener Kiesel zu einem unvergesslichen Erinnerungsstück verarbeitet werden!

25980 Sylt / OT Keitum, Gurtstig 12 (neben der „Bücher-Deele"),aktuelle Öffnungszeiten unter Tel.: 0 46 51 / 8357140, www.momo-sylt.de, astrid.jahnke@momo-sylt.de

ANKE BERTHEAU

Nur wenige Künstler laden in ihr Atelier ein. Beispielhaft die Malerin *Anke Bertheau*, bei ihr ist „offene Tür" angesagt. Sie ist in Keitums Gurtstig zu finden. Ihre Bilder sind im wahrsten Sinne des Wortes „zauberhaft", denn Bertheaus Gemälde haben einen Zug ins Märchenhafte. Sie komponiert Bilder von Menschen, die sie in die Landschaft stellt. Sie erzählen ganz subtile Geschichten. Stark sind auch ihre Landschaftsmotive, die sich aus nur leicht strukturierten farbigen Flächen zusammensetzen und Harmonie und Ruhe ausstrahlen. Anke Bertheaus Arbeiten zeigen ein spannendes Zusammenspiel von kontrastierenden Flächen, Farbflecken und Pinselstrichen. Die fundierte künstlerische Ausbildung (Wien und Düsseldorf) sieht man ihrer Malweise an. Sehr beliebt sind ihre Bilder, die mit üppigen Farbtupfern einen prächtigen dekorativen Blumenstrauß abgeben oder ein Keitumer Friesenhaus im milden Abendlicht zeigen. Kunst kommt bei Anke Bertheau von Können.

25980 Sylt / OT Keitum, Gurtstig 38, Tel.: 0 46 51 / 32333, ganzjährig Mo-Sa immer nachmittags www.galerie-bertheau.de

GEORG´S GALERIE

Der Künstler und Galerist *Georg Meierhenrich* ist in der Sylter Kunstszene eine Art Urgestein. Er ist an die 50 Jahre auf der Insel künstlerisch tätig. Meierhenrich war und ist ein Individualist, der ganz konsequent seinen Weg geht. Inzwischen hat es sich herumgesprochen, dass er sein Atelier und die Galerie in die Keitumer Wiesen verlegt hat – in Nachbarschaft mit Käseladen und Kontorhaus.

Serie „Sylter Juwelen" – Die Insel als Collage · Georg Meierhenrich

Meierhenrich, Schöpfer der weithin bekannten filigranen Baumskulpturen aus Metallresten, verfolgt neuerdings die Idee einer künstlerischen Gestaltung der prägnanten Form der Insel Sylt. Sylter Thematik wird in Collagetechnik verarbeitet und mit Büttenpapier, Blattgold und mit Edelsteinen zu *Sylter Juwelen* gestaltet *(siehe Abbildung)*.

Einige Künstler von *Georg´s Galerie* sollen noch genannt werden: *Uwe Herbst* beeindruckt mit Landschaftsimpressionen, *Dimitri Petrov* abstrahiert die Landschaft und *Volker Kühn* nimmt in seinen Mini-Skulpturen unsere Alltagswelt schmunzelnd aufs Korn. Man muss einfach mal bei Georg´s Galerie vorfahren. Parken ist hier kein Problem und der Käse im benachbarten Käselädchen ist so gut, dass er in manchen Gourmet-Restaurants auf der Karte steht...

25980 Sylt / OT Keitum, Siidik 6,
Tel.: 0 46 51 / 7360,
www.georgs-galerie.de, info@georgs-galerie.de

ATELIER GALERIE HERBERT SIEG

Der Kunstmaler und Arzt *Herbert Sieg* lebte und arbeitete in Keitum. Er gründete die *Sylter Kunstmuseums-Stiftung*. Seine ehemaligen Praxisräume dienen seit über 20 Jahren als Galerie und Atelier. Auch nach seinem Tod sind diese Räume eine Stätte der Kunstbegegnungen. Siegs vitaler Umgang mit der Farbe, die mit seiner eigenwilligen Maltechnik auf der Leinwand zu explodieren scheint, ist ohnegleichen. Familie Sieg, die die Galerie nach dem Tod von Herbert Sieg weiterführt, organisiert hier mit wechselnden Ausstellungen auch für 2019 sehenswerte Bilderwelten.

25980 Sylt / OT Keitum, C.-P.-Hansen-Allee 5,
Tel.: 0 46 51 / 32172, die Galerie ist nach Vereinbarung geöffnet

CHRISTINA THRÄN

Freischaffende Malerin, Grafikerin, Illustratorin, Diplom-Designerin, das alles und noch viel mehr ist *Christina Thrän*. Sie ist bereits auf Sylt bekannt, hatte in Keitum schon einige Jahre ein Atelier und ist nun wieder in Keitum im Gurtstig mit Atelier und Galerie zu finden.
Ihre humorvollen, besinnlichen Illustrationen sind einem breiten Publikum bereits als Postkartenmotive „für alle Fälle" in Büchern und Kalendern bekannt.
Auf das Jahr 2020 gestaltete sie für den Eiland Verlag die bunten Familienplaner Sylt und Hamburg. Jedes Blatt mit humorvollen Illustrationen. Erhältlich in Christinas Atelier, im Buchhandel auf Sylt und bundesweit sowie bei eiland.de
25980 Sylt / OT Keitum, Gurtstig 9, Tel.: 0 46 51 / 9573551, Mobil 0176 / 23162275, www.christina-thraen.de, christinathraen@web.de

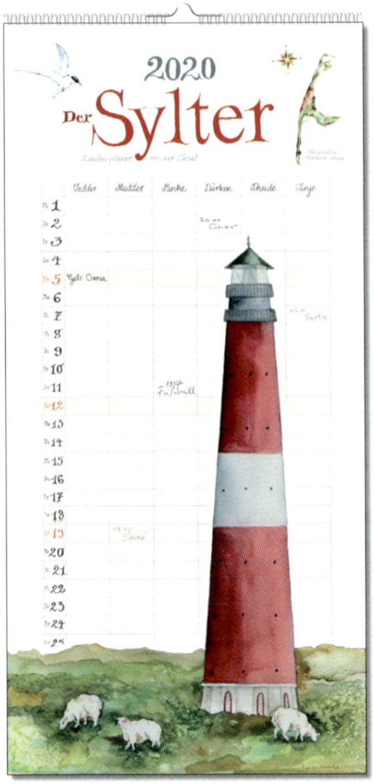

GLASATELIER ANTJE OTTO

Die versierte, vielseitige Glasgestalterin *Antje Otto* heizt ordentlich ein in ihrer lichten Werkstatt im Keitumer Bahnhofsgebäude, die gleichzeitig Atelier und Galerie ist. Die Glasverschmelzung bei hohen Temperaturen nimmt einen Hauptteil ihrer Arbeiten ein. So entstehen aus farbigen Glasscheiben vielschichtig aufgebaute Reliefobjekte mit tiefen Strukturen und Farbabstufungen. Jedes Stück in ihrem Atelier ist ein Unikat.
Ihre fundierte Ausbildung (Studium für Glastechnik, Glasgestaltung, Glasmeisterin) lässt sie mit dem Material spielerisch und künstlerisch umgehen. So formt sie Gesichter als Masken: „Naturgeister" oder „Küstenköpfe". Aber auch Gebrauchsgegenstände wie Trinkgefäße, Kerzenleuchter, Schalen und farbiger Glasschmuck gehören zu ihrem Repertoire.
Besucher können von Zeit zu Zeit den Entstehungsprozess mitverfolgen, wenn Antje Otto mit ihrem Glasbrenner aus Röhren und Stäben durch Blasen, Ziehen und Stauchen ein Weinglas oder ein Crème brûlée-Schälchen formt.
25980 Sylt / OT Keitum, Bahnhofstraße 37 (im Bahnhofsgebäude), Tel.: 0 46 51 / 32933, www.glaskunst-antjeotto.de, info@glaskunst-antjeotto.de

„Wattgläser" von Antje Otto. Jedes Glas hat einen anderen Schwung, ein anderes Volumen. Sie sind wie das Wattenmeer, welches sich jeden Tag in einem anderen Licht zeigt.

GALERIE CORNELIA KAMP

Ein wahrhaft gastliches Haus ist das kleine Hotel von der Keitumer Galeristin *Cornelia Kamp*. Das hübsche Anwesen, das ihren Namen trägt, ist ganz am Ende des Gurtstigs zu finden. Sehr einladend ist schon mal die Caféterrasse, denn *Kamp's* ist nicht nur Hotel, sondern eine beliebte Kaffee-, Tee- und Kuchenadresse. Dass sich hinter der Fassade auch eine respektable und vielbeachtete Galerie befindet, hat sich längst herumgesprochen. Thema bei Kamp's ist also Kunst und Genuss!

Bis zum 3. August 2019 ist die farbintensive Malerei von *Barbara Koch* zu sehen. Sie verbindet in ihren Bildern auf spannende Art und Weise Erde, Sand, Pigmente mit Acryl- und Ölfarben.

Vom 6. August bis zum 6. Oktober sind wieder der New Yorker *Joe Barnes* und der Kölner *Ivo Ringe* für eine Gemeinschaftsausstellung in Keitum zu Gast. Barnes schafft durch Konzentration auf eine Farbe eine höchst eindringliche Präsenz. Während Ringe mit der traditionellen Farbfeldmalerei beeindruckt.

„Leuchtende" Farbenwelt – Barbara Koch

Herbst und Winter stehen ab 10. Oktober im Zeichen der Fotografie. *Tom Tauz* zeigt seine Arbeiten „Sylt im Gegenlicht" und „Sylt in Farbe". Wir dürfen gespannt sein.

25980 Sylt / OT Keitum, Gurtstig 41,
Tel.: 0 46 51 / 98390, Fax: 983923,
www.galerie-cornelia-kamp.de,
ck@galerie-cornelia-kamp.de

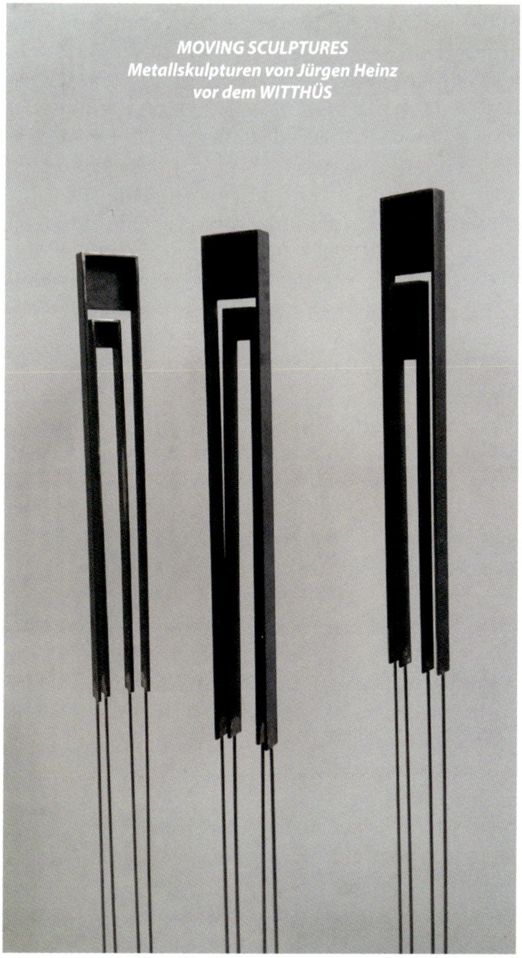

WITTHÜS
KUNSTHANDWERK & TÖPFEREI

Das *WITTHÜS* – ein klingender Name auf Sylt. Wer zurückblickt, denkt an die legendäre Teestube in Wenningstedt, dem Treffpunkt von Anthroposophen, Freigeistern, Künstlern, Kunsthandwerkern, Schriftstellern, „68ern" und anderen Teetrinkern. Das heutige WITTHÜS in Keitum am „Grünen Kliff", ganz nah am Wattenmeer gelegen, widmet sich weiterhin dem anspruchsvollen Kunsthandwerk.

Handgemachte Keramiken von *Maria Meyer* und *Ute Matschke* sind neu im Programm. Bunt illustrierte Tassen, Kannen, Platten und Schalen nehmen mit auf die Reise ins Land der Sinne und der Imagination.

Aus Frankreich kommt der Schmuck von *la mollla*. Federleicht sind die Armbänder und Ketten aus Edelstahlfedern. Neue Schmuckstücke von *Petra Meiren* werden aus unterschiedlichen Materialien gefertigt. Beide Designerinnen kreieren jede Kollektion mit ihrem einmaligen Gespür für Eleganz, Kraft, Kreativität und Ästhetik.

Die „Moving Sculptures" von *Jürgen Heinz* sind auch 2019 richtige Hingucker im Garten. Der Bildhauer *Franz-Josef Vanck* hat großen Erfolg mit seinen figurativen Plastiken aus Stein und Bronze. Jung und Alt erfreuen die „lebenden" Karten und Puzzles der *Bärenpresse* und die Handspielpuppen der *Barleben Manufaktur*. Witthüs ist ein äußerst anregender Laden, den man selten verlässt ohne etwas zu erstehen.

25980 Sylt / OT Keitum, Am Kliff 5a,
Tel.: 0 46 51 / 3606, Fax: 3406, Öffnungszeiten in der Saison: Mo-Sa 10.30 bis 18.00 Uhr
www.witthues-keitum.de, info@witthues-keitum.de

„Die Nähe des Meeres" Gemälde von Ingo Kühl

GALERIE NOTTBOHM

Das Göttinger Kunsthaus *Nottbohm* hat eine über 135-jährige Geschichte. Es wird inzwischen in der 4. Generation fortgeführt und entwickelt sich weiter u.a. mit der Dependance in der Bahnhofstraße in Keitum. Hier werden über 20 Künstler präsentiert mit Bildern und Skulpturen, die prädestiniert sind Sylter Ferienwohnungen dekorativ zu bebildern. Schon vor den Galerieräumen lachen uns die bunten Lämmer an, die als moderne Gartenzwerge jeden Vorgarten zum Blickfang machen.
Carolin Wehrmann hat es drauf, ihre gemalten Bilder vom Wasser sind realistischer als so manche Fotografie. *Frauke Klatt* malt gerne Segel im Wind. Man spürt in ihren Bildern die Anspannung während einer Regatta. Beeindruckend sind die Fotografien von Strand, Dünen und Meer von *Deff Westerkamp* und *Manfred Voss*. Es lohnt sich also bei einem Keitumer Kunstspaziergang auch hier einmal reinzuschauen.
25980 Keitum, Bahnhofstraße 12, Tel.: 0 46 51 / 8891368, www.galerie-nottbohm.de

FREIES MALEN MIT ANNETTE KÜHL

Annette Kühl – Kunsttherapeutin und Kunstpädagogin – bietet sowohl Erwachsenen als auch Kindern im Ausstellungsraum des Ateliers von Ingo Kühl die Gelegenheit, eigene Malerfahrungen zu machen!
Mit Acrylfarben und speziellem Pinselangebot kann auf großen Papieren gemalt, gespachtelt, gewischt, gekratzt und gekleckst werden. Anette Kühl öffnet den Raum für eigenes Erfahren und lockt durch gemeinsames Schauen und Erkunden Neues hervor. Große Freude bereitet es, sich auf die Farbenwelt und den freien Malprozess einzulassen, sich miteinander auszutauschen und zu staunen!
Die Kurse finden sowohl in Keitum als auch in ihrem Malraum in Berlin statt.
25980 Sylt / OT Keitum, Keitumer Süderstraße 42, www.annettekuehl.com, info@annettekuehl.com

ATELIER INGO KÜHL

Der Maler *Ingo Kühl*, viel und weit gereist von den Lofoten bis zum Kap Hoorn, vom Baltikum bis nach Papua-Neuguinea, lebte ein Jahr in der Südsee und hatte immer ein Atelier in Berlin und an der Nordsee.
Seit sechzehn Jahren malt er auf Sylt in beständig wiederkehrenden Variationen, angeregt durch das Meer und die Landschaft in der Nähe des Meeres; Bilder, in denen die Macht der Natur zum Ausdruck kommt. Auf seinen Reisen zeichnet und aquarelliert er meist in Skizzenbüchern und so hat er auch die Insel Sylt erkundet. Diese mehr als dreißig zwar unverkäuflichen Skizzenbücher sind bereits in vier originalgetreuen Publikationen erschienen – und sie machen neugierig auf mehr... Die großformatigen Werke sind in seinem der Öffentlichkeit zugänglichen Atelier mit dazugehörigen Ausstellungsräumen zu sehen. Dort werden neben Hunderten von Bildern auch die neuesten Arbeiten des Künstlers gezeigt.
Kühls Werke wurden bisher in zahlreichen Ausstellungen im In- und Ausland gezeigt, wie z.B. kürzlich im Nordfriesland Museum, Nissenhaus in Husum unter dem Titel „In der Nähe des Meeres". Aktuell zeigt die Norddeutsche Galerie der Schleswig-Holsteinischen Landesmuseen auf Schloss Gottorf in Schleswig das dreiteilige Bild „Azoren – Felsenküste", das sich seit letztem Jahr im Besitz des Museums befindet.
Ingo Kühl, der zunächst Architektur studierte, formte auch Skulpturen: Phantastische organoide Architektur-Skulpturen, die später in größeren Dimensionen begehbar sein sollen. Auch diese Architektur-Phantasien sind in Buchform veröffentlicht worden. Ein Besuch seines Ateliers kann demnach äußerst anregend sein.
25980 Sylt / OT Keitum, Keitumer Süderstraße 42, Tel.: 0 46 51 / 8892070, Öffnungszeiten Mo.-Sa. 11-17 Uhr, und nach Vereinbarung www.ingokuehl.com, ingo.kuehl@online.de

ALTFRIESISCHES HAUS UND SYLTER HEIMATMUSEUM

Das wahre Sylt entdecken – ohne die Sylter Museen geht da gar nichts

Ebenso wie die Insel selbst, spielen auch die Sylter Museen der *Söl`ring Foriining* in einer ganz eigenen Liga.

Wer verpasst sie zu besuchen, nimmt sich die Möglichkeit, die Identität der Insulaner zu verstehen.

In Wenningstedt wartet der *Denghoog* als „Stonehenge des Nordens" auf. Das tonnenschwere Steingrab kann sogar begangen werden und der Besucher nimmt dort Platz, wo vor über 5.000 Jahren rituelle Handlungen stattgefunden haben. Der Denghoog ist zur Zeit durch eine geplante Ferienhausbebauung gefährdet.

Die *Vogelkoje* in Kampen entführt in die an dieser Stelle der Insel dschungelhafte Natur gleich hinterm Deich. Wer Biologie bisher nicht besonders spannend fand, wird sich ihrem Zauber hier nicht entziehen können und fasziniert feststellen, welch elementare Bedeutung Naturphänomene im wahrsten Sinne des Wortes für das Überleben der Insulaner haben.

In Keitum hat man beim Besuch des *Altfriesischen Hauses* das Gefühl, jeden Moment auf einen breitschultrigen Seebären zu treffen, der sich mit einer geschulterten Seemannskiste von seiner in Friesentracht gekleideten Frau verabschiedet, um wieder auf Walfang zu gehen. Gerne wird man in das Haus gebeten, um selbst zu erkunden, wie die Sylter früher gelebt haben.

Wie sehr die Insel Sylt von jeher und bis in die heutige Zeit Künstler inspiriert, präsentiert das *Sylter Heimatmuseum* gleich nebenan. Hier hängen die Werke verschiedenster Epochen und Stilrichtungen mit den Motiven der Insel.

Aktuelle Sonderausstellungen mit internationalen Werken belegen den künstlerischen Anspruch der Museumsmacher ebenso wie die Präsentation des *„Silberschatzes von Morsum"*. Dessen Fund hat weltweit für Aufsehen gesorgt und wird im Ranking mit der Nofretete in Berlin in einem Atemzug genannt. Für seine angemessene Präsentation wird der Archäologiebereich des Sylter Museums neu konzipiert.

Bei allem Anspruch hat Museumsleiter *Alexander Römer* stets die jungen Besucher im Blick. „Museum darf nicht langweilen!" ist seine Maxime, und deshalb bietet er nicht nur familienfreundliche Preise, sondern auch kindgerechte Angebote.

DER TISCH AM KLIFF

Heimatmuseum Keitum ·
5.000 Jahre Sylter Geschichte

Eine große schwergewichtige Metallplatte mit 10 gestalteten Bronzereliefs widmet sich künstlerisch dem Thema *5.000 Jahre Sylter Geschichte*.

Jedes Relief zeigt jeweils die individuelle Handschrift von fünf der Insel fest verbundenen Künstlern. Sie sind die Schöpfer dieses gemeinsamen Kunstwerkes, das bleibend vor dem Sylter Heimatmuseum am Keitumer Grünen Kliff plaziert wurde – den Blick auf das Wattenmeer einbindend.

Gestaltet haben der Keitumer Maler und Bildhauer *Ingo Kühl*, der Glaskünstler *HaJü Westphal*, ehemals Keitum, jetzt am Ammersee, Goldschmiedin *Edda Raspé* aus Morsum, Maler Hans *Joachim Pohl* aus Morsum und der Universalkünstler *Walter vom Hove* aus Berlin.

Der *Keitumer Tisch* wird ein Treffpunkt, er soll ein Kunstprojekt zum Anfassen sein, er soll benutzt werden und er soll sich mit der Zeit verändern. Man kann jetzt schon feststellen: Keitum hat eine neue Attraktion.

Weitere Informationen unter:
www.soelring-foriining.de
25980 Sylt / OT Keitum, Am Kliff 19, Tel.: 0 46 51 / 31669, Am Kliff 13 , Tel. 0 46 51 / 31101, Öffnungszeiten: bis 31. Oktober Mo-Fr 10-17 Uhr, Sa, So und feiertags 11-17 Uhr.

Macher und Künstler vom Tisch am Kliff
Alexander Römer, Ingo Kühl, HaJü Westphal,
Edda Raspé, Hans Joachim Pohl, Frank Schaller

GALERIE ART OF SILENCE

Ölgemälde – Aquarelle – Acrylmalerei – Radierungen – Zeichnungen

Bilder des Malers und Gastronomen *Wolfgang Heinrich* (1920-2002), der in seiner Vita eine fundierte künstlerische Ausbildung durch große Künstler und Akademiker vorweisen konnte, sind im Keitumer Seminar- und Kunsthaus zu sehen.

Wolfgang Heinrichs hinterlassenes Œuvre aus 50 Jahren künstlerischem Schaffen umfasst Stillleben, Portraits in expressionistischer Weise, zarte Zeichnungen, Gouachen, Öltempera und vor allem Landschaftsmalerei in Öl.

Die Friedensbotschaft des Hirtenmädchens, Öl auf Leinwand · 2017 · 100 x 80 cm

Seine Bilder sind von Lebendigkeit, Farbenpracht und Tiefe bestimmt. Heinrich, der von 1945 bis 2002 auf Sylt lebte, präsentierte seine Bilder in der eigenen Galerie „Wolfgangs Pub" in der Westerländer Friedrichstraße und ließ so seine Gäste immer ganz aktuell an seinem künstlerischen Schaffen teilhaben.

Mit seiner Ehefrau *Dorit* – sie studierte visuelle Kommunikation im Bereich der bildenden Kunst in Paris und an der Carl von Ossietzky Universität in Oldenburg – setzte er seine Leidenschaft für die Malerei in ihrem Keitumer Atelierhaus fort. In dem heutigen *Seminar- und Kunsthaus Heinrich & Heinrich* können die künstlerischen Arbeiten von Wolfgang Heinrich und von Dr. Dorit Heinrich (Künstlerin und Psychotherapeutin) nach Vereinbarung besichtigt werden.

25980 Sylt / OT Keitum, Munkmarscher Chaussee 16, Tel.: 0 46 51 / 935090, Besuch nach telefonischer Vereinbarung, www.keitumer-seminar-sylt.de, seminar-keitum-sylt@freenet.de

ATELIERHAUS „ALTE SCHMIEDE" – TRAUTE NIERTH

Das Schild *Atelierhaus Alte Schmiede*, das an der Hauptstraße Terpstich – die durch Morsum führt – steht, macht auf Galerie und Malschule von *Traute Nierth* aufmerksam. Das immer wieder erscheinende Motiv ist ihr Markenzeichen.

Die Hamburger Malerin zeigt hier ihre farbintensiven, expressiven Arbeiten in Aquarell, Acryl und in Mischtechnik.

Unter dem Motto „Von der Farbe zur Form" veranstaltet Traute Nierth das ganze Jahr hindurch Malkurse. Ein großer Raum mit bis zu acht Arbeitsplätzen bildet den Rahmen für effektives und fröhliches Schaffen.

Alle Kurse finden jeweils Mo-Do 10 bis 13 Uhr statt. Die Kursgebühr beträgt für vier Tage inklusive Material 200,-.

25980 Sylt / OT Morsum, Terpstich 64, Tel.: 0 46 51 / 890551

BIRTE WIEDA

Die Goldschmiedin *Birte Wieda* bringt in ihrem Keitumer Atelier Herzenswünsche wortwörtlich ins Rollen.

In jedem ihrer silbernen „Wunschringe" birgt eine kleine Messingdose eine Pergamentrolle, auf der Sie Ihren tiefsten, innigsten Wunsch vermerken können, und wenn Sie glauben, dass „die Energie den Gedanken folgt", dann kann ein solcher Ring beim positiven Ausrichten und Handeln helfen.

So individuell und persönlich sind alle ihre Schmuckstücke. Jedes Collier, jeder Ring, doch vor allem der fantasievolle Ohrschmuck ist ein Unikat aus eigener Werkstatt und verzaubert mit schlichter Eleganz und poetischer Raffinesse.

Sogar lang vergessene Erbstücke verlassen durch Umarbeitung als zeitgemäßes Schmuckstück mit Pfiff die Goldschmiede.

25980 Sylt / OT Keitum, Gurtstig 26, Tel.: 0 46 51 / 33160, Fax: 939325, contact@goldschmiede-wieda.de, schmuckbirte@hotmail.com

GALERIE RUDOLF IN KEITUM

Das Friesendorf Keitum war immer schon ein Ort des Kunsthandwerks und der Kunst. Die *Galerie Rudolf* in einem reetgedeckten Keitumer Geschäftshaus, gleich neben der „Kleinen Teestube", ist ein „Kleinod voll großer Kunstschätze". *Gernot Rudolf*, der seit über 40 Jahren als begeisterter Kunsthändler agiert, eröffnete hier vor 28 Jahren seine Inseldependance. Vor 16 Jahren hat er zusätzlich in Kampen eine Galerie im „Haus Kampeneck" bezogen.

Gernot Rudolfs Zugang zu exklusiven Privatsammlungen beschert dem Kunstmarkt immer wieder Bilder von ausgesuchter Qualität. Bei ihm sind die großen Namen der Klassischen Moderne vertreten: *Braque, Chagall, Dalí* und *Picasso*; die deutschen Expressionisten *E. L. Kirchner, Max Pechstein, Karl Schmidt-Rottluff, Erich Heckel, Otto Dix* und *Lyonel Feininger*; weiterhin die Stuttgarter Schule mit *Max Ackermann, Adolf Hölzel* und *Ida Kerkovius*. Gleichermaßen bekannt wie beliebt sind die Arbeiten von *Emil Nolde, Eduard Bargheer, Will Sohl, Otto Eglau und Klaus Fußmann*. Besonders zu erwähnen ist die außergewöhnliche Sammlung farbiger Zeichnungen und Graphiken von *Heinrich Zille*. Zu den Saisonzeiten geöffnet, ansonsten präsent auf den Kunstmessen in Köln, München, Münster und Karlsruhe *(siehe auch Galerie Rudolf in Kampen)*.

25980 Sylt / OT Keitum, Westerhörn 6, Tel.: 0 46 51 / 30234, Fax: 30103, geöffnet Mo bis Sa 11-18 Uhr, info@galerie-rudolf.de

Marc Chagall (1887-1985)
La Baie des Anges au Bouquet de Roses
Nice et la Côte d'Azur
Farblithographie 1967, 61 x 46 cm

EDDA RASPÉ · JONAS RASPÉ

Zwei Generationen Goldschmiede, *Edda Raspé* und Sohn *Jonas Raspé*, verarbeiten klassische Edelsteine und Steine vom Sylter Strand zu außergewöhnlichen und individuellen Schmuckstücken. Die von Edda Raspé geschliffenen Steine vom Inselstrand beeindrucken durch ihre Vielfältigkeit in Maserung und Farbe und durch ihre schlichte Schönheit. Hieraus entstehen wundervolle Unikate in Gold und Silber, kostbare Ringe und Ketten. Hochwertiger, kunsthandwerklicher Schmuck mit Inselbezug.
Schmuckliebhaber und Neugierige sind herzlich willkommen einen kleinen Ausflug abseits der touristischen Masse nach Morsum zu unternehmen und die neuesten Arbeiten der Goldschmiede kennenzulernen. Die Goldschmiedewerkstatt befindet sich etwas versteckt hinter einer Hecke in einem alten Friesenhaus, eingebettet in einen großen schönen, verwunschenen Garten. Ein Besuch, der sich für Freunde des filigranen Goldschmucks wahrlich lohnt.

25980 Sylt / OT Morsum, Terpstig 15,
Tel.: 0 46 51 / 890258, täglich geöffnet 11 bis 18 Uhr,
samstags 11-15 Uhr sowie nach telefonischer Vereinbarung
www.edda-raspe.de

Willem Grimm (1904-1986)
– Hafen Hörnum – Aquarell
Galerie Herold

GALERIE HEROLD KAMPEN

Zu den Sylter Kunsthighlights gehört zweifelsohne das Kampener Haus Meeresruh, das mit der *Galerie Herold* seit über 20 Jahren als eine Art Pilgerstätte für Freunde hochkarätiger Kunst des 19. und 20. Jahrhunderts gilt.
Hier sind immer klingende Künstlernamen mit musealen Werken vertreten: u.a. *Nolde, Heckel, Kirchner, Pechstein, Liebermann,* um nur einige zu nennen. Galerist *Rainer Herold*, der auch in Hamburg in den Colonnaden mit großzügigen Galerieräumen aufwartet, hat sich auf die norddeutsche Malerei spezialisiert. So ist das umfangreiche Werk der Hamburgischen Sezession bestens präsent. Wir sahen großartige Bilder von *Ivo Hauptmann* und Werke der diesbezüglichen Crème de la Crème: *Bargheer, Steinhagen, Fiedler, Flinte, Grimm, Kluth, del Banco, Maetzel, Rée* – eine beeindruckende Who is who-Liste für Kenner.

Ivo Hauptmann · Badende · 1920 · Aquarell

HEROLD CONTEMPORARY

Der zeitgenössischen modernen Malerei wird neuerdings bei Herolds in Kampen ein größerer Platz eingeräumt – im wahrsten Sinne des Wortes, denn es konnte eine zusätzliche Fläche im gleichen Hause für Ausstellungszwecke geschaffen werden, die von *Patrick Herold* kuratiert wird und die ganz für Arbeiten bekannter Künstler der aktuellen Avantgarde reserviert ist. Mit der Idee zur Reihe „Artist in Residence" hat Patrick Herold eine Möglichkeit für zeitgenössische Künstler geschaffen, ihrer Kreativität auf Sylt freien Lauf zu lassen. Diese Herausforderung hat der bekannte Maler *Frank Schult* angenommen und 25 Werke auf der Insel geschaffen, die nun bei Herold ausgestellt werden. Weitere Künstler bei *Herold Contemporary:* u.a. *Rainer Fetting*, der auch regelmäßig auf Sylt zu Gast ist, *Walter Stöhrer, Dieter Glasmacher* sowie der „Pasteuse" *Christopher Lehmpfuhl*. Eine spannende Saison ist bei Herold zu erwarten.

Rainer Fetting · Surfer zum Meer

25999 Kampen, Braderuper Weg 4, Tel.: 0 46 51 / 45135, Fax: 45231 und Colonnaden 5, 20354 Hamburg, Tel.: 040/47 80 60, Fax: 47 38 28. Die Galerie ist ab 1. Mai durchgehend bis Oktober geöffnet, außerdem zu Weihnachten und Neujahr, sowie zu Biike und über Ostern. www.galerie-herold.de, Herold@Galerie-Herold.de

SUSANNA DÜNNE

Die Schweizer Goldschmiedin und Schmuckdesignerin *Susanna Dünne* ist seit den 80er Jahren in Kampen eine feste Größe. Die bunt dekorierte Schmuckwerkstatt ist von der Ecke Kurhausstraße/Westerweg nicht wegzudenken. In und um die witzig gestalteten Schaufensterauslagen ist immer Leben. Ihre individuell gestalteten Preziosen sind allerdings weit über Kampen hinaus begehrt. Sie ist beständig bei ihrer exklusiven Linie geblieben, die aber ständig innovative Schmuckideen hervorbringt. Die einzige Konstante ist bei ihr die Veränderung. So wird es für sie und die Kundschaft auch nie langweilig, wenn neue Schmuckideen verwirklicht werden. Wir sahen große und kleine Preziosen u.a. aus Gold, Platin mit Edelsteinen und ungewöhnlichem Materialmix.

25999 Kampen, Westerweg 14, Tel.: 0 46 51 / 43483, www.duenne-kampen.de, duenne-kampen@web.de

WERKHALLEN

NEU.COOL.ANDERS.

Mitten im Herzen von Kampen startete 2018 die *Galerie Werkhallen* in ihr erstes Jahr. Die Galeristen *Christiane Obermann* und *Axel Burkhard* bleiben ihrem Galeriefokus auf zeitgenössische Fotografie, Skulptur und Malerei auch auf der Insel treu. Künstler wie *Bryan Adams*, *Till Brönner*, *Jimmy Nelson*, *Vera Mercer*, *Martin Schoeller*, *Abraham David Christian*, *Josef Hoflehner* und *Thomas Röthel*, die zuvor in großen Ausstellungen in den alten Industriehallen in Remagen zu sehen waren, werden nun auch in der Kampener Galerie gezeigt.
Man darf auf viele weitere Highlights gespannt sein. So bringt der *Tony Cragg* Meisterschüler *Stephan Marienfeld* seine Bondage Skulpturen nach Sylt, *Tina Trumpp* überrascht mit ihren sinnlichen Nude-Fotografien, *Douglas Kirkland* zeigt seine außergewöhnlich intimen Fotos von Marilyn Monroe und Coco Chanel; *Vanessa von Zitzewitz* zeigt ihre wunderbaren Schwarz-Weiß-Fotografien erstmals auf Sylt.
Das Portfolio der zeitgenössischen Künstler wird zudem noch durch sogenannte MASTERPIECES erweitert. So werden ausgesuchte Raritäten gezeigt wie ein Motorrad der Marke MÜNCH aus den 70er Jahren, historisches *Louis Vuitton* und *Hermès* Reisegepäck, sowie auch Unikate des weltweit bekannten Fotografen *Peter Beard*.
Der Fokus liegt immer auf dem Besonderen, Außergewöhnlichen.
Christiane Obermann: 0175/4106606
Axel Burkhard: 0171/5266635
25999 Kampen, Braderuper Weg 2,
kontakt@werkhallen.net

MICHAEL RÜHMLING

DESIGN - OBJEKTE - UHREN - KUNST

Rühmlings Galerie, seit über 20 Jahren in Kampen, ist ein Schatzkästlein für ausgefallene Kunst, für seltene Objekte, Bilder des 20. Jahrhunderts und Arbeiten der aktuellen Avantgarde. Jedes Teil der Raritäten in seiner Kampener Galerie hat eine Geschichte und die kann Michael Rühmling bestens vermitteln. Das betrifft auch eine interessante Bildersammlung mit Arbeiten des Bildhauers und Malers *Christian Peschke* (1946-2017, s. Abbildung). Wir sahen außerdem „neue" alte Art-Déco-Objekte, gesuchte Rolex-Uhren und Atmos-Tischuhren. Der ständige Wechsel der Ausstellungsstücke macht einen Besuch bei Rühmling immer interessant.
25999 Kampen, Wattweg 1 / Ecke Hauptstraße,
Tel.: 0 46 51 / 943080, Fax: 948800,
www.ruehmling.de, ruehmling@t-online.de

„Rotes Pferd" – Christian Peschke (1946-2017)
Acryl auf Holz, 80 x 60 cm

GALERIE RUDOLF KAMPEN

Ein Kampener Kunstspaziergang ist lohnend. Im großzügig gestalteten Souterrain des „Kampeneck" ist die bedeutende Kunst der *Klassischen Moderne* zu Hause. Der Galerist *Gernot Rudolf*, der sich bereits seit über 40 Jahren im deutschen Kunsthandel engagiert, zeigt auf Sylt schon seit 28 Jahren museale Kunstwerke dieses Genres *(siehe auch Galerie Rudolf in Keitum)*.

Tochter *Annegret Rudolf* stellte für die Saison 2019 hochwertige Neuerwerbungen zusammen. Viele Raritäten aus Privatbesitz von expressionistischen Arbeiten der Künstlergruppen *„Brücke"* und *„Blauer Reiter"* sind zu entdecken. So sind die Arbeiten von *Erich Heckel, Ernst-Ludwig Kirchner, Karl Schmidt-Rottluff, Max Pechstein, Max Liebermann, Alexej von Jawlensky* und *Gabriele Münter* zu sehen. Auch „Einzelkämpfer" wie *Otto Dix* oder auch *Lyonel Feininger* sind vertreten. Außerdem *Pablo Picasso, Marc Chagall, Georges Braque* und *Salvador Dalí*. Hinzu kommen Bilder von Malern, die eng mit Sylt in Verbindung gebracht werden, so *Eduard Bargheer, Otto Eglau* oder *Siegward Sprotte*. Schließlich ist auf die Vielzahl von Originalzeichnungen des bekannten Berliner Künstlers *Heinrich Zille* sowie auf *Hermann Hesses* bezaubernde Aquarelle hinzuweisen.

25999 Kampen, „Haus Kampeneck", Hauptstraße 8, Tel.: 0 46 51 / 8357773, Fax: 8357774, in den Saisonzeiten geöffnet, Mo-Sa 11-18 Uhr und nach Vereinbarung

Emil Nolde (1867-1956)
Frauen-Portrait
Aquarell um 1920-25, 46,3 x 35,2 cm, signiert

GALERIE PEERLINGS

In einem zurückgesetzten Friesenhaus an der Kampener Kurhausstraße ist die *Galerie Peerlings* ansässig, eine seit über 45 Jahren etablierte Kunstinstitution. Zur Grundausstattung der Galerie gehören die Bilder der Klassischen Moderne von *Braque, Chagall, Ernst, Janssen, Marini, Miró, Picasso* oder *Poliakoff*.

Auch ist der mit Peerlings befreundete Maler *Klaus Fußmann* immer mit expressionistischen Landschafts- und Blumenbildern vertreten.

In diesem Jahr wird hier ein ehemaliger Student und Wegbegleiter von Fußmann eine Sommerausstellung ausrichten. *Till Warwas* ein „Norddeutscher Realist", hat sich auf die Landschaft „Pleinair" und auf Stillleben spezialisiert. Die Abbildung zeigt die akurate Malweise von Till Warwas.

Stillleben von Till Warwas

25999 Kampen, Kurhausstraße 7, Tel.: 0 46 51 / 4940, Fax: 46468, in den Saisonzeiten geöffnet Mo-Sa 11 bis 13 Uhr u. 16 bis 18 Uhr und nach Vereinbarung. www.peerlings.de, hpeerlings@peerlings.de

Der neue Sprotte Kalender vom Eiland-Verlag

GALERIE FALKENSTERN FINE ART ATELIER SPROTTE

Eine ständige Ausstellung mit den Werken von *Siegward Sprotte* (1913-2004) ist mit der ganzen künstlerischen Bandbreite das ganze Jahr in seinem Kampener Atelierhaus zu sehen. Jedes Jahr werden Sprotte-Bilder gezeigt, die noch nicht ausgestellt wurden. Auch in diesem Jahr ist wieder ein Eiland Kalender mit sehr guten Reproduktionen von Sprotte-Bildern erschienen.

Die Kampener *Galerie Falkenstern Fine Art & Atelier Sprotte*, von *Cosmea Sprotte* und Sohn *Armin Sprotte* geführt, zeigt immer wieder Überraschendes aus der gesamten Schaffensperiode dieses namhaften Künstlers. Neben den Bildern Sprottes werden hier im Kontext auch Arbeiten der Großen der Klassischen Moderne gezeigt: *Gabriele Münter, Erich Heckel, Ernst-Wilhelm Nay* und *Fritz Winter*, um nur einige zu nennen. In diesem Jahr werden unter dem Motto „Kunst ist Sprache" u.a. neben Siegward Sprotte folgende Künstler ausgestellt: *Ernst Wilhelm Nay, A.R. Penck, Emil Schumacher, Liu Yonggang, Antoni Tápies, Jörg Plickat.*

Die Kunstmeile im Kampener Strönwai zeigt Skulpturen der Galerie Falkenstern Fine Art unter dem Motto: „Art Matters". *Jörg Plickat* ist mit großen Skulpturen aus Stein und Metall vertreten. *Volkmar Haases* abstrakte Gebilde aus Edelstahl sind zu sehen. Aus China kommend setzt *Lin Yonggang* Zeichen aus lackiertem Stahl. Sehenswert!

25999 Kampen, Alte Dorfstraße,
Tel.: 0 46 51 / 42413, Fax: 46359, ganzjährig geöffnet, täglich 11-18 Uhr. Außerhalb der Saison 11-17 Uhr (montags geschl.), Atelier Sprotte in 14469 Potsdam, Katharinenholzstraße 8. www.falkensternfineart.com

Siegward Sprotte

DIE HOF-GALERIE IM RATHAUS WESTERLAND

Möge die *Hof-Galerie* noch lange im historischen Rathausgebäude von Westerland ihre vielfältige Kunst präsentieren, denn es wird überlegt diese großzügigen Räumlichkeiten der Verwaltung zuzuschlagen. Die Bandbreite der im Rathaus präsentierten Kunst reicht von dem Realismus alter Meister bis hin zu den farbexplosiven Abstraktionen der Zeitgenossen, von Werken der Newcomer bis zu Bildern etablierter Künstler.
Wir sahen ein Meisterwerk von *Sir Godfrey Kneller*, dem großen Portraitmaler und Hofkünstler, der bei Auktionen hohe Preise erzielt. Begeistert sind die beiden Galeristen *Carmen Dietrich* und *Hans-Joachim Fischer* von den expressiven Sylt-Bildern von *Horst Schmied*. Abbilder der Insel im Farbenrausch. Ein weiterer Star der Hof-Galerie ist seit Jahren *Udo Lindenberg*, der gleich eine ganze *Lindenberg Lounge* mit unverwechselbaren Likörellen bestückt.

Sylt-Bild von Horst Schmied · gesehen in der Hof-Galerie

25980 Sylt / OT Westerland, Andreas-Nielsen-Straße 1 / Rathausplatz Eingang Spielbank, Tel.: 0 46 51 / 891761, Fax: 891035, Mo-Fr 11 bis 13 Uhr u. 15 bis 18 Uhr, Sa 11 bis 13 Uhr. www.hof-galerie-sylt.de

WESTERLÄNDER STADTGALERIE

Die *Gemeinde Sylt* und der Verein der *Sylter Kunstfreunde* verfügen mit der *Westerländer Stadtgalerie* in der „Alten Post" über eine ideale zentrale Ausstellungsfläche für arrivierte Künstler, aber auch für Newcomer. Auf folgende Ausstellungen in 2019 können wir uns freuen:
6. bis 28. Juni · Roland Breitschuh – Fotografie
2. bis 15. Juli · Fotografische Arbeiten des ausgewählten Inselkünstlers Jan Stratmann/Berlin
16. bis 31. Juli · Malerei und Grafik von Karin Koch/ Merlebach
im August · Christopher Lehmpful / Pasteuse Malerei / Galerie Müllers/Rendsburg
1. bis 30. September · Hans Jessel und Lars Wiggert, die Söhne Sylts – Fotografie und Malerei „Neue Bilder aus alten Landschaften"
im Oktober · Armin Daniel – Malerei
1. bis 30. November · Insulares Kunstprojekt
im Dezember · Kunstbestand des Sylter Archivs
25980 Sylt / OT Westerland, Stephanstraße 4, Informationen zu den Ausstellungen: Sylter Kunstfreunde / Petra Nies, Tel.: 0 46 51 / 8694018 oder petra.nies@t-online.de und bei der Gemeinde Sylt / Birgit Kühne, Tel.: 0 46 51 / 851211, www.sylter-kunstfreunde.de

RADZUWEIT – ANTIQUITÄTEN & GALERIE

Dünen – Bild von Helene Varges

Ein bewährter Laden für Entdecker und immer für Überraschungen gut. Hier sieht man Werke zu Insel- und Meeresthemen. *Jörn Radzuweit* versteht es, Raritäten dieses Genres aufzuspüren: *Dirks, Weidemann, Köcke, Petersen, Röttger* und *Bräuner* sind einige, klingende Künstlernamen. *Helene Varges* (1877-1946) lebte und arbeitete ab den 20er Jahren auf Sylt. Jörn Radzuweit ist es gelungen, einen beträchtlichen Nachlass mit vielen Zeichnungen und Graphiken zu erwerben. Eine Ausstellung im Keitumer Heimatmuseum ist geplant.
Von klein auf mit der Materie vertraut, verfügt Jörn Radzuweit über einen großen Erfahrungsschatz im gesamten Bereich der Antiquitäten.
Die Spezialitäten des Hauses werden weiterhin die handgefertigten Silber-Accessoires der berühmten Schmieden von *Jensen, Hansen* und *Nielsen* sein. Komplette hochwertige Bestecksätze sind hier präsent. Wer Porzellan für Sammlungen oder für einen großen kulinarischen Auftritt sucht, ist hier goldrichtig. *Royal Copenhagen* und *Musselmalet* sind die gesuchten Raritäten, die hier jedoch in großer Anzahl vorrätig sind. Auch andere Manufakturen sind vertreten. Wir sahen eine größere Anzahl an Gläsern und Flaschen mit filigranen Silver-Overlays der Jahrhundertwende. Wieder einmal ein gesuchtes Spezialgebiet für Antiquitätensammler, das hier bedient wird.
25980 Sylt / OT Westerland, Kjeirstraße 2,
Tel.: 0 46 51 / 7331,
www.sylt-antik.de, info@sylt-antik.de

ANTIQUITÄTEN HILDEGARD DICK

Auch für die Saison 2019 hat *Hildegard Dick* wieder viele Raritäten in ihrem schönen Laden in Alt-Westerland zu bieten. Seit über 50 Jahren kennt man sie im Antiquitätenhandel. Sehenswert ist das alte, handgeschmiedete Silber aus der Werkstatt des berühmten *Georg Jensen*. „Es ist hier tatsächlich europaweit die größte Auswahl an handgeschmiedetem Jensen-Silber zu besichtigen", meint Frau Dick. Ein klingender Name im Luxussegment ist *Louis Vuitton*. Hier findet man diese historischen, bestens restaurierten Koffer.
Eine weitere Leidenschaft der passionierten Sammlerin sind historische Buddha-Figuren ab dem 7. Jahrhundert. Ob Lucky-Buddha oder Cobra-Buddha – Buddha-Figuren... mit einer Aura, die auch diesen schönen Laden zu erleuchten scheint.
25980 Sylt / OT Westerland, Keitumer Chaussee 22,
Tel.: 0 46 51 / 31465, Fax: 35264, geöffnet von 10 bis 18.30 Uhr, www.antiquitaeten-hildegard-dick.de

WALENTOWSKI GALERIEN

In Toplage – in der Mitte der Friedrichstraße ist 2017 die bekannte *Walentowski Galerie* eingezogen, die inzwischen an 14 Standorten mit ihrem populären Kunstprogramm präsent ist. *Familie Walentowski* ist in der 2. Generation bereits seit 50 Jahren im Kunsthandel erfolgreich.
Hier wird man von farbintensiver Pop-Art empfangen; dekorative Siebdruck-Collagen und Malerei auf großformatigem Aluminium. Wir sahen die filigranen, dreidimensionalen Arbeiten von *James Rizzi*. Mit *Elvira Bach* sind auch die sogenannten Jungen Wilden präsent. Keine Panik! Auch *Udo Lindenbergs* Likörelle und der in Szene gesetzte Humor von *Otto Waalkes* sind hier prominent vertreten.
25980 Sylt / OT Westerland, Friedrichstraße 27,
Tel.: 0 46 51 / 8869270, www.walentowski-galerien.de, sylt@walentowski-galerien.de

SVETLANA VORREITER

Seit über 15 Jahren ist *Svetlana Vorreiter* sehr erfolgreich auf Sylt künstlerisch tätig. Ihre profunde Ausbildung hat sie in Kunstschulen in ihrer Heimat St. Petersburg genossen. Sie zeigt ihre Arbeiten in ihrer Atelier-Galerie in Alt-Westerland. Hier sind in den hellen Räumlichkeiten viele ihrer dekorativen Inselmotive und Seestücke zu besichtigen. „Svetlana Vorreiter gehört zu den besten Marinemalern unserer Zeit...", meinte ein Kritiker. Na, also!
25980 Sylt / OT Westerland, Keitumer Chaussee 13
www.svetlana-vorreiter.de, svetlanasylt@t-online.de

Galerie Maulberger

GALERIE MAULBERGER

Die Münchner *Galerie Maulberger*, eine der führenden Privatinstitutionen für Kunst nach 1945, ist mit einer beachtenswerten Dependance in der Westerländer Fußgängerzone präsent. Zweifellos ist diese Galerie, die sich stark der Künstlergruppe ZERO widmet, eine große Bereicherung für die Sylter Kunstszene. Angeboten werden ausschließlich Werke aus dem eigenen Bestand vom Sammler Hans Maulberger.

Im ständigen Galerieprogramm sind Künstlernamen vertreten, deren Werke in den Kunstmuseen der Welt ihren Platz haben: *Cavael, Götz, Mack, Nay, Piene, Schumacher, Sonderborg, Thieler, Uecker, Winter* und *Zangs*. Seit Jahrzehnten nimmt die Galerie an den Kunstmessen Art Cologne, Cologne Fine Art, Munich Highlights und Art Karlsruhe teil. Auf über 50 kunstwissenschaftlich recherchierte Publikationen kann die Galerie Maulberger bereits zurückblicken. Einen Beitrag zur Aufarbeitung der informellen Kunstepoche der 50er und 60er Jahre leistet die Galerie, die vor über 30 Jahren gegründet wurde, zudem durch die Erstellung des K.R.H. Sonderborg-Archivs sowie des Herbert Zangs Nachlass-Archivs.

25980 Sylt / OT Westerland, Neue Straße 3,
Tel.: 0 46 51 / 4468772, Fax: 9573966,
www.maulberger.de, info@maulberger.de

SHOWROOM GALLERY

NEU auf Sylt

Dirk Beyertz

Ostern eröffnete *Dirk Beyertz* zur Saison 2019 an der sogenannten Neuen Westerländer Mitte die *Showroom Gallery*. Beeindruckend der große lichtdurchflutete Raum mit einer Präsentation von Bildern etablierter Künstler. Kenner wissen mit den klingenden Namen des Kunstmarktes etwas anzufangen, schließlich sind deren Werke in fast jedem modernen Kunstmuseum präsent: *K.O. Götz, Heinz Mack, Imi Knoebel* oder *Günther Uecker*. In erster Linie sollten die Werke gefallen, der Erwerb dieser Bilder hat aber auch immer etwas mit Invest und einer erwarteten Rendite zu tun.

Auch junge Talente finden im Showroom ihren Marktplatz. Einfach mal reinschauen beim Kunstbummel auf Sylt.

25980 Sylt / OT Westerland, Neue Straße 1,
Tel.: 0211/91735283
www.showroom-gallery.com, art@showroom-gallery.com

Günther Uecker · Spirale · Prägedruck

KUNSTSUPERMARKT

Diese Kunstadresse hat sich auf Sylt etabliert. Auf der Insel gibt es schließlich viele Räume, die mit Kunst zu schmücken sind. Wenn sich eine Galerie selbst als *Kunstsupermarkt* bezeichnet, muss dahinter ein gehöriges Selbstvertrauen stecken. Dass die Bilder dieses Vertrauen rechtfertigen, stellen sie Bild für Bild unter Beweis. Zu betrachten sind gut 2.000 Originalkunstwerke.

Diese Originale! von teilweise bereits arrivierten Künstlern und vielversprechenden Newcomern gibt es in einer Größen-Preis-Staffelung von 59,-, 110,-, 220,- und 330,- Euro. Großformatige Kunstwerke liegen im niedrigen vierstelligen Bereich. Wir sahen dekorative Qualitätsbilder von absoluten Könnern. So kann im Sylter Kunstsupermarkt die Bestückung eines ganzen Hauses mit Kunst-Originalen zu einem erschwinglichen Vergnügen werden.

25980 Sylt / OT Westerland, Elisabethstraße 1,
Tel.: 0 46 51 / 8357786, www.kunstsupermarkt.de

NEU auf Sylt

SCHÖNES & ALTES

Dagmar & Michael Lönnecker

Ist das kleine weiße Haus an der Keitumer Chaussee in Alt Westerland erst einmal entdeckt, so sollte man nicht zögern, die Schwelle zu überwinden, um sich im Inneren auf *Schönes & Altes* einzulassen. Man kommt hier gefühlt zum privaten Besuch bei einem kunstsinnigen Paar – *Dagmar* und *Michael Lönnecker* – seit Jahrzehnten Sammler schöner Dinge. Sie betreten hier sozusagen ihre „Gute Stube". Als Besucher ist man überrascht, dass hier mit einer gewissen Selbstverständlichkeit Bilder präsentiert werden von Malern, die im norddeutschen Raum als Crème de la Crème des 20. Jhs. gelten. Als arrivierte „Inselmaler" sahen wir *Korwan, Weidemann, Eglau* und *Sprotte*. Hamburg war beispielsweise vertreten mit Bildern von *Eitner, Bargheer, Schaper* und *Hauptmann*. Auch unverwechselbar florale Motive von *Klaus Fußmann* schmückten die Wände. Alle Bilder adäquat gerahmt. Den wohnlichen Rahmen bieten einige gepflegte Antiquitäten und Kuriositäten. Alles mit Liebe zum Detail. Es lohnt sich also, hier einmal die Schwelle für „Schönes & Altes" zu überwinden.

25980 Sylt / OT Westerland, Keitumer Chaussee 8,
Mobil 0172/8020331, geöffnet ganzjährig Montag
bis Freitag 11 - 18 Uhr und nach Vereinbarung
michael@loennecker-hh.de

Friedrich Ahlers-Heestermann – Französische Flusslandschaft

KUNSTHAUS UERPMANN

Bereits in der 3. Generation ist das *Kunsthaus Uerpmann* von Bielefeld aus auf dem Kunstmarkt tätig. Die Dependance in Westerland hat sich sehr erfolgreich entwickelt.

Unweit der Einkaufsmeile Friedrichstraße in der Bismarckstraße 3 ist eine breite Palette dekorativer Werke der Künstler zu sehen, die von Uerpmann vertreten werden. Einige seien genannt: *Karsten Maiwald* bringt äußerst fotorealistisch Dünen und Meer auf die Leinwand. *Malte von Schuckmann*, auch Realist, ist spezialisiert auf das lichtdurchflutete bewegte Meer. Großartig! *Frank Getty* trägt gekonnt mit Spachteltechnik „dick auf". *Mario Malfer* schafft in seinen Bildern eine spannende Synthese aus Abstraktion und einer realistischen Landschaftsdarstellung (siehe Abbildung). Echte Hingucker sind die Bilder vom „Pool". Echt cool von *Jean-Pierre Kunkel*. In Pop Art-Manier bringt *Ute Hillenbrand* „zerknüllte" Getränkedosen auf gebürstetes Alluminium. Also! Kreative Abwechslung ist angesagt bei Uerpmann. Bestens und informativ präsentiert von der Galeristin *Jule Plate*.

25980 Sylt / OT Westerland, Bismarckstr. 3, Tel.: 0 46 51 / 299 900 3, www.kunsthaus-uerpmann.de, sylt@kunsthaus-uerpmann.de

Farbwald von Mario Malfer · 140 x 100 cm

HANS JOACHIM POHL

Im Morsumer Hansenhof – dort,wo die freilaufenden Hühner für frische Eier sorgen, betreibt der Kunstpädagoge im Ruhestand *Hans Joachim Pohl* in der etwa 110 Jahre alten Reetdachscheune direkt neben dem Hofladen seit vielen Jahren seine Ateliergalerie.

Der vielseitige Künstler zeigt dort seine Skulpturen aus Holz, Eisen oder auch Bronze und Bilder der Insellandschaft. Für kleine Formate bevorzugt er die Technik des Aquarells, bei größeren Arbeiten experimentiert er gern mit verschiedenen Materialien in Verbindung mit Acrylfarben.

Die facettenreiche Sylter Natur ist neben vielen Reisen seine größte Inspiration. Besucher sind zu den Öffnungszeiten des Hofladens oder nach telefonischer Vereinbarung herzlich willkommen.

25980 Sylt / OT Morsum, Terpstig 65, Tel.: 0170/3459093, www.hansenhof-sylt.de

GALERIE MENSING

Die *Galerie Mensing* gilt mit ihren diversen deutschen Dependancen in den Metropolen, auf Mallorca und mit 2.000m² Ausstellungsfläche am Firmensitz in Hamm als größte Galerie Europas. Seit 22 Jahren ist Mensing in der Friedrichstraße mit einer Filiale präsent. Das runderneuerte historische Westerländer Haus „Seeburg" aus der Blütezeit des Seebades wurde von dem Galeristen und Kunsthändler *Harry Mensing* zur „Art-your-life-Residenz" erklärt. In den großzügigen Galerieräumen zeigt Mensing die dekorativen, farbintensiven Pop-Art-Werke seiner Stars: *Britto, Fazzino, Guldenstern, Rocca* oder *Rubenstein*. Die Mensing-Künstler besuchen gerne die Insel, um ihre Werke zu promoten.

25980 Sylt / OT Westerland, Friedrichstraße 32 und 42, Tel.: 0 46 51 / 8862054, www.galerie-mensing.de, sylt@galerie-mensing.de

PARTYTIME

Adressinfos zu den Partylocations finden Sie auf den Seiten 336 - 352

Kampen

Mehr Infos im Restaurant-/Hotelreport

Berühmt und berüchtigt für sein angeblich ausschweifendes Nachtleben. Man muss aber nicht „schön und reich" sein, um dabei zu sein. Es kostet nur ein bisschen mehr als woanders. Na und? Dafür ist man „inside".

Beginnen wir ganz solide unseren Nachtbummel mit einem Sundowner im *Hotel Rungholt* in der Kurhausstraße an der traditionellen **REITERBAR**. Jahrzehntelang war es Tradition während des Sonntagsausritts hier eine Zwischenstation einzulegen. Noch heute wird jeder Reiter, der vorbeikommt samt Pferd mit einem Gratis-Korn als „Satteltrunk" begrüßt. An der alten Hufeisen-Bar kann man im Innenbereich von den guten, alten Kurhaus-Zeiten schwärmen und gepflegt in die Tiefen nach „Rungholt" abtauchen.

Ein paar Häuser weiter, die Kurhausstraße entlang in Richtung Strönwai, lockt eine hochklassige Wein- und Champagnerauswahl an *Detlef Tappes* **WALTER'S-HOF-BAR**. Bei schönem Wetter sitzt man nach dem gepflegten Dinner auf der Terrasse und schaut auf Nordsee und Wattenmeer. Herrlich!

Im *Kampener Strönwai*, der sogenannten Whiskymeile, reiht sich ein Gastro-Highlight an das andere.

Wie schnell ein Generationswechsel vollzogen werden kann, zeigt das neue Image der Kampen-Institution ★ **GOGÄRTCHEN**.
Mit einem erneuten Betreiberwechsel geht man mit frischem Elan in die neue Saison. Ein junges Team hat eine gute Portion Zeitgeist in den Laden gesteckt, ohne ganz die Tradition zu verleugnen. Tagsüber Restaurant, Kaffeegarten, Barbetrieb draußen an der Champagnerbar und im Haus an der Promi-Bar abhängen. Hier hat sich schon die angesagte Journaille der 60er und 70er edelst betrunken. Nach dem Dinner kann es vom gepflegten Getränk nahtlos bis zur gefühlten Privatparty übergehen.

Auf der anderen Seite vom Strönwai betreiben *Nele* und *Björn Berg* seit ein paar Jahren schon den **RAUCHFANG**. Ein ähnliches Programm wie im Gogärtchen, große, stark umlagerte Außenbar, gutes Essen und Trinken; abends wird mit etwas Glück dezent das Tanzbein an der Außenbar geschwungen. Hier beschallt die Musik eindeutig am lautesten. Grundsätzlich jedes Alter vorhanden.

PONY

Gegenüber vom Rauchfang ein echtes Unschuldslamm, zumindest im Vergleich zu den anderen Etablissements. Das ★ **ODIN** ist perfekt für den Absacker nach dem Strand in der Kampener Restsonne. Oder zum Vorglühen zu Beginn einer langen Nacht auf den 200 Metern Strönwai. Auch gut geeignet für jene, die sich in die anderen Meilen-Lokale nicht hineintrauen oder nicht rein wollen oder meinen, sich die nicht leisten zu können. Über die Küche wird im Restaurant-Report ausführlich berichtet. Von der Terrasse hat man einen guten Überblick, was so läuft auf der Whisky-Meile.

Übrigens: die **STURMHAUBE** legt immer noch eine Renovierungspause ein. Nix mit Party.

Das **PONY.** Über 55 Jahre und kein bisschen müde. Noch heute zehrt das Pony von den Zeiten, als der feierwütige Jetset in den 60er und 70er Jahren hier Furore machte, Kapazitäten wie Gunter Sachs plus Entourage gern und oft aufliefen und so zur Legende von Kampen beitrugen. *Oskar Schnitzer* und *Sohnemann Philipp* sind mit vielen Aktionen am Puls der Zeit: Modelnächte, Fête Blanche, Beachparty und Flower Power. Die Tür kann zur Hochsaison recht hart sein, die Getränkepreise sind es immer. Stimmung cool bis hot. Die kleine Bude kann partymäßig richtig auseinander knallen. Es passiert, dass drei Generationen zusammen auf dem engen Dancefloor wirbeln. Wer seinesgleichen sucht, findet sich im Pony wahrscheinlich auch die nächsten 50 Jahre wieder. Der Laden gilt als ältester noch bestehender Disko-Club Deutschlands.

Etwas geräumiger und auch schon über 35 Jahre am Start ist der **CLUB ROTES KLIFF** im Braderuper Weg in Kampen. Hier spielt die Musik in der Liga der „World's Finest Clubs". Prominente DJs an den Turntables. Events in den großen Städten. Party-Aktion über das ganze Jahr. *Peter Kliem* ist der Partymacher – unermüdlich! Wenn die Läden auf dem Strönwai schließen, trotten scharenweise Nachtschwärmer zum Tanzen in den Club. Oder sie wollen einfach nur weiterfeiern, immer weiter, immer weiter... Peter Kliem zieht alle Register, um dem Partyvolk etwas zu bieten. Angefangen von der ausgefallenen LED-Lichttechnik über Motto-Partys bis hin zum Multitasking-Gastgeber und DJ in Personalunion – dieser Spot

Dorfkrug Bar

spielt in Sachen Sylter Club-Kultur die erste Geige. Ergänzt wird der Club durch das kulinarische Angebot vom benachbarten ★ **DORFKRUG,** der auch noch zu später Stunde Leckeres zu bieten hat. Club und Dorfkrug können somit ein abendfüllendes Programm sein.

Gegenüber vom Dorfkrug eröffnete in einem schönen Friesenhaus ★ **SOUND & KITCHEN.** Neben einer ambitionierten Küche ist man auf das After-Dinner bestens mit Plattenspieler und reichlich Vinyl eingestellt. Dieser Laden ist auf „locker" aber auch auf Qualität eingestellt.

Westerland

Hier im Zentrum von Sylt braucht man etwas länger, um sich durch das Angebot von Etablissements zu kämpfen, die gepflegte Drinks und angesagte Klänge bieten.

Erstmal geht es ins Bermuda-Dreieck von Westerland, in die Paulstraße: gleich am Beginn das **AMERICAN BISTRO**, auch schon über ein Vierteljahrhundert alt. Hier feiert die jüngere Generation sich selbst oder die After-Show. Zu den Surf-Events trifft sich hier im September/Oktober die Elite. Essen, Trinken, Tanzen ist das Motto. Ab 22 Uhr Barbetrieb. Der DJ legt alles auf, was in den Beinen kribbelt.

Schräg gegenüber in der Paulstraße, die **WUNDERBAR:** das ist ein wenig wie Après-Ski-Party in Ischgl und Mallorca-Ballermann zusammen. Gute Laune, viele Kurze und Erdnüsse satt, deren Schalen die Party-Crowd einfach auf den Boden schmeißt. Vorher hält man es nicht für möglich, aber hier tanzt man plötzlich zu Roland Kaiser und Udo Jürgens. Dabei könnten die Gäste altersmäßig locker die Enkel der Interpreten sein. Noch vor dem ersten Schluck Alkohol fühlt man sich hier sofort wie auf 2 Promille. Auch eine Qualität.

Noch eine Westerländer Institution, immer noch die Paulstraße, 50 Meter weiter. Im **IRISH PUB** treffen Insulaner auf Festländer. Hier spült man frisch gezapfte Biere wie „Kilkenny", „Guinness" und „Harp Lager" die Kehle herunter und beklönt dabei im schummerigen Licht den neuesten Inselschnack. Ab und an werden zu Live-Musik die Hüften geschwungen. Solide Kneipe für jedermann. Zwei Gehminuten von der Paulstraße entfernt, am Fuße der Strandstraße, liegt der **CLASSIC CLUB**. Der Name ist hier Programm: klassisch ist nicht nur die vornehmliche Beschallung mit Dance Classics der 70er und 80er Jahre, sondern auch das Publikum, welches sich im Schnitt zwischen 30 Lebensjahren und Hospiz bewegt (das ist gemein!). Trotzdem wird hier mordsmäßig das Tanzbein geschwungen; es könnte ja das letzte Mal sein. Der Gastgeber ist ein erfahrener DJ und weiß genau, wie er seine Gäste auf die Tanzfläche lockt. Bodenständiges Publikum, hohes Flirtpotential, faire Preise und gelöste Partystimmung prägen diese klassische Diskothek im Herzen von Westerland. Gegenüber das Hotel Stadt Hamburg.

HARDY´S BAR IM HOTEL STADT HAMBURG

★ **HARDY`S** heißt die angesagte Bar im Hotel Stadt Hamburg. Ein großer Wurf. Farbe und Interieur top! Exzellente Auswahl an Cocktails. Ein Treff mit Stil vor dem Dining und hinterher zum Absacken. Im Hause zwei sehr gute Restaurants.

In das ehemalige CONNY'S in der Friedrichstraße ist Boris mit seiner ★ **BARBUSHKA** eingezogen. In diesem „schmalen Handtuch" ist gerade mal Platz für eine langgestreckte Bar und ihre Hocker. Aber diese Bar ist gut bestückt mit diversen Spezialgetränken und Boris hat´s drauf mit dem Mixen, ob gerührt oder geschüttelt. Die Begleitmusik ist „wonnemeyerlike" und die ist ja bekanntlich nicht die schlechteste.

Die ★ **BAR VOM HOTEL MIRAMAR** ist ein Klassiker. Direkt hinter der Rezeption am Eingang des 116 Jahre alten Hotels gelangt man in den altehrwürdigen – dem Jugendstil nachempfundenen – Bar-Raum und atmet historische Luft. Man fühlt sich bei einem Glas Champagner in die gute, alte formidable Bäderzeit zurückversetzt. Alter Look, neue Drinks: Die Auswahl und Qualität der Cocktails ist hier bemerkenswert. Dresscode gediegen, in kurzer Hose und T-Shirt hat man hier nichts zu suchen, auch wenn das Haus direkt am Strand von Westerland steht.

Das **CASINO** im alten Rathaus von Westerland ist bekannt dafür, dass man dort Geld gewinnt – oder verliert. Wer in der Spielbank auf Nummer sicher gehen will, nimmt in der

Bar, die im Neo-Art-Déco-Design aufwartet, einen Drink. Hier kann man wunderbar spielfreudige Menschen-Unikate nach Sieg oder Niederlage beobachten, die man zuvor nie auf der Straße gesehen hat und sonst nur aus amerikanischen Fernsehserien der 80er Jahre kennt.

Im **CHEERS** fühlt man sich wie bei guten Bekannten im Wohnzimmer. Es sind über 20 Jahre, dass *Maike & Frido* diese Bier-, Rum-, Whisky-, Gin-Kneipe schmeißen. Frido ist es nicht egal, was er seinen Gästen ausschenkt. Um das Gute vom weniger Guten zu unterscheiden, da muss man schon Erfahrung mitbringen. So hat er eine große Auswahl von dem, was Spaß auf der Zunge und im Kopf macht, z.B. Murphy's Irish Stout, Krombacher und Jever vom Fass. Cocktails auch gern nach eigenen Wünschen. Der Rum ist längst wieder im Kommen. Hier bekommt man die Übersee-Raritäten, die viel zu schade für irgendwelche Beigetränke sind. Der erste Sylter Whisky „Cronnag" kann hier getestet werden. Frido meint: „Der ist richtig gut!" Die Musikbegleitung könnte man hier als handgemacht bezeichnen; der Hausherr legt Rock, Pop, Soul und Blues aus seiner reichhaltigen Vinylsammlung auf den Plattenteller. Publikum vorwiegend von der Insel, Außerfriesische sind aber selbstverständlich genauso willkommen (etwas abgelegen beim großen Parkplatz der Andreas-Nielsen-Straße 8).

HYGGELIG heißt das aufstrebende Abendlokal in den ehemaligen Räumen vom „Amadeus" – gegenüber vom Westerländer Bahnhof. Im Mittelpunkt steht hier eindeutig der Wein. Jede Flasche hat einen „Lagerpreis". Zusätzlich wird für den Genuss im Haus ein „Korkgeld" von 12,90 berechnet. Eine gute Idee! Die Küche bietet „Kleine Happen" und mehr zu angenehmen Preisen. Die „Hygge" wird sich dann mit der Zeit schon einstellen.

Weiter geht es in die **COHIBAR**, inzwischen auch seit über 20 Jahren eine insulare Institution. Hier ist Karibik angesagt. Viele Einheimische zwischen 20 und 30 Jahren, lateinamerikanische Deko, Kokosnüsse als Lampenschirme, Lichtorgel, Live-DJ. Wenig Platz, deshalb auch atmosphärisch schön dicht. Getränketechnisch ist das Motto klotzen, nicht kleckern: hier wird das Bier gern im Liter-Glas, der Cocktail im Halbliter-Glas ausgeschenkt. Warum? Weil die Cohibar das kann und darf.

Für die Querdenker und -fühler gibt es das **KLEIST CASINO** in der Elisabethstraße, kurz **KC** genannt. Seit Jahrzehnten eine Institution für die Gay-Community, allerdings sind die richtig wilden Zeiten, als es noch den Sylter Leder-Männer-Club gab und an der Tür ordentlich gesiebt wurde, vorbei. In der kleinen Bar-Disko sind natürlich auch Heterosexuelle herzlich willkommen.

Die Eigenwerbung trifft den Nagel auf den Kopf: „Es wird behauptet, wir sind versnobt, lustig, eingebildet, tuntig, seriös, verspielt, teuer, billig, immer fröhlich – an allem ist etwas dran, aber eins ist sicher: Wir haben verdammt nette Gäste."

Die zweite Herren-Bar gleich um die Ecke ist das **NANU**. In plüschig angehauchter Einrichtung schließt „Mann" hier neue Kontakte, festigt alte Seilschaften oder klagt dem Barkeeper sein Leid über den Verflossenen...

Die Adresse von **EVE´S NIGHTBAR** heißt zwar immer noch Norderstraße, nur ist die „Rote Laterne" längst in Richtung Westerland City gezogen. Seit 35 Jahren eine feste, einschlägige Adresse im Sylter Nightlife. Am diskreten Eingang werden die Gäste freundlich empfangen. Das „grundsolide Etablissement" kann von jeder und jedem besucht werden. Wer allein kommt, hat die Möglichkeit entsprechende Gesellschaft zu finden. Die Preise an der Bar bewegen sich im Rahmen des Üblichen. Escort und Außer-Haus-Service ist auch möglich: Entspannen meine Herren!

MILESBAR

Hat man in den Restaurants BODENDORF'S oder SIEBZEHN84 im ★ **LANDHAUS STRICKER** in Tinnum gespeist, lohnt der Absacker in der schönen **MILESBAR** mit einer gewissen zurückhaltenden Vornehmheit. Benannt nach dem Pop-Art-Künstler Devin Miles ist die Bar jetzt stylisch, poppig, farbiger. Doch die wuchtige Balkenkonstruktion erinnert daran, dass man sich schließlich in einem altehrwürdigen Reetdachanwesen aus dem Jahr 1784 befindet. Dass Chef *Holger Bodendorf* hier auch auf ausgefallenste Getränkewünsche seiner Gäste eingestellt ist, versteht sich in diesem feinen Haus eigentlich von selbst. Barkeeper *Stefan Märker* favorisiert z.B. als Signature-Drinks seine Cocktails auf Gin-Basis. Was zu testen wäre…

Wie Bar-Kultur in den Achtzigern und Neunzigern aussah, ist wieder total in. Das sieht man in der **LÄSSIG BAR** im Hotel Strandhörn in Wenningstedt. Schwarzes Leder, blaues Licht, Marmortische und Paisley-Stoffe, plus Discokugel und Schwarzlicht. Wer so etwas nur aus den Erzählungen der Eltern kennt, sollte hier einen fancy Drink mit Zuckerrand und Schirmchen zu sich nehmen, den der freundliche Barkeeper für die Zeitreise garantiert zubereitet. Im lässigen Außenbereich kann man bei einem Glas Champus die Wenningstedter Haute-Volée flanieren sehen und beobachten, wer beim Münch'ner Hahn gegenüber bereits zum fünften Mal im Urlaub „Broiler to go" kauft. Dabei ist das Restaurant „lässig & easy" im eigenen Haus absolut top.

Das Luxushotel ★ **SEVERIN*S** in Keitum beherbergt eine der schönsten Bars auf der Insel. Diese besteht aus drei Teilen: dem eigentlichen Barbereich, der jeden gehobenen Getränkewunsch erfüllt und sehr geschmackvoll zwischen Moderne und Klassik eingerichtet ist, daneben befindet sich ein ebenso großer Raucherbereich mit Humidor und schließlich ein gediegener Außenbereich mit herrlichem Blick auf alte Bäume und Reetdächer. Die dargereichten Getränke und Snacks werden in wunderschönem Geschirr vom sehr ambitionierten Service gereicht. Top notch!

Der Norden der Insel ist da vergleichsweise harmlos, was das Nachtleben angeht. Nördlich von Kampen kann man sich tagsüber hervorragend von den nächtlichen Strapazen erholen. Erwähnenswert ist allerdings noch die **NEGRONI-BAR** vom ★ **Hotel A-ROSA** mit kosmopolitischem Flair. Negroni, ein klassischer Cocktail aus Gin, Campari und Wermut, ist der Namensgeber und wird hier auch bevorzugt kredenzt. Die großzügige Lobby mit Bar und Kamin ist weiterhin Entrée und Treffpunkt. Wer räumliche Offenheit und eine große, modern gestaltete Bar schätzt, kann hier schöne Stunden verbringen.

Last but not least:
In der ★ **BAR VOM HOTEL BUDERSAND** herrscht gediegene Luxushotel-Atmosphäre. Am u-förmigen Tresen lässt sich nach einer Handicap-Verbesserung auf dem Golfplatz nebenan ein wunderbarer Absacker nehmen. Am besten startet man hier mit der Spezialität des Hauses in den Abend: Mit mindestens 80 Sorten Gin wartet der geschulte Bartender auf, bietet bei Interesse kleine und große Verkostungen mit ausführlicher Erklärung an. Ein Pianist unterstreicht die „classy" Stimmung beizeiten mit dezenter Barmusik auf dem Flügel, ein kleines Feuer lodert im frei stehenden Kamin. Wenn dann noch von einer der beiden Hotelflügel-Treppen eine Dame im roten Cocktailkleid direkt in die Bar herunterschwebt, ist die Kulisse filmreif.

Fotos: Alexander Heil

sound on the beach

Strandlocations

Im Sommer sind bestimmte Strände nicht nur tagsüber belebt. Auch noch nach Sonnenuntergang gibt es am Meer Hot-Spots für die Party. Hier ist dann die Versorgung mit Drinks und Snacks gesichert und auch für den passenden Chill-out-Sound ist gesorgt.
Nur – zu Fuß muss man schon gehen, den Strand entlang oder über die Dünen. Das ist anstrengend. Vor allem im Urlaub! Mit den Kampener Strandhütten ist das auch nicht anders. Immer durch den Sand: ★ **KAAMPS7** und ★ **BUHNE 16** sind die idealen Summer-Night-Hot-Spots.

Die „Sturmhaube", früher Party-Highlight, hält auch in diesem Sommer noch Winterschlaf.

★ **WONNEMEYER** früher am Wenningstedter Strand die Nr. 1 ist jetzt nach List in die Dünen gezogen. Dort erklingt nun die wonnige Chill-out-Musik.

In Westerland kommt man abends auch ohne Strandticket ans Meer. Hier versorgen ★ **HANS' HÜTTE,** ★ **BADEZEIT** und **BEACHHOUSE** das Partyvolk. Eine eigene Party-Zone ist schnell am Strand gebaut: Ein paar Strandkörbe zusammengestellt und schon kreist der Rhabarbersaft.

My Home is my Strandburg

PROGRAMM 2019

GLØDE
GRAMMOPHON & SCHELLACK
TILL FREY
FREDDY ALBERS
VOCAL RECALL
BREITSCHUH
BEN BECKER
6-ZYLINDER
CARTOON SHOW
INGOLF LÜCK
GODEWIND
MR. JIMMY@FRIESENSCHLAMPEN.DE
OFFENE BÜHNE SYLT
TRIO BOOGILICIOUS
FRANZ JOSEPH STROHMEIER
SYLTER SHANTY CHOR
SONG PING PONG
LIZA KOS
ALTE MÄDCHEN
OLIVER STREMPLER
STEFAN BAUER
THABILÉ
STEFAN REUSCH
MARKUS KAPP
THE MODERN CELLO-PIANO DUO
LARS REDLICH
BLÖMER // TILLACK
CHRISTOPH MARIA HERBST & MORITZ NETENJAKOB
MOI ET LES AUTRES
MARINA RESHETOVA QUINTETT
YOU'LL BE MINE
EUROVISION SONG CONTEST
MICROBAND
PETER LÖHMANN
DELTA Q
ANDREAS ELLER
JÖRN INGWERSEN
SERHAT DOGAN
THE STOKES
MARKUS MARIA PROFITLICH
SURF FILM NACHT
FFF BADENIUS
HERZTÖNE
BADEMEISTER SCHALUPPKE
BRUNO „GÜNNA" KNUST
DUO GRACELAND
WEST COAST FEETWARMERS
KORFF / LUDEWIG
ALEXANDER MERK
WESTERLÄNDER SPEELDEEL
SCHWARZBLOND
TIM LINDE TRIO
ANDRÉ HARTMANN
CLAUDIA THESENFITZ
KLAUS HOFFMANN
JÖRG SCHUHMACHER
HENNING RUWE & MARTIN VALENSKE
LARS A. FISCHINGER
NACHTSCHNITTCHEN
WILLY NACHDENKLICH
FELIX MEYER & ERIK MANOUZ
SALAMANDA
GERRIT HOSS
FRÄULEIN TONI & ER
JOEL HAVEA TRIO
TRIO BOOGIELICIOUS
THE BEST OF SIXTIES
YANN YURO
VERA DECKERS
SAN GLASER
BJÖRN PAULSEN
PETTICOAT & POMADE
TIM BECKER
CHRISTOPH REUTER
FLORIAN HEINISCH
„DIE ULTIMATIVE OSSILESUNG – TEIL 1 UND 2"
KOHL
PROF. RAINER MORITZ UND CAROLINE KIESEWETTER
FROHWIN & LÖFFLER
KLASSIK-WEIHNACHTSSPECIAL
TONE FISH
„DIE SCHÖNEN MANNHEIMS"
ANNEMARIE STOLTENBERG
TANTE LILLI
HUNDSTAGE 2019
GIORA FEIDMANN
STONE – ROLLING STONES
MYSTERY MOMENTS
KLIFFMEILE 2019 / 20
JO BOHNSACK
NICOLE STAUDINGER
MIRJA REGENSBURG
DUO GRACELAND
RADAU! KINDERROCKKONZERT

ÄNDERUNGEN VORBEHALTEN

KUR³ SAAL

KULTUR | FESTE | KONGRESSE

STRANDSTRASSE 25
25996 WENNINGSTEDT
WWW.KURSAAL3-SYLT.DE

VORVERKAUF:
AN ALLEN SYLTER VORVERKAUFSSTELLEN
WWW.VIBUS.DE
INFO@KURSAAL3-SYLT.DE

Sylter Veranstaltungskalender

Tag/Monat		Datum	Ort	Uhr	Veranstaltung
MAI 2019	Fr-So	24.-26.05.	inselweit		Harley Davidson Days Sylt
	Fr	24.05.	Morsum	20.00	Konzert: Laura Elisa / Foyer Muasem Hüs
	Fr	24.05.	Wenningstedt	20.15	Comedy: Live Cartoon Show / Kursaal[3]
	Fr	24.05.	Klanxbüll	20.00	folkBALTICA / Charlottenhof
	Mo	27.05.	Westerland	19.30	Musik: Wilhelm Busch trifft Klassik / Podium im Rathaus
	Di	28.05.	Rantum	19.00	Konzert: Sylter Shanty Chor / Kursaal
	Do	30.05.-10.06.	Westerland	10.00	Multivan Summer Opening / Brandenburger Strand
Juni 2019	So	02.06.	Archsum	10.00	Ringreiten des Amazonencorps Weiße Lanze von 1985 / Dorfwiese
	So	02.06.	Keitum	17.00	Sommerkonzert Jazz David Helbrock Trio / Kontorhaus Keitum
	So	02.06.	Klappholttal	20.00	Konzert für Cello mit Ventseslav Nikolov, Sofia
	Mo	03.06.	Wenningstedt	20.00	Konzert: Jo Bohnsack - Boogie in the Church / Friesenkapelle
	Di	04.06.	Rantum	19.30	Theater: Westerländer Speeldeel - Strohblomen / Kursaal
	Mi	05.06.	Klappholttal	20.00	Konzert mit Ventseslav Nikolov, Violoncello und dem Ensemble „Silhouettes"
	Mi	05.06.	Wenningstedt	20.15	Konzert: Gerrit Hoss - Live 2019 / Kursaal[3]
	Do	06.06.	Rantum	20.00	Kabarett: Uta Rotermund - Rantum lacht! / Kursaal
	Do	06.06.	Wenningstedt	21.00	Konzert: Paul Eastham / iismeer
	Fr	07.06.	Klappholttal	20.00	Abschlusskonzert der Kammermusikwoche
	Sa	08.06.	Morsum	11.00	Pfingst-Frühschoppen mit Jazzbreeze / Muasem Hüs
	Sa	08.06.	Klanxbüll	20.00	Konzert: dIRE sTRINGS / Charlottenhof
	So	09.06.	List	07.30	MS Deutschland vor List auf Reede
	So	09.06.	Archsum	10.00	Ringreiten des Archsumer Ringreitervereins von 1863 / Dorfwiese
	Mo	10.06.	Westerland	11.00	Ökomenischer Inselgottesdienst / St. Nicolai
	Mo	10.06.	Wenningstedt	20.15	Konzert: The best of sixties / Kursaal[3]
	Di	11.06.	List	18.00	Sportabzeichen / Sportplatz
	Di	11.06.	Rantum	19.00	Konzert: Sylter Shanty Chor / Kursaal
	Mi	12.06.	Klappholttal	20.00	Cembalo, Gambe und Flöte mit Anke Dennert, Simone Eckert und Mareile Haberland
	Mi	12.06.	Wenningstedt	20.15	Konzert: San Glaser - „The great Grand Hotel" / Kursaal[3]
	Do	13.06.	Wenningstedt	20.15	Konzert: 6-Zylinder - Jetzt auch konisch! / Kursaal[3]
	Do	13.06.	Kampen	20.00	Literatursommer: Heinz Strunk - „Das Teemännchen" / Kaamp-Hüs
	Fr	14.06.	Tinnum	20.00	Preisskat für Sylter und Gäste / Tinem Hüs
	Fr	14.06.	Wenningstedt	20.15	Konzert: Grammophon & Schellack - Musik mit Charme der 20er und 30er Jahre / Kursaal[3]
	So	16.06.	Klappholttal	20.00	Konzert: Klavierabend mit Gerlint Böttcher
	So	16.06.	Klanxbüll	10.00	Chorworkshop mit Eddi Hüneke von den Wise Guys / Charlottenhof
	So	16.06.	Klanxbüll	18.30	Konzert mit Eddi Hüneke mit Workshop-Chor / Charlottenhof
	Di	18.06.	Westerland	20.00	Vortrag: Rausfahren - wenn andere reinkommen / obere Promenade - Raum Nordsee
	Di	18.06.	Wenningstedt	20.15	Theater: Mystery Moments - Ein Krimi-Live-Hörspiel / Kursaal[3]
	Mi	19.06.	Klappholttal	20.00	Klavierabend mit Gerlint Böttcher
	Mi	19.06.	Morsum	20.00	Kabarett: Inka Meyer / Muasem Hüs
	Mi	19.06.	Wenningstedt	20.15	Kabarett: Markus Kapp - Wir schweifen App / Kursaal[3]
	Mi	19.06.	Westerland	20.00	Westwind Blues & Boogie - Jo Bohnsack mit David Kaplan / Alter Kursaal
	Do	20.06.	Rantum	20.00	Kabarett: Beckmann -Griess - Rantum lacht! / Kursaal
	Fr	21.06.	Klanxbüll	20.00	Musikkabarett: Beckmann-Griess / Charlottenhof
	Fr	21.06.	inselweit		Mittsommernachts-Feste
	Fr	21.06.	Morsum	20.00	Konzert: Mittsommernacht mit Kaluza & Blondell / Muasem Hüs
	So	23.06.	Morsum	10.00	Ringreiten des Morsumer Ringreitercorps von 1912 / Wiese am Muasem Hüs
	So	23.06.	Klappholttal	20.00	Klavierabend mit Vadim Chaimovicius, Frankfurt a. M.
	Mo	24.06.	Westerland	19.30	Musik: Wilhelm Busch trifft Klassik / Podium im Rathaus
	Di	25.06.	Rantum	19.00	Konzert: Sylter Shanty Chor / Kursaal

KIRCHENKONZERTE SIEHE SEITE 316
ALLE ANGABEN OHNE GEWÄHR. BEACHTEN SIE DIE MITTEILUNGEN IN DER TAGESPRESSE.

meerkabarett 2019
PROGRAMM 26. SAISON

Duckstein

Mo 08.7. OPENING	Di 09.7. (16 / 20 Uhr) ECKART VON HIRSCHHAUSEN	Di 09.7. PIET KLOCKE	Mi 10. & Do 11.7. SALUT SALON	Fr 12.7. BRANDT & THOMAS	Sa 13.7. THORSTEN HAVENER	So 14.7. BERNHARD HOËCKER	Mo 15.7. ZWEIKAMPF-HASEN
Di 16.7. HANS-HERMANN THIELKE	Mi 17.7. MIRJA BOES	Do 18.7. MICHAEL SCHULTE	Fr 19.7. ALTE LIEBE	Sa 20.7. LOTTO KING KARL	So 21.7. JANE COMERFORD	Mo 22.7. DORA HELDT	Di 23.7. CHRISTOPH KUCH
Mi 24.7. GITTE HÆNNING	Do 25.7. GERNOT HASSKNECHT	Fr 26. & Sa 27.7. SCHMIDT SHOW	So 28.7. GAYLE TUFTS	Mo 29.7. DAVID HARRINGTON	Di 30.7. CHIN MEYER	Mi 31.7. EMMI & WILLNOWSKY	Do 01.8. GUSTAV PETER WÖHLER BAND
Fr 02.8. LALELU	Sa 03.8. MAX MUTZKE & MONOPUNK	So 04.8. MUNDSTUHL	Mo 05.8. ELKE WINTER	Di 06.8. DAVE DAVIS	Mi 07.8. UTE LEMPER	Do 08.8. JÖRG KNÖR	Fr 09.8. WOLFGANG TREPPER
Sa 10. & So 11.8. GERHARD POLT	Mo 12.8. WLADIMIR KAMINER	Di 13.8. QUATTROCELLI	Mi 14.8. DER POSTILLON	Do 15.8. COMEDIAN HARMONISTS	Fr 16.8. FLORIAN SCHROEDER	Sa 17.8. WINGEN-FELDER	So 18.8. EVI NIESSNER SINGT PIAF
Mo 19.8. HANS WERNER OLM	Di 20.8. (18 Uhr) KONRAD STÖCKEL	Mi 21.8. CONEXIÓN CUBANA	Do 22.8. STARBUGS COMEDY	Fr 23.8. TOM GAEBEL	Sa 24. & So 25.8. THE MICHAEL JACKSON TRIBUTE LIVE EXPERIENCE	Mo 26.8. NESSI TAUSENDSCHÖN	Di 27.8. 11 FREUNDE
Mi 28.8. WALTER SITTLER	Do 29.8. CAVEMAN	Fr 30.8. BASTA	Sa 31.8. HUGH ROGER LOUIS	So 01.9. MARIO BASLER	Mo 02.9. ANKA ZINK	Di 03.9. JENS NEUTAG	Do 05. & Fr 06.9. AXEL PRAHL

Beginn 20.00 Uhr (wenn nicht anders angegeben). Irrtümer und Änderungen vorbehalten. Stand: 1. Mai 2019.

KARTEN UND INFORMATIONEN: WWW.MEERKABARETT.DE • 04651-4711 ODER 040-4711 0 644

KARTEN AUCH ERHÄLTLICH BEI ALLEN VORVERKAUFSSTELLEN AUF DER INSEL.

MEERKABARETT | SYLT QUELLE | HAFENSTRASSE 1 | SYLT-RANTUM • **MEERKABARETT CLUB** FRIESENSAAL | AM TIPKENHOOG 14 | SYLT-KEITUM

Sylter Veranstaltungskalender

Tag/Monat		Datum	Ort	Uhr	Veranstaltung
Juni 2019	Di	25.06.	Westerland	19.30	Musik: Virtuose Musik und Erich Kästner: „Dreizehn Monate" / Podium im Rathaus
	Mi	26.06.	Klappholttal	20.00	Livemusik mit den KLEZMERSCHICKSEN, Berlin
	Do	27.06.	Wenningstedt	19.00	Konzert: Sylter Shanty-Chor / Kursaal[3]
	Do	27.06.	Westerland	20.00	Poetry Slam Sylt / Alter Kursaal
	Do	27.06.	Kampen	20.00	Literatursommer: Anne Gesthuysen - „Mädelsabend" / Kaamp-Hüs
	Fr	28.06.	Wenningstedt	20.15	Comedy: Mirja Regensburg - Mädelsabend - jetzt auch für Männer! / Kursaal[3]
	Sa	29.06.	List		Genusspfad, Teil 2
	So	30.06.	Keitum	10.00	Ringreiten des Sylter Ringreitercorps VPN 1861 / Wiese am Ortseingang
	So	30.06.	Westerland	11.30	Gottesdienst am Meer / Musikmuschel
	So	30.06.	Klappholttal	20.00	Konzert mit Hermina Szabo; Claudia Bahr; Martin Babica; Hilke Kristiansen; Gregor Babica
Juli 2019	Di	02.07.	Kampen	14.00	Fotospaziergang mit Reinhard Albers / Treffpunkt: Kaamp-Hüs
	Di	02.07.	Rantum	19.30	Theater: Westerländer Speeldeel - Strohblomen / Kursaal
	Di	02.07.	Westerland	21.00	Abendsegen / Musikmuschel
	Mi	03.07.	Klappholttal	20.00	Konzert mit Claudia Bahr, Violine; Hilke Kristiansen, Violoncello; Yumeko Fukushima
	Mi	03.07.	Westerland	20.00	Westwind Blues & Boogie - Jo Bohnsack mit Chris Jagger / Alter Kursaal
	Mi	03.07.	Klanxbüll	20.00	Konzert: RePolice / Charlottenhof
	Do	04.07.	Westerland	13.00	Rettungsschwimmertag / Brandenburger Strand - Folgetermine
	Do	04.07.	Rantum	20.00	Faszination Magie / Kursaal
	Fr	05. - 07.07.	Kampen		Petro Surf Event
	Sa	06.07.	Rantum	17.00	Theater: Yoyo und Doc Croc auf den Spuren / Kursaal
	So	07.07.	Rantum	11.00	Theater: Yoyo und Doc Croc auf den Spuren / Kursaal
	So	07.07.	Morsum	10.00	Ringreiten des Corps der Amazonen zu Morsum von 1998 / Wiese am Muasem Hüs
	So	07.07.	Westerland	11.30	Gottesdienst am Meer / Musikmuschel
	Mo	08.07.	Rantum	20.00	Meerkabarett - Opening
	Mo	08.07.	Westerland	20.30	Tango Argentino / obere Promenade - Bar im Restaurant Luzifer - Folgetermine
	Di	09.07.	Rantum	16.00	Meerkabarett - Eckart von Hirschhausen - „Humor hilft heilen"
	Di	09.07.	Kampen	14.00	Fotospaziergang mit Reinhard Albers / Treffpunkt: Kaamp-Hüs
	Di	09.07.	Rantum	20.00	Meerkabarett - Eckart von Hirschhausen - „Endlich!"
	Di	09.07.	Keitum	20.00	Meerkabarett Club - Piet Klocke - „Musikhysterie und Gedankenpauschale" / Friesensaal
	Di	09.07.	Wenningstedt	20.15	Jo Bohnsack - Boogie-Woogie vom Allerfeinsten / Kursaal[3]
	Di	09.07.	Westerland	20.30	Salsa Cubana / obere Promenade - Bar im Restaurant Luzifer - Folgetermine
	Di	09.07.	Westerland	21.00	Abendsegen / Musikmuschel
	Di	09.-14.07.	Westerland	11.00	Winzerfest / Promenade
	Mi	10.07.	Westerland	17.00	Kleine Pilgerwege in Sylter Landschaft / Treffpunkt: Kirchenweg 37
	Mi	10.07.	Klappholttal	20.00	Konzert mit Mareile Haberland, Flöte; Christiane Behn, Klavier; Vytautas Sondeckis, Violoncello
	Mi	10.07.	Rantum	20.00	Meerkabarett - Salut Salon - „LIEBE"
	Mi	10.07.	Wenningstedt	20.15	Lesung: Die ultimative Ossilesung - Teil 1 und 2 / Kursaal[3]
	MI	10.07.	Klanxbüll	20.00	Konzert: Coast / Charlottenhof
	Do	11.07.	Rantum	20.00	Meerkabarett - Salut Salon - „LIEBE"
	Do	11.07.	Wenningstedt	19.00	Konzert: Sylter Shanty-Chor / Kursaal[3]
	Do	11.07.	Keitum	19.30	Musik: Verdensballett - Open Air Gala / Benen-Diken-Hof
	Do	11.07.	Rantum	20.00	Faszination Magie / Kursaal
	Fr	12.07.	List	11.30	Die „MS Europa" liegt vor List auf Reede
	Fr	12.07.	Rantum	20.00	Meerkabarett - Matthias Brandt & Jens Thomas - „Psycho - Fantasie über das kalte Entsetzen"
	Fr	12.07.	Morsum	20.00	Poetry Slam Sylt / Muasem Hüs
	Fr	12.07.	Tinnum	20.00	Preisskat für Sylter und Gäste / Tinem Hüs
	Fr	12.07.	Kampen	19.30	Kampen Jazz by Till Brönner, Joey De Francesco, Hammond B3-Orgel, Candy Dulfer, Saxophon
	Sa	13.07.	Kampen	19.30	Kampen Jazz by Till Brönner, Frank Chastenier, Piano, Earth, Wind & Fire

TEEHAUS JANSSEN, JEDEN DIENSTAG 20 UHR, CHANSONS MIT SABINE KRÜGER
ALLE ANGABEN OHNE GEWÄHR. BEACHTEN SIE DIE MITTEILUNGEN IN DER TAGESPRESSE.

Sylter Veranstaltungskalender

Juli 2019

Tag/Monat	Datum	Ort	Uhr	Veranstaltung
Sa	13.07.	Rantum	20.00	Meerkabarett - Thorsten Havener - „Feuerproben"
So	14.07.	Westerland	11.30	Gottesdienst am Meer / Musikmuschel
So	14.07.	Klappholttal	20.00	Konzert: Erich Kästner: „...außer: man tut es!" / Klaus Schäfer, Klavier; Peter Siche, Gesang
So	14.07.	Rantum	20.00	Meerkabarett - Bernhard Hoëcker - „Morgen war gestern alles besser"
Mo	15.07.	Keitum	20.00	Meerkabarett Club - Zweikampfhasen / Friesensaal
Di	16.07.	Kampen	14.00	Fotospaziergang mit Reinhard Albers / Treffpunkt: Kaamp-Hüs
Di	16.07.	Kampen		White Dinner - Picknick „in Weiß" am Strand / Sturmhaube
Di	16.07.	Westerland	20.00	Konzert: The Gregorian Voices / Alter Kursaal
Di	16.07.	Keitum	20.00	Meerkabarett Club - Hans-Hermann Thielke - „immer" / Friesensaal
Di	16.07.	Morsum	21.00	Nachtwanderung I - Treffpunkt Parkplatz vor der Kirche
Di	16.07.	Westerland	21.00	Abendsegen / Musikmuschel
Mi	17.07.	Rantum	20.00	Meerkabarett - Mirja Boes & die Honkey Donkeys - „Willkommenabschiedrevue"
Mi	17.07.	Wenningstedt	20.15	Konzert: Björn Paulsen - Ballon / Kursaal[2]
Mi	17.07.	Westerland	20.00	Westwind Blues & Boogie / Jo Bohnsack / Alter Kursaal
Mi	17.07.	Klanxbüll	20.00	Konzert: REAmade / Charlottenhof
Do	18.07.	Rantum	20.00	Faszination Magie / Kursaal
Do	18.07.	Rantum	20.00	Meerkabarett - Michael Schulte
Do	18.07.	Kampen	20.00	Literatursommer: Dirk Rossmann - „...dann bin ich auf den Baum geklettert!", Kaamp-Hüs
Fr	19.07.	Wenningstedt	20.00	Kabarett: Uli Masuth / Kursaal[3]
Fr	19.04.	Rantum	20.00	Meerkabarett - M. Millowitsch, W. Sittler „Alte Liebe"
Sa	20.07.	Keitum	10.00	Ringreiten des Keitumer Ringreitervereins von 1920 / Wiese am Ortseingang
Sa	20.07.	Morsum	11.00	10. Deichfrühstück
Sa	20.07.	Rantum	20.00	Meerkabarett - Lotto King Karl & Die 3 Richtigen
So	21.07.	Westerland	11.30	Gottesdienst am Meer / Musikmuschel
So	21.07.	Rantum	20.00	Meerkabarett - Jane Comerford „Filmreif"
Mo	22.07.	Westerland	19.30	Musik: Wilhelm Busch trifft Klassik / Podium im Rathaus
Mo	22.07.	Keitum	20.00	Meerkabarett Club - Dora Heldt - „Drei Frauen am See" / Friesensaal
Mo	22.07.	Wenningstedt	20.00	Konzert: Jo Bohnsack - Boogie in the Church / Friesenkapelle
Mo	22.07.	Kampen	20.00	Klassik: Robin Giesbrecht & Arianna Körting - Klavierkonzert / Kaamp-Hüs
Di	23.07.	Westerland	10.00	Multivan Surf Cup Sylt / Brandenburger Strand
Di	23.07.	Keitum	20.00	Meerkabarett Club - Christoph Kuch - „Macht verrückt" - Die Magie des Moments / Friesensaal
Di	23.07.	Westerland	19.30	Musik: Virtuose Musik und Erich Kästner: „Dreizehn Monate" / Podium im Rathaus
Di	23.07.	Westerland	21.00	Abendsegen / Musikmuschel
Mi	24.07.	Klappholttal	20.00	Kammermusik Jenny Holwik u.a.; Berthold Holewik; Sono Tokuda; Christian Seibold
Mi	24.07.	Rantum	20.00	Meerkabarett - Gitte Haenning & Band - Live 2019
Mi	24.07.	Wenningstedt	20.15	Theater: Westerländer Speeldeel / Kursaal[3]
Mi	24.07.	Klanxbüll	20.00	Konzert: Nervling / Charlottenhof
Do	25.07.	Wenningstedt		Konzert: Oliver Strempler „The Beatles" / Kursaal[3]
Do-Fr	25. + 26.07.	Kampen		Shopping Event: Vogue loves Kampen
Do	25.07.	Rantum	20.00	Meerkabarett - Gernot Hassknecht - „Jetzt wird´s persönlich!"
Do	25.07.	Kampen	20.00	Literatursommer: Dunja Hayali - „Haymatland", Gespräch mit Michael Stitz / Kaamp-Hüs
Fr	26.07.	Rantum	20.00	Meerkabarett - Schmidt Show - „präsentiert von Elke Winter"
Sa	27.07.	Wenningstedt	14.00	Dorfteichfest
Sa	27.07.	Rantum	17.00	YAKARI Figurentheater - Kursaal
Sa	27.07.	Rantum	20.00	Meerkabarett - Schmidt Show - „präsentiert von Elke Winter"
Sa	27.07.	Westerland	20.00	Kabarett: Paul Panzer / CCS Saal Westerland
So	28.07.	Rantum	11.00	YAKARI Figurentheater - Kursaal
So	28.07.	Westerland	11.30	Gottesdienst am Meer / Musikmuschel

TEEHAUS JANSSEN, JEDEN DIENSTAG 20 UHR, CHANSONS MIT SABINE KRÜGER
ALLE ANGABEN OHNE GEWÄHR. BEACHTEN SIE DIE MITTEILUNGEN IN DER TAGESPRESSE.

Das ‚Verdensballett' beweist, dass man Hochkultur auch entspannt und mit Leichtigkeit genießen kann. Sein Ensemble besteht aus einigen der besten Solo-Tänzer der Welt, darunter Marcelino Sambé vom Royal Ballet London, Marian Walter und Iana Salenko vom Staatsballett Berlin, oder Steven McRae, Solist am Royal Ballet London. Seit über 10 Jahren kommen Ausnahmetalente jeden Sommer zusammen, um als ‚Verdensballett' (aus dem Dänischen: Weltballett) an ausgewählten Orten unter freiem Himmel und in lockerer Atmosphäre aufzutreten.

Tickets: Im Benen-Diken-Hof,
an allen Sylter Vorverkaufsstellen
oder im Internet

Ort: Benen-Diken-Hof,
Keitumer Süderstr. 3-5,
25980 Keitum auf Sylt

Mehr Informationen unter:
www.benen-diken-hof.de oder per
Telefon unter 0 46 51/9 38 30

Vor vier Jahren gastierte das Verdensballett, das vom dänischen Tenor Jens-Christian Wandt initiiert wurde, gemeinsam mit dem Bundesjugendballett aus Hamburg zum ersten Mal auf dem Gelände des Benen-Diken-Hof. Auch dieses Jahr wird es wieder ein unvergesslicher Abend, der uns alle verzaubern wird.

Datum:
Donnerstag, 11. Juli 2019
Einlass ab 18.00 Uhr · Beginn um 19.30 Uhr

Sylter Veranstaltungskalender

Tag/Monat		Datum	Ort	Uhr	Veranstaltung
Juli 2019	So	28.07.	Klappholttal	20.00	Kammermusik u.a. Jenny Holewik; Berthold Holewik; Sono Tokuda; Christian Seibold
	So	28.07.	Rantum	20.00	Meerkabarett - Gayle Tufts - „Superwoman" - Gayle Tufts rettet die Welt
	Mo	29.07.	Wenningstedt	20.00	Konzert: Jo Bohnsack - Boogie in the Church / Friesenkapelle
	Mo	29.07.	Keitum	20.00	Meerkabarett Club - David Harrington / Friesensaal
	Di	30.07.	Keitum	20.00	Meerkabarett Club - Chin Meyer - Leben im Plus+ / Friesensaal
	Di	30.07.	Morsum	21.00	Nachtwanderung II - Treffpunkt Parkplatz vor der Kirche
	Di	30.07.	Westerland	21.00	Abendsegen / Musikmuschel
	Mi	31.07.-04.08.	Keitum		20. Berenberg German Polo Masters
	Mi	31.07.	Westerland	16.00	Theater: Alles Rabenstark! / CCS Saal Frisia
	Mi	31.07.	Klappholttal	20.00	Kammermusik u.a.Jenny Holewik; Berthold Holewik; Sono Tokuda; Christian Seibold
	Mi	31.07.	Rantum	20.00	Meerkabarett - Emmi & Willnowsky - Tour 2019
	Mi	31.07.	Wenningstedt	20.15	Kabarett: Stephan Bauer - Vor der Ehe wollt´ ich ewig leben / Kursaal^{3}
August 2019	Do	01.08.	Rantum	20.00	Meerkabarett - Gustav Peter Wöhler Band - „Behind blue Eyes"
	Do	01.08.	Kampen	20.00	Literatursommer: Hubertus Meyer-Burckhardt - „Frauengeschichten" / Kaamp-Hüs
	Fr	02.-11.08.	Westerland		Sailing Week / Brandenburger Strand
	Fr	02.08.	Westerland		Rettungsschwimmer Contest / Brandenburger Strand
	Fr	02.08.	Rantum	20.00	Meerkabarett - LaLeLu - a cappella-comedy - Die Schönen und das Biest
	Fr	02.08.	Westerland	20.00	Konzert: Gregor Meyle / CCS Saal Westerland
	Fr	02.08.	Rantum	19.00	Classic Whisky Tasting / Whisky Kontor
	Fr	02.08.	Klanxbüll	20.00	Konzert: Gustav Peter Wöhler Band / Charlottenhof
	Sa	03.08.	Klappholttal	10.30	Festakt: 100 Jahre Klappholttal
	Sa	03.08.	Klappholttal	17.00	Konzert mit Lesung aus der Klappholttaler Geschichte
	Sa	03.08.	Rantum	20.00	Meerkabarett - Max Mutzke & Monopunk
	Sa	03.08.	Westerland	20.00	Open-Air-Konzert: Robin Schulz / Flugplatz Westerland
	So	04.08.	Morsum	10.00	Ringreiten des Morsumer Ringreitervereins von 1884 / Wiese am Muasem Hüs
	So	04.08.	Westerland	11.30	Gottesdienst am Meer / Musikmuschel
	So	04.08.	Klappholttal	20.00	Konzert mit dem Alma-Quartett: Fabian Kircher; Andreas Greuer; Martin Börner; Markus Beul
	So	04.08.	Rantum	20.00	Meerkabarett - Mundstuhl - „Flamongos"
	So	04.08.	Westerland	20.00	Open-Air-Konzert: PUR / Flugplatz Westerland
	Mo	05.08.	Keitum	20.00	Meerkabarett Club - Elke Winter - „Häppchenplatte des Lebens" / Friesensaal
	Mo	05.08.	Kampen	20.00	Klassik: Marie Rosa Günter - Klavierkonzert / Kaamp-Hüs
	Di	06.08.	Rantum	19.30	Theater: Westerländer Speeldeel - Strohblomen / Kursaal
	Di	06.08.	Westerland	21.00	Abendsegen / Musikmuschel
	Di	06.08.	Wenningstedt	20.15	Konzert: Marina Reshetova Quintett / Kursaal^{3}
	Di	06.08.	Keitum	20.00	Meerkabarett Club - Dave Davis – „Genial verrückt", Comedy / Friesensaal
	MI	07.08.	Kampen	14.00	Kinder-Piraten-Fest / am Strand vor Kaamps 7
	Mi	07.08.	Klappholttal	20.00	Konzert mit dem Alma-Quartett
	Mi	07.08.	Wenningstedt	20.15	Comedy: André Hartmann - Veganissimo / Kursaal^{3}
	Mi	07.08.	Klanxbüll	20.00	Konzert: Speak to me / Charlottenhof
	Mi	07.08.	Rantum	20.00	Meerkabarett - Ute Lemper - „Rendezvouz mit Marlene"
	Do	08.08.	Rantum	20.00	Meerkabarett - Jörg Knör - Die Jahr-100-Show
	Do	08.08.	Wenningstedt	19.00	Konzert: Sylter Shanty-Chor / Kursaal^{3}
	Do	08.08.	Rantum	20.00	Faszination Magie / Kursaal
	Do	08.08.	Kampen	20.00	Literatursommer: Robert Habeck, Gespräch mit Michael Stitz / Kaamp-Hüs
	Fr	09.08.	Rantum	20.00	Meerkabarett - Wolfgang Trepper - Tour 2019
	Fr	09.08.	Tinnum	20.00	Preisskat für Sylter und Gäste / Tinem Hüs
	Fr	09.08.	Wenningstedt	20.15	Lesung: Matratzendesaster - Sex & Literatur - Eine szenische Lesung / Kursaal^{3}
	Fr	09.08.	Westerland	20.00	Konzert: Hamburg Stage Ensemble / Alter Kursaal

TEEHAUS JANSSEN, JEDEN DIENSTAG 20 UHR, CHANSONS MIT SABINE KRÜGER
ALLE ANGABEN OHNE GEWÄHR. BEACHTEN SIE DIE MITTEILUNGEN IN DER TAGESPRESSE.

Sylter Veranstaltungskalender

August 2019

Tag/Monat	Datum	Ort	Uhr	Veranstaltung
Sa	10.08.	Rantum	20.00	Meerkabarett - Gerhard Polt und die Well-Brüder aus´m Biermoos - „Im Abgang nachtragend“
Sa	10.08.	Westerland	20.00	Comedy: Martin Rütter - Freispruch! / CCS Saal Westerland
So	11.08.	Morsum	10.00	Ringreiten des Sylter Amazonen Ringreitervereins von 1982 / Wiese am Muasem Hüs
So	11.08.	Wenningstedt	11.00	RADAU! - Das Kinderrockkonzert / Kursaal³
So	11.08.	Westerland	11.30	Gottesdienst am Meer / Musikmuschel
So	11.08.	Klappholttal	20.00	Kammerkonzert mit dem Ensemble Più: u.a. Andreas Gosling; Eva Gosling; Martin Börner
So	11.08.	Rantum	20.00	Meerkabarett - Gerhard Polt und die Well-Brüder aus´m Biermoos - „Im Abgang nachtragend“
So	11.08.	List	12.00	MS Sea Cloud II - auf Reede vor List
Mo	12.08.	Keitum	20.00	Meerkabarett Club - Wladimir Kaminer - „Liebeserklärungen“ / Friesensaal
Mo	12.08.	Kampen	20.00	Klassik: Johanna Bufler - Klavierkonzert / Kaamp-Hüs
Di	13.08.	Keitum	20.00	Meerkabarett Club - Quattrocelli - „Times“ / Friesensaal
Di	13.08.	Morsum	21.00	Nachtwanderung III - Treffpunkt Parkplatz vor der Kirche
Di	13.08.	Westerland	20.00	Westwind Blues & Boogie / Jo Bohnsack mit Axel Zwingenberger / Alter Kursaal
Di	13.08.	Westerland	21.00	Abendsegen / Musikmuschel
Mi	14.08.	Westerland	19.30	Arien am Meer - Musikmuschel
Mi	14.08.	Klappholttal	20.00	KLEZMER CHIDESCH (Klezmer Wunder), Akkordeon, Gesang; Klarinette; Kontrabass
Mi	14.08.	Klanxbüll	20.00	Konzert: Well Done / Charlottenhof
Mi	14.08.	Wenningstedt	20.15	Comedy: Till Frey - Endlich Freytag / Kursaal³
Mi	14.08.	Rantum	20.00	Meerkabarett - Der Postillon - Live
Do	15.08.	List	15.30	Music night - Theodor Shitstorm/17.30 Uhr Ove/19.30 Uhr Thees Uhlmann u. Band / Syltfähre
Do	15.08.	Rantum	20.00	Meerkabarett - Comedian Harmonists in Concert - „In der Bar zum Krokodil“
Do	15.08.	Rantum	20.00	Faszination Magie / Kursaal
Do	15.08.	Westerland	20.00	Kabarett: Herr Holm - Neben der Spur / Alter Kursaal
Fr-So	16.-18.8.	Morsum	11.00	Mittelaltermarkt / Wiese am Muasem Hüs
Fr	16.08.	Kampen	17.00	Sommerfest / im Garten des Kaamp-Hüs
Fr	16.08.	Rantum	20.00	Meerkabarett - Florian Schroeder - „Ausnahmezustand“
Fr	16.08.	Wenningstedt	20.15	Comedy: Bademeister Schaluppke - Chlorreiche Tage / Kursaal³
Sa	17.08.	Rantum	20.00	Meerkabarett - Wingenfelder - „Sieben Himmel hoch - Tour“
So	18.08.	Morsum	11.00	Pastorats- und Stiftungsfest - Pastorengarten
So	18.08.	Westerland	11.30	Gottesdienst am Meer / Musikmuschel
So	18.08.	Klappholttal	20.00	Trio Ensemble „La Dolce Speranza“, Susanne Moldenhauer; Elisabeth Schwanda; Bernward Lohr
So	18.08.	Rantum	20.00	Meerkabarett - Evi Niessner singt Piaf
Mo	19.08.	Keitum	20.00	Meerkabarett Club - Hans Werner Olm - „Happy Aua“ / Friesensaal
Di	20.08.	Keitum	20.00	Meerkabarett Club -Konrad Stöckel - „Wenn´s stinkt und kracht ist´s Wissenschaft / Friesensaal
Di	20.08.	Westerland	21.00	Abendsegen / Musikmuschel
Di	20.08.	Wenningstedt	20.15	Konzert: Boogielicious - Blues meets Boogie Woogie / Kursaal³
Mi	21.08.	Klappholttal	20.00	Trio Ensemble „La Dolce Speranza“, Susanne Moldenhauer; Elisabeth Schwanda; Bernward Lohr
Mi	21.08.	Wenningstedt	20.15	Musik: Lars Redlich - Ein bisschen Lars muss sein / Kursaal³
Mi	21.08.	Rantum	20.00	Meerkabarett - Conexión Cubana - „Soneros de Cuba“
Do	22.08.	Rantum	20.00	Meerkabarett - Starbugs Comedy - „Crash Boom Bang“
Do	22.08.	Rantum	20.00	Faszination Magie / Kursaal
Do	22.08.	Kampen	20.00	Literatursommer: Dr. med. Anne Fleck - „Ran an das Fett“ / Kaamp Hüs
Fr	23.08.	Braderup		M.T. Buchholz Hoffest
Fr	23.08.	Wenningstedt	20.15	Christoph Maria Herbst & Moritz Netenjakob - Das ernsthafte Bemühen um Albernheit / Kursaal³
Sa	24.08.	Rantum	20.00	Meerkabarett - The Michael Jackson Tribute Live Experience - „Remember the Time!
So	25.08.	Morsum	10.00	Amtsringreiten aller Sylter Vereine / Wiese am Muasem Hüs
So	25.08.	Westerland	11.30	Gottesdienst am Meer / Musikmuschel
So	25.08.	Rantum	20.00	Meerkabarett - The Michael Jackson Tribute Live Experience - „Remember the Time!

TEEHAUS JANSSEN, JEDEN DIENSTAG 20 UHR, CHANSONS MIT SABINE KRÜGER
ALLE ANGABEN OHNE GEWÄHR. BEACHTEN SIE DIE MITTEILUNGEN IN DER TAGESPRESSE.

Sylter Veranstaltungskalender

Tag/Monat		Datum	Ort	Uhr	Veranstaltung
August 2019	Mo	**26.08.**	**List**	14.00	**NIVEA Strandfest / Jugendstrand**
	Mo	**26.08.**	**Keitum**	20.00	**Meerkabarett - Nessi Tausendschön - „Knietief im Paradies - die mit dem Wort tanzt"**
	Mo	**26.08.**	**Kampen**	20.00	**Klassik: Amadeus Wiesensee - Klavierkonzert / Kaamp-Hüs**
	Di	**27.08.**	**Kampen**	14.00	**Fotospaziergang mit Reinhard Albers / Treffpunkt: Kaamp-Hüs**
	Di	**27.08.**	**Morsum**	20.30	**Nachtwanderung IV - Treffpunkt Parkplatz vor der Kirche**
	Di	**27.08.**	**Keitum**	20.00	**Meerkabarett Club - 11 Freunde / Friesensaal**
	Di	**27.08.**	**Westerland**	21.00	**Abendsegen / Musikmuschel**
	Di	**27.08.**	**Wenningstedt**	20.15	**Konzert: Giora Feidman & Rastrelli Cello Quartett / Kursaal**[3]
	Mi	**28.08.**	**Westerland**	20.00	**Westwind Blues & Boogie / Jo Bohnsack mit Silvan Zingg / Alter Kursaal**
	Mi	**28.08.**	**Wenningstedt**	20.15	**Westerländer Speeldeel / Kursaal**[3]
	Mi	**28.08.**	**Kampen**	20.00	**Literatursommer: Bettina Tietjen - „Im Hotel bin ich zu Gast, im Camper bin ich zu Hause"**
	Do	**29.08.**	**Wenningstedt**	20.15	**Comedy: Elternabend - Eine Comedyshow nicht nur für Eltern! / Kursaal**[3]
	Fr	**30.08.**	**Rantum**	20.00	**Meerkabarett - Basta - „in Farbe"**
	Fr	**30.08.**	**Morsum**	20.00	**Poetry Slam Sylt / Muasem Hüs**
September 2019	So	**01.09.**	**Wenningstedt**	11.00	**Konzert: West Coast Feetwarmers - Happy Jazz vom Feinsten / Kursaal**[3]
	So	**01.09.**	**Morsum**	18.00	**Konzert: Island Voices - Rock my Soul / Foyer im Muasem Hüs**
	So	**01.09.**	**Rantum**	20.00	**Meerkabarett: Mario Basler - Basler ballert**
	Mo	**02.09.**	**Keitum**	20.00	**Meerkabarett Club - Anka Zink - „Das Ende der Bescheidenheit" / Friesensaal**
	Mo	**02.09.**	**Kampen**	20.00	**Klassik: Haiou Zhang - Klavierkonzert / Kaamp-Hüs**
	Di	**03.09.**	**Kampen**	14.00	**Fotospaziergang mit Reinhard Albers / Treffpunkt: Kaamp-Hüs**
	Di	**03.09.**	**Rantum**	19.30	**Theater: Westerländer Speeldeel - Strohblomen / Kursaal**
	Di	**03.09.**	**Keitum**	20.00	**Meerkabarett Club - Jens Neutag - „Mit Volldampf" / Friesensaal**
	Mi	**04.09.**	**Wenningstedt**	20.15	**Musik: Petticoat & Pomade - Music - Comedy - Show / Kursaal**[3]
	Mi	**04.09.**	**Wenningstedt**	21.00	**Konzert: Lowry & Carmean / iismeer**
	Do	**05.09.**	**Wenningstedt**	19.00	**Konzert: Sylter Shanty-Chor / Kursaal**[3]
	Do	**05.09.**	**Rantum**	20.00	**Meerkabarett - Axel Prahl & Das Inselorchester - Blick aufs Mehr - Das Sommerkonzert 2019**
	Do	**05.09.**	**Kampen**	20.00	**Literatursommer: Rolf Seelmann-Eggebert - „in Hütten und Palästen" / Kaamp-Hüs**
	Fr	**06.09.**	**Rantum**	20.00	**Meerkabarett - Axel Prahl & Das Inselorchester - Blick aufs Mehr - Das Sommerkonzert 2019**
	Fr	**06.09.**	**Wenningstedt**	20.15	**Song Ping Pong / Kursaal**[3]
	Sa	**07.09.**	**Klanxbüll**	20.00	**Oldorfparty / Charlottenhof**
	So	**08.09.**	**Keitum**	17.00	**Herbstkonzert Jazz: Marialy Pacheco & Joo Kraus / Kontorhaus Keitum**
	Mi	**11.09.**	**Wenningstedt**	20.15	**Comedy: Serhat Dogan - Glücklicher Türke aus Bodenhaltung / Kursaal**[3]
	Do	**12.09.**	**Rantum**	20.00	**Comedy: Christopher Köhler - Rantum lacht! / Kursaal**
	Do	**12.09.**	**Westerland**	20.00	**Konzert: Klavierabend mit Aleksandra Mikulska / Alter Kursaal**
	Do	**12.09.**	**Wenningstedt**	20.15	**Konzert: Oliver Strempler - 100 Jahre Cash / Kursaal**[3]
	Fr	**13.09.**	**Wenningstedt**	20.15	**Konzert: Vocal Recall - Irgendwas stimmt immer / Kursaal**[3]
	Fr	**13.09.**	**Klanxbüll**	20.00	**Konzert: ABBA Review / Charlottenhof**
	So	**15.09.**	**Rantum**	10.00	**11. Run ums Rantumbecken**
	So	**15.09.**	**Morsum**	13.00	**Reitergottesdienst**
	Mo	**16.09.**	**List**	08.00	**MS World Explorer liegt auf Reede vor List**
	Di	**17.09.**	**Rantum**	19.00	**Konzert: Sylter Shanty Chor / Kursaal**
	Di	**17.09.**	**Wenningstedt**	20.15	**Konzert: Florian Heinisch - An die unbekannte Geliebte / Kursaal**[3]
	Di	**17.09.**	**Westerland**	20.00	**Westwind Blues & Boogie / Jo Bohnsack mit David Kaplan / Alter Kursaal**
	Mi	**18.09.**	**Wenningstedt**	20.15	**Comedy: Markus Maria Profitlich - Schwer verrückt! / Kursaal**[3]
	Do	**19.09.**	**Westerland**	20.00	**Kabarett: Leipziger Pfeffermühle / Alter Kursaal**
	Do	**19.09.**	**Wenningstedt**	20.15	**Konzert: Gløde - Hygge-Indie-Pop / Kursaal**[3]
	Fr	**20.09.**	**Morsum**	20.00	**Lesung: Poetry Slam Sylt / Muasem Hüs**
	Di	**24.09.**	**Wenningstedt**	20.15	**Yann Yuro - Der Mind-Hacker / Kursaal**[3]

KIRCHENKONZERTE SIEHE SEITE 316
ALLE ANGABEN OHNE GEWÄHR. BEACHTEN SIE DIE MITTEILUNGEN IN DER TAGESPRESSE.

Sylter Veranstaltungskalender

Monat	Tag	Datum	Ort	Uhr	Veranstaltung
Sept. 2019	Mi	25.09.	Wenningstedt	20.15	Konzert: Sylter Shanty-Chor / Kursaal[3]
	Mi	25.09.	Westerland	20.00	Musik: Udo Jürgens… Unvergessen! / Alter Kursaal
	Do	26.09.	Rantum	20.00	Kabarett: Stefan Waghubinger - Rantum lacht! / Kursaal
	Do	26.09.	Wenningstedt	20.15	Konzert: Moi et les Autres - Départ / Kursaal[3]
	Fr	27.9.-06.10.	Westerland		Windsurf World Cup Sylt / Brandenburger Strand
	Sa	28.09.	Klanxbüll	20.00	Konzert: Einklang / Charlottenhof
Oktober 2019	Di	01.10.	Rantum	19.00	Konzert: Sylter Shanty Chor / Kursaal
	Di	01.10.	Wenningstedt	20.15	Surf Film Nacht / Kursaal[3]
	Do	03.10.	Rantum	20.00	Kabarett: Anka Zink - Rantum lacht! / Kursaal
	Fr	04.10.	Tinnum	20.00	Preisskat für Sylter und Gäste / Tinem Hüs
	So	06.10.	Keitum	10.00	Erntedankgottesdienst
	So	06.10.	Keitum	17.00	Jazzkonzert Thomas Quasthoff Trio / Kontorhaus Keitum
	Di	08.10.	Wenningstedt	20.15	Konzert: The Stokes - Traditional Irish Music / Kursaal[3]
	Mi	09.10.	Rantum	20.00	Faszination Magie / Kursaal
	Mi	09.10.	Wenningstedt	20.15	Comedy Eric Stehfest / Kursaal[3]
	Do	10.10.	Wenningstedt	20.15	Musik: Microband - Klassik für Dummies / Kursaal[3]
	Sa	12.10.	List	12.00	Strandkorbversteigerung / Erlebniszentrum Naturgewalten
	Di	15.10.	Wenningstedt	20.15	Kabarett: Martin Valenske & Henning Ruwe - Wir haben genug / Kursaal[3]
	Mi	16.10.	Wenningstedt	20.15	Konzert: Joel Havea Trio / Kursaal[3]
	Mi	16.10.	Wenningstedt	21.00	Konzert: Josh Island / iismeer
	Do	17.10.	Rantum	20.00	Faszination Magie / Kursaal
	Do	17.10.	Wenningstedt	20.15	Alexander Merk - Hinters Licht geführt / Kursaal[3]
	Do	17.10.	Westerland	20.00	Westwind Blues & Boogie / Jo Bohnsack / Alter Kursaal
	Fr	18.10.	Klappholttal	20.00	Konzert: Jiddische Lieder mit Jossif Gofenberg und Chor
	Fr	18.10.	Wenningstedt	20.15	Kabarett: Bruno „Günna" Knust „Klare Kante" / Kursaal[3]
	Fr	18.10.	Klanxbüll	20.00	Konzert: Das Wunder / Charlottenhof
	Di	22.10.	Wenningstedt	20.15	Comedy: Tim Becker / Kursaal[3]
	Mi	23.10.	Kampen	10.00	Kampener Kunstkurse / Galerie Kaamps-Hüs
	Mi	23.10.	Wenningstedt	20.15	Christoph Reuter - Doppelstunde Musik / Kursaal[3]
	Do	24.10.	Wenningstedt	20.15	Herztöne - Sonja Horn / Kursaal[3]
	Fr	25.10.	Wenningstedt	20.15	Die Schönen Mannheims / Kursaal[3]
	So	27.10.	Klanxbüll		Kulturcafé / Vortrag: Robert Marc Lehmann / Charlottenhof
	So	27.10.	Keitum	17.00	Jazzkonzert / Ulf Meyer - Martin Wind Quartett / Kontorhaus Keitum
	Di	29.10.	Wenningstedt	20.15	Sybille Bullatschek / Kursaal[3]
	Mi	30.10.	Wenningstedt	20.15	Konzert: Fräulein Toni & Er / Kursaal[3]
November 2019	Fr	01.11.	Wenningstedt	20.00	Konzert: STONE - Rolling Stones pur! / Kursaal[3]
	Sa	02.11.	Westerland	20.00	Musik: Förderkreis für Theater und Konzert / Alter Kursaal
	So-Fr	03.-08.11.	Wenningstedt		Sylter Hundstage
	Do	07.11.	Wenningstedt	20.00	Lesung: Andreas Eller - Losgelaufen / Kursaal[3]
	Fr	15.11.	Wenningstedt	20.15	Konzert: Song Ping Pong / Kursaal[3]
	Mi	29.11.	Wenningstedt	20.15	Konzert Godewind / Kursaal[3]
	Sa	30.11.	List	13.00	Weihnachtsmarkt / Kurverwaltung

TEEHAUS JANSSEN, JEDEN DIENSTAG 20 UHR, CHANSONS MIT SABINE KRÜGER
ALLE ANGABEN OHNE GEWÄHR. BEACHTEN SIE DIE MITTEILUNGEN IN DER TAGESPRESSE.

Sylter Veranstaltungskalender

Tag/Monat		Datum	Ort	Uhr	Veranstaltung
Dezember 2019	So	01.12.	List	11.00	Weihnachtsmarkt / Kurverwaltung
	So	01.12.	Klanxbüll	10.00	Weihnachtsmarkt / Charlottenhof
	Fr-So	06.-08.12.	Kampen	15.00	Weihnachtsmarkt / Kaamp-Hüs
	Fr	06.12.	Wenningstedt	19.30	Klassik-Konzert: Weihnachtsspecial / Kursaal[3]
	Sa	07.12.	Keitum		Genusspfad, Teil 4
	Sa	07.12.	Klanxbüll	20.00	Konzert: Michy Reincke / Charlottenhof
	So	08.12.	Wenningstedt	20.15	Konzert: Michy Reincke / Kursaal[3]
	Mi	18.12.	Kampen	10.00	Kampener Kunstkurse / Galerie Kaamps-Hüs
	Sa	21.12.	Klanxbüll	20.00	Konzert: Fjarill / Charlottenhof
	Do	26.12.	Westerland		35. Weihnachtsbaden
	Fr	27.12.	Rantum	20.00	Faszination Magie / Kursaal
	Fr	27.12.	Wenningstedt	20.15	Ben Becker - „Der ewige Brunnen" / Kursaal[3]
	Sa	28.12.	Wenningstedt	20.00	Konzert: Sylter Shanty Chor / Kursaal[3]
	Mo	30.12.	Westerland	20.00	Theater: Ein Mann mit Charakter / Alter Kursaal
	Mo	30.12.	Wenningstedt	20.00	Jo Bohnsack - Boogie-Woogie vom Allerfeinsten / Kursaal[3]
	Di	31.12.	Westerland		Silvester Open-Air / Musikmuschel

KULTUR IM KONTORHAUS KEITUM
PROGRAMM 2019

Sonntag, 6. Januar 2019. 17 Uhr
Neujahrskonzert. Klassik.

Sonntag 07. Februar 2019. 17 Uhr
Emmanuel Tjeknavoria und Maximilian Kromer . Klassik.

Sonntag 21. April 2019. 17 Uhr
Osterkonzert. Ramon Valle Trio. Jazz.

Sonntag 02. Juni 2019. 17 Uhr
David Helbock Trio. Jazz.

Sonntag 08. September 2019. 17 Uhr
Marialy Pacheco & Joe Kraus. Jazz.

Sonntag 06. Oktober 2019. 17 Uhr
Thomas Quasthoff Trio. Jazz.

Sonntag 27. Oktober 2019. 17 Uhr
Ulf Meyer & Martin Wind Quartett. Jazz.

Sonntag im Advent. Dezember 2019
Weihnachtslesung

Kartenvorverkauf: Kontorhaus Keitum . Siidik 15 . Keitum . Telefon: 04651 - 88 911 94
www.kontorhauskeitum.de

Kirchenkonzerte

Datum		Ort	Uhr	Veranstaltung
Mi	15.05.	St. Severin / Keitum	20.15	**Orgel, Flöte und Trompete - Matthias Höfs, Ulrike Höfs und Alexander Ivanov**
Sa	18.05.	St. Nicolai / Westerland	18.00	**Gospelkonzert mit dem Gospelchor „Gospelkontakt" aus Hannover**
Sa	21.05.	St. Nicolai / Westerland	18.00	**Gospelkonzert mit dem Gospelchor „Gospelkontakt" aus Hannover**
Mi	23.05.	St. Severin / Keitum	20.15	**Sichtbare und unsichtbare Dinge - Alexander Ivanov, Orgel**
So	26.05.	St. Nicolai / Westerland	20.00	**Orgelkonzert mit Holger Burmester - Benefizkonzert**
Mi	22.05.	St. Severin / Keitum	20.15	**Himmelfahrt - Alexander Ivanov, Orgel**
Sa	01.06.	St. Nicolai / Westerland	19.00	**Chorkonzert mit dem Monteverdi-Chor Hamburg**
Di	04.06.	St. Jürgen / List	20.15	**Orgelkonzert - Jürgen Borstelmann**
Mi	05.06.	St. Severin / Keitum	20.15	**Humor an der Orgel - Frédéric Blanc, Orgel**
So	09.06.	St. Nicolai / Westerland	20.00	**Chorkonzert mit dem Kammerchor Nordfriesland**
Mi	12.06.	St. Severin / Keitum	20.15	**Norddeutsche Meister - Alexander Ivanov, Orgel**
So	16.06.	St. Nicolai / Westerland	20.00	**Kati van der Meulen (Violine) und Christian Bechmann (Orgel)**
Mi	19.06.	St. Severin / Keitum	20.15	**Orgelkonzert - Eberhard Lauer**
So	23.06.	St. Nicolai / Westerland	20.00	**Hannes Maczey (Trompete) und Christian Bechmann (Orgel)**
Mo	24.06.	St. Martin / Morsum	20.15	**Sommerliche Orgelvesper**
Mi	26.06.	St. Severin / Keitum	20.15	**Orgelkonzert mit Martina Kürschner**
So	30.06.	St. Nicolai / Westerland	20.00	**Barockmusik für Cello solo, Ludwig Frankmar (Berlin)**
Mo	01.07.	St. Martin / Morsum	20.15	**Sommerliche Orgelvesper**
Di	02.07.	St. Jürgen/List	20.15	**Countertenor, ... - Karsten Henschel**
Mi	03.07.	St. Severin / Keitum	20.15	**Orgel & Trompete - Alexander Ivanov, Matthias Höfs**
So	07.07.	St. Nicolai / Westerland	20.00	**Orgelkonzert mit Andreas Fabienke - Improvisationskonzert**
Mo	08.07.	St. Martin / Morsum	20.15	**Sommerliche Orgelvesper**
Mi	10.07.	St. Severin / Keitum	20.15	**Orgelkonzert mit Shin-Young Lee und Texten nach Loriot mit Stefan Hartmann**
Do	11.07.	St. Thomas / Hörnum	20.15	**Unter dem Sternenhimmel - Konzert mit dem Duo per Tutti - Klavier**
Mo	15.07.	St. Martin / Morsum	20.15	**Sommerliche Orgelvesper**
Mi	17.07.	St. Severin / Keitum	20.15	**Goldberg-Variationen - Alexander Ivanov, Orgel**
Do	18.07.	St. Thomas / Hörnum	20.15	**Zauber des Barock mit dem Ensemble Amabile - Oboe, Blockflöte und Orgel**
So	21.07.	St. Nicolai / Westerland	20.00	**Konzert mit Professor Uwe Komischke (Trompete)**
Mo	22.07.	St. Martin / Morsum	20.15	**Sommerliche Orgelvesper**
Di	23.07.	St. Jürgen/List	20.15	**Prof. Susanne Ehrhardt, Klarinette u. Flöte mit Martin Stephan, Orgel**
Mi	24.07.	St. Severin / Keitum	20.15	**Messe Solennelle - Mark Spence, Klavier & Chor an St. Severin, Alexander Ivanov**
Do	25.07.	St. Thomas / Hörnum	20.15	**Saxophon und Orgel - Sylter Musiker Thomas Vester und Jürgen Borstelmann**
Mo	29.07.	St. Martin / Morsum	20.15	**Sommerliche Orgelvesper**
Mi	31.07.	St. Martin / Morsum	20.00	**Konzert im Rahmen des Kammermusikfestes Sylt**
Mi	31.07.	St. Severin / Keitum	18.00	**Tabula Rasa - Fedor Rudin, Veriko Tchumburidze, Dmitry Egorov, Alexander Ivanov**
Do	01.08.	St. Thomas / Hörnum	20.15	**Keltisches Konzert mit dem Duo Dreaming Pipes**
Sa	03.08.	St. Nicolai / Westerland	20.00	**A-Capella-Konzert mit „The Queens Six"**
So	04.08.	St. Martin / Morsum	20.15	**Konzert Ludwig Güttler /Friedrich Kircheis**
Mo	05.08.	St. Martin / Morsum	20.15	**Sommerliche Orgelvesper**
Di	06.08.	St. Jürgen/List	20.15	**Sergej Tcherepanov, Orgel und Sonia Tcherepanov, Altsaxophon**
Mi	07.08.	St. Severin / Keitum	20.15	**Quartett - Julia Puls, Johanna Pichlmair, Benedict Loos, Alexander Ivanov**
Do	08.08.	St. Thomas / Hörnum	20.15	**Orgelkonzert mit Iris Rieg**
Mo	12.08.	St. Martin / Morsum	20.15	**Sommerliche Orgelvesper**
Mi	14.08.	St. Severin / Keitum	20.15	**Flöte und Orgel - Tatjana Ruhland, Flöte und Christian Schmitt, Orgel**
Fr	16.08.	St. Nicolai / Westerland	20.00	**A-Capella-Konzert mit „dezibelles"**
Do	15.08.	St. Thomas / Hörnum	20.15	**Traumhafte Melodien - mit A. Buch, Chr. Glede, M. Schrader u. J. Borstelmann**
Mo	19.08.	St. Martin / Morsum	20.15	**Sommerliche Orgelvesper**
Di	20.08.	St. Nicolai / Westerland	19.00	**Dresdner Kapellsolisten**

ALLE ANGABEN OHNE GEWÄHR. BEACHTEN SIE DIE MITTEILUNGEN IN DER TAGESPRESSE.

Datum		Ort	Uhr	Veranstaltung
Mi	21.08.	St. Severin / Keitum	20.15	Sphärenklänge - Klangsphären - Vera und Patrizia Bieber, Blockflöte und Cembalo
Do	22.08.	St. Thomas / Hörnum	20.15	Barock Flair - Konzert mit Gesang und Orgel, Heike Richter und Andreas Fabienke
Sa	24.08.	St. Nicolai / Westerland	20.00	Gospelkonzert mit dem Gospelchor der Kreuzkirche Hamburg Wandsbek
Mo	26.08.	St. Martin / Morsum	20.15	Sommerliche Orgelvesper
Mi	28.08.	St. Severin / Keitum	20.15	Orgelkonzert mit Konstantin Volostnov
Do	29.08.	St. Thomas / Hörnum	20.15	Orgelkonzert mit Daniel Zaretsky (St. Petersburg)
Mo	02.09.	St. Martin / Morsum	20.15	Sommerliche Orgelvesper
Di	03.09.	St. Jürgen/List	20.15	Orgelkonzert mit Ryoko Morooka
Mi	04.09.	St. Severin / Keitum	20.15	Orgelkonzert mit Yves Castagnet
Sa	07.09.	St. Nicolai / Westerland	19.00	Duke Ellingtons „Sacred Concert", „percussion posaune leipzig" Kantorei St. Nicolai
Mo	09.09.	St. Martin / Morsum	20.15	Sommerliche Orgelvesper
Mi	11.09.	St. Severin / Keitum	20.15	Hell und Dunkel - Alexander Ivanov, Orgel
So	15.09.	St. Nicolai / Westerland	20.00	Orgelkonzert mit Jürgen Borstelmann
Mo	16.09.	St. Martin / Morsum	20.15	Sommerliche Orgelvesper
Mi	18.09.	St. Severin / Keitum	20.15	Orgelkonzert - Martin Sturm
Mo	23.09.	St. Martin / Morsum	20.15	Sommerliche Orgelvesper
Mi	25.09.	St. Severin / Keitum	20.15	Orgel und Flöte - Alexander Ivanov, Ulrike Höfs
So	29.09.	St. Nicolai / Westerland	20.00	Orgelkonzert mit Holger Burmester
Mo	30.09.	St. Martin / Morsum	20.15	Sommerliche Orgelvesper
Mi	02.10.	St. Severin / Keitum	20.15	Prière - Alexander Ivanov, Orgel
Mi	09.10.	St. Severin / Keitum	20.15	Orgel und Violoncello, Alexander Ivanov und Marcel Johannes Kits
Mi	16.10.	St. Severin / Keitum	20.15	Bilder einer Ausstellung - Alexander Ivanov, Orgel
Mi	23.10.	St. Severin / Keitum	20.15	Orgelkonzert mit Arvid Gast
Sa	26.10.	St. Nicolai / Westerland	17.00	Chorkonzert mit dem Motettenchor der Münsterkantorei Ulm
Mi	30.10.	St. Severin / Keitum	20.15	Vater und Sohn - Boris und Alexander Ivanov
Mi	06.11.	St. Severin / Keitum	20.15	Orgel und Trompete - Alexander Ivanov, Matthias Höfs
Mi	13.11.	St. Severin / Keitum	20.15	Orgel und Violoncello, Alexander Ivanov und Anouchka Hack
Mi	20.11.	St. Severin / Keitum	20.15	Orgelmesse - Alexander Ivanov, Rezitation Ingo Pohl
So	24.11.	St. Niels / Westerland	17.00	Musik zum Ewigkeitssonntag mit Kati van der Meulen und Christian Bechmann
Mi	27.11.	St. Severin / Keitum	20.15	Orgel und Violine - Alexander Ivanov und Fedor Rudin
So	01.12.	St. Nicolai / Westerland	17.00	Wunschliedersingen zum Advent
Mi	04.12.	St. Severin / Keitum	20.15	Nun komm, der Heiden Heiland - Alexander Ivanov, Orgel
Mi	11.12.	St. Severin / Keitum	20.15	Adventsliedersingen, Chor an St. Severin und Alexander Ivanov, Orgel
Mi	18.12.	St. Severin / Keitum	20.15	Kammerchor Sylt, Leitung Beate Salzig
Fr	27.12.	St. Nicolai / Westerland	18.00	Bach - Weihnachtsoratorium (Teile 1-3), Kantorei St. Nicolai, Christian Bechmann
Sa	28.12.	St. Severin / Keitum	20.15	Bach - Weihnachtsoratorium - Solisten Kammerphilh. Bremen, Chor St. Severin
Di	31.12.	St. Jürgen/List	20.15	Russ. Vokalensemble St. Petersburg „Harmonie"
Di	31.12.	St. Thomas / Hörnum	17.00	Musik und Texte zum Jahresausklang, Jürgen Borstelmann und Annette Gruenagel
Mi	01.01.	St. Severin / Keitum	20.15	Goldberg-Variationen, Alexander Ivanov, Orgel

Der große Sport mit dem kleinen Ball.

Golfen auf Sylt

Traumhaftes Green
mit Blick auf den
„Langen Christian"

FOTOGRAFIE · HANS JESSEL
EILAND KALENDER

ALLES LINKS – MIT 72 LÖCHERN ZUM GOLFPARADIES

Viermal 18 Löcher auf der 99 Quadratkilometer-Insel. Sylt avanciert zur wichtigsten, ja besten Golf-Destination im Norden.

Alle Sylter Golfplätze gelten als Links-Courses der klassischen Art, die in ein wunderschönes Landschaftsbild eingebettet sind, Meer- oder Dünenblick aufweisen und – wie auf Sylt kaum anders zu erwarten – meistens von einer strammen Brise umweht sind, die an den Golfer zusätzliche Anforderungen stellt.

Das Areal des *Golfplatzes Budersand* in Hörnum besitzt einen Links-Course sondergleichen. Der *Marine-Golf-Club Sylt* am Westerländer Flugplatzgelände hält schottische Traditionen hoch. Das private Refugium des *Golfclubs Morsum* wurde auf 18-Loch erweitert und öffnet auch für einen größeren Gästekreis seine Pforten. Last but not least ist der *Golf-Club Sylt* zwischen Wenningstedt und Kampen am Fuße des Kampener Leuchtturms zu nennen, der mit einer äußerst gepflegten Anlage und einem breiten Gesamtangebot aufwartet. Worauf warten Sie also noch? Erobern Sie die Golfinsel Sylt!

Drei Sylter Golfplätze spielen und mit 189,- Euro ist man dabei. Zusätzlich eine 18-Loch-Runde Föhr – 225,- Euro, „Golfhopping", Info: www.die-golfinsel-sylt.de

GOLFPLATZ BUDERSAND MIT RESTAURANT „STRÖNHOLT"

In seiner einzigartigen Kombination von Sport- und Naturerlebnis sowie des kulinarischen Angebots sucht der im äußersten Süden der Insel gelegene 18-Loch *Golfplatz Budersand* vom gleichnamigen 5-Sterne-Superior-Hotel weit und breit seinesgleichen. Herrlich in der Dünen- und Heidelandschaft gelegen. Der Blick schweift über das Meer bis zu den Nachbarinseln. Als klassischer Links-Course stellt er die typischen hohen Ansprüche auf dem Green. Es gibt wohl nichts Schöneres, als nach einem anstrengenden Flight im angrenzenden *Restaurant Strönholt* einzukehren *(siehe Restaurant-Report Seite 196)*. Schon kurz nach der Eröffnung des Golfplatzes im Jahr 2008 sparte die begeisterte Golf-Journaille nicht mit Auszeichnungen: „Bester neuer Golfplatz" und immer wieder wird der Budersand-Golfplatz vom Golf Magazin im Ranking ganz oben platziert. Im Golf Journal Travel schaffte es Budersand bei den beliebtesten und besten Greens 2019 auf den 1. Platz.

25997 Hörnum, Fernsicht 1, Tel.: 0 46 51 / 4492710.
Greenfee je nach Saison und Tageszeit: 18-Loch 45,- bis 100,-, 9-Loch 30,- bis 50,-, bis 18 Jahre 25,- bis 65,- Euro.
Beachten Sie die Golf-Arrangements des Budersand-Hotels.
www.budersand.de, golf@gcbudersand.de

MARINE-GOLF-CLUB SYLT

Links Golf pur mit Clubhaus und Marine Restaurant

Die älteste Golfanlage der Insel vor den Toren Westerlands wurde vor über 60 Jahren von der Royal Air Force während der Besatzungszeit auf dem Flugplatzgelände mit sechs Löchern angelegt, 1980 wurde dann der *Marine-Golf-Club Sylt* gegründet. „Wer sich auf den nächsten Golftrip auf die Britischen Inseln vorbereiten will, ist hier richtig", urteilte die Süddeutsche Zeitung und attestiert dem 18-Loch Golfplatz einer der schwersten Courses Deutschlands zu sein.

Das *Marine Restaurant* versorgt nicht nur die Golfer. Auch Nicht-Golfer können hier mit kleinen Leckereien bis zum Menü kulinarisch glücklich werden. Die *Golfakademie* des Schweden *Andreas Strandberg* bietet von Anfänger- bis zu Intensivkursen für Fortgeschrittene ein ausgefeiltes Lernprogramm mit Video- und Computerkursen an. Infos und Anmeldung im Proshop (Tel.: 0 46 51 / 449127).

25980 Sylt / OT Sylt-Ost, Flughafen 69, Tel.: 0 46 51 / 927575, Greenfee: 18-Loch 40,- bis 80,-, 9-Loch 25,- bis 45,- Euro. (Sundowner 40,- bis 45,- Euro)
www.sylt-golf.de, info@sylt-golf.de

GOLFCLUB MORSUM

Der *Golfclub Morsum* ist ein 230 mitgliederstarker Privatclub, der – gegründet 1963 von *Medien-Tycoon Axel Springer* – lange seine Exklusivität pflegte. Ein exklusives Refugium ist der Club nach wie vor, doch begann mit der Erweiterung des Areals auf 18 Bahnen auch eine neue Ära, die u.a. Gäste willkommen heißt. Nur im Juli und August möchte man hier „unter sich" bleiben. Der Golfplatz in Morsum ist bekannt für sein großartiges Ambiente – eingebettet in die Morsumer Wiesen, reicht der Platz bald hinauf bis zum neuen *Landhaus Severin*s* auf dem Morsum Kliff und bietet großartige Ausblicke auf die künstlich angelegten Wasserhindernisse, die Heidelandschaft sowie das Wattenmeer. So abgeschieden der Golfclub liegt – er wird in Zukunft noch viel von sich reden machen. Fürs leibliche Wohl wird gesorgt mit leckeren Kleinigkeiten sowie Kaffee und Kuchen im schicken reetgedeckten Clubhaus (Clubausweis mit Handycap 32 bis 34 erforderlich).

25980 Sylt / OT Morsum, Uasterhörn 37, Tel.: 0 46 51 / 890387, Greenfee: 18 Loch 50,- bis 95,-, 9 Loch 30,- bis 60,-, für Jugendliche 20,- bis 50,- Euro.
www.golf-morsum.de, info@golfclubmorsum.de

GOLF-CLUB SYLT E.V.

In traumhafter Lage zwischen den Kampener Dünen und dem Wattenmeer, mit dem Kampener Leuchtturm in Sichtweite, befindet sich der *Golf-Club Sylt e.V.,* der nördlichste Golfplatz Deutschlands. Die anspruchsvolle Golfanlage ist die einzige der Insel, die neben dem ersten *18-Loch-Championship-Course* (6.135 m, Par 72, CR 73,3, Slope 127) auch über einen *6-Loch Par-3-Kurzplatz* verfügt und somit Fortgeschrittenen wie Einsteigern top-gepflegt ganzjährig einiges zu bieten hat. Für qualifizierten Golfunterricht sorgt die *Sylter Golf Academy Allan Owen* (www.sylter-golfakademie.de). Das sehr gelobte *Restaurant Steffen`s* bietet ab 10 Uhr Frühstück.Tagsüber gibt`s vieles für den kleineren oder größeren Hunger. Auch Nicht-Golfer sind willkommen *(siehe unseren Restaurant-Bericht auf Seite 84).*

25996 Wenningstedt, Norderweg 5, Tel.: 0 46 51 / 9959810, Fax: 9959819, Startzeiten-Tel.: 0 46 51 / 9959813, Greenfee für den Hauptplatz 35,- bis 80,-, 9 Loch 35,- bis 45,- Euro (Jugendliche 50%).
www.gcsylt.de, info@gcsylt.de

FOTOGRAFIE · BUDERSAND

Sei schlau,
fahr' BLAU.
Der blaue AUTOZUG Sylt
www.autozug-sylt.de
AUTOZUG Sylt
Vectron
AUTOZUG Sylt
247 909
SIEMENS
Nur der blaue AUTOZUG Sylt bietet Ihnen:
besonders günstige Fahrkarten (z.B. Online-Sparpreis-Ticket ab 19,90€)
Online-Reservierung Ihres Wunschzuges
vor Ort persönlicher Check-In beim freundlichen Service-Team
die modernsten und nachhaltigsten Lokomotiven auf der Syltstrecke
immer freie Sicht auf das Weltnaturerbe Wattenmeer
Der blaue AUTOZUG Sylt
RDC AUTOZUG Sylt GmbH | Industrieweg 16 | 25980 Westerland

Ab nach Sylt!

DIE ANREISE MIT DER BAHN

Mit dem Zug anzureisen ist die bequemste und umweltfreundlichste Art um die Insel zu erreichen. Seit 1922 führt die Reise über den Damm vom Festland durchs Wattenmeer nach Sylt. Diese Überfahrt ist schon mal ein beeindruckendes Urlaubserlebnis.

Die Erlebnisfreude hält sich bei den Pendlern, die täglich vom Festland zur Insel „auf Arbeit“ fahren, durchaus in Grenzen. Ihr Erlebnis besteht aus unkalkulierbaren Verspätungen aus welchen Gründen auch immer. Diese Behinderungen stören aber den relaxten Urlauber weniger.

Haltestellen gibt es auf dem Weg nach *Westerland* in *Morsum* und im Kapitänsdorf *Keitum*. Am Bahnhof Westerland ist Endstation.

Während dort Taxen und Busse warten, die in alle Inselorte fahren, ist die Situation für einen Weitertransport zur Unterkunft zu überdenken, denn die Dörfer sind weitläufig. Hier wäre unter Umständen der Ruf nach einem Taxi wohl sinnvoll, wenn die Unterkunft sich nicht in Bahnhofsnähe befinden sollte.

Taxen auf Sylt
0 46 51 / 5555, 0 46 51 / 5050,
0 46 51 / 7070, 0 46 51 / 6699

Fernverkehrszüge der Deutschen Bahn
Sylt ist an vier IC-Strecken angeschlossen. So ergeben sich viele Stadtverbindungen. Karlsruhe, Frankfurt, Köln, Dresden, Berlin. Alle Schienenverbindungen laufen über Hamburg. Die Hin- und Rückreise ist oft erstaunlich günstig, wenn man ein paar Tage im Voraus online bucht. Die Bahn bietet auch einen Gepäck-Bringservice an.
www. bahn.de

Regionalbahn NAH.SH
zwischen Hamburg-Altona und Westerland
Für diese Regionalstrecken erweist sich der Tarif des Schleswig-Holstein-Tickets als am günstigsten. Für 29,- fährt man morgens in einer Fahrzeit von ca. 3 Stunden von Altona nach Westerland und nach dem Sonnenuntergang wieder zurück in die große Stadt.

TIPP: Findet man dann noch Freunde, die mitfahren wollen – bitte schön, für jeweils 3,- mehr können sich bis zu 4 Personen mit diesem Ticket an den Sylter Strand begeben. Wildfremde Personen für diesen Trip findet man am Fahrkartenautomat in Altona. Aber erst wenn die Mitfahrerzahl feststeht, sollte man die Fahrkarte am Automaten kaufen. Dann fahren bestenfalls 5 Personen für 41,- an den Strand und zurück.

Mit dem Rad auf Sylt

DB
Alternativlos gut –
der rote Sylt Shuttle!

Von und nach Sylt:

Autozug • Fähre • Personenzug • Flugzeug

Autozug

Rot oder Blau? Es gibt zwei konkurrierende Autozüge von und nach Sylt. Terminal Westerland oder Niebüll.

Wenn man sich für den Roten oder den Blauen entschieden hat, muss man sich am Terminal in die ausgeschilderten Spuren einordnen.

Schaut man auf die geringen Preisunterschiede, sollte man sich nicht den Stress antun, einen bestimmten Autozug erreichen zu wollen. Es sei denn, man hat ein günstiges Ticket vorab im Internet ergattert. Bitte schauen Sie dazu auf die jeweiligen Fahrpläne.

Der „Rote" wird seit eh und je als Sylt Shuttle von der Deutschen Bahn betrieben.
Normaltarif für Einzelfahrt 55,-
Di – Mi – Do Hin- und Rückfahrt 85,-
Fr – Sa – So – Mo Hin- und Rückfahrt 98,-
Zwölferkarte 490,-
Servicetelefon 0800 / 822 8383
www.syltshuttle.de

Der „Blaue" Autozug-Sylt wird seit 2016 von der Firma RDC eingesetzt.
Normaltarif für Einzelfahrt 52,-
Di – Mi – Do Hin- und Rückfahrt 81,-
Fr – Sa – So – Mo Hin- und Rückfahrt 93,-
www.autozug-sylt.de · Hotline 01806 / 258
Insulaner erhalten bei Vorlage eines Persos und der KFZ-Zulassung auf Sylt ca. 50 % Rabatt.

Syltfähre

Eine Fahrt über die Nordsee vom Hafen Havneby auf der dänischen Nachbarinsel Rømø nach Sylt ist günstiger als der Autozug. Zwar dauert die Anreise aus Deutschland durch Dänemark ca. eine Stunde länger als zum Autozug-Terminal in Niebüll, sie ist aber auch interessanter und gemütlicher – wenn man Zeit hat. Schließlich liegen die historische Stadt Tønder und der pittoreske Ort Møgeltønder auf der Strecke. Auch die Insel Rømø, durch einen Straßendamm mit dem Festland verbunden, ist zumindest einen Zwischenstopp wert.

Zu Saisonzeiten ist die Reservierung der Fähre per Telefon oder online ratsam. Ansonsten muss eine Wartezeit eingeplant werden. So eine Seefahrt mit Verpflegung an Bord ist eigentlich ein gemütlicher Einstieg für einen Sylt-Urlaub.

PKW bis 6 m inkl. Personen – einfache Fahrt 50,40,-
Hin- und Rückfahrt am gleichen Tag 73,-
Kombi-Tagesrückfahrt Fähre / DB Sylt-Shuttle 79,-
An- und Abreise an unterschiedlichen Tagen 83,-
Das Insulaner-Ticket kostet für einen PKW 22,-
Infos unter: www.syltfaehre.de

Der schnelle Katamaran

Von Cuxhaven mit dem Katamaran MS Adler Cat nach Hörnum und zurück. Eine neue Möglichkeit die Urlaubsinsel ohne Auto in 2,5 Stunden über das Meer zu erreichen. Abfahrt Donnerstag bis Montag von Mitte April bis Anfang November 2019.

Zum Beispiel: ab Cuxhaven um 7 Uhr, an Hörnum um 9.25 Uhr, ab Hörnum um 19 Uhr, an Cuxhaven 21.20 Uhr
Einfache Fahrt Erwachsene ab 38,- / Kinder ab 23,-
Hin-und Rückfahrt Erwachsene. ab 71,- / Ki. ab 44,-
www.adler-schiffe.de/sylt

Flughafen Sylt

Wem es nicht schnell genug geht, um auf die Insel zu kommen, setzt sich ins Flugzeug und jettet an den Strand.

Hamburg, Düsseldorf, Mannheim, Frankfurt, München, Berlin, Zürich und Wien sind Abflugorte.

Lufthansa, easyjet, Sylt Air, Rhein-Neckar Air, Eurowings und Swiss sind die Fluggesellschaften. Geflogen wird hauptsächlich in den Saisonzeiten. Die Kosten sind sehr variabel. Die Ökobilanz der Flüge steht am Pranger.

Flugpläne: www.flughafen-sylt.de

Alle Angaben ohne Gewähr. Beachten Sie die Mitteilungen in der Tagespresse.

SOMMERFAHRPLAN 2019

(gültig 1. April bis 20. Oktober 2019)

NIEBÜLL → WESTERLAND/SYLT

VERLADE-SCHLUSS	ANKUNFT	WOCHENTAGE
6:05	6:50	täglich
7:05	7:50	Mo.-Fr. |*(S) |*1
8:35	9:20	täglich
11:05	11:50	täglich
12:35	13:20	täglich
13:35	14:20	täglich
15:05	15:50	täglich
17:35	18:20	täglich
18:35	19:20	täglich
20:05	20:50	Fr.+Sa. (31.5.–31.8) |*2

WESTERLAND/SYLT → NIEBÜLL

VERLADE-SCHLUSS	ANKUNFT	WOCHENTAGE
6:00	6:45	Mo.-Fr. |*(S) |*1
7:30	8:15	täglich
10:00	10:45	täglich
11:30	12:15	täglich
12:30	13:15	täglich
14:00	14:45	täglich
15:00	15:45	Sa.+So. |*S
16:30	17:15	täglich
17:30	18:15	Mo.-Fr. |*(S)
19:00	19:45	täglich
20:00	20:45	Fr.+Sa. (31.5.–31.8) |*2

*HINWEISE UND ZUSATZFAHRTEN:

(S)	verkehrt nicht an gesetzlichen Feiertagen
S	verkehrt an gesetzlichen Feiertagen
1	abweichend 1. Juni bis 1. September täglich und zusätzlich 10. Juni sowie 5./12./19. Oktober
2	zusätzlich 29. Mai

RDC AUTOZUG Sylt GmbH
Sitz: Industrieweg 16, 25980 Westerland
Stand: Mai 2019, Änderungen vorbehalten.

Büro Niebüll: Bahnhofstraße 10, 25899 Niebüll
Kundencenter Sylt: Industrieweg 16, 25980 Westerland

Sylt Shuttle Fahrplan vom 09.12.2018 bis 07.12.2019

Niebüll – Westerland (Sylt)

Verladeschluss*				Ankunft
Montag bis Donnerstag	Freitag	Samstag	Sonn- und Feiertag	
05:05 1)	05:05 1)	05:05 1)		**05:51**
05:35 1)	05:35 1)	05:35 1)	05:35 3)	**06:21**
06:35	06:35	06:35	06:35	**07:21**
07:35	07:35	07:35		**08:21**
			08:05	**08:51**
09:05	09:05	09:05	09:05	**09:51**
09:35	09:35	09:35	09:35	**10:21**
10:05	10:05	10:05	10:05	**10:51**
10:35	10:35	10:35	10:35	**11:21**
11:35	11:35	11:35	11:35	**12:21**
13:05	13:05	13:05	13:05	**13:51**
14:05	14:05	14:05	14:05	**14:51**
14:35	14:35	14:35	14:35	**15:21**
15:35	15:35	15:35	15:35	**16:21**
16:35	16:35	16:35	16:35	**17:21**
17:05	17:05	17:05	17:05	**17:51**
18:05	18:05	18:05	18:05	**18:51**
	19:05	19:05	19:05	**19:51**
19:35 2)	19:35	19:35		**20:21**
			20:05 4)	**20:51**
	20:35	20:35		**21:21**
21:05 2,5)			21:05 5)	**21:51**
	21:35	21:35		**22:21**

Westerland (Sylt) – Niebüll

Verladeschluss*				Ankunft
Montag bis Donnerstag	Freitag	Samstag	Sonn- und Feiertag	
05:30	05:30	05:30	05:30	**06:15**
			06:00	**06:45**
06:30	06:30	06:30		**07:15**
07:00	07:00	07:00	07:00	**07:45**
08:00	08:00	08:00	08:00	**08:45**
08:30	08:30	08:30	08:30	**09:15**
09:30	09:30	09:30	09:30	**10:15**
10:30	10:30	10:30	10:30	**11:15**
11:00	11:00	11:00	11:00	**11:45**
12:00	12:00	12:00	12:00	**12:45**
13:30	13:30	13:30	13:30	**14:15**
14:30	14:30	14:30	14:30	**15:15**
15:30	15:30	15:30	15:30	**16:15**
16:00	16:00	16:00	16:00	**16:45**
17:00	17:00	17:00	17:00	**17:45**
		17:30	17:30	**18:15**
18:00	18:00	18:00	18:00	**18:45**
18:30	18:30	18:30	18:30	**19:15**
19:30 2)	19:30	19:30	19:30	**20:15**
	20:30	20:30		**21:15**
21:00 2)	21:00		21:00	**21:45**
	21:30 6)	21:30 6)		**22:15**

verkehrt **nur** vom 01.06. bis 30.09.19
verkehrt **nicht** am 25.12.18, 01.01. und vom 01.06. bis 30.09.19

Sylt Shuttle Servicetelefon:
0180 6 228383
(20 ct/Anruf aus dem Festnetz, Tarif bei Mobilfunk max. 60 ct/Anruf)

Internet: **bahn.de/syltshuttle**

* Fahrzeuge über 6 m Länge, über 3 t Gesamtgewicht oder über 2,70 m Höhe oder Fahrzeuge mit Anhänger und Motorräder: **Bitte treffen Sie 20 Minuten vor den genannten Zeiten am Terminal ein.** Planmäßige Abfahrtszeit jeweils 11 Minuten nach Verladeschluss.

1) keine Motorradbeförderung
2) verkehrt nicht am 24. und 31.12.2018
3) verkehrt nicht am 25.12.18 und 01.01.19
4) verkehrt an folgenden Tagen um 20:35 Uhr: 23., 26. und 30.12.18, 01.01., 19. und 22.04., 30.05., 02. und 10.06. sowie am 06.10.19
5) verkehrt an folgenden Tagen um 21:35 Uhr: 23., 26., 27. und 30.12.18, 01., 02. und 03.01., 18. und 22.04., 29. und 30.05., 02. und 10.06. sowie am 02., 03. und 06.10.19
6) verkehrt nicht am 22., 28. und 29.12.18, 04. und 05.01., 27.04. sowie am 07. und 08.06.19

Alle Angaben ohne Gewähr. Stand: 01.11.2018

Anreise zum Sylt Shuttle Terminal mit Navigationssystem

Geben Sie für die Anreise zum Terminal Niebüll oder Westerland folgende Adressen in Ihr Navigationssystem ein:

Terminal Niebüll:
Kurt-Bachmann-Ring 2, 25899 Niebüll

Terminal Westerland:
Industrieweg 18, 25980 Westerland/Sylt

Herausgeber: DB Fernverkehr AG, Inselverkehr Sylt, Trift 1a, 25980 Sylt/OT Westerland

Sylt Shuttle

Ausflüge auf Sylt...

Mit dem Linienbus über die Insel und an den Strand

Die Sylter Verkehrsgesellschaft ist seit 1888 für die „Öffis" auf der Insel zuständig. Früher mit der Inselbahn, heute fahren die Busse an fast jeden Strand von Nord nach Süd und West nach Ost.

Die Fahrpreise sind jeweils nach Streckenlänge gestaffelt – 2,05 bis 8,-. Eine Tageskarte kostet 9,90, Familienkarten ab 16,40.
7-Tageskarte kostet 52,80, Familienkarte 103,-.
Leider gelten die Bahnfahrkarten im Bus nicht.

Inselrundfahrten

Eine organisierte Inselrundfahrt ist in einem blauen Doppeldeckerbus immer sehr amüsant. Der Chauffeur kennt die Insel wie seine Westentasche. Er hat immer spannende „Döntjes" auf Lager, die selbst manchen Insulanern unbekannt sind.
Auf der *kleinen Inselrundfahrt* lernt man von Westerland aus den Norden der Insel kennen: Das Seebad Wenningstedt mit seinem Dorfteich, Kampen mit seinen reetgedeckten Millionärsanwesen, das Wanderdünengebiet und den Lister Hafen. Danach steuert der eloquente Fahrer die östlichen Orte an: Braderup, Munkmarsch mit dem kleinen Segelhafen und das Kapitänsdorf Keitum. Danach geht's über Tinnum zurück nach Westerland.
In der Saison täglich von 11 bis 13 Uhr.
Erwachsene 17,50 / Kinder 12,50 / Familien 47,50 ab Bahnhof Westerland.

Die große Inselrundfahrt . . .
. . . führt wie bei der kleinen, erstmal gen Norden über Wenningstedt, Kampen, das Wanderdünengebiet nach List. Nach einer Pause am Hafen geht es über die Ostdörfer Braderup, Munkmarsch und Keitum weiter in den Süden der Insel nach Rantum und an den Hörnumer Hafen. Dort kann man sich aufhalten oder eine Kurzseefahrt beim Busfahrer extra buchen. Danach geht's durch die Dünenlandschaft zurück nach Westerland.
Täglich 14 – 17.15 Uhr ab Bahnhof Westerland
Erw. 20,- / Ki. 13,50 / Fam. 53,50

Mit dem Oldiebus über die Insel

Seit 2011 gehören ein rüstiger blauer Borgward-Bus (33 Personen) aus den 50er Jahren und ein grüner Magirus (29 Personen) aus der gleichen Wirtschaftswunderzeit zum Angebot für private Events, als Hochzeitskutsche oder für exklusive Rundfahrten.

www.svg-busreisen.de, Tel.: 04651/836100

...und um Sylt herum.

Schiffsausflüge

Amrum • Föhr • Halligen • Helgoland

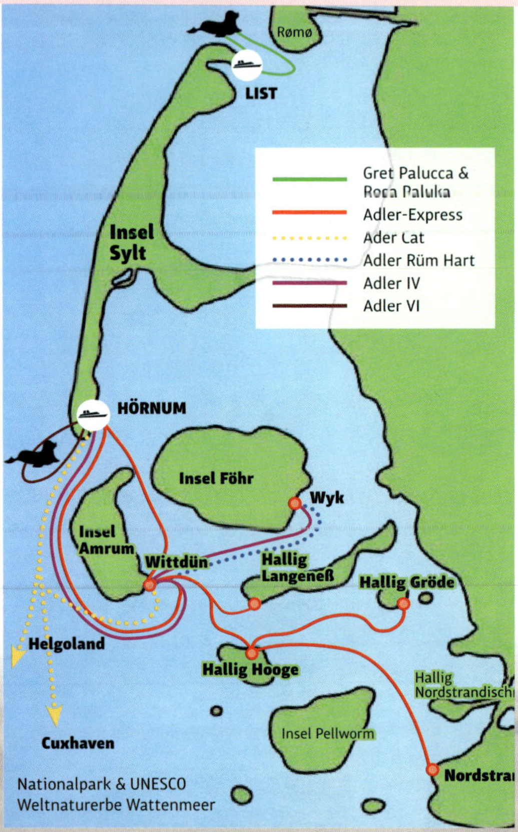

Mit der weißen Flotte der Sylter Adler-Reederei kann man von Sylt die nordfriesische Inselwelt und den Nationalpark Wattenmeer erkunden. Ab Hafen Hörnum an der südlichen Inselspitze kann eine Tagestour beginnen.

Hier einige Ausflugsdaten, die als Anhaltspunkte zu verstehen sind.

Viele Abfahrten finden nur zu den Saisonzeiten statt, ca. Mitte April bis ca. Ende Oktober.

Die Abfahrtzeiten, Aufenthaltszeiten, die Rückkehr sowie die Kosten sind sehr differenziert. Unsere Angaben sollen Lust machen, die vielfältigen Möglichkeiten eines Ausflugs einmal wahrzunehmen.

Exakte Angaben zu den Ausflügen erhalten Sie in den Adler-Pavillons in Westerland am Bahnhof, in Hörnum sowie in List jeweils am Hafen und in den ausliegenden Werbeprospekten.

www.adler-schiffe.de/sylt
Tel. 04651/9870888
Adler-Schiffe, Boysenstraße 13
25980 Westerland

Amrum

Adler-Express:
Ab Hörnum 12 Uhr täglich –
zurück in Hörnum 17 Uhr
Aufenthalt auf Amrum 3,5 Stunden
Erwachsene 29,-

Adler IV:
Ab Hörnum 10 Uhr So bis Do –
zurück in Hörnum 17 Uhr
Aufenthalt auf Amrum 4,5 Stunden
Erwachsene 28,-

Amrum hat den breitesten zusammenhängenden Sandstrand Europas, den höchsten Leuchtturm an der Nordseeküste und viele schöne Friesendörfer. Der Ort Nebel ist das Keitum von Amrum.

Insel Föhr

Adler IV:
Ab Hörnum 10 Uhr So bis Do –
zurück in Hörnum 17.45 Uhr
Aufenthalt auf Föhr 3 Stunden
Erwachsene 28,-

Adler Cat:
Ab Hörnum 10.10 Uhr Mo bis Do –
zurück in Hörnum 18.30 Uhr
Aufenthalt auf Föhr 5,5 Stunden
Erwachsene 42,-

Föhr ist eine grüne Insel. Der Hauptort ist das Seebad Wyk, das 2019 immerhin schon die 200. Badesaison feiert. Im ***Museum Kunst der Westküste*** *in Alkersum ist bis zum 15. Juli eine große Ausstellung zum Bade-Jubiläum zu sehen.*

Die Halligen

Mit der **ADLER-EXPRESS** gibt es eine Schnellverbindung nach **Amrum, Hooge** und **Langeneß**.

Hallig Hooge
Ab Hörnum 12 Uhr täglich außer Montag –
zurück in Hörnum 17 Uhr
Aufenthalt auf Hooge ca. 2,5 Stunden
Erwachsene 29,-

Hallig Langeneß
Ab Hörnum 12 Uhr immer montags –
zurück in Hörnum 17 Uhr
Aufenthalt auf Langeneß ca. 2,5 Stunden
Erwachsene 29,-

Hallig Gröde
Ab Hörnum 12 Uhr nur an bestimmten Tagen –
zurück in Hörnum 17 Uhr
Aufenthalt auf Gröde ca. 1,5 Stunden
Erwachsene 33,-

Die Halligen im Wattenmeer haben einen völlig intakten Naturraum. Am Hafen kann man Fahrräder mieten oder man wird mit einer Pferdekutsche abgeholt. Halligen sind Erholung pur!

Alle Angaben ohne Gewähr. Beachten Sie die Mitteilungen in der Tagespresse.

Helgoland

Helgoland · Ab Hörnum 10.10 Uhr
Mo bis Do – zurück in Hörnum 18.30 Uhr
Aufenthalt auf Helgoland ca. 4 Stunden
Erwachsene 64,50

Der schnelle Katamaran fährt zu Deutschlands einziger Hochseeinsel. Der rote Felsen hat eine bewegte Geschichte, ist Einkaufsvergnügen und ein Paradies für die Vogelwelt.

Natur entdecken

Nationalpark-Safari
Ab Hörnum freitags 11.30 bis 13.30 Uhr
Erwachsene 21,50

Lehrreiche Studienfahrt mit einem Guide der Schutzstation Wattenmeer.

Kegelrobben-Watching
Ab Hörnum montags 11.30 bis 13.30 Uhr
Erwachsene 21,50

Fahrt zu einer Kegelrobben-Kolonie mit Nationalpark-Ranger.

Alle Angaben ohne Gewähr. Beachten Sie die Mitteilungen in der Tagespresse.

Kulinarisch in See stechen

Frühstücksfahrt
Ab Hörnum Sa und So von 10 bis 11.15 Uhr
rund um die Sylter Südspitze
Erwachsene 10,50 inkl. Frühstück

Kaffeefahrt
Ab Hörnum täglich von 16 bis 16.50 Uhr
Erwachsene 9,-

Happy Hour
Ab Hörnum täglich von 17.30 bis 19.00 Uhr
Erwachsene 9,50
Eine Kurzseefahrt mit Getränken zum ½ Preis. Vernünftigerweise ist der Linienbus für die An- und Abreise inklusive.

Austernbank-Tour mit dem Kutter „Rosa Paluka"
Ab List mittwochs 16 bis 17.15 Uhr
Erwachsene 22,-
Fahrt zum Austernfang inkl. 1 Glas Wein. Austern werden geknackt und zünftig geschlürft.

Krabben-Tour mit dem Kutter „Rosa Paluka"
Ab List donnerstags 16 – 17.15 Uhr
Erwachsene 22,-
Fahrt zum Krabbenfang. Die schmackhaften Meeresbewohner werden an Bord gekocht und von den Passagieren gepult – so frisch schmecken sie am besten.

Piratenfahrt mit der „Gret Palucca"

Ab List 16.15 -18.15 Uhr,
differenzierte Abfahrtstage
Erwachsene 23,50 / Kinder 18,50

Ein großer Spaß für Kinder. Eine unterhaltsame Fahrt mit einer Menge Seemannsgarn, Meuterei, Schatzsuche. Auch die „Verwachsenen" sind herzlich willkommen.

WESTERLAND –
Die Inselmetropole
am Nordseestrand

<table>
<tr><th></th><th>NAME</th><th>ADRESSE</th><th>SEITE</th></tr>
<tr><td>1</td><td>ALTES ZOLLHAUS | International und stimmungsvoll</td><td>Boysenstraße 18</td><td>34</td></tr>
<tr><td>2</td><td>AMERICAN BISTRO | Speisen und feiern</td><td>Paulstraße 3</td><td>300</td></tr>
<tr><td>3</td><td>BADEZEIT | Strandrestaurant</td><td>Strandpromenade</td><td>36</td></tr>
<tr><td>4</td><td>BARBUSHKA | Cocktailcafé</td><td>Friedrichstraße 14</td><td>31/300</td></tr>
<tr><td>5</td><td>BEACH HOUSE | Strandrestaurant</td><td>südl. Strandpromenade</td><td>---</td></tr>
<tr><td>6</td><td>BETT & BUDE BOARDINGHOUSE | Bahnhofsnähe</td><td>Kirchenweg 6</td><td>215</td></tr>
<tr><td>7</td><td>BLUM´S FISCH-SPEZIALITÄTEN | Frische-Tipp</td><td>Neue Straße 2 | Tinnum Mittelweg 7</td><td>40</td></tr>
<tr><td>8</td><td>BÜRSTENHAUS REDECKER | Hier findet jeder seine Bürste</td><td>Friedrichstraße 16</td><td>266</td></tr>
<tr><td>9</td><td>CAFÉ MATEIKA | Kaffeehausatmosphäre</td><td>Bismarckstraße 11</td><td>28/254</td></tr>
<tr><td>10</td><td>CAFÉ ORTH | Sehen und gesehen werden</td><td>Friedrichstraße 30</td><td>255</td></tr>
<tr><td>11</td><td>CAFÉ WIEN | Kuchenträume</td><td>Strandstraße 13</td><td>254</td></tr>
<tr><td>12</td><td>CASA BIANCA | Cucina perfetta</td><td>Elisabethstraße 4</td><td>38</td></tr>
<tr><td>13</td><td>CHEERS | Rock, Pop, Soul, Whisky</td><td>Andreas-Nielsen-Straße 8</td><td>301</td></tr>
<tr><td>14</td><td>CLASSIC CLUB | Disco 30+</td><td>Strandstraße 3-5</td><td>300</td></tr>
<tr><td>15</td><td>CLAUSEN | Zentrales Hotel</td><td>Friedrichstraße 20</td><td>209</td></tr>
<tr><td>16</td><td>DIE HOF-GALERIE | Lindenberg Lounge</td><td>Rathausplatz Eingang Spielbank</td><td>293</td></tr>
</table>

RESTAURANTS + CAFÉS
HOTELS + FERIENWOHNUNGEN
SHOPPING
KUNST & ANTIK
NIGHTLIFE

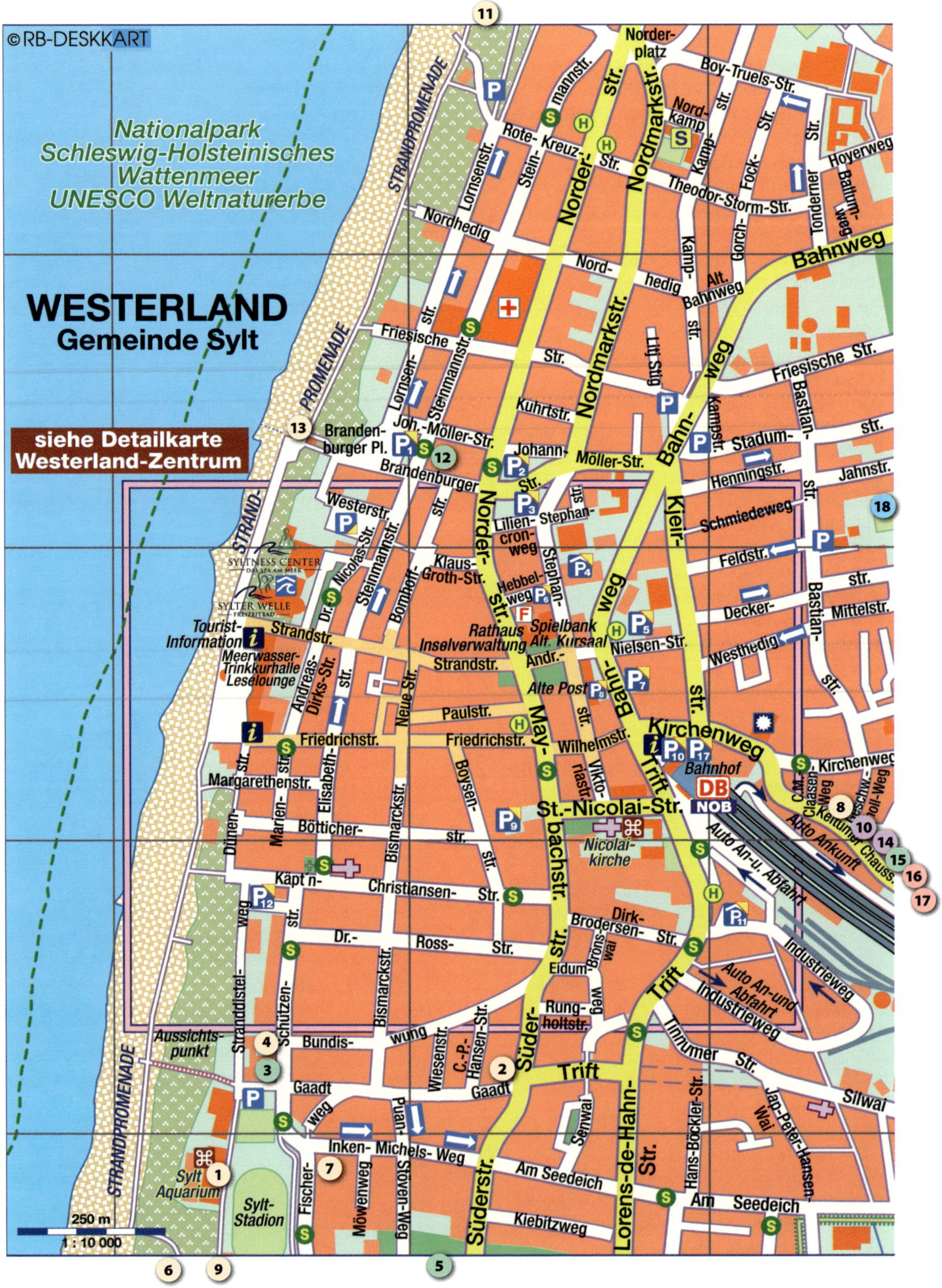

©RB-DESKKART
Nationalpark Schleswig-Holsteinisches Wattenmeer UNESCO Weltnaturerbe
WESTERLAND
Gemeinde Sylt
siehe Detailkarte Westerland-Zentrum
STRANDPROMENADE
PROMENADE
Tourist-Information
Meerwasser-Trinkkurhalle Leselounge
Strandstr.
Friedrichstr.
Margarethenstr.
Bötticher-str.
Käpt'n-Christiansen-Str.
Dr.-Ross-Str.
Bundis-wung
Gaadt
Aussichts-punkt
Sylt Aquarium
Sylt-Stadion
Inken-Michels-Weg
Am Seedeich
Kiebitzweg
Süderstr.
Trift
Lorens-de-Hahn-Str.
Bahnhof
St.-Nicolai-Str.
Nicolai-kirche
Rathaus
Inselverwaltung
Spielbank
Alt. Kursaal
Alte Post
Bahnweg
Friesische Str.
Norderstr.
Nordmarkstr.
Kjeirstr.
Stadumstr.
Bastianstr.
Kirchenweg
Industrieweg
Tinnumer Str.
Silwai
Theodor-Storm-Str.
Boy-Truels-Str.
Norderplatz
Brandenburger Pl.
Johann-Möller-Str.
Maybachstr.
Wilhelmstr.
Paulstr.
Elisabethstr.
Bismarckstr.
Schützenstr.
Dünenstr.
Hoyerweg
Jahnstr.
Henningstr.
Schmiedeweg
Feldstr.
Deckerstr.
Westhedig
Mittelstr.
Nordhedig
Auto An-u. Abfahrt
Auto Ankunft
250 m
1 : 10 000

	NAME	ADRESSE	SEITE
1	**ALDENTE 49er** | *Im Aquarium – familienfreundlich!*	*Gaadt 33*	30
2	**ALTE FRIESENSTUBE** | *Regional bis fein im historischen Haus*	*Gaadt 4*	32
3	**DORINT STRANDRESORT & SPA** | *Gleich hinter den Dünen*	*Schützenstraße 20-24*	210/249
4	**EBBE & FOOD** | *Restaurant im Dorint Strandresort*	*Schützenstraße 20-24*	42
5	**LANDHAUS SYLTER HAHN** | *Hotel und Wellness*	*Robbenweg 3*	212/249
6	**OSTERIA** | *Das bunte Mediterrane*	*Strandübergang Campingplatz, Fischerweg 32*	60
7	**SIAM** | *Ein Stück Thailand auf Sylt*	*Fischerweg 15*	---
8	**SHIROBAR** | *Sushi, Sashimi, Maki*	*Keitumer Chaussee 5a*	31
9	**STRANDOASE** | *Dünenrestaurant*	*Lorens-de-Hahn-Straße 42*	70
10	**DICK** | *Antiquitäten · Jensen Silber · Antik-Buddha-Figuren*	*Keitumer Chaussee 22*	294
11	**S-POINT** | *Genusshütte hinter der Düne*	*Lornsenweg 7*	68
12	**SUITEHOTEL WINDHUK** | *Strandnah*	*Brandenburger Straße 6*	215
13	**SUNSET BEACH** | *Strandbistro*	*Brandenburger Straße 15*	29
14	**SVETLANA VORREITER** | *Malerei*	*Keitumer Chaussee 13*	294
15	**SYLT TOURISMUS ZENTRALE**	*Keitumer Landstraße 10b*	238
16	**VINO VIN** | *Wein + Delikatessen Tinnum*	*Keitumer Landstraße*	200
17	**WEIN HEILIGER** | *Weine + Spirituosen Tinnum*	*Zum Fliegerhorst 22*	203
18	**YOGAMARE** | *Yoga by Maren Schulz*	*Am Bastianplatz 4*	251

RESTAURANTS + CAFÉS
HOTELS + FERIENWOHNUNGEN
SHOPPING
KUNST & ANTIK
NIGHTLIFE

RESTAURANTS + CAFÉS
HOTELS + FERIENWOHNUNGEN
SHOPPING
KUNST & ANTIK
NIGHTLIFE

	NAME	ADRESSE	SEITE
1	**ADMIRALS STUBEN** | *Im Hotel Windrose*	*Strandstraße 19*	---
2	**ALDENTE STRANDGUT** | *Crossover Küche*	*Osetal 3 / Campingplatz*	86
3	**BEACH DINER - TWISTER´S**	*Promenade*	---
4	**FICHTNER'S** | *Neuer Wirt, bewährte Küche*	*Hauptstraße 1*	---
5	**FITSCHEN AM DORFTEICH** | *Hotel und Restaurant*	*Am Dorfteich 2*	78/218/255
6	**GALERIE LICHTKUNST** | *Sewing-Delius Braderup*	*M.T. Buchholz-Stich 9*	268
7	**GOSCH AM KLIFF** | *Frischer Fisch mit Meeresblick*	*Dünenstraße 17a*	255
8	**IBF IMMOBILIEN BRIGITTE FÜHR** | *Spezialist für Feriendomizile*	*Hauptstraße 11*	244
9	**IISMEER** | *Eis + Stockbrot + BBQ*	*Strandstraße 25*	80
10	**LÄSSIG & EASY** | *im Hotel Strandhörn Top-Küche + Bar*	*Dünenstraße 20*	---
11	**MEDCONTOUR** | *Medical Wellness*	*Strandstraße 25*	251
12	**MEERESBLICK** | *Schönes Restaurant mit Terrasse*	*Strandstraße 26*	255
13	**STEFFENS** | *Speisen im Golf-Club*	*Norderweg 5*	84
14	**STRANDHÖRN** | *Hotel mit Restaurant lässig & easy*	*Dünenstraße 20*	217
15	**SYLTER APPARTEMENT SERVICE** | *Ferienwohnungen und Häuser*	*Berthin-Bleeg-Str. 4*	---
16	**SYLTER DOMIZIL** | *Hotel zentral gelegen*	*Berthin-Bleeg-Str. 2*	219
17	**TAMPE'S RESTAURANT** | *Der Tampe, der kann´s*	*Westerlandstraße 12*	88
18	**ULENHOF** | *Schöne reetgedeckte Ferienwohnungen*	*Friesenring 14*	217/250
19	**WIESBADEN** | *Hotel mit großem Garten*	*Hochkamp 8*	218
20	**FISCH BLUM** | *Wie der Name schon sagt…*	*Westerlandstraße 8*	40
21	**LA PERGOLA** | *Italienische Küche – schöne Terrasse*	*Dünenstraße 6*	82

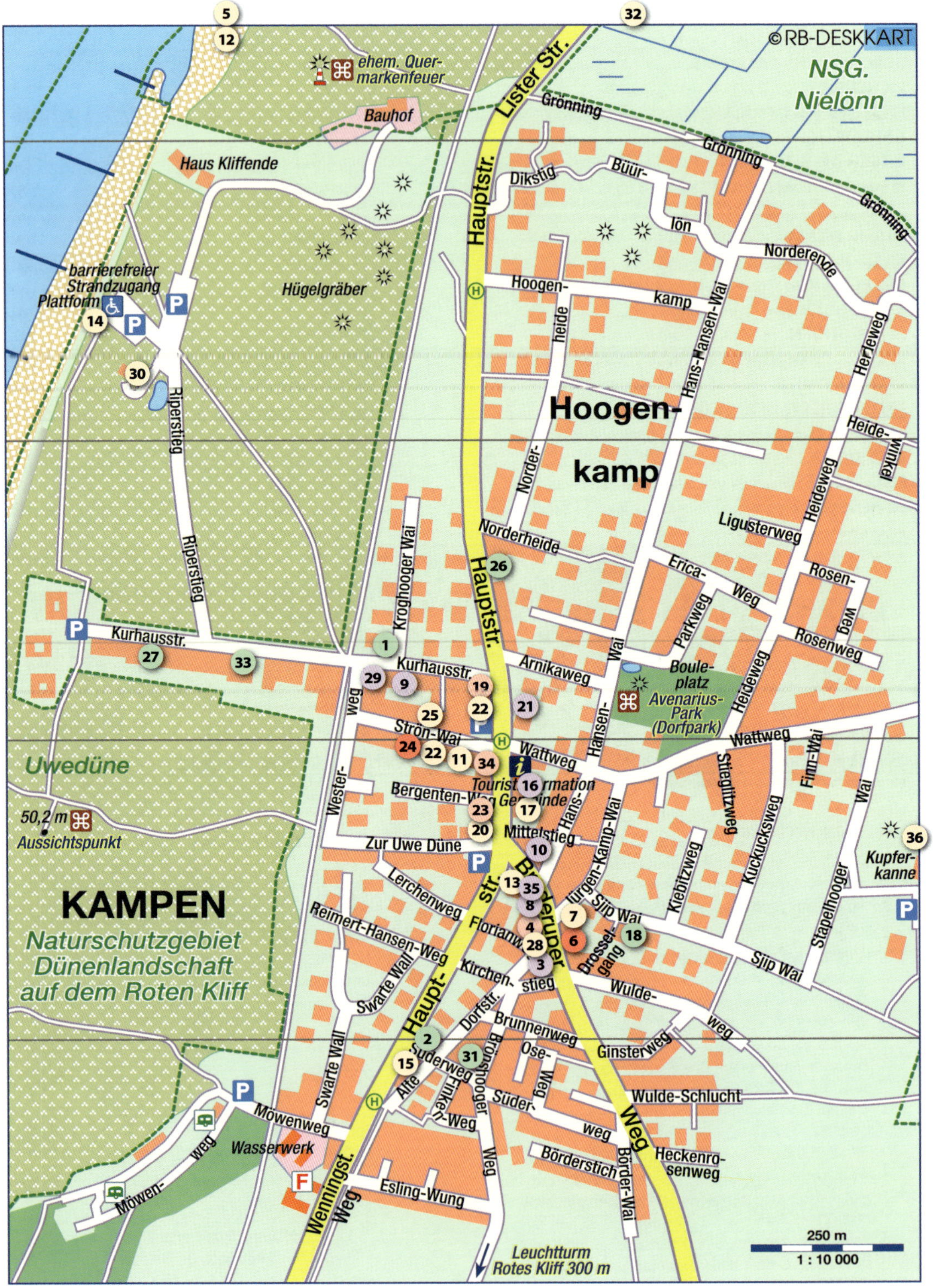
©RB-DESKKART
NSG. Nielönn
ehem. Quermarkenfeuer
Bauhof
Haus Kliffende
Hügelgräber
barrierefreier Strandzugang
Plattform
Lister Str.
Hauptstr.
Grönning
Dikstig
Büür-lön
Norderende
Hoogen-kamp
Hoogen-heide
Hans-Hansen-Wai
Hoogen-kamp
Herleweg
Heide-winkel
Norder-heide
Norderheide
Riperstieg
Kroghooger Wai
Ligusterweg
Erica-Weg
Rosen-weg
Rosenweg
Heideweg
Parkweg
Arnikaweg
Boule-platz
Avenarius-Park (Dorfpark)
Hansen-Wai
Kurhausstr.
Stron-Wai
Wattweg
Wester-weg
Bergenten-Weg
Touristinformation Gemeinde
Mittelstieg
Hans-Jürgen-Kamp-Wai
Stieglitzweg
Finn-Wai
Kuckucksweg
Kiebitzweg
Stapelhooger Wai
Kupfer-kanne
Uwedüne
50,2 m
Aussichtspunkt
Zur Uwe Düne
Lerchenweg
Reimert-Hansen-Weg
Florianweg
Braderuper Weg
Slip Wai
Drossel-gang
Kirchen-stieg
Wulde-weg
KAMPEN
Naturschutzgebiet Dünenlandschaft auf dem Roten Kliff
Swarte Wall
Dorfstr.
Brunnenweg
Ginsterweg
Ose-Weg
Bronshooger Weg
Süderweg
Alte Süderweg
Finken-Weg
Wulde-Schlucht
Möwenweg
Möwen-weg
Wasserwerk
Wenningst. Weg
Esling-Wung
Börderstich
Börder-Wai
Heckenrosenweg
Leuchtturm Rotes Kliff 300 m
250 m
1 : 10 000

	NAME	ADRESSE	SEITE
1	**AHNENHOF – Hotel Garni** | *Zimmer mit Blick auf Heide und Meer*	*Kurhausstraße 8*	222
2	**APPARTEMENTS & MEHR** | *Domizile vom Besten*	*Süderweg 1a*	236
3	**ATELIER SPROTTE & FALKENSTERN FINE ART** | *Siegward Sprotte Bilder*	*Alte Dorfstraße 1*	292
4	**BINGENHEIMER DESSOUS & MODE** | *Ein Traum für sie und ihn*	*Alte Dorfstraße 2*	270
5	**BUHNE 16** | *Die Strandlocation ist Kult*	*Listlandstraße 133*	92
6	**CLUB ROTES KLIFF** | *„World´s Finest Club"*	*Braderuper Weg 3*	299
7	**DORFKRUG** | *Wiedereröffnung mit neuem Konzept*	*Braderuper Weg 3*	94
8	**GALERIE HEROLD** | *Norddeutsche Expressionisten + Contemporary*	*Braderuper Weg 4*	289
9	**GALERIE PEERLINGS** | *Fußmann und Janssen u. v. a.*	*Kurhausstraße 7*	291
10	**GALERIE RUDOLF** | *Große Präsentationsfläche – große Namen*	*„Haus Kampeneck", Hauptstraße 8*	291
11	**GOGÄRTCHEN** | *Neues Image – junges Team*	*Strönwai 12*	96
12	**KAAMPS7** | *Ex La Grande Plage – Strandrestaurant*	*Riperstig/Am Strand*	102
13	**HENRY im Gourmet Eck** | *Restaurant · Bistro · Bar*	*Braderuper Weg 2*	---
14	**IISMEER EISWAGEN** | *Ein Sommervergnügen. Eis & Meehr*	*Strand Kampen, Strandkorbpodest*	100
15	**IL RISTORANTE** | *Pasta, Pesce, Pavarotti*	*Süderweg 2*	98
16	**KAAMP HÜS** | *Tourist Info, Kunstausstellungen*	*Hauptstraße 12*	---
17	**KAAMP MEREN** | *Bistro im Kaamp Hüs*	*Hauptstraße 12*	104
18	**LANDHAUS SÜDHEIDE** | *Das gemütliche Landhotel*	*Sjipwai 4*	221
19	**MAJASYLT** | *Top-Marken, innovative Styles*	*Hauptstraße 15*	271
20	**MANNE PAHL** | *Der Dauerbrenner*	*Zur Uwe Düne 2*	106
21	**MICHAEL RÜHMLING** | *Die kleine, feine Galerie*	*Wattweg 1 / Ecke Hauptstraße*	290
22	**ODIN – DELI** | *Neue Ideen im Strönwai und Vinothek*	*Strönwai 10 / Hauptstraße 15*	108/205
23	**PARFÜMERIE VIGLAHN** | *Beauty Palace*	*Hauptstraße 11*	270
24	**PONY** | *Die Disco-Legende*	*Strönwai 6*	299
25	**RAUCHFANG** | *Küchenqualität ganz locker*	*Strönwai 5*	298
26	**REETHÜÜS** | *Schöne, gepflegte Zimmer*	*Hauptstraße 18*	221
27	**RUNGHOLT** | *Traditionshotel mit Panoramablick*	*Kurhausstraße 35*	220
28	**SOUND & KITCHEN** | *Sharing Dinner*	*Alte Dorfstraße 2*	110
29	**SUSANNA DÜNNE** | *extravagante Schmuckwerkstatt*	*Westerweg 14*	289
30	**STURMHAUBE** | *2019 - Geschlossen wegen Renovierung*	*Riperstig 1a*	---
31	**VILLAGE SUITEN-HOTEL** | *Es gibt nichts Schöneres...*	*Alte Dorfstraße 7*	220
32	**VOGELKOJE** | *Beste Küche in romantischem Ambiente*	*Lister Straße 100*	112
33	**WALTER'S HOF** | *...mit Tappe's Restaurant Panoramablick*	*Kurhausstraße 23*	---
34	**WEMPE** | *Feine Uhren und Juwelen*	*Strönwai 16*	269
35	**WERKHALLEN** | *Galerie für Fotografie und Malerei*	*Braderuper Weg 2*	290
36	**KUPFERKANNE** | *Café mit Wattenmeerblick*	*Stapelhooger Wai 7*	256

RESTAURANTS + CAFÉS
HOTELS + FERIENWOHNUNGEN
SHOPPING
KUNST & ANTIK
NIGHTLIFE

©RB-DESKKART
Nationalpark
Schleswig-Holsteinisches
Wattenmeer Zone 1
UNESCO Weltnaturerbe
Keitumer Kliff
250 m
1 : 10 000
KEITUM
Gemeinde Sylt
Weststeg
Oststeg
K118
K117
St. Severin
Kirche
Alter Kirchenweg
Munkmarscher Chaussee
Am Mühlenhof
Ludwig-Borstelmann-Weg
Winjshoog Gung
Prost-wai
Pastorat,
Ev. Kirchen-
gemeinde
Altfriesisches
Haus
Sylter Heimatmus.
Museums-
Tourist-Information
Feuerwehr-
museum
Friesensaal
Tipkenhoog
Andreas-Hübbe-Wai
Gurt-stig
E.-Johannsen-Wai
Uwe-J.-Lornsen-Wai
Kastanienweg
Kairem Dikwai
Westerhörn
Boy-Peter-Möller-Wai
Koppel
Westerweg
Benendiken-wai
Twesk Diker
Weidemannweg
Hansen-
Bahnhofstr.
Gaat
Keitumer Süderstr.
Lüüvwai
Kliiriwai
Lörkiwai
Hingstwai
Bahnhofstr.
Melnwai
Ingiwai
Osterweg
Süderstr.
Siidik
Fußgänger-
tunnel
NOB
Oststeg
Koogstr.
Sii
Am Kliff
Hoyerstig
Trachtenstegelk
Tåkerwai
Chauss.
Alter Kirchenweg

	NAME	ADRESSE	SEITE
1	**AARNHOOG** | *Feines Hotel mitten im Dorf*	*Gaat 13*	229/260
2	**AMICI** | *Mediterrane Küche, schönes Ambiente*	*C.-P.-Hansen-Allee 1*	---
3	**ANKE BERTHEAU** | *Künstler-Atelier*	*Gurtstig 38*	280
4	**ATELIER GALERIE HERBERT SIEG** | *Farbexplosive Bilder*	*C.-P.-Hansen-Allee 5*	281
5	**ATELIER INGO KÜHL** | *Große expressive Seestücke*	*Keitumer Süderstraße 42*	284
6	**BENEN-DIKEN KØKKEN** | *Das gepflegte feinheimische Restaurant*	*Keitumer Süderstraße 3*	130
7	**BENEN-DIKEN-HOF** | *Hotel, Wellness und Kunst*	*Keitumer Süderstraße 3*	223
8	**BIRTE WIEDA** | *Die Goldschmiedin*	*Gurtstig 26*	286
9	**BROT & BIER** | *Edelstullen und Sylter Bier*	*Gurtstig 1*	122
10	**CHRISTINA THRÄN** | *Grafik · Malerei · Illustration*	*Gurtstig 9*	282
11	**GALERIE RUDOLF** | *Klassische Moderne und Expressionisten*	*Westerhörn 6*	287
12	**GEORGS GALERIE** | *Baumskulpturen und Dekorative Kunst*	*Siidik 6*	281
13	**GLASATELIER ANTJE OTTO** | *Gebrauchsgläser und Glasverschmelzungen*	*Bahnhofstraße 37*	282
14	**GOLD- UND SILBERWERKSTATT** | *Christoph Freier*	*Erich-Johannsen-Wai 1*	278
15	**GOLDSCHMIEDE ANTJE BALLAUF** | *Große Goldschmiedekunst*	*Kirchenweg 4*	279
16	**HOOG** | *Bistro im Hotel Severin*s*	*Am Tipkenhoog 18*	146
17	**WEDELL** | *Ferienwohnungen und Häuser*	*Bahnhofstraße 12*	241
18	**KAMP´S** | *Hotel, Galerie und Café*	*Gurtstig 41*	222/283
19	**JOHANNES KING** | *Der Gourmet „to go" – Die Dependance*	*Gurtstig 2*	128
20	**KLEINE KÜCHENKATE** | *Von Land und Meer*	*Am Kliff 1*	132
21	**KLEINE TEESTUBE** | *Gemütliches Haus und Blumengarten*	*Westerhörn 2 / Ecke Gurtstig*	116
22	**KONTORHAUS KEITUM** | *Teekontor, Teeraum, Gästehaus*	*Siidik 15*	225/260/277
23	**MAIKE OSSENBRÜGGEN** | *Appartementvermietung*	*Gurtstig 37*	242
24	**MOMO** | *Schmuckwerkstatt und Galerie*	*Gurtstig 12 (neben der „Bücher-Deele")*	280
25	**NIELSENS KAFFEEGARTEN** | *Torten und mehr*	*Am Kliff 5*	134/259
26	**NORDLICHT LIVING & STYLE** | *Wohnaccessoires*	*Gurtstig 48*	277
27	**OLIVIA MILANO** | *Anziehend italienisch*	*Melnwai 1*	274
28	**PIUS** | *Die Weinwirtschaft*	*Am Kliff 5*	136/204
29	**REBLAUS** | *Wine & Dine*	*Am Tipkenhoog 2*	138
30	**SEILER HOF** | *Das gepflegte Hotel im Friesenhaus*	*Gurtstig 7*	227
31	**SEVERIN*S** | *5-Sterne Hotel*	*Am Tipkenhoog 18*	226/253
32	**SÜNHAIR BY KLAUS** | *Bistrorant*	*Erich-Johannsen-Wai 2*	142
33	**SYLT SELECTED** | *Trendy & stylish*	*Am Tipkenhoog2*	274
34	**SYLTER HEIMATMUSEUM** | *Söl´ring Foriining*	*Am Kliff 19*	285
35	**TIPKEN´S** | *Restaurant im Hotel Severin*s*	*Am Tipkenhoog 18*	148
36	**WITTHÜS** | *Kunsthandwerk und Töpferei*	*Am Kliff 5a*	283
37	**LUIS TRENKER** | *Hochwertige Modelabel*	*Museumsweg 2*	272
38	**HÜS BI HÜS** | *Einrichtungskonzepte*	*C.-P.-Hansen-Allee 3*	272
39	**GALERIE ART OF SILENCE** | *Seminar- und Kunsthaus Dorit Heinrich*	*Munkmarscher Chaussee 16*	286
40	**BUTCHEREI** | *Hier ist Fleisch das Gemüse*	*C.-P.-Hansen-Allee 2*	124
41	**SALON 1900** | *Gut speisen im Friesenhaus*	*Keitumer Süderstraße 40*	140
42	**KUNSTSTÜCK** | *Töpferei Regine Skoluda und Till Bruttel*	*Gaat 6*	279

RESTAURANTS + CAFÉS
HOTELS + FERIENWOHNUNGEN
SHOPPING
KUNST & ANTIK
NIGHTLIFE

15
©RB-DESKKART
Deichweg
Deichweg
Am Loo
Loo
Auf dem Priel
Am Buttgraben
Mövenbergstr.
Friedhofstr.
Am Brünk
Am Brünk
Urwald
Am Buttgraben
Landwehrdeich
Landwehrdeich
Alte Dorfstr.
Kirchen-weg
St. Jürgen, ev.
Alte Dorfstr.
Am Königshafen
Lister Reede
Alte Dorfstr.
Wattenmeer station
Hafenstr.
Nord-Promenade
Erlebniszentrum NATURGEWALTEN SYLT
Fennenweg
Bahnhofstr.
Alte
Hafenstr.
ZOB
Slipanlage
Tourist-Information
Hafenamt
An der Düne
Kurverwaltung, Bürgerbüro, Bücherei
Sportzentrum
Zum Sportplatz
Dünenstr.
Mövenbergstr.
LIST
Am Hermannshain
Listlandstr.
Hafenstr.
Am Fähran-leger
Dünenschutzweg
Jenstong-tal
Lister Markt
Süder-hörn
Süderhörn
Dünenstr.
Listlandstr.
Hafenstr.
Am Lister Tor
St. Raphael, kath.
Aussichtspunkt
Aussichtspunkt
Aussichtspunkt
L24
Listland Str.
Werner-Schöne-Str.
wassertal
Frisch-
Frischwassertal
Oststrand-Promenade
Nationalpark Schleswig-Holsteinisches Wattenmeer Zone 1 UNESCO Weltnaturerbe
250 m
1 : 10 000
1 2 3 4 5 6 7 8 9 10 11 12 13 14

	NAME	ADRESSE	SEITE
1	**A-ROSA Sylt** | *Großer Hotelkomplex am Wattenmeer*	*Listlandstraße 11*	235
2	**ALTER GASTHOF** | *Alles neu im Gasthof*	*Alte Dorfstraße 5*	158
3	**AUSTERNSTUBE · SYLTER ROYAL** | *Dittmeyers Austern Compagnie*	*Hafenstraße 10-12*	166
4	**DÜNENRESTAURANT** | *Im A-ROSA*	*Listlandstraße 11*	160
5	**EASY LIVING HOTEL** | *Beach-House-Style*	*Hafenstraße 2a*	234
6	**EASY RESTAURANT** | *Das große neue Restaurant*	*Hafenstraße 2a*	164
7	**GOSCH** | *...immer wieder*	*Hafen und Hafenstraße 16*	---
8	**HOTEL STRAND** | *Luxuriöses Wohnen am Meer*	*Hafenstraße 41*	233
9	**KÖNIGSHAFEN** | *Landgasthof in 5. Generation*	*Alte Dorfstraße 1*	---
10	**MYLIN** | *Antike Fliesen, Kachelöfen und mehr*	*Dünenstraße 1 / Ecke Listlandstraße*	---
11	**SPICES** | *by TIM RAUE, herausragende asiatische Kochkunst*	*Listlandstraße 11*	161
12	**SYLTER EISMANUFAKTUR** | *Das Gourmet Eis*	*Dünenstraße 3*	155
13	**VOIGT'S ALTE BACKSTUBE** | *Das Pfannkuchen-Paradies*	*Süderhörn 2*	156
14	**LA LISTER AUSTERNPERLE** | *Direkt am Wattenmeerstrand*	*Oststrandpromenade*	---
15	**WONNEMEYER / WESTSTRANDHALLE** | *Speisen in den Dünen*	*Ellenbogen 3*	168

RESTAURANTS + CAFÉS
HOTELS + FERIENWOHNUNGEN
SHOPPING
KUNST & ANTIK
NIGHTLIFE

©RB-DESKKART
Hafenstr.
Sport-platz
Sylt Quelle
Hafenstr.
Deichweg
ADS Schullandheim
ADS
ADS
Mutter-Kind-Klinik
Erholungsheime
Immenhus
Stegerwald
Haus Norden
Raanhus
Am Torbogen
Am Torbogen
Mini-golf
Am Sandwall
Dünen-grund
Hörnumer Str.
Ual Serk
Am Sandwall
Deichweg
Deichweg
Rantum
Gemeinde Sylt
Dikwai
Dikwai
Raan-wai
Naturschutz-gebiet
Markt-platz
Strandmuschel
Dünem Wai
Strandweg
Stündeelke
Strand-weg
Raanwai
Insel Sylt Tourismus-Service GmbH
Geschäftsstelle Rantum
Tourist-Information
23,3 m
St. Peter
Stündeelke
Merret-Lassen-Wai
Henning-Rinken-Wai
Raan-wai
22,1 m
Hörnumer Str.
Raanwai
Nationalpark
Schleswig-Holsteinisches
Wattenmeer Zone 2
UNESCO Weltnaturerbe
250 m
1 : 10 000

	NAME	ADRESSE	SEITE
1	**ALTE STRANDVOGTEI** | *Gepflegtes Hotel im historischen Haus*	*Merret-Lassen-Wai 6*	230
2	**BONSCHEREI** | *Bonbon-Werkstatt · Cafégarten*	*Hafenstraße 4*	171
3	**COAST** | *Junge, ideenreiche Küche*	*Stiindeelke 1*	172
4	**DER PATE** | *Pizza und Pasta molto buone*	*Hörnumer Straße 5*	176
5	**DORINT SÖL´RING HOF** | *Luxushotel mit 2-Sterne-Restaurant*	*Am Sandwall 1*	180
6	**HOTEL DUENE** | *Ein „Sehnsuchts"-Hotel*	*Stiindeelke 1*	230
7	**HUS IN LEE** | *Schönes Reetdachhaus – romantischer Garten*	*Hörnumer Straße 26*	174
8	**KAFFEERÖSTEREI SYLT** | *Frisch geröstet und aufgebrüht…*	*Hafenstraße 9*	171
9	**MEERKABARETT** | *Veranstaltungen, Sylt Quelle*	*Hafenstraße 1*	314
10	**SANSIBAR** | *Die meistbesuchte Gourmet-Hütte*	*Strand „Sansibar"*	184
11	**SEEPFERDCHEN SAMOA** | *Wunderschön gelegen mit Meerblick*	*Strandabschnitt Samoa*	178
12	**STRANDMUSCHEL** | *Geheimtipp für gute Küche und Wein!*	*Strandweg 30*	188
13	**SYLTER FERIENKONTOR** | *Im Hotel Duene*	*Stiindeelke 1*	244
14	**SYLTER TRADING KONTOR** | *Whisky at its best*	*Hafenstraße 14*	199
15	**TADJEM DEEL** | *Gute, frische Fischküche*	*Hörnumer Straße 60*	182

Auf ein Wort!

Die Auswahl der im Buch präsentierten Restaurants und Hotels wird von der Redaktion getroffen – völlig unabhängig. Nur wenn ein Restaurant in den abgewogenen Mix aus einfach und Luxus stimmig passt, können wir ein neues Lokal in das Buch aufnehmen. Ein Restaurant kann sich also nicht in das Buch „einkaufen".

Um die Restaurantbeschreibungen möglichst neutral zu erstellen, wird im Restaurant recherchiert. Keinesfalls schreiben die Restaurantbetreiber ihre Texte selbst. Sie können aber Hinweise geben, um ein Stimmungsbild vom jeweiligen Lokal abgeben zu können. Keinesfalls kann sich ein Schlemmer-Imbiss von uns gegen Bezahlung zum Nobel-Restaurant machen lassen.

Die Berichte werden redaktionell erstellt. Offensichtliche Werbesprüche wie „Lassen Sie sich verwöhnen oder verzaubern", „Tauchen Sie ein in unsere betörende Aromenwelt" werden von der Redaktion abgelehnt. Für Platzierung von Logo, Bild oder Speisenkarte berechnet der Verlag eine Aufwandsentschädigung. Aus rechtlichen Gründen ist der Hinweis „Anzeige" zu fast jeder Firmenpräsentation obligatorisch, obwohl es sich um redaktionell gestaltete Berichte handelt.

Hinweis zu Allergenen und Zusatzstoffen

Die Restaurants sind gesetzlich verpflichtet gewisse Zusatzstoffe auf der Speisen- und Getränkekarte gut sichtbar kenntlich zu machen. Auch zu Allergenen müssen die Restaurants ihre Gäste aufklären. Die Aufklärung kann nicht auf den in diesem Buch abgedruckten Speisenkarten erfolgen. Die Aufklärungspflicht des Restaurants beginnt beim Bestellvorgang im jeweiligen Restaurant.

IMPRESSUM
ISBN 978-3-86926-564-3
RECHERCHE · REDAKTION · REALISATION:
Frank Rosemann
- Redaktion: Simone Steinhardt, Cornelia Putzbach, Bruno Pischel, Tobias Enkelmann
- unter Mitwirkung anonymer „Probierer" und „Kontrollierer"
- Bildmaterial: Eiland Verlag, Sylter Betriebe, Hans Jessel (Inselfotos). Die Fotografien für das Hotel Severin*s und die dazugehörigen Restaurants kommen von Axel Steinbach, Tom Kohler und Michael Magulski.

Speziellen Dank an Maike Sieglinski und Claudia Nagel, besonderen Dank an den Mediengestalter Gregor Baals und an die Lektorin Christiane Baals – ohne ihre Aufmerksamkeit das Buch foller Vähler wäre.

Dank auch an die Sylter Betriebe und die Inserenten.
Dank an den „Paten" und den Pizzabäcker Santino für die „Insel-Pizza" auf dem Titel.
Zu Pfingsten 2020 erscheint die 43. aktualisierte Ausgabe von Sylt à la carte. Alle Angaben ohne Gewähr.

Druck: Brochmann GmbH, Bottrop

Sylt à la carte · Eiland-Verlag · Frank Rosemann
Telefon: 04651-936212 · Fax 936214
Internet: www.eiland.de · E-Mail: info@eiland.de

Wir freuen uns über Zuschriften – ob mit Lob oder Tadel… Gastronomische „Erlebnisberichte" werden mit einem „Eiland"-Kalender belohnt.

WO IST WAS IN HÖRNUM

	NAME	ADRESSE	SEITE
1	**APARTMENTHOTEL AM LEUCHTTURM** | *Blick auf die Dünen*	*An der Düne 38*	231
2	**BIIKE** | *Restaurant im Hapimag Resort*	*Rantumer Straße 23a*	---
3	**BREIZH STRANDRESTAURANT** | *Bretonisch*	*Strandweg*	---
4	**HOTEL BUDERSAND - GOLF & SPA - SYLT** | *Fünf Sterne am Meer*	*Am Kai 3*	232
5	**KAI3** | *Neues kulinarisches Konzept*	*Am Kai 3*	194
6	**LUND** | *Bäckerei-Konditorei-Café*	*Rantumer Straße 1*	258
7	**MÖLLER´S ANKER** | *Regionale Küche mit Pfiff*	*Blankes Tälchen 8*	192
8	**HOTEL 54° NORD** | *Hotel im Hapag Haus*	*Strandstraße 2*	232
9	**SEEPFERDCHEN** | *Apartmenthotel*	*Odde Wai 1*	---
10	**STRÆND** | *Strandbistro im chabby Chic*	*Am Campingplatz*	191
11	**STRÖNHOLT** | *Das Restaurant auf der Düne am Golfplatz*	*Fernsicht 1*	196

RESTAURANTS + CAFÉS
HOTELS + FERIENWOHNUNGEN

	NAME	ADRESSE	SEITE
MUNKM.	**FÄHRHAUS** | *5-Sterne-Hotel – Restaurant Käpt´n Selmer Stube*	*Bi Heef 1*	126/229/252
	GOLFHOUSE (Strandhörn) | *Das ruhige Domizil am Golfplatz*	*Auf dem Munkmarscher Hoog*	217
	ZUR MÜHLE | *Speisen direkt am Wattenmeer*	*Lochterbarig 24*	153
TINNUM	**BODENDORF'S IM LANDHAUS STRICKER** | *Feines Sterne-Restaurant*	*Boy-Nielsen-Straße 10*	118
	HOFCAFÉ KLEIN'ER KUHSTALL | *Café-Treff in den Wiesen*	*Südhörn 7c*	117
	SIEBZEHN84 | *Modernes Restaurant im Landhaus Stricker*	*Boy-Nielsen-Straße 10*	120
	JANKE'S | *Einfach, aber super gut*	*Liiger Hörn 34*	152
	LANDHAUS STRICKER | *Relais & Châteaux Hotel*	*Boy-Nielsen-Straße 10*	227
	SYLT TOURISMUS ZENTRALE | *Ferienwohnungen*	*Keitumer Landstraße 10b*	238
	VINO VIN | *Wein und Delikatessen*	*Keitumer Landstraße*	200
	WEIN HEILIGER | *Weinhandel im Tinnumer Gewerbegebiet*	*Zum Fliegerhorst 22*	203
MORSUM	**HOF GALERIE** | *Hotel an den Morsumer Wiesen*	*Serkwai 1*	224
	ATELIERHAUS „ALTE SCHMIEDE" – TRAUTE NIERTH | *Malkurse*	*Terpstig 64*	286
	GOLDSCHMIEDE EDDA RASPÉ | *Strandsteine als Schmuck*	*Terpstig 15*	287
	LITZKOW | *Immobilien & Ferienvermietung*	*Terpstig 25*	237
	LANDHAUS SEVERIN*S | *Hotel und Restaurant*	*Nösistig 13*	144/226
	INGWERSEN | *Die Traditionsbäckerei mit schönem Garten*	*Terpstig 76*	150
	WIE ZUHAUSE | *Gutbürgerliche Küche*	*Muasem Hüs*	116
ARCHS.	**ALTE SCHULE** | *Gute bodenständige Küche*	*Dorfstraße 6*	117

SYLT
LONGEILAND 2020
LEUCHT TÜRME
LILLEEILAND 2020
LEUCHT TÜRME
HANS JESSEL
SYLT
IMPRESSIONEN
2020
EILAND
LEUCHTTÜRME
An der Nord- und Ostseeküste
2020
EILAND
Postkartenkalender
16 x 17 cm 6,99 €
SYLT
Meine Insel
2020
EILAND
SYLTPANORAMA
2020
EILAND
LongEiland-Kalender
23 x 80 cm,
Wire-O-Bindung, 19,99 €
Lille Eiland-Kalender
Lesezeichenformat
6,2 x 21,4 cm,
Wire-O-Bindung, 3,99 €
Mittelformat
44 x 34 cm 15,99 €
Panorama
Postkartenformat
23,5 x 17 cm 9,99 €
EILAND
KALENDER
www.eiland.de

KALENDER
Ein ganzes Jahr Sehnsucht
MEERLANDSCHAFTSYLT
HANS JESSEL 2020
EILAND
BRONZE 2013
BRONZE 2015
BRONZE 2016
BRONZE 2017
PUBLIKUMS FAVORIT 2017
gregor 2018 BRONZE
Panorama Großformat
96 x 45 cm 65,00 €
DIE INSEL
SYLT
HANS JESSEL
2020
EILAND
SYLT
Kunst & Meer
2020
GALERIE HEROLD · SYLT · HAMBURG
EILAND
Großformat
48 x 46 cm 26,00 €
FOTOGRAFIE | HANS JESSEL
ATHESIA
UNTERNEHMENSGRUPPE

DIE RESTAURANTS & CAFÉS 2019

NAME	ORT	STRASSE	
ALDENTE 49 IM AQUARIUM	Westerland	Gaadt 33	30
ALDENTE STRANDGUT 31	Wenningstedt	Osetal 3 / Campingplatz	86
ALTE FRIESENSTUBE	Westerland	Gaadt 4	32
ALTE SCHULE	Archsum	Dorfstraße 6	117
ALTER GASTHOF	List	Alte Dorfstraße 5	158
ALTES ZOLLHAUS	Westerland	Boysenstraße 18	34
AUSTERNSTUBE	List	Hafenstraße 10-12	166
BADEZEIT	Westerland	Strandpromenade	36
BLUM´S FISCH-SPEZIALITÄTEN, 5X AUF SYLT	Westerland	Neue Straße 2	40
BODENDORF'S IM LANDHAUS STRICKER *	Tinnum	Boy-Nielsen-Straße 10	118
BONSCHEREI	Rantum	Hafenstraße 4	171
BROT & BIER	Keitum	Gurtstig 1	122
BUHNE 16	Kampen	Listlandstraße 133	92
BUTCHEREI + AMici	Keitum	C.-P.-Hansen-Allee 2	124
CAFÉ INGWERSEN	Morsum	Terpstig 76	150
CAFÉ WIEN · SCHOKOLADENMANUFAKTUR	Westerland	Strandstraße	254
CASA BIANCA	Westerland	Elisabethstraße 4	38
COAST	Rantum	Stiindeelke 1	172
DÜNENRESTAURANT IM A-ROSA	List	Listlandstraße 11	160
DORFKRUG	Kampen	Braderuper Weg 3	94
EASY RESTAURANT	List	Hafenstraße 2a	164
EBBE & FOOD	Westerland	Schützenstraße 20-24	42
FITSCHEN AM DORFTEICH	Wenningstedt	Am Dorfteich 2	78/218/255
FOODPORN	Westerland	Elisabethstraße 1a	44
FRANZ GANSER DAS KLEINE RESTAURANT	Westerland	Bötticherstraße / Ecke Boysenstraße	46
FRIENDS	Westerland	Strandpromenade	29
GOGÄRTCHEN	Kampen	Strönwai 12	96
GOLDGELB	Westerland	Wilhelmstraße 5	41
GOSCH AM KLIFF + GOSCH LIST	Wenningstedt	Dünenstraße 17a	255
HOOG – RESTAURANT IM SEVERIN*S	Keitum	Am Tipkenhoog 18	146
HUS IN LEE	Rantum	Hörnumer Straße 26	174
IISMEER	Wenningstedt	Strandstraße 25	80
IL RISTORANTE	Kampen	Süderweg 2	98
JANKE´S	Tinnum	Ziegeleiweg	152
JÖRG MÜLLER HOTEL UND RESTAURANT	Westerland	Süderstraße 8	58/208
KAAMP MEREN IM KAAMP-HÜS	Kampen	Haupstraße 12	104
KAAMPS 7	Kampen	Riperstig/Am Strand	102
KAFFEERÖSTEREI SYLT	Rantum	Hafenstraße 9	171
KAI3	Hörnum	Am Kai 3	194
KAMP`S CAFÉ + GALERIE	Keitum	Gurtstig 41	222/283
KÄPT'N SELMER STUBE IM FÄHRHAUS SYLT	Munkmarsch	Bi Heef 1	126
KINGS GENUSS-SHOP JOHANNES KING	Keitum	Gurtstig 2	128
KLEINE KÜCHENKATE	Keitum	Am Kliff 1	132
KLEINE TEESTUBE	Keitum	Westerhörn 2 / Ecke Gurtstig	116
KLEIN'ER KUHSTALL	Tinnum	Südhörn 7c	117
KØKKEN IM BENEN-DIKEN-HOF	Keitum	Keitumer Süderstraße 3-5	130
KUPFERKANNE	Kampen	Stapelhooger Wai 7	256
LANDHAUS SEVERIN*S	Morsum	Nösistig 13	144/226
LA PERGOLA	Wenningstedt	Dünenstraße 6	82
LUND CAFÉ	Hörnum	Rantumer Straße 1	258
MANNE PAHL	Kampen	Zur Uwe Düne 2	106
MARISO	Westerland	Paulstraße 10	52
MATEIKA	Westerland	Bismarckstraße 11	28/254
MIRAMAR	Westerland	Friedrichstraße 43	56/208/248/300
MÖLLER'S ANKER	Hörnum	Blankes Tälchen 8	192
NIELSENS KAFFEEGARTEN	Keitum	Am Kliff 5	134/259
ODIN DELI	Kampen	Strönwai 10	108/205

DIE RESTAURANTS & CAFÉS 2019

NAME	ORT	STRASSE	
OSTERIA	Westerland	Strandübergang Campingplatz, Fischerweg 32	60
PABLITO	Westerland	Paulstraße 6	54
PATE, DER	Rantum	Hörnumer Straße 5	176
PIUS' WEINWIRTSCHAFT	Keitum	Am Kliff 5	136/204
REBLAUS WINE & DINE	Keitum	Am Tipkenhoog 2	138
RIVA	Westerland	Paulstraße 10	55
SALON 1900	Keitum	Keitumer Süderstraße 40	140
SANSIBAR	Rantum	Strand „Sansibar"	184
SHIROBAR	Westerland	Keitumer Chaussee 5a	31
SCHNECKENHAUS	Westerland	Norderstraße 6	64
SEEKISTE	Westerland	Käpt´n-Christiansen-Straße 9	66
SEEPFERDCHEN SAMOA	Rantum	Strandabschnitt Samoa	178
SIEBZEHN84	Tinnum	Boy-Nielsen-Straße 10	120
SÖL'RING HOF JOHANNES KING **	Rantum	Am Sandwall 1	180
SOUND & KITCHEN	Kampen	Alte Dorfstraße 2	110
SPICES IM A-ROSA	List	Listlandstraße 11	161
S-POINT	Westerland	Lornsenweg 7	68
STADT HAMBURG BISTRO UND RESTAURANT HARDY´S	Westerland	Strandstraße 2	48/207/248/300
STEFFEN´S	Wenningstedt	Norderweg 5	84
STRANDMUSCHEL	Rantum	Strandweg 30	188
STRANDOASE	Westerland	Lorens-de-Hahn-Straße 42	70
STRÆND	Hörnum	Am Campingplatz	191
STRÖNHOLT	Hörnum	Fernsicht 1	196
SÜNHAIR BY KLAUS	Keitum	Erich-Johannsen-Wai 2	142
SUNSET BEACH	Westerland	Brandenburger Straße 19	29
SYLT ENTRÉE	Westerland	im Bahnhof	28
SYLTER EISMANUFAKTUR	List	Dünenstraße 3	155
SYLTER STADTGEFLÜSTER	Westerland	Boysenstraße 4	72
TADJEM DEEL	Rantum	Hörnumer Straße 60	182
TAMPE'S RESTAURANT	Wenningstedt	Westerlandstraße 12	88
TELLERRAND	Westerland	Maybach/Ecke St.-Nikolai-Straße 1	69
TIPKENS – RESTAURANT IM SEVERIN*S	Keitum	Am Tipkenhoog 18	148
VOGELKOJE	Kampen	Lister Straße 100	112
VOIGTS ALTE BACKSTUBE	List	Süderhörn 2	156
WEB CHRISTEL	Westerland	Süderstraße 11	74
WEINHAUS SCHACHNER	Westerland	Bismarckstraße 12	62/202/264
WEIN:MOMENTE	Westerland	Elisabethstraße 9	30
WIE ZUHAUSE	Morsum	Muasem Hüs	116
WONNEMEYER · WESTSTRANDHALLE	List	Ellenbogen 3	168
ZUR MÜHLE	Munkmarsch	Lochterbarig 24	153

WEIN & CO.

NAME	ORT	STRASSE	
ODIN VINOTHEK	Kampen	Hauptstraße 15	205
PIUS'	Keitum	Am Kliff 5	204
SYLTER FÄSSCHEN	Westerland	Andreas-Dirks-Straße 12-14	204
SYLTER HOPFEN	Flensburg	–	201
SYLTER TRADING KONTOR	Rantum	Hafenstraße 14	199
VINO VIN	Tinnum	Keitumer Landstraße	200
WEIN HEILIGER	Tinnum	Zum Fliegerhorst 22	203
WEINHANDEL SANSIBAR	Rantum	Strand Sansibar	199
WEINHAUS SCHACHNER	Westerland	Bismarckstraße 12	202

HOTELS

NAME	ORT	STRASSE	
AHNENHOF-HOTEL GARNI	Kampen	Kurhausstraße 8	222
ALTE STRANDVOGTEI	Rantum	Merret-Lassen-Wai 6	230
AM LEUCHTTURM APARTMENTHOTEL	Hörnum	An der Düne 38	231
A-ROSA SYLT	List	Listlandstraße 11	235/252
BENEN-DIKEN-HOF ROMANTIK HOTEL	Keitum	Keitumer Süderstraße 3-5	223
BETT & BUDE BOARDINGHOUSE	Westerland	Kirchenweg 6	215
DORINT SÖL'RING HOF	Rantum	Am Sandwall 1	231
DORINT STRANDRESORT & SPA SYLT/WESTERLAND	Westerland	Schützenstraße 20-24	210/249
EASY LIVING HOTEL	List	Hafenstraße 2a	234
FÄHRHAUS SYLT	Munkmarsch	Bi Heef 1	229/252
FITSCHEN AM DORFTEICH	Wenningstedt	Am Dorfteich 2	218
GOLFHOUSE (STRANDHÖRN)	Munkmarsch	Auf dem Munkmarscher Hoog	217
HAUS NOGE	Westerland	Dr.-Ross-Straße 31	216
HOTEL 54° NORD	Hörnum	Strandstraße 2	232
HOTEL AARNHOOG	Keitum	Gaat 13	229
HOTEL BUDERSAND - GOLF & SPA	Hörnum	Am Kai 3	232/302
HOTEL CLAUSEN	Westerland	Friedrichstraße 20	209
HOTEL DUENE	Rantum	Stiindeelke 1	230
HOTEL DÜNENBURG	Westerland	Elisabethstraße 9	210
HOTEL GUTENBERG	Westerland	Friedrichstraße 27	209
HOTEL HOF GALERIE	Morsum	Serkwai	224
HOTEL LANDHAUS STRICKER	Tinnum	Boy-Nielsen-Straße 10	227/302
HOTEL MIRAMAR	Westerland	Friedrichstraße 43	208/248/300
HOTEL NIEDERSACHSEN	Westerland	Margarethenstraße 5	214
HOTEL ROTH AM STRANDE	Westerland	Strandstraße 31	213
HOTEL RUNGHOLT	Kampen	Kurhausstraße 35	220/298
HOTEL STADT HAMBURG	Westerland	Strandstraße 2	207/248
HOTEL STRAND	List	Hafenstraße 41	233
HOTEL UTHLAND	Westerland	Elisabethstraße 12	212
HOTEL WIESBADEN	Wenningstedt	Hochkamp 8	218
JÖRG MÜLLER HOTEL & RESTAURANT	Westerland	Süderstraße 8	208
KAMP'S	Keitum	Gurtstig 41	222
KONTORHAUS KEITUM - SUITENHOTEL	Keitum	Siidik 15	225
LANDHAUS SEVERIN*S	Morsum	Nösistig 13	226/302
LANDHAUS SÜDHEIDE	Kampen	Sjipwai 4	221
LANDHAUS SYLTER HAHN	Westerland	Robbenweg 3	212/249
LONG ISLAND HOUSE SYLT	Westerland	Eidumweg 13	214
PARKRESIDENZ CHRISTIAN VIII	Archsum	Heleeker 1	224
REETHÜÜS	Kampen	Hauptstraße 18	221
SEILER HOF	Keitum	Gurtstig 7	227
SEVERIN*S RESORT & SPA	Keitum	Tipkenhoog 18	226/253
STRANDHÖRN	Wenningstedt	Dünenstraße 20	217
SYLTER DOMIZIL	Wenningstedt	Berthin-Bleeg-Straße 2 / Hauptstraße 1	219
SYLTER ZOLLHAUS	Westerland	Boysenstraße 16	211
SYLTHOTEL RAFFELHÜSCHEN GARNI	Westerland	Boysenstraße 8	211
ULENHOF RESIDENCE	Wenningstedt	Friesenring 14	217/250
VILLA 54° NORD	Westerland	Norderstraße 21	216
VILLAGE SUITEN-HOTEL	Kampen	Alte Dorfstraße 7	220
SUITEHOTEL WINDHUK	Westerland	Brandenburger Straße 6	215

FERIENWOHNUNGEN UND HÄUSER

NAME	ORT	STRASSE	
APPARTEMENTS & MEHR	Kampen	Süderweg 1a	236
HELGA WEDELL FERIENWOHNUNGEN UND -HÄUSER	Keitum	Bahnhofstraße 12	241
HÖPERSHOF	Westerland	Boysenstraße 16	242
IBF IMMOBILIEN BRIGITTE FÜHR GMBH	Wenningstedt	Hauptstraße 11	244
KÖNIG FERIENAPPARTEMENTS	Westerland	Wilhelmstraße 7	238
LITZKOW IMMOBILIEN & FERIENVERMIETUNG	Morsum	Terpstig 25	237
MAIKE OSSENBRÜGGEN APPARTEMENTVERMIETUNG	Keitum	Gurtstig 37	242
SYLT HOMES	Westerland	Trift 20	237
SYLT TOURISMUS ZENTRALE	Tinnum	Keitumer Landstraße 10b	238
SYLTER FERIENKONTOR HOTEL DUENE	Rantum	Stiindeelke 1	244

SHOPPING

NAME	ORT	STRASSE	
BINGENHEIMER DESSOUS & MODE	Kampen	Alte Dorfstraße	270
BÜRSTENHAUS REDECKER	Westerland	Friedrichstraße 16	266
FRITZ KRAUSE JUWELIER · MEISTERWERKSTATT	Westerland	Friedrichstraße 32	267
GALERIE FÜR LICHTKUNST	Braderup	M.T. Buchholz-Stich 9	268
HÖPERSHOF SCHÖNER WOHNEN	Westerland	Keitumer Landstraße 10c	265
HÜS BI HÜS	Keitum	C.-P.-Hansen-Allee 3	272
JUWELIER WEMPE	Kampen	Strönwai 16	269
KONTORHAUS KEITUM	Keitum	Siidik 15	277
LUIS TRENKER	Keitum	Museumsweg 2	272
MAJASYLT	Kampen	Hauptstraße 15	271
NORDLICHT LIVING & STYLE	Keitum	Gurtstig 48	277
OLIVIA MILANO	Keitum	Melnwai 1	274
PORSCHE AUF SYLT	Westerland	Keitumer Landstraße 14	268
ROY	Westerland	Elisabethstraße 1 und Strandstraße 25	264
SCHACHNER SYLT „FEINES VON DER INSEL"	Westerland	Bötticherstraße 11	264
STEFFI-MODEN H. A. GÜLCHER	Westerland	Friedrichstraße 35	262
SYLT SELECTED	Keitum	Am Tipkenhoog 2	274
TISCH & HERD	Westerland	Bismarckstraße 7	266
VIGLAHN PARFÜMERIE AUF SYLT	Kampen	Hauptstraße 11	270/253
WEGST – HAUS DER GESCHENKE, SCHMUCK & UHREN	Westerland	Friedrichstraße 33	265

KUNST, KUNSTHANDWERK UND GALERIEN

NAME	ORT	STRASSE	
ANKE BERTHEAU	Keitum	Gurtstig 38	280
ANNETTE KÜHL - FREIES MALEN IN KEITUM	Keitum	Keitumer Süderstraße 42	284
ANTIQUITÄTEN DICK * 50 JAHRE	Westerland	Keitumer Chaussee 22	294
ATELIERHAUS „ALTE SCHMIEDE" – TRAUTE NIERTH	Morsum	Terpstig 64	286
ATELIER INGO KÜHL	Keitum	Keitumer Süderstraße 42	284
ATELIER SPROTTE & FALKENSTERN FINE ART	Kampen	Alte Dorfstraße	292
BIRTE WIEDA	Keitum	Gurtstig 26	286
CHRISTINA THRÄN	Keitum	Gurtstig 9	282
GALERIE ART OF SILENCE	Keitum	Munkmarscher Chaussee 16	286
GALERIE CORNELIA KAMP	Keitum	Gurtstig 41	283
GALERIE HERBERT SIEG	Keitum	C.-P.-Hansen-Allee 5	281
GALERIE HEROLD KAMPEN	Kampen	Braderuper Weg 4	289
GALERIE MAULBERGER	Westerland	Neue Straße 3	295
GALERIE MENSING	Westerland	Friedrichstraße 32	297
GALERIE NOTTBOHM	Keitum	Bahnhofstraße 12	284
GALERIE PEERLINGS	Kampen	Kurhausstraße 7	291
GALERIE RUDOLF IN KEITUM	Keitum	Westerhörn 6	287
GALERIE RUDOLF KAMPEN	Kampen	„Haus Kampeneck", Hauptstraße 8	291
GEORGS GALERIE	Keitum	Siidik	281
GLASATELIER ANTJE OTTO	Keitum	Bahnhofstraße 37 (im Bahnhof)	282
GOLDSCHMIEDE ANTJE BALLAUF	Keitum	Alter Kirchenweg 4	279
GOLDSCHMIEDIN EDDA RASPÉ	Morsum	Terpstig 15	287
GOLD- UND SILBERWERKSTATT CHRISTOPH FREIER	Keitum	Erich-Johannsen-Wai 1	278
HANS JOACHIM POHL	Morsum	Terpstig 65	297
HOF-GALERIE IM RATHAUS WESTERLAND	Westerland	Andreas-Nielsen-Straße 1 / Rathausplatz	293
KUNSTHAUS UERPMANN	Westerland	Bismarckstraße 3	297
KUNSTSTÜCK - GEDREHT & GEMALT	Keitum	Gaat 6	279
KUNSTSUPERMARKT	Westerland	Elisabethstraße 1	296
MICHAEL RÜHMLING	Kampen	Wattweg 1 / Ecke Hauptstraße	290
MOMO SCHMUCKWERKSTATT UND GALERIE	Keitum	Gurtstig 12	280
RADZUWEIT – ANTIQUITÄTEN & GALERIE	Westerland	Kjeirstraße 2	294
SCHÖNES & ALTES	Westerland	Keitumer Chaussee 8	296
SHOWROOM GALLERY	Westerland	Neue Straße 1	295
SUSANNA DÜNNE	Kampen	Westerweg 14	289
SVETLANA VORREITER	Westerland	Keitumer Chaussee 13	294
SYLTER HEIMATMUSEUM	Keitum	Am Kliff 19	285
WERKHALLEN	Kampen	Braderuper Weg 2	290
WESTERLÄNDER STADTGALERIE	Westerland	Stephanstraße 4	293
WITTHÜS KUNSTHANDWERK & TÖPFEREI	Keitum	Am Kliff 5a	283

Sylt Satiriker
Manfred Degen

Das Allerletzte

Degens Meinung zu „nachhaltig und regional"

Dass die Sylter Spitzengastronomie immer mehr auf regionale Produkte setzt, macht Mut. Kein Mineralwasser mehr, das aus dem 3.000 Kilometer entfernten Italien kommt, kein aus dem Iran geschmuggelter Kaviar oder Weißwein aus Neuseeland mit einer CO2-Bilanz wie ein Geländewagen.

Nein, knackiger Grünkohl aus Keitum, schneeweißer Spargel aus Braderup, strahlendes Seesalz aus List, glückliche Eier aus Morsum, Salzwiesen-Lämmer vom Deich, lachende Krabben aus Hörnum und Austern und Miesmuscheln aus unserem Wattenmeer.

Auch die gemeine Nesselqualle rückt schon in den Focus der Sterne-Gastronomie. Zwar besteht sie zu 98 Prozent aus Wasser, der Rest jedoch ist reine Natur, die mit einem erotischen Prickeln auf der Zunge abgehen wird. Vermute ich jetzt einmal.

Kürzlich machte ich einen Ausflug zu den Seehundsbänken vor Sylt. Mit an Bord war eine Gruppe Japaner. Denen lief sichtbar das Wasser im Munde zusammen, als sie die tranigen Sandbank-Trolle erblickten. Unsere knopfäugigen Seehunde – irgendwann in der Sushirolle – Gott bewahre.

Obwohl – ich sach' mal so – es gibt ja eigentlich viel zu viele Seehunde. Und die fressen alle unsere Seezungen, Lachse und Dorsche weg. Vielleicht sollten wir mit den Japanern doch mal das Gespräch suchen...

Ich gab ihm die Kugel